Die Lehre

von den

Wechseln und dem Wechsel-Verkehr,

mit besonderer Berücksichtigung
und unter vollständiger Mittheilung der allg. deutschen
Wechsel-Ordnung

und der

Particular-Gesetzgebung

der einzelnen deutschen Staaten.

Für

Rechtsgelehrte, Kaufleute, Gewerbtreibende rc.

so wie

zum Gebrauche bei Vorträgen.

Von

Emanuel Stern,

Buchhalter u. Lehrer der Handelswissenschaften zu Gießen.

Gießen 1853.
J. Ricker'sche Buchhandlung.

Druck von M. Merck. Gießen.

Vorwort.

Zum gründlichen Verstehen einer Wissenschaft gehört unstreitig die Kenntniß derselben in allen ihren einzelnen Theilen. Wer von der Wechselkunde nur das Wechselrecht kennt, begreift manche Gesetzesstelle entweder gar nicht oder faßt sie nicht so richtig auf wie der, welcher auch mit den Wechseln selbst und dem Wechselverkehre vertraut ist. Ein Buch, welches, in vorzugsweiser Beziehung zu dem gegenwärtig in Deutschland geltenden Wechselrechte, die Wechselkunde in ihrem ganzen Umfange behandelt, dürfte sonach keine überflüssige Erscheinung sein; ich entschloß mich daher zu Herausgabe vorliegenden Werkes, welches — in seiner ursprünglichen Anlage — mir als Leitfaden bei meinem Unterrichte diente und vollständige Belehrung über die hier in Rede stehende Wissenschaft liefert.

Die besondere Sorgfalt, welche ich auf klare und leichtfaßliche Darstellung, auf die Erklärung der im Texte mit aufgenommenen allgemeinen deutschen Wechselordnung, auf die Sammlung und zweckmäßige Eintheilung sämmtlicher, in Folge Einführung dieser Wechselordnung erschienenen Particulargesetze verwendete, berechtigt mich zu der Hoffnung, ein nützliches Werk geliefert zu haben.

Gießen, 3. Mai 1853.

Emanuel Stern.

Folgende Versehen bitte ich vor dem Gebrauche des Buches zu verbessern:

Seite 39 bei Weimar muß es statt 3. Aug. 1849 heißen: 13. Juli 1849.

„ 77 „ „ „ „ „ 3. Aug. „ „ 13. Juli „

„ 201 letzte Zeile „ „ „ Seite 35 heißen: Seite 53.

„ 263 eilfte Zeile „ „ „ gezogener „ gezogene.

„ 270 vorletzte Zeile „ „ „ auf „ auch.

Inhaltsverzeichniß.

Anhang.

Begriff der Wechsel und deren Haupteintheilung.

§. 1.

Unter Wechsel, Wechselbrief versteht man ein ausdrücklich als Wechsel bezeichnetes, offenes Schreiben, in welchem dessen Aussteller eine andere darin benannte Person beauftragt, gegen dasselbe eine namhaft gemachte Geldsumme, zu einer bestimmten Zeit, an einen darin benannten Dritten oder dessen Beorderten auszuzahlen, oder auch, in welchem der Aussteller sich selbst verflichtet, einem Andern oder an dessen Ordre eine bestimmte Summe zu einer gewissen Zeit zu berichtigen.

Ersteres wird ein gezogener oder trassirter Wechsel, Tratte, letzteres ein eigener oder trockener Wechsel genannt.

Die allgemeine Eintheilung der Wechsel geschieht nach diesen zwei Hauptarten.

§. 2.

Indem der Aussteller eines gezogenen Wechsels durch denselben dem Wechselempfänger das Recht ertheilt, die im Wechsel vorgeschriebene Summe von dem ebenfalls darin benannten Dritten zu erheben oder erheben zu lassen, verpflichtet er sich zugleich stillschweigend, bei Nichteingang des Wechsels, zur Selbsteinlösung desselben; denn durch die Benennung der Zahlungsanweisung als „Wechsel" wurde angedeutet, daß sie auf Grund eines stattgehabten Geldwechsels erfolgt sei, daß der Aussteller nämlich dieselbe an den Empfänger für den von ihm erhobenen Gegenwerth oder für die ihm schuldige Summe statt baaren Geldes gegeben habe, damit sie der Letztere bei demjenigen, auf den sie lautet, wieder gegen baares Geld umtauschen oder auswechseln lassen könne.

§. 3.

Ein Wechsel ist sonach, mag er ein gezogener oder eigener Wechsel sein, eine Schuldverschreibung des Ausstellers.

Aeußere Form der Wechsel und Inhalt derselben.

§. 4.

Der Wechsel wird, ohne daß dieses jedoch etwas Wesentliches wäre, auf ein Stück Briefpapier von der Größe eines halben, der Länge nach getheilten Quartblattes geschrieben. Man bedient sich dazu meist lithographirter Formulare. Jeder Wechsel muß deutlich geschrieben, in gesetzlicher Form abgefaßt sein, und darf keine Rasuren, Correkturen oder ausgestrichene Stellen enthalten. Zum wesentlichen Inhalte gehören in Deutschland (s. §. 11.) außer dem schon §. 1 angeführten Worte „Wechsel," die bestimmte und genaue Angabe über Ort und Zeit der Ausstellung, Betrag der Wechselsumme, wo, wann und von wem diese gezahlt werden soll, und zu wessen Gunsten der Wechsel ausgestellt ist, desgleichen die Unterschrift des Ausstellers selbst (s. die Formulare im Anhange.)

Vorrecht der Wechsel, das Wechselrecht.

§. 5.

Gesetzlich ist den Wechseln ein viel größeres Recht eingeräumt, als den gewöhnlichen Schuldverschreibungen, welches darin besteht, daß gegen den säumigen Wechselverpflichteten ein besonders schleuniges, strenges Gerichtsverfahren (der Wechselprozeß) und, nach geschehener Verurtheilung, der alsbaldige Personal-Arrest Statt findet (s. §. 76); doch kommen in Bezug auf diesen Letzteren auch Ausnahmen vor (s. §. 7).

Die Gesammtheit der auf die Wechsel und den Wechselverkehr sich beziehenden gesetzlichen Bestimmungen eines Landes nennt man dessen Wechselrecht oder auch Wechselordnung, während diejenigen Gesetze, welche über das Gerichtsverfahren bei Wechsel-Rechtsstreitigkeiten allein sprechen, Wechsel-Prozeßordnungen genannt werden.

Entstehung der allgemeinen deutschen Wechselordnung.

§. 6.

Vor Einführung der allgemeinen deutschen Wechselordnung bestanden in Deutschland fast so viele verschiedene Wechselrechte wie Staaten in demselben (s. §. 104); einige von ihnen, wie das Großherzogthum Hessen, Meklenburg-Strelitz, Holstein, Sachsen-Coburg, Sachsen-Meiningen, Anhalt-Bernburg, Reuß-Greiz, Hohenzollern und Lippe besaßen gar kein Wechselrecht und das Bedürfniß einer gemeinsamen Wechselordnung gab sich vielseitig kund.

In Preußen hatte die Regierung sich schon seit Jahren mit der Abfassung einer neuen Wechselordnung beschäftigt und im Jahre 1845 einen aus 300 Paragraphen bestehenden Entwurf zu Stande gebracht, welcher noch im nämlichen Jahre mit einer Commission aus allen Theilen der Monarchie zusammen berufener Sachverständiger berathen und nach den sachgemäßen Vorschlägen dieser Versammlung, durch Ausscheidung vieler Einzelbestimmungen auf 100 Paragraphen vermindert wurde [1]), und als auf der im Jahre 1846 von den deutschen Zollvereinsstaaten beschickten achten General-Conferenz von dem würtembergischen Abgeordneten (nachdem von nämlicher Seite bereits auf der Zollconferenz vom Jahre 1836 der Wunsch ausgesprochen worden war, daß die Zollvereinsstaaten sich über ein gemeinsames Handelsgesetzbuch einigen möchten) [2]), der Antrag gestellt wurde: „daß, um vorerst zu einem gemeinsamen Wechselrechte zu gelangen, an die preußische Regierung das Ersuchen gerichtet werde, den von ihr aufgestellten Entwurf eines neuen Wechselrechts, über welchen den öffentlichen Blättern zufolge, neuerlich auch Sachverständige aus dem Handelsstande gehört worden seien, noch vor der weitern Berathung und schließlichen Feststellung desselben den übrigen Zollvereinsregierungen mitzutheilen, daß demnächst dieser Entwurf als Grundlage für ein, den Staaten des Zollvereins gemeinsames Wechselrecht benutzt, und zur Ausarbeitung des Letztern eine besondere, aus Rechtskundigen und aus Sachverständigen des Handelsstandes zusammenzusetzende, von allen Vereinsregierungen zu beschickende Commission gebildet werden möge": so fand dieser Vorschlag lebhaften Anklang, und man sprach gegen die preußische Regierung den diesem Antrage entsprechenden Wunsch aus [3]).

---

[1]) S. die allgemeine deutsche Wechselordnung erläutert von Wilhelm Brauer, Ministerialrath im Großh. Bad. Justizministerium und Badischem Abgeordneten bei der Leipziger Wechselconferenz, Erlangen 1849, Seite 7.

[2]) S. ebendaselbst Seite 2.

[3]) S. Brauer Seite 6 und 7.

Hiernächst ließ die Letztere mittelst Denkschrift vom 31. August 1847 [4]) nicht nur an sämmtliche Staaten des Zollvereins, sondern auch an die übrigen deutschen Regierungen die Einladung ergehen, sich bei einer am 20. October desselben Jahres in Leipzig zu eröffnenden Conferenz zur Berathung über ein gemeinsames Wechselrecht und zur Ausarbeitung eines vollständigen Entwurfs desselben zu betheiligen [5]), indem sie zugleich den Wunsch zu erkennen gab, daß den Abgeordneten der einzelnen Regierungen auch kaufmännische Sachverständige zur Seite gestellt werden möchten [6]).

Dieser Einladung wurde von den meisten deutschen Regierungen Folge geleistet; die Conferenz trat am 20. October 1847 in Leipzig zusammen und währte bis zum 9. December desselben Jahres [7]); ihr Product, der Entwurf einer allgemeinen deutschen Wechselordnung, wurde von der im Jahre 1848 in Frankfurt am Main zusammengetretenen deutschen National-Versammlung in ihrer 121. Sitzung, am 24. November, ohne alle Veränderung angenommen und am 26. November von dem Reichsverweser als Gesetz für ganz Deutschland verkündet [8]).

---

[4]) S. Brauer Seite 8, ferner Beilage I zu den Conferenzprotokollen vom Jahre 1847.

[5]) S. Art. 6 der Denkschrift.

[6]) S. Art. 3 derselben.

[7]) Vertreten waren (nach Brauer, Einleitung §. 1 Anmerkung 19):
Oesterreich und Liechtenstein, durch Hofrath Dr. Heisler;
Preußen, durch Geh. Leg.-Rath v. Patow, Geh. Justiz-Rath Bischoff, Handelskammerpräsident Kamphausen und Bankier Magnus;
Bayern, durch Oberappellationsgerichtsrath Dr. Kleinschrodund Bankier Schmidt (aus Ausburg);
Königreich Sachsen, durch Vicepräsident Dr. Carl Einert, Kramermeister Poppe (aus Leipzig) und Kaufmann Georgi (aus Mühlau);
Hannover, durch Schatzrath Lehzen und Bankier Hostmann (aus Celle);
Würtemberg u. die beiden Hohenzollern, durch Obertribunalrath Dr. Hofacker;
Baden, durch Ministerialrath Brauer und Bankier Hohenemser (aus Mannheim);
Hessen-Darmstadt, durch Ministerialrath Dr. Breidenbach;
Kurhessen, durch Obergerichtsrath Fuchs;
Holstein und Lauenburg, durch Etatsrath Behn (aus Altona);
Sachsen-Weimar, Sachsen-Meiningen, Sachsen-Altenburg, Sachsen-Coburg-Gotha, Schwarzburg-Rudolstadt, Reuß-Greiz, Reuß-Schleiz, Reuß-Lobenstein und Ebersdorf, durch Geh. Reg.-Rath Thon;
Braunschweig, durch Hofrath Liebe und Kaufmann Haase (aus Braunschweig);
Nassau, durch Geheimerath Vollpracht;
Mecklenburg, durch Professor Thöl;
Lübeck, durch Syndicus Dr. Elder;
Frankfurt, durch Syndicus Dr. Harnier;
Bremen, durch Senator Dr. Albers und Aeltermann Lürmann;
Hamburg, durch Senator Lutteroth-Legat und Handelsgerichtspräses Dr. Halle.

[8]) S. Reichsgesetzblatt, 6. Stück, vom 27. November 1848, Seite 19 ff.

Das Einführungsgesetz lautet:

Art. 1. Die nachstehende allgemeine deutsche Wechselordnung tritt mit dem 1. Mai 1849 in dem deutschen Reiche in Gesetzeskraft.

Art. 2. Die zur Ausführung dieser Wechselordnung in den Einzelstaaten etwa erforderlichen, von diesen zu erlassenden Bestimmungen dürfen keine Abänderungen derselben enthalten.

Die Einführung in den einzelnen Staaten geschah demnächst durch besondere Erlasse der betreffenden Regierungen, und zwar nach folgender Zusammenstellung, bei welcher mir die des Herrn Stadtrichters Borchardt in Berlin im Archiv für deutsches Wechselrecht, Band I. Seite 63 und 331, als Quelle diente:

1) im Herzogthum Altenburg den 8. December 1848;
2) im Herzogthum Anhalt-Bernburg, in Nr. 29 der Gesetzsammlung ohne weiteres Datum;
3) im Herzogthum Anhalt-Cöthen, in Nr. 19 der Gesetzsammlung, ohne weiteres Datum;
4) im Herzogthum Anhalt-Dessau, den 14. Februar 1849;
5) im Großherzogthum Baden, den 19. Februar 1849;
6) im Königreich Bayern, den 25. Juli 1850;
7) im Herzogthum Braunschweig, den 11. Januar 1849;
8) in der freien Stadt Bremen, den 25. April 1849;
9) im Herzogthum Coburg-Gotha, und zwar in Gotha den 25. April 1849, in Coburg den 27. Juni 1849;
10) in der freien Stadt Frankfurt a. M., den 27. März 1849;
11) in der freien Stadt Hamburg, den 5. März 1849;
12) im Königreich Hannover, den 7. April 1849;
13) im Fürstenthum Hohenzollern-Hechingen und
14) im Fürstenthum Hohenzollern-Sigmaringen, den 7. Januar 1849;
15) im Großherzogthum Hessen, den 4. Juni 1849;
16) in der Landgrafschaft Hessen-Homburg, den 28. April 1849;
17) in der halbsouverainen freien Herrschaft Knyphausen, den 1. Februar 1849;
18) im Fürstenthum Lippe-Detmold. den 5. Juli 1849;
19) im Fürstenthum Lippe-Schaumburg, den 2. December 1848;
20) in der freien Stadt Lübeck, den 28. April 1849;
21) im Herzogthum Meiningen-Hildburghausen, den 22. April 1848. (Hier also noch vor Erscheinen des Reichsgesetzes);

22) im Großherzogthum Mecklenburg-Strelitz und Mecklenburg-Schwerin, den 28. April 1849;
23) im Herzogthum Nassau, den 7. November 1848;
24) im Kaiserthum Oesterreich, für sämmtliche Kronländer, den 25. Januar 1850, jedoch mit Veränderung resp. Zusatz im Art. 2, 4, 25, 40 und 73;
25) im Großherzogthum Oldenburg, den 31. März 1849;
26) im Königreich Preußen, den 6. Januar 1849 und resp. den 15. Februar 1850;
27) im Fürstenthum Reuß-Greiz, den 5. December 1848;
28) im Fürstenthum Reuß-Schleiz, den 15. Januar 1849;
29) im Königreich Sachsen, den 25. April 1849;
30) im Fürstenthum Schwarzburg-Rudolstadt, den 2. Januar 1849;
31) im Fürstenthum Schwarzburg-Sondershausen, den 30. December 1848;
32) im Herzogthum Schleswig-Holstein, den 10. April 1849 und im Herzogthum Lauenburg, den 10. Februar 1849.
33) im Fürstenthum Waldeck, den 30. Mai 1849;
34) im Großherzogthum Weimar, den 9. December 1848 und resp. 13. Juli 1849;
35) im Königreich Würtemberg, den 6. Mai 1849.

Im Kurfürstenthum Hessen, welches Herr Stadtrichter Borchardt ebenfalls als der deutschen Wechselordnung beigetreten anführt, ist dieselbe zwar unterm 8. December 1848 publicirt worden; Gesetzeskraft jedoch wird ihr daselbst von den Gerichten nicht zugestanden, wie dieses von Herrn Dr. Heinrich Fick, Privatdocent in Marburg, im Archiv für deutsches Wechselrecht, Band I Seite 420 ff., unter Mittheilung einiger gerichtlichen Erkenntnisse (Präjudizien), des Kurfürstlichen Oberappellationsgerichts zu Cassel vom 4. September 1850, des Justizamts I. zu Marburg vom 15. November 1850, ins Klare gestellt und von demselben im zweiten Bande Seite 302 ff. weiter ausgeführt wird. Das Kurfürstliche Oberappellationsgericht gründet die Ungültigkeitserklärung der allg. deutsch. Wechselordnung für Kurhessen darauf, daß die Publication derselben sich überall nicht als ein Act der in Kurhessen dem Landesherrn unter Beistimmung der Landstände zustehenden gesetzgebenden Gewalt darstellt, vermöge dessen jener Verordnung in Kurhessen Kraft verliehen werde, sondern sich lediglich auf die Publication derselben als Reichsgesetz beschränkt, die Bildung eines deutschen Reichs indeß nicht zu Stande gekommen sei, es mithin an dem Gebiete fehle, innerhalb dessen sich die Wechselordnung nach deren Bestimmung wirksam zu erweisen habe. Es fehlen sonach außer Kurhessen nur noch das Großherzogthum Luxemburg, Herzogthum Limburg und Fürstenthum Liechtenstein.

Bei Einführung der allg. deutsch. Wechselordnung haben mehrere Regierungen, nämlich Baden, Bayern, Braunschweig, Bremen, Coburg=Gotha, Frankfurt, Hamburg, Hannover, Hessen=Darmstadt, Lippe=Detmold, Lübeck, Meiningen=Hildburghausen, Mecklenburg=Schwerin und Strelitz, Nassau, Oldenburg, Oesterreich, Preußen, Reuß=Schleiz, Sachsen, Schleswig=Holstein, Waldeck, Weimar und Würtemberg sich nicht auf die reine Publication der allg. deutsch. Wechselordnung als Gesetz in ihren Gebietstheilen beschränkt, sondern den betreffenden Einführungs=Ordnungen verschiedene, theils erläuternde, theils ergänzende, theils nur den Localverhältnissen entsprechende, bei Anwendung der Wechselordung zu berücksichtigende Bestimmungen hinzugefügt, welche in ihrer Gesammtheit kennen zu lernen wichtig sein dürfte. Ich habe daher unter Benutzung der mit der obenerwähnten Zusammenstellung des Herrn Stadtrichters Borchardt von demselben gleichzeitig gelieferten Uebersicht dieser Bestimmungen, so wie der zu Lützen im Verlage von Johann David Grimm 1849 erschienenen Sammlung der sämmtlichen Einführungsgesetze und neuen Wechselprozeß=Ordnungen, ferner der im Archiv für deutsches Wechselrecht in Bezug auf die Gesetzgebung von Herrn Oberappellationsrath Petersen in München, Herrn Obertribunalrath Gelpke in Berlin, dem Großherzogl. Bad. Oberhofgerichtsrath Herrn Dr. Zentner und Herrn Professor Dr. Blaschke in Gratz enthaltenen Abhandlungen u. s. w., die Particular=Gesetzgebung der einzelnen Länder, jedem betreffenden Artikel der allg. deutsch. Wechselordnung und, wo sie auf Keinen derselben passend bezogen werden konnte, dem ihren Inhalte entsprechenden Paragraphen dieses Buches, alphabetisch geordnet, in besonderen Noten beigegeben.

Die Wechselfähigkeit.

§. 7.

Die gesetzliche Befugniß, Wechselverbindlichkeiten gültig übernehmen zu können, die Wechselfähigkeit, ursprünglich nur den Kaufleuten eigen (s. §. 102), nach und nach jedoch, bei immer zunehmender Ausbreitung und Ausbildung des Wechselgeschäfts sich weiter ausdehnend, auch auf andere Personen übergegangen, steht gegenwärtig im Allgemeinen, insbesondere auch nach der allg. deutsch. Wechselordnung (Art. 1),

Jedem zu, welcher dispositionsfähig ist, d. h. über sein Vermögen frei und rechtsgültig verfügen kann, also in der Regel jedem Volljährigen. Die Volljährigkeit tritt nicht allerwärts in nämlicher Periode des Lebensalters ein, sondern sie beginnt sehr verschieden nach zurückgelegtem 21. bis 25. Lebensjahre, je nach den Bestimmungen der einzelnen Länder; doch werden Personen, welche selbstständig Handel oder ein Gewerbe betreiben, gewöhnlich auch dann, wenn sie das gesetzliche Alter noch nicht erreicht haben, für dispositionsfähig gehalten und von den Gerichten, bei Einwilligung ihrer Eltern oder Vormünder, schon früher für volljährig erklärt und sind dann auch wechselfähig. Diesen Fall hat Sachsen auch in seinem neuen Gesetze über Schuldarrest und Wechselprozeß §. 6. (s. nachstehenden Zusatz zum Art. 1.) vorgesehen; andere Länder, welche denselben bei der Wechselgesetzgebung nicht besonders berücksichtigt haben, bringen in dieser Beziehung ihre allgemeinen civilrechtlichen Bestimmungen zur Anwendung, so daß bei ihnen der als volljährig Erklärte gleich dem wirklich Volljährigen wechselfähig ist.

In Preußen bedarf es zum eigenen Gewerbsbetriebe eines Minderjährigen nicht immer der Volljährigkeits-Erklärung; denn nach dem A. L. R. II. 2. §. 218 hat die ausdrückliche oder stillschweigende Einwilligung des Vaters, daß der noch minderjährige Sohn ein Gewerbe für eigene Rechnung anfange, die Wirkung einer ausdrücklich erklärten Entlassung aus der väterlichen Gewalt; doch muß der Sohn behufs einer solchen Entlassung mindestens das 20. Jahr zurückgelegt haben (ebendaselbst §. 214); nur, wenn der Vater todt, findet eine Zulassung des Minderjährigen zum eigenen Betriebe eines bürgerlichen Gewerbes nur auf erfolgte Majorennitäts-Erklärung Statt. (A. L. R. II. 18. §. 807).

Während in Frankreich nur Minderjährige und Frauenspersonen, wenn sie keinen Handel treiben, sich nicht nach Wechselrecht verpflichten können (Art. 113 und 114 des franz. Handelsgesetzbuches), in England, Rußland u. s. w. jeder Vertragsberechtigte auch wechselfähig ist, waren in Deutschland, vor Einführung der allgemeinen deutschen Wechselordnung, in manchen Staaten einzelne Stände der Gesellschaft von der Wechselfähigkeit ausgeschlossen, so z. B. der Landmann, der Handwerker, weil man bei ihnen eine Kenntniß der Wechsel und des Wechselrechts füglich nicht voraussetzen konnte, ferner Staatsdiener, Geistliche, Militärpersonen u. s. w., weil man deren staatliche Stellung mit der Wechselstrenge, zu deren Wesen man früher hauptsächlich die Unterwerfung unter den Personalarrest rechnete, und die daher auch als unzertrennlich von der Wechselfähigkeit galt (siehe weiter unten), wohl nicht verträglich fand. Diese Ausnahmen sind durch die allgemeine deutsche Wechselordnung beseitigt, welche über die Wechselfähigkeit folgende Bestimmungen enthält:

Art. 1. Wechselfähig ist Jeder, welcher sich durch Verträge verpflichten kann [1]).

Art. 2. Der Wechselschuldner haftet für die Erfüllung der

[1]) Wechselfähig sind also auch dispositionsfähige Frauenspersonen; doch sind nur diejenigen von ihnen, welche Handel oder ein anderes Gewerbe betreiben (s. den hier folgenden Art. 2 Nr. 3) zugleich auch der Personalhaft unterworfen. Ehefrauen, welche nur mit Zustimmung des Mannes Verträge gültig abschließen können, bedürfen dieser Zustimmung natürlich auch bei Eingehung von Wechselverbindlichkeiten, wie überhaupt alle Personen, welche nur unter fremdem Beistand zu contrahiren befähigt sind, nur unter Mitwirkung ihres Beistandes rechtsgültig Wechselverpflichtungen eingehen können. (Brauer §. 1 Nr. 5 und §. 2 Nr. 5).

Zum Artikel 1.

Sachsen. Gesetz vom 7. Juni 1849, über Schuldarrest und Wechselprozeß §. 6.

Die Unterwerfung unter die Wechselhaft kann nur von dispositionsfähigen Personen geschehen. Personen, welche das 21. Jahr des Alters noch nicht erfüllt haben, aber für volljährig erklärt worden sind, werden nur durch Betreibung eines Handels- oder Fabrikgeschäftes oder Theilnahme daran fähig, Verpflichtungen bei Wechselhaft einzugehen.

Zum Artikel 2.

1. Bayern. Einführungs-Ordnung vom 25. Juli 1850, Art. 2 und 9.

Art. 2. Personen, gegen welche der Wechselarrest in Gemäßheit der in den einzelnen Landestheilen dermalen bestehenden Vorschriften über Wechselfähigkeit und Wechselarrest nicht Platz greifen würde, können auch nach dem im Art. 1 angeführten Zeitpunkte (1. Januar 1851) dem Wechselarrest nicht unterworfen werden.

Art. 9. Alle in den verschiedenen Gebietstheilen des Königreichs den Juden entgegenstehenden Ausnahmsbestimmungen sind hinsichtlich aller Wechselgeschäfte aufgehoben.

2. Braunschweig. Gesetz vom 11. Januar 1849 über Wechselprozeß §. 14, 15 und 16.

§. 14. Der Kläger hat neben dem Antrage auf Vollziehung des Personalarrestes die Atzungskosten (Unterhaltungskosten) für die erste Woche mit 6 ggr. für den Tag einzuzahlen und die ferneren Atzungskosten von Woche zu Woche zum Voraus zu entrichten. Unterbleibt die Vorausentrichtung, so wird der bereits verhaftete Schuldner entlassen und kann wegen derselben Schuld nicht wieder verhaftet werden.

§. 15. Der Wechselarrest kann, außer den im §. 2 der Wechselordnung genannten Ausnahmen, nicht nachgesucht werden:

1) gegen den Ehegatten;
2) gegen Verwandte und Verschwägerte in gerader Linie und im ersten Grade der Seitenlinie;
3) gegen beide Ehegatten zugleich;
4) gegen eine Person, die älter ist als 70 Jahre;
5) gegen einen Schuldner, der seine Insolvenz gerichtlich erklärt hat.

übernommenen Wechsel-Verbindlichkeit mit seiner Person und seinem Vermögen.

Jedoch ist der Wechselarrest nicht zulässig:

---

§. 16. Der verhaftete Schuldner wird entlassen:

1) wenn er den Gläubiger wegen seiner Hauptforderung sammt Nebenforderungen und Kosten befriedigt oder dafür, daß die Kosten binnen vier Wochen gezahlt werden, Sicherheit gestellt hat;
2) wenn er das siebenzigste Lebensjahr zurückgelegt;
3) wenn er gerichtlich seine Insolvenz erklärt hat;
4) wenn und so lange der Staat seine Militärdienste in Anspruch nimmt;
5) nach einjähriger Haft, wenn die Hauptforderung des Gläubigers 100 Thaler nicht übersteigt, nach zweijähriger Haft, wenn dieselbe zwischen 100 und 500 Thaler beträgt, und jedenfalls nach drei Jahren;
6) in dem §. 14 erwähnten Falle.

3. Coburg-Gotha. Ausführungsgesetz für Coburg vom 27. Juni 1849, §. 2, 20, 21 und 22; desgleichen für Gotha vom 25. April 1849, §. 2. (Der §. 2 des Gothaer ist mit §. 2 des Coburger Gesetzes gleichlautend; die ebenfalls über Wechselarrest sprechenden Bestimmungen des §. 6 und 7 des Gothaer Gesetzes, s. im Register zur Particulargesetzgebung unter Coburg-Gotha).

§. 2. Wenn gegen einen Civilstaatsdiener, einen Geistlichen oder einen Soldaten Wechselarrest vollstreckt werden soll, hat das Gericht sofort und zwar noch vor der Vollstreckung des Arrestes der vorgesetzten Dienstbehörde des zu Verhaftenden davon Nachricht zu geben.

§. 20. Neben dem Antrage auf Vollziehung der Personalhaft hat der Kläger, sofern der Schuldner nicht im Stande ist, sich im Arrest selbst zu ernähren, die Unterhaltungskosten für die erste Woche einzuzahlen, und die ferneren Unterhaltungskosten von Woche zu Woche zum Voraus zu entrichten. Unterbleibt die Vorausentrichtung, so wird der bereits verhaftete Schuldner entlassen, und kann wegen derselben Schuld nicht wieder verhaftet werden.

§. 21. Die Unterhaltungskosten bestimmt der Richter nach den Umständen und den persönlichen Verhältnissen des Schuldners, jedoch sollen dieselben für den Tag nicht weniger als 18 Kr. und nicht mehr als 40 Kr. betragen, außer den Heizungskosten und den Sitzgebühren, welche letztere täglich 15 Kr. betragen und in die betreffende Gerichtskasse fließen.

Bei der Bewachung des Wechselschuldners in seiner Wohnung sollen für zwei Mann Wache, welche sich von Zeit zu Zeit ablösen, zusammen täglich 50 Kr. rhnl. in Ansatz kommen.

§. 22. Der verhaftete Schuldner wird entlassen:

1) wenn er den Gläubiger wegen seiner Hauptforderung sammt Nebenforderungen und Kosten befriedigt, oder sofern nur die Kosten noch rückständig sind, dafür, daß die Kosten binnen vier Wochen gezahlt werden, Sicherheit gestellt hat;
2) wenn er das siebenzigste Lebensjahr zurückgelegt;

1. gegen die Erben eines Wechselschuldners;
2. aus Wechselerklärungen, welche für Corporationen oder andere juristische Personen, für Actiengesellschaften oder in

---

3) wenn er gerichtlich seine Insolvenz erklärt hat;
4) nach einjähriger Haft, wenn die Hauptforderung des Gläubigers 100 Gulden nicht übersteigt, nach zweijähriger Haft, wenn dieselbe zwischen 100 Gulden und 500 Gulden beträgt und jedenfalls nach drei Jahren;
5) in dem im §. 20 erwähnten Falle.

4. Frankfurt a. M. Einführungs-Ordnung vom 27. März 1849. §. 3.

Zu den im Art. 2 der allgemeinen deutschen Wechselordnung unter 1, 2, 3 erwähnten Beschränkungen des Wechselarrestes kommen noch folgende:

Der Wechselarrest ist nicht zulässig:
4) gegen die bei dem hiesigen Linienmilitär in wirklichem Dienste stehenden Militärpersonen;
5) Gegen Verwandte des Gläubigers in auf- oder absteigender Linie, so wie gegen Geschwister desselben;
6) gegen den einen Ehegatten wegen Ansprüchen des andern;
7) gegen die Ehefrau und den Ehemann zugleich wegen der nämlichen Wechselschuld;
8) gegen denjenigen Schuldner, welcher das 70. Lebensjahr angetreten hat;
9) wegen einer die Summe von 25 Gulden im Hauptstuhl nicht erreichenden Forderung.

Auch finden bei dem Wechselarreste die Vorschriften der §§. 2 bis 7 des Gesetzes vom 31. October 1848 über die persönliche Haft wegen Verbindlichkeiten des bürgerlichen Rechts, und des §. 7 des Gesetzes zum Schutz der persönlichen Freiheit vom 20. Februar 1849 Anwendung.

5. Hamburg. Einführungs-Ordnung vom 5. März 1849. §. 3.

Der Wechselarrest wird, auf gerichtliche Erkennung des Freizettels, in der für den Schuldarrest im Allgemeinen hieselbst gebräuchlichen Modalität verfügt.

Rücksichtlich der Beschränkung seiner Vollstreckung aus Gründen des öffentlichen Rechts kommen gleichfalls nur die in Bezug auf den Schuldarrest im Allgemeinen geltenden Grundsätze zur Anwendung.

6. Hannover. Einführungs-Ordnung vom 7. April 1849. §. 3.

Personalhaft ist, außer den im Art. 2 der allgemeinen deutschen Wechselordnung angeführten Fällen, unstatthaft gegen:
1) die während der Dauer einer Versammlung der allgemeinen Stände anwesenden Mitglieder derselben;
2) Militärpersonen im activen Dienste; einschließlich der Auditeure, Aerzte, Commissariats- und Rechnungsbeamten des Heeres;
3) Civil-Staatsdiener im activen Dienste, sofern sie nicht Handel oder Gewerbe treiben;
4) ordinirte Geistliche.

Angelegenheiten solcher Personen, welche zu eigener Vermögensverwaltung unfähig sind, von den Vertretern derselben ausgestellt werden;

---

7. **Hessen-Darmstadt.** Einführungs-Ordnung vom 4. Juni 1849. §. 19 bis 24 für Rheinhessen; Wechselprozeß-Ordnung für Starkenburg und Oberhessen vom nämlichen Tage, §. 25. bis 32.

Für Rheinhessen §. 19—24 der Einführungs-Ordnung.

§. 19. Außer den in der allgemeinen deutschen Wechselordnung Art. 2 unter Nr. 1—3 bezeichneten Fällen ist der Wechselarrest nicht zuläßig in folgenden Verhältnissen:

1) gegen den Schuldner zum Vortheile seines Ehegatten, seiner Verwandten in auf- und absteigender Linie, seiner ehelichen Geschwister, seines Oheims, seiner Tante, seines Neffen, seiner Nichte oder seiner Verschwägerten in denselben Graden;
2) gegen Personen, welche das 70. Lebensjahr angetreten haben;
3) wenn das schuldige Capial nicht mehr als 100 Gulden beträgt.

§. 20. Der erkannte Wechselarrest darf nicht vollstreckt werden:

1) gegen active Militärpersonen unter dem Offiziersrange, so lange sie nicht groß beurlaubt sind, — und gegen active Militärpersonen im Offiziersrang, so lange sie sich mit ihrem Corps oder mit Abtheilungen desselben außerhalb der Garnison befinden;
2) gegen beide Ehegatten zugleich;

§. 21. Der verhaftete Schuldner wird entlassen:

1) nach sechsmonatlicher Haft, wenn die Schuld an Hauptgeld unter 500 Gulden, nach einjähriger Haft, wenn die Schuld an Hauptgeld 500 Gulden oder mehr, aber weniger als 1500 Gulden, nach achtzehnmonatlicher Dauer der Haft, wenn die Schuld an Hauptgeld 1500 Gulden oder mehr, aber weniger als 3000 Gulden, nach zweijähriger Haft, wenn die Schuld an Hauptgeld 3000 Gulden, oder mehr beträgt;
2) wenn der Schuldner, er mag bereits Militär sein oder nicht, zum Militärdienste einberufen wird, oder wenn er, im Falle er im Offiziersrange steht, mit seinem Corps oder seiner Abtheilung die Garnison zu verlassen hat;
3) wenn der Schuldner während der Dauer der Haft das 70. Lebensjahr angetreten hat.

§. 22. Der Schuldner, welcher aus der Haft entlassen worden ist, sei es wegen abgelaufener Dauer der Haft, sei es wegen Mangels der Bezahlung der Verpflegungskosten, kann wegen derselben Forderung nicht wieder verhaftet werden.

§. 23. Der Gläubiger, welcher die Freilassung des Schuldners auf dessen Anstehen gestattet hat, ist befugt, späterhin dessen Wiederverhaftung zu verlangen, jedoch hat diese erneuerte Haft nur unter Einrechnung der Zeit der früher bestandenen Haft anzudauern.

§. 24. Die für Verpflegung des verhafteten Schuldners durch den Gläubiger zu hinterlegenden Kosten sind auf 30 Kreuzer täglich festgesetzt.

3. gegen Frauen, wenn sie nicht Handel oder ein anderes Gewerbe treiben.[2])

Inwiefern aus Gründen des öffentlichen Rechts die Voll-

[2]) S. Note 1, Seite 9.

Für Starkenburg und Oberhessen §. 25—32 der Wechsel-Prozeß-Ordnung.

§. 25. Leistet der Beklagte dem Urtheile keine Folge, so kann der Kläger sofort die Vollstreckung an dem Vermögen des Beklagten und zugleich die Erkennung des Wechselarrestes verlangen.

§. 26. Verlangt der Kläger die Erkennung des Wechselarrestes, so hat das Gericht einen schriftlichen Haftbefehl zu erlassen und darin auszusprechen, daß dieser, sobald der Kläger die erforderliche Kostenvorlage geleistet habe, vollstreckbar sei.

Der Kläger ist verbunden, die Kosten der Verhaftung und Verbringung in das Schuldgefängniß, so wie die Kosten für die Unterhaltung des Beklagten, letztere im Betrage von täglich 30 Kreuzer nebst dem im Winter erforderlichen, vom Gerichte zu bestimmenden Aufwande für Feuerung und Licht, von Woche zu Woche vorzulegen. Auch hat derselbe sonstige durch die Haft entstandene unvorhergesehene Ausgaben binnen 24 Stunden auf Anforderung des Gerichts zu ersetzen.

Wenn der Gläubiger an dem Tage, bis zu welchem er die Kosten vorgelegt, keine weitere Kostenvorlage geleistet hat, oder der gerichtlichen Aufforderung zur Vergütung sonstiger durch die Haft entstandener unvorhergesehenen Kosten nicht binnen 24 Stunden entspricht, so wird der Schuldner sofort freigelassen.

§. 27. Der Beklagte wird zur Vollstreckung des Wechselarrestes in dem hierfür bestimmten Schuldgefängnisse verwahrt, — in seiner Wohnung oder einem sonstigen angemessenen Locale nur, wenn und in so weit der Kläger dieß unter Zustimmung des Beklagten beantragt.

§. 28. Außer den in der allgemeinen deutschen Wechselordnung Art. 2 unter Nr. 1—3 bezeichneten Fällen ist der Wechselarrest nicht zulässig in folgenden Verhältnissen:

1) wörtlich wie bei Nr. 1 } des vorstehenden §. 19 der Einf.-Ordnung,
2) „ „ „ „ 2 }
3) gegen Personen, über deren Vermögen Concurs erkannt, oder welchen die Rechtswohlthat der Güterabtretung bewilligt, oder gegen welche ein gerichtliches Veräußerungsverbot erlassen worden ist;
4) wenn das schuldige Capital nicht mehr als 100 Gulden beträgt.

§. 29. Der erkannte Wechselarrest darf nicht vollstreckt werden:

1) wörtlich wie bei Nr. 1 §. 20 der Einführungsordnung;
2) gegen beide Ehegatten zugleich.

§. 30. Der verhaftete Schuldner wird entlassen:

1) wenn die schuldige Summe nebst Zinsen und Kosten gerichtlich hinterlegt wird;
2) wörtlich wie bei Nr. 1 } §. 21. der Einführungs-Ordnung.
3) „ „ „ „ 2 }
4) wenn während der Dauer der Haft der Fall des §. 28 Nr. 2 oder 3 eintritt.

streckung des Wechselarrestes gegen andere als die vorgenannten Personen Beschränkungen erleidet, ist in besonderen Gesetzen bestimmt.

---

§. 31. Der auf den Grund des vorstehenden §. 30 oder des §. 26 aus der Haft entlassene Schuldner kann wegen derselben Schuld nicht wieder verhaftet werden. Diese Bestimmung findet jedoch keine Anwendung auf den im vorstehenden §. 30 unter Nr. 3 angegebenen Fall.

§. 32. Wie vorstehender §. 23 der Einführungs-Ordnung.

8. Lippe-Detmold. Gesetz vom 5. Juli 1849 über den Wechselprozeß, §. 14—16.

§. 14. Wie vorstehend bei Braunschweig §. 14.

§. 15. Der Wechselarrest kann außer den im Art. 2 der Wechselordnung genannten Ausnahmen, nicht nachgesucht werden:

1) gegen den Ehegatten;
2) gegen Verwandte und Verschwägerte in gerader Linie und im ersten Grade der Seitenlinie;
3) gegen beide Ehegatten zugleich;
4) gegen einen Schuldner, der seine Insolvenz gerichtlich erklärt hat;

§. 16. Der verhaftete Schuldner wird entlassen:

1) wenn er den Gläubiger wegen seiner Hauptforderung sammt Nebenforderungen befriedigt, auch die Kosten bezahlt, oder dafür, daß sie binnen vier Wochen gezahlt werden, Sicherheit gestellt hat;
2) wenn er gerichtlich seine Insolvenz erklärt hat;
3) wenn und so lange der Staat seine Militairdienste in Anspruch nimmt;
4) wie vorstehend bei Braunschweig §. 16 Nr. 5;
5) in dem im §. 14 erwähnten Falle;

9. Lübeck. Gesetz vom 28. April 1849 über den Wechselarrest, Art. 2., 3., 6. bis 9.

Art. 2. Auf die persönliche Haft eines Schuldners darf außer in den im Art. 2 der Allgem. deutschen Wechselordnung aufgeführten Fällen nicht erkannt werden:

1) gegen Blutsverwandte und Verschwägerte des Gläubigers in auf- oder absteigender Linie;
2) gegen Voll- oder Halbgeschwister, so wie gegen Geschwister der Eltern und Großeltern des Gläubigers;
3) gegen den Ehegatten des Gläubigers;
4) gegen Personen, welche das 70. Lebensjahr vollendet haben;
5) gegen Personen, über deren Vermögen Concurs eröffnet ist, wegen solcher Schulden, welche vor dem Concurse contrahirt sind.

Art. 3. Der erkannte Wechselarrest darf zeitweilig nicht vollstreckt werden:

1) gegen einen Ehegatten, während der andere wegen Schulden persönlich in Haft ist;
2) gegen schwer Erkrankte, während der Dauer der Krankheit;

Art. 3. Finden sich auf einem Wechsel Unterschriften von Personen, welche eine Wechselverbindlichkeit überhaupt nicht [3]), oder nicht mit vollem Erfolge [4]) eingehn können, so hat dies

[3]) Hierunter sind diejenigen Personen begriffen, welche wegen mangelnder Dispositionsfähigkeit nicht wechselfähig sind, z. B. Minderjährige, unter Curatel stehende; ferner solche, welche (s. vorstehende Note 1) Wechselverpflichtungen nur mit Bewilligung ihres Beistandes gültig übernehmen können. (Brauer, §. 3 Nr. 2.)

[4]) Nämlich von Personen, wie sie der Art. 2 aufführt, gegen welche die volle Wechselstrenge nicht eintreten kann. (Brauer ebendaselbst.)

---

3) gegen Personen weiblichen Geschlechts während der Schwangerschaft und der nächsten sechs Wochen nach ihrer Entbindung;
4) gegen Mitglieder oder Beamte öffentlicher Behörden während der Sitzung der letzteren;
5) gegen Militairpersonen und andere Mitglieder unter öffentlicher Autorität bewaffneter Corps, während sie auf dem Feldfuße sich befinden oder im öffentlichen Dienste unter den Waffen stehen;
6) gegen Schiffer und Schiffsvolk, während das Schiff, dem sie angehören, segelfertig liegt;
7) in einem dem Gottesdienste gewidmeten Gebäude während der Dauer des Gottesdienstes, bei Taufhandlungen, Trauungen und Leichenfeierlichkeiten, sowie bei den entsprechenden Handlungen nicht christlicher Confessionsverwandten;
8) an Sonntagen und allgemeinen Feiertagen (vergleiche Art. 9 des heute publicirten Gesetzes, die Anwendung der allgemeinen deutschen Wechselordnung im Freistaate Lübeck betreffend);
9) in der Wohnung des Schuldners, während der Stunden von 7 Uhr Abends bis 9 Uhr Morgens.

Art. 6. Der Wechselarrest dauert 14 Tage, wenn die Schuld wegen deren derselbe erkannt worden, mit Inbegriff der durch Erkenntniß dem Gläubiger zugesprochenen Kosten und Zinsen, soweit bis zum Tage der Verhaftung aufgelaufen, 50 Mark oder weniger beträgt; er dauert einen Monat, wenn die Schuld über 50 Mark und bis 100 Mark beträgt. Für jeden Mehrbetrag bis zu 100 Mark einschließlich, verlängert er sich um einen Monat. Die Dauer von drei Jahren darf er niemals übersteigen.

Der Monat wird zu 30 Tagen gerechnet.

Art. 7. Die persönliche Wechselhaft hört von Rechtswegen auf:
1) nach Ablauf ihrer gesetzlichen Dauer;
2) wenn die Schuld, für welche sie verhängt worden, vor solchem Ablauf bezahlt wird, sofort nach der Zahlung:
3) wenn der Schuldner das 70ste Lebensjahr vollendet;
4) mit der Eröffnung des Concurses über das Vermögen des Schuldners;
5) wenn am letzten Tage des Monats, für welchen die Unterhaltungsgelder vom Gläubiger berichtigt worden, bis Abends 7 Uhr keine neue Einzahlung für den nächsten Monat geleistet ist.

Art. 8. Sie kann durch richterliche Verfügung von Amtswegen

auf die Verbindlichkeit der übrigen Wechselverpflichteten keinen Einfluß.

Aus dem Art. 2. geht hervor, daß der Wechselschuldner für die

---

unterbrochen werden, wenn der Verhaftete schwer erkrankt oder andere Nothfälle eintreten.

Dem Gläubiger ist von einer jeden solchen Verfügung, unter Mittheilung der Gründe derselben, unverweilt von Amtswegen Nachricht zu geben.

Nach Beseitigung dieser Gründe erfolgt die Wiederverhaftung für die rückständige Haftzeit von Amtswegen, auch ohne besonderen Antrag des Gläubigers.

Art. 9. Wegen der nämlichen Schuld darf der einmal entlassene Schuldner nicht wieder verhaftet werden, abgesehen von den im Art. 8 gedachten Fällen.

10. Mecklenburg-Strelitz. Wechselprozeß-Ordnung vom 14. Juni 1849. §. VI. Nr. 2, 3, 6, 8 und 9.

Nr. 2. Der Wechselarrest kann nur durch sofortige reine Güterabtretung, nicht durch eine früher bereits erfolgte oder nunmehrige Berufung auf die Verordnung vom 8. April 1836 abgewandt werden.

Nr. 3. Es wird der Wechselarrest, außer den in der allgemeinen deutschen Wechselordnung, Art. 2 unter Nr. 1, 2 und 3 angeführten Fällen, nicht anwendlich:

a) gegen dienstthuende Militairpersonen im Kriege, oder während das Militair auf dem Feldfuße steht, oder während eines Commandos außer der Garnison, oder während die betreffende Militairperson in unmittelbarer Dienstleistung begriffen ist;

b) wegen einer Wechselforderung, welche bereits vor einem Concurse des Beklagten gegen denselben begründet worden.

Nr. 6. Wenn der Gläubiger an dem Tage, bis zu welchem er die Kosten vorgestreckt, keine weitere Kostenvorlage geleistet hat, oder der gerichtlichen Aufforderung zur Vergütung sonstiger, durch die Haft entstandener unvorhergesehener Kosten nicht binnen 24 Stunden entspricht, so wird der Schuldner sofort freigelassen, und darf er wegen derselben Schuld nicht wieder verhaftet werden.

Nr. 8. Die persönliche Schuldhaft dauert einen Monat, wenn die Schuld, weshalb sie erkannt worden, mit den durch das Erkenntniß dem Gläubiger zugesprochenen Zinsen und Kosten, soweit sie bis zum Tage der Verhaftung aufgelaufen, 50 Thaler Courant oder weniger beträgt. Für jeden Mehrbetrag bis zu 50 Thaler Courant einschließlich verlängert sie sich um einen Monat. Die Dauer von 5 Jahren darf sie niemals übersteigen. Der Monat wird zu 30 Tagen gerechnet.

Nr. 9. Die persönliche Schuldhaft hört auf:

a) nach Ablauf ihrer gesetzlichen Dauer;

b) wenn die Schuld, für welche sie verhängt worden, nebst den durch

Erfüllung seiner übernommenen Wechselverpflichtung zwar außer mit seinem Vermögen auch noch mit seiner Person verhaftet, in der Regel also, bei eintretender Nichterfüllung, der Personalarrest gegen ihn

---

die Haft dem Kläger verursachten Kosten, vor solchem Ablauf bezahlt, beziehungsweise gerichtlich deponirt wird;

c) wenn der Verhaftete die reine Güterabtretung erklärt, oder wider denselben der Concurs eröffnet wird;

d) bei schwer Erkrankten während der Dauer der Krankheit;

e) bei Personen weiblichen Geschlechts um die Zeit ihrer Entbindung und während der nächsten 6 Wochen nach derselben;

f) bei bereits verhafteten Militairpersonen, wenn und so lange der Staat ihre Dienste im Kriege oder bei einem Commando außerhalb der Garnison in Anspruch nimmt, oder die Militairabtheilung, der sie angehören, auf den Feldfuß gesetzt wird.

Ebenso lautet bei

11. Mecklenburg-Schwerin die Wechselprozeß-Ordnung vom 14. Juni 1849, jedoch mit Ausnahme obiger Nr. 3 Lit. b angeführten Bestimmung, welche hier wie folgt heißt: „gegen Schiffer und Schiffsvolk, wenn deren Schiff segelfertig liegt", während die dort unter b bemerkte hier unter c steht.

12. Meiningen-Hildburghausen. Einführungs-Ordnung vom 22. April 1848, §. 1.

Außer den in der Wechselordnung Art. 2, unter 1—3 gedachten Fällen soll der Wechselarrest noch unzulässig sein gegen Geistliche, Militairpersonen und Feldjäger, so lange sie sich im wirklichen Dienste befinden.

Gegen andere öffentliche Diener findet zwar der Wechselarrest statt, der Vollzug desselben ist jedoch in diesem Falle von dem Gericht der vorgesetzten Dienstbehörde des betroffenen Dieners zum Behuf der anzuordnenden Stellvertretung sofort anzuzeigen und der Gehalt des Dieners ist auf die Dauer des Arrestes einzuziehen.

13. Nassau. Wechselprozeß-Ordnung vom 7. November 1848, §. 23, 24, 26, 27 und 30.

§. 23. Die Vollstreckungshaft kann nicht nachgesucht werden:

1) gegen Schuldner, welche das 70. Lebensjahr zurückgelegt haben;
2) gegen den Ehegatten des Gläubigers;
3) gegen Verwandte und Verschwägerte in auf- und absteigender Linie und im ersten Grad der Seitenlinie.

§. 24. Bei gewählter persönlicher Haft wird der Beklagte in das Schuldgefängniß gebracht, oder wenn ein solches nicht vorhanden ist, ihm eine Wache in seine Wohnung gesetzt. Detentions- und Strafgefängnisse können zu dieser Haft nicht verwendet werden.

§. 26. Die Entlassung des Verhafteten wird verfügt:

1) wenn die Schuldsumme sammt dem Betrag der zurückzuersetzenden Verpflegungs- und Bewachungskosten dem Gläubiger bezahlt oder gerichtlich deponirt worden ist;

statthaft sei, daß letzterer aber gegen die Nr. 2 und 3 genannten so wie gegen die im letzten Absatze des Artikels nicht näher bezeichneten und durch besondere Gesetze noch anzuführenden Personen wegfalle, ohne daß dadurch der

---

2) wenn der Schuldner, nachdem er drei Monate in Verhaft war, ein Drittel der Forderung sammt dem Betrag der zurückzuersetzenden Verpflegungs- und Bewachungskosten bezahlt und für in sechs Monaten zu leistende Zahlung des übrigen Betrages hinreichende Sicherheit stellt;

3) wenn der Gläubiger nicht an dem Tage, bis zu welchem einschließlich die Kosten vorgeschossen sind, einen neuen Vorschuß auf mindestens einen Monat leistet; gegen den aus diesem Grunde aus der Haft entlassenen Schuldner findet wegen derselben Forderung eine wiederholte Schuldhaft nicht statt;

4) wenn die Militairdienste des Verhafteten bei ausgebrochenem Kriege in Anspruch genommen werden;

5) wenn der Schuldner das 70. Lebensjahr zurückgelegt hat;

6) wenn vom Tage der Verhaftung an ein Jahr abgelaufen ist;

§. 27. Jeder andere Gläubiger, der gleichfalls persönlichen Verhaft erwirkt hat, kann die Fortsetzung desselben für sich verlangen, jedoch nicht über die Dauer von einem Jahre, vom Tage der ersten Verhaftung an gerechnet.

§. 30. Entsteht über den Wechselschuldner Concurs, so kann der Wechselgläubiger, auch wenn er seine Forderung im Concurs liquidirt, auf Personalhaft gegen den Schuldner antragen.

14. Oesterreich bestimmt:

a) in der Wechselordnung anstatt Art. 2. Nr. 3 der deutschen Wechselordnung:

Der Wechselarrest ist nicht zuläßig gegen alle jene Personen, gegen welche nach den in den einzelnen Kronländern bestehenden besonderen gesetzlichen Vorschriften der Schuldarrest überhaupt nicht stattfindet;

b) in der Verordnung vom 25. Januar 1850 für jene Kronländer, in welchen das allgemeine bürgerliche Gesetzbuch gilt, mit Ausnahme der Lombardei und der Militärgrenze, §. 21:

Der Schuldarrest kann, er mag wegen Sicherstellung oder Bezahlung einer Wechselforderung erwirkt worden sein, in Allem nicht länger als ein Jahr ununterbrochen fortdauern;

c) in der Verordnung vom 25. Januar 1850, für Ungarn, Croatien, Slavonien, Serbien und das Temeser Banat, §. 7, 13 und 19:

§. 7. Vom Personalarrest sind befreit:

1) in der activen Dienstleistung stehende, pensionirte oder mit Militär-Charakter ausgetretene Militärpersonen:

2) öffentliche Beamte im Dienste des Staats und Geistliche;

§. 13. Die Unterlassung des Erlages der Alimentationsrate zur gehörigen Zeit hat zur Folge, daß der verhaftete Schuldner sogleich seiner Haft entlassen, und daß der Gläubiger des Rechts auf Wiederaufnahme der Personalexecution wegen derselben Forderung verlustig wird.

Wechselfähigkeit dieser Personen Eintrag geschehe. Es ist also klar, daß die allgemeine deutsche Wechselordnung nicht wie die früheren deutschen Wechselgesetze in der Uebernahme von Wechselverbindlichkeiten noth-

§. 19. Der Schuldarrest, gleichviel ob wegen einer einzigen oder wegen mehrerer Schulden kann nicht länger als Ein Jahr ununterbrochen dauern. Nach Ablauf eines ununterbrochenen durch Ein Jahr ausgestandenen Arrestes, ist daher der Schuldner sofort aus demselben zu entlassen und kann auch wegen derselben Schuld nicht wieder verhaftet werden;

d) in der Verordnung vom 31. März 1850 über das Wechselverfahren in der Lombardei, §. 20:
wie oben unter b §. 21.

15. Oldenburg. Zusatzartikel zur Wechselordnung in seinem Einführungsgesetz vom 31. März 1849, Art. 101 und ferner vierter Abschnitt der Wechselordnung, die Wechselprozeßordnung enthaltend. Art. 130 und 133.

Art. 101. Die Vollstreckung des Wechselarrestes erleidet keine andern, als die im Art. 2 der Wechselordnung angegebenen Beschränkungen, vorbehaltlich der Bestimmungen in den Art. 130 und 133 des vierten Abschnitts.

Art. 130. Die Personalhaft kann nicht vollstreckt werden während des Concurses des Schuldners wegen der bei dessen Eintritt bereits vorhandenen Schuldansprüche.

Art. 133. Der Schuldner ist der Haft zu entlassen:

1) wenn der Oberrichter ein vorläufig durch Verfügung der Personalhaft vollstrecktes Urtheil aufhebt;
2) wenn der Gläubiger die Aufhebung oder Aussetzung der Haft bewilligt;
3) wenn der Concurs der Gläubiger wider den Schuldner erkannt ist;
4) wenn die Haft für eine und dieselbe Schuld bereits zwei Jahre, es sei mit oder ohne Unterbrechung, gedauert hat;
5) wenn der Kläger die ihm obliegenden Zahlungen (in Betreff der Alimentenvorschüsse) nicht innerhalb 24 Stunden leistet;
6) wenn Straf- oder Untersuchungshaft wider den Schuldner vollstreckt werden soll, in welchem Falle derselbe für die Dauer solcher Haft des Wechselarrestes entlassen und der zuständigen Behörde übergeben wird.

16. Preußen.

a) Einführungs-Ordnung vom 15. Februar 1850, §. 5.

Gegen Personen des Soldatenstandes ist die Vollstreckung des Wechselarrestes unzulässig, so lange sie dem Dienststande angehören. Auf Militärbeamte dagegen finden fortan die für Civilbeamte gegebenen Vorschriften Anwendung.

b) Gesetz vom 11. Mai 1839, bestimmt §. 1:

Ein Wechselschuldner, welcher auf Antrag eines oder mehrerer Gläubiger zur persönlichen Haft gebracht wird, ist derselben nach Ablauf von fünf Jahren zu entlassen, und darf auf den Grund früher vorhandener Wechselschulden auch nicht von neuem verhaftet werden; eine

2 *

wendig eine die persönliche Freiheit bedrohende Handlung sieht, welcher Ansicht wegen diese Gesetze auch die oben angeführten Beschränkungen der Wechselfähigkeit anordneten, sondern daß sie die Personalhaft

---

Verlängerung der Haft über diese Dauer hinaus ist nur unter den in der Cabinets-Ordre vom 5. Juli 1832 vorgeschriebenen Bedingungen zulässig.

c) Die Cabinets-Ordre vom 5. Juli 1832 bestimmt:

Bei dem Antrage auf Verlängerung des Arrestes, er mag von dem bisherigen Extrahenten desselben oder von einem andern Gläubiger ausgehen, muß nachgewiesen werden, entweder, daß Wahrscheinlichkeit vorhanden sei, dem Gläubiger durch den fortdauernden Arrest ein Mittel zur Befriedigung zu gewähren, oder, daß der Schuldner durch einen unmoralischen Lebenswandel sein Zahlungsunvermögen sich zugezogen habe.

17. Sachsen. Gesetz über Schuldarrest und Wechselprozeß vom 7. Juni 1849, §. 2, 3, 4, 7, 8, 9, 15, 16, 17, 18, 20, 21, 22, 23, 24, 25, 26 und 27.

§. 2. Die Wechselhaft kann nur wegen Geldzahlungen angelobt werden.

Hätte sich Jemand zu andern Leistungen oder Unterlassungen bei Schuld- oder Wechselhaft verbindlich gemacht, so ist eine deßhalb erklärte Unterwerfung ungültig.

Die Bestimmungen der Constitutio 21 P. II vom Jahre 1572 werden hiermit aufgehoben.

§. 3. Bei Wechseln und Anweisungen, welche nach der allgemeinen deutschen Wechselordnung und dem Gesetze, die kaufmännischen Anweisungen betreffend, vom heutigen Tage, zu beurtheilen sind, erfolgt die Unterwerfung stillschweigend mit einer jeden Zeichnung, wodurch eine wechselmäßige Verpflichtung übernommen wird.

§. 4. Außerdem ist sie nur dann gültig, wenn in der Urkunde durch das Wort „Wechsel" auf irgend eine Weise ausgedrückt ist, daß sich der Aussteller zur Zahlung bei Wechselhaft verbindlich gemacht hat, z. B. wenn die Urkunde selbst in ihrem Inhalte als Wechsel bezeichnet, oder die Zahlung nach Wechselrecht, bei Wechselhaft, oder mit der angefügten Wechselclausel versprochen wäre, oder der Aussteller den Bestimmungen des Wechselrechts, der Wechselordnung sich unterworfen hätte, oder der ganze Contract als Wechselcontract bezeichnet worden.

Sind in einer solchen Urkunde verschiedenartige Zahlungen zugesichert, so gilt die Unterwerfung für alle insofern sie nicht ausdrücklich auf einzelne beschränkt ist.

(§. 6. s. oben Zusatz zum Art. 1).

§. 7. Mit dem Eintritte eines Erben in die von dem Erblasser eingegangenen Verbindlichkeiten ist die Unterwerfung des erstern unter den vom Erblasser angelobten Wechselarrest nicht verbunden.

§. 8. Jedoch sind persönlich wechselfähige Erben eines Kaufmanns oder Fabrikinhabers, wenn sie das Geschäft ihres Erblassers fortstellen, oder an der Stelle desselben einem kaufmännischen Etablissement beitreten, so wie nur als Vollstreckungsmittel und die Unterwerfung unter dieselbe trennbar von der Wechselfähigkeit betrachtet. Trifft sonach die angeführten, vom Wechselarreste ausgeschlossenen Personen bei Eingehung

---

alle diejenigen persönlich wechselfähige Personen, welche ein solches bestehendes merkantilisches Etablissement durch Ankauf oder ein anderes Geschäft unter den Lebendigen (freie Vereinigung mit den Eigenthümern, die sie als Handelsgesellschafter aufnehmen) an sich bringen, und zwar diese sämmtlichen Personen, dafern sie sich in Circularien oder auf andere Weise gegen die Gläubiger zur activen und passiven Vertretung des Geschäfts (nicht blos zur Liquidation) erklärt haben, aus den auch vor ihrem Eintritte nach Wechselrecht oder bei Wechselarrest eingegangenen Verpflichtungen ihrer Erblasser, Vorfahrer oder Handelsgesellschafter, soweit diese Verpflichtungen aus den Handelsgeschäften entstanden sind, zu deren Erfüllung durch Schuldgefängniß anzuhalten.

§. 9. Dagegen werden auch die wechselfähigen Mitglieder von Personen, welche juristische Persönlichkeit haben, ingleichen Vertreter von Anstalten, denen gleiche Persönlichkeit zukömmt, selbst wenn sie persönlichen Antheil an Führung der Geschäfte genommen hätten, durch die sonst mit Unterwerfung unter den Wechselarrest verbundenen Geschäfte (z. B. Ausstellung, Acceptation und Indossament von Wechseln), wenn sie im Namen des Vereins oder der Anstalt geschlossen worden, auch in so weit, als sie überhaupt daraus subsidiarisch verpflichtet werden können, dem Wechselarrest nicht unterworfen.

§. 15. Wenn der Kläger die erforderte Vorausbezahlung (der Unterhaltungskosten) nicht am bestimmten Tage leistet, so ist der Schuldner ohne weiteres einstweilen des Arrestes zu entlassen.

§. 16. Schuldarrest ist nicht anzulegen, wenn der Schuldner das 70. Jahr des Alters angetreten hat.

Wenn ein Schuldner beim Beginn des 70. Lebensjahres im Schuldarreste begriffen ist, so wird er daraus jedenfalls sofort entlassen.

§. 17. Der Schuldarrest kann nicht nachgesucht werden:

1) gegen den Ehegatten, so lange nicht auf Trennung des Ehebandes oder beständige Scheidung von Tisch und Bette rechtskräftig erkannt worden ist;
2) gegen Blutsverwandte in auf- und absteigender Linie, ingleichen gegen Stief- und Schwiegereltern, so lange das Affinitätsverhältniß dauert;
3) gegen vollbürtige und halbbürtige Geschwister.

Derselbe kann auch da nicht angewendet werden, wenn der Anspruch von dem ursprünglichen Gläubiger, zu welchem der Schuldner in einem der genannten Verhältnisse stand, durch Intestaterbfall, oder durch ein freiwillig vollzogenes Geschäft unter den Lebenden oder auf den Todesfall (mithin auch durch Testament) an einen Andern übergegangen ist.

Ausgenommen von dieser letzten Bestimmung sind jedoch die Fälle der mittelst wechselrechtlicher Begebung im eigentlichen Wechselverkehre vorkommenden Uebertragung wechselmäßiger Forderungen an dritte Personen.

von Wechselverbindlichkeiten auch nicht die ganze Wechselstrenge, so sind sie derselben, mit Ausnahme der Personalhaft, doch noch in ihren übrigen Theilen unterworfen, und diese sind:

---

§. 18. Wenn die klagende Partei aus mehreren Personen besteht und der Schuldner nur zu Einer oder Einigen derselben in einem der §. 17, unter 1, 2 oder 3 gedachten Verhältnisse steht, so ist auf Anrufen der Uebrigen der Schuldarrest zu ihrem Antheile zu verfügen.

§. 20. Wider einen Gemeinschuldner ist während des Concurses auf die bei dessen Eintritte bereits bestandenen Schuldansprüche der Schuldarrest nicht zu verfügen, auch, wenn er bei Ausbruch des Concurses bereits in Wechselhaft ist, nicht fortzusetzen.

Die 26. Decision vom Jahre 1746 und die darauf Bezug nehmende Bestimmung im Banqueroutirmandate vom 20. December 1766, auch dem in die Lausitz ergangenen vom Dato den 2. August und publizirt den 27. September 1783, §. 19, werden hiermit aufgehoben. Dahingegen schläft, so lange der Concurs dauert, die Verjährung der auf jene Zahlungen oder Abtretungen gerichteten Wechselklagen.

§. 21. Schuldarrest kann zu Gunsten eines und desselben Gläubigers nicht länger als zwei Jahre hindurch andauern.

§. 22. Mit Ablauf dieser Zeit erlischt zugleich das Recht auf Vollstreckung des Schuldarrestes wegen aller derjenigen Ansprüche desselben Gläubigers, welche zu der Zeit der Haftanlegung bereits verfallen waren.

Ist eine Forderung erst während der Haft fällig geworden, so findet wegen dieser zwar anderweiter Anspruch auf Schuldarrest von zwei Jahren Statt, es ist jedoch der Anfang dieser Frist von der Verfallzeit der spätern Forderung an zu rechnen.

§. 23. Auch ein Dritter kann den Schuldarrest wegen eines Anspruchs, welcher auf ihn von einem Gläubiger zu einer Zeit übergegangen ist, zu welcher derselbe den Schuldner bereits hatte zur Haft bringen lassen, nur dann und in so weit verfolgen, als die Forderung auf einer Urkunde beruht, aus der nicht zu ersehen ist, daß auf Grund derselben die gesetzliche Dauer der Haft bereits erschöpft worden.

§. 24. Der Richter, welcher einen auf den Grund der Urkunde verhaftet gewesenen Schuldner entläßt, hat auf der Urkunde zu bemerken, daß und wie lange die Haft angelegt worden sei.

§. 25. Hätte der Gläubiger die einstweilige Entlassung des Beklagten während des gesetzlich gestatteten Zeitraums zugestanden, so kann er, bis er befriedigt ist, zwar dessen Schuldarrest von Neuem ausbringen, jedoch nur auf die Zeit, welche bei der Entlassung von obigem Zeitraum übrig war.

§. 26. Mit Ablauf des für die Dauer des Schuldarrestes vorstehend gestatteten Zeitraums ist der Schuldner der Haft sofort zu entlassen, auch eine Apellation des Klägers dagegen nicht zu beachten.

§. 27. Es kann aber eine Erneuerung des Schuldarrestes nach richterlichem Ermessen, jedoch höchstens anderweit auf die Dauer von zwei Jahren angewendet werden, wenn der Kläger nachweist, daß auf

1. die §. 2 erwähnte Haftbarkeit des Ausstellers für den richtigen Eingang des Wechsels, nicht nur demjenigen gegenüber, welcher denselben aus seinen Händen empfängt, sondern auch gegen die-

---

Seiten des Schuldners eine wesentliche Verbesserung seiner Vermögensumstände eingetreten.

Der Richter hat hierüber einen Bescheid zu geben, wogegen dem beklagten Schuldner die Appelation freisteht, welche Suspensivkraft hat.

18. Schleswig-Holstein. Einführungs-Ordnung vom 10. April 1849. §. 2.

Außer den in der Wechselordnung im Art. 2 unter 1—3 gedachten Fällen, ist der Wechselarrest gegen dienstthuende Militärpersonen im Kriege und während sie auf einem Commando außer der Garnison sind, unzulässig.

Tritt gegen Beamte oder Militärpersonen der Wechselarrest ein, so ist die Vollziehung desselben in jedem Falle von dem Gerichte der vorgesetzten Dienstbehörde des Betreffenden zum Behuf der etwa anzuordnenden Stellvertretung, sofort anzuzeigen. Die Regierung ist berechtigt, über das Gehalt des Beamten, sowie über das sonstige Diensteinkommen desselben für die Dauer des Arrestes zu Gunsten desjenigen, welcher seine Stelle vertritt, zu verfügen.

19. Waldeck. Wechselprozeß-Ordnung vom 30. Mai 1849, §. 16, 17, 18, 19.

§. 16. Der den Schuldarrest auswirkende Kläger hat den zum Unterhalte des Schuldners erforderlichen Aufwand, sowie die Sitzgebühren (Wärtergebühren) wöchentlich vorauszubezahlen. Für die Beköstigung des Schuldners sind, nach dem Ermessen des Richters, 5 bis höchstens 10 Sgr. täglich in Ansatz zu bringen.

Unterbleibt die Vorausentrichtung, so wird der Schuldner entlassen und kann wegen derselben Schuld nicht wieder verhaftet werden.

In Krankheitsfällen hat der Kläger auch die Medicinalkosten zu bezahlen.

§. 17. Der Schuldner ist zur Erstattung des im §. 16 gedachten Aufwandes verpflichtet.

§. 18. Der Wechselarrest ist nicht zulässig:

1) in den im Art. 2 der allgemeinen Wechselordnung genannten Fällen;
2) gegen den Ehegatten;
3) gegen Verwandte und Verschwägerte in gerader Linie;
4) gegen beide Ehegatten zugleich;
5) gegen eine Person, die älter ist als 70 Jahre;
6) gegen einen Schuldner, der seine Insolvenz gerichtlich erklärt hat.

§. 19. Der verhaftete Schuldner wird entlassen:

1) wenn er den Gläubiger vollständig befriedigt;
2) wenn er das 70. Lebensjahr zurückgelegt;
3) wenn er seine Insolvenz gerichtlich erklärt hat;
4) nach zweijähriger Haft;
5) in dem §. 16 gedachten Falle;

jenigen, die später durch Uebertragung in den Besitz des Wechsels gelangen;

2. die nämliche Haftbarkeit aller den Wechsel an einen Dritten Ab=

---

20. Weimar. Einführungs = Ordnung vom 13. Juli 1849. §. 8. Nr. 4, 5 und 6.

Nr. 4. Wechselhaft kann nicht vollstreckt werden:

a) gegen Gemeinschuldner während der Dauer des Concurses, sobald von demselben der Manifestations=Eid abgelegt worden ist, wegen der bei Eintritt des erstern bereits bestandenen Wechselansprüche;

b) Gegen den Ehegatten des Gläubigers, so lange nicht auf Trennung des Ehebandes oder auf beständige Scheidung von Tisch und Bette rechtskräftig erkannt worden ist, desgleichen gegen Blutsverwandte in auf= oder absteigender Linie, sowie gegen Stief= oder Schwieger=eltern, so lange das Affinitäts=Verhältniß dauert, endlich gegen vollbürtige und halbbürtige Geschwister des Gläubigers.

Befindet sich der Schuldner zur Zeit des Eintrittes eines der Gründe, welche die Wechselhaft ausschließen, bereits in solcher, so ist dieselbe nicht weiter fortzusetzen.

Nr. 5. Die Hülfsvollstreckung in das Vermögen kann auch gleichzeitig neben dem Wechselarrest verhängt werden.

Nr. 6. Bei gewählter persönlicher Haft wird der Beklagte in den bürgerlichen Gewahrsam gebracht.

Zu Gunsten eines und desselben Gläubigers kann der Wechselarrest nicht länger als zwei Jahre hindurch andauern. Mit Ablauf dieser Zeit erlischt zugleich das Recht auf Vollstreckung des Wechselarrestes wegen aller derjenigen Ansprüche desselben Gläubigers, welche zur Zeit der Haftanlegung bereits verfallen waren. Ist eine Wechselforderung erst während der Haft fällig geworden, so findet wegen dieser zwar anderweiter Anspruch auf Wechselarrest von zwei Jahren statt, es ist jedoch der Anfang dieser Haftfrist von der Verfallzeit der späteren Forderung an zu rechnen.

Auch ein Dritter kann den Wechselarrest wegen eines Anspruchs, welcher auf ihn von einem Gläubiger zu einer Zeit übergegangen ist, zu welcher derselbe den Schuldner bereits hatte zur Haft bringen lassen, nur in so weit verfolgen, als die gesetzliche Dauer der Haft nicht bereits erschöpft ist.

Hatte der Gläubiger die einstweilige Entlassung des Beklagten während des gesetzlich gestatteten Zeitraums zugestanden, so kann er, bis er befriedigt ist, zwar dessen Wechselarrest von Neuem ausbringen, jedoch nur auf die Zeit, welche bei der Entlassung von obigem Zeitraume übrig war.

Mit Ablauf des für die Dauer des Wechselarrestes vorstehend gestatteten Zeitraumes ist der Schuldner der Haft sofort zu entlassen, auch ist eine Berufung des Klägers dagegen nicht zu beachten.

Die vorstehenden Bestimmungen finden auch auf diejenigen Schuldner Anwendung, gegen welche Wechselhaft bereits vor dem Erscheinen dieses Gesetzes verfügt oder ausgeführt worden ist.

tretenden gegen alle auf sie folgenden späteren Wechsel-Inhaber, wie dieses aus §. 22 zu ersehen;

3. die strenge Verbindlichkeit aller dieser Personen so wie auch des letzten Inhabers am Zahlungsorte, der die Einziehung des Wechselbetrages zu besorgen hat, ferner desjenigen, auf welchen der Wechsel lautet, falls er ihn angenommen (s. §. 24), ihren eingegangenen oder durch den Besitz des Wechsels bedingten Verpflichtungen, und zwar nicht nur diesen selbst, sondern auch ihnen rechtzeitig nachzukommen, wie dies später (§. 45.) näher erörtert werden wird;

4. die Unterwerfung des Wechselverpflichteten unter das §. 5 erwähnte, bei Wechseln übliche, schleunige und strenge Gerichtsverfahren, den Wechselprozeß.

In Folge des letzten Absatzes des Art. 2 sind die unter Nr. 2 bis 3 desselben Artikels enthaltenen Beschränkungen des Wechselarrestes von mehreren deutschen Staaten noch weiter ausgedehnt, die Art der Vollstreckung auch näher bestimmt worden, wie dieses aus den unten angeführten Gesetzen der betreffenden Länder (Zusatz zum Art. 2) zu ersehen.

Erklärung der wichtigsten und gewöhnlichsten Kunstausdrücke beim Wechselgeschäfte.

§. 8.

1) Derjenige, welcher den Wechsel ausstellt, heißt der Aussteller, Trassant oder Trassent, auch wohl Wechselgeber, Zieher, Entnehmer.

2) Derjenige, zu dessen Gunsten der Wechsel ausgestellt ist, welcher ihn also vom Aussteller empfängt, heißt Wechselempfänger oder Empfänger, erster Inhaber, Remittent, auch wohl Wechselnehmer, Nehmer.

3) Derjenige, auf welchen der Wechsel lautet, d. h. welcher zur Zahlung desselben angewiesen ist, heißt der Bezogene oder der Trassat.

---

21. Würtemberg. Einführungs-Ordnung vom 6. Mai 1849. Art. 2 und 3.

Art. 2. Gegen Offiziere und Soldaten im aktiven Dienste kann der Wechselarrest nur so weit vollzogen werden, als die vorgesetzte Dienststelle nicht deren Unentbehrlichkeit bezeugt.

Bei andern öffentlichen Dienern ist der vorgesetzten Dienstbehörde von der Vollziehung des Wechselarrestes zum Behuf der auf die Dauer des Arrestes anzuordnenden und aus dem Gehalte des zu Verhaftenden zu bestreitenden Stellvertretung Anzeige zu machen.

Art. 3. Der Wechselarrest wird im Schuldgefängnisse vollzogen, welches von dem Strafgefängnisse abgesondert zu halten ist.

4) Die Abtretung (der Verkauf) eines Wechsels an einen Andern wird gewöhnlich Begebung genannt; einen Wechsel begeben heißt, ihn einem Dritten eigenthümlich überlassen.

5) Die bei einer solchen Abtretung nothwendige schriftliche Bescheinigung des Abtreters, wodurch sein bisheriges Eigenthumsrecht auf den neuen Inhaber übergeht, und welche auf die Rückseite des Wechsels geschrieben wird, heißt Indossament oder Giro; einen Wechsel auf diese Weise einem Andern übertragen heißt ihn indossiren oder giriren; der Abtreter wird Indossent, Indossant oder Girant genannt, und derjenige, zu dessen Gunsten die Uebertragung geschah, Indossat, Indossatar oder Girat.

6) Das Indossament bildet für jeden neuen Inhaber des Wechsels die Legitimation, wodurch er sich als rechtmäßiger Besitzer desselben ausweist; der letzte Inhaber am Zahlungsorte, (der letzte Indossat), welcher den Wechsel dem Bezogenen zur Annahme oder Zahlung vorzeigt (präsentirt), wird Vorzeiger oder Präsentant, diese Handlung selbst aber die Vorzeigung oder Präsentation genannt.

7) Durch die Annahme wird der Bezogene Acceptant; die Annahme selbst heißt auch die Acceptation und der schriftliche Vermerk darüber, welcher auf der Vorderseite des Wechsels selbst geschieht, das Accept.

8) Remittiren heißt Geld oder Wechsel Jemanden einsenden; unter Rimesse wird die Geld- oder Wechselsendung selbst verstanden, welche man auch Anschaffung und, wenn sie zur Berichtigung eines Schuldpostens dient, auch Deckung nennt; ebenso bezeichnet man den Wechsel selbst, welchen man einem Andern zur Gutschrift einsendet oder von einem Andern empfängt mit Rimesse.

9) Trassiren heißt einen Wechsel auf Jemanden ausstellen; man bedient sich dafür auch der Ausdrücke: ziehen, abgeben, entnehmen; der gezogene (trassirte) Wechsel heißt darum auch, wie es schon §. 1 bemerkt, Tratte.

10) Trassent und Trassat (Aussteller und Bezogener) nennen den sie betreffenden gezogenen Wechsel Tratte; schickt der Erstere denselben demjenigen zu dessen Gunsten er ausgestellt wurde (dem Remittenten) in Zahlung ein, so bildet hierdurch bei beiden Letzteren (dem Aussteller und dem Remittenten) diese Tratte eine Rimesse, und passirt daher auch bei ihnen unter dieser Benennung.

11) Eine Tratte verehren, honoriren, schützen, in Schutz nehmen heißt, sie bei Vorkommen acceptiren oder bezahlen.

12) Statt Wechsel, Wechselbriefe bedient man sich auch häufig der Ausdrücke: „Briefe", „Papier", und nennt auf diese Weise z. B. Wechsel auf London oder Wechsel auf Frankfurt: Londoner Briefe, Frankfurter Papiere oder auch Briefe auf London u. s. w.

13) Bei Uebersendung von Wechseln bedient man sich auch häufig anstatt des Wortes Wechsel, um jeden einzelnen Wechsel damit zu bezeichnen, des englischen Ausdrucks: „appoint" oder des französischen „apoint", z. B. Sie empfangen anbei Rthlr. . . . in vier appoints u. s. w., wofür indeß das deutsche Wort „Abschnitt" entsprechender sein dürfte.

14) Wechsel mit naher Verfallzeit heißen kurzsichtige Wechsel, kurze Briefe, kurz Papier im Gegensatze zu den langsichtigen, welche noch zwei Monate oder länger bis zur Verfallzeit zu laufen haben, während in der Mitte zwischen kurz und lang die Monatspapiere, d. h. solche Wechsel gehören, welche nach einem Monate oder vier bis fünf Wochen fällig werden.

Nutzen der trassirten Wechsel.

§. 9.

Die an einem andern Orte als an dem der Ausstellung zahlbaren gezogenen Wechsel, Tratten — welche Eigenthümlichkeit, wenn auch nicht überall als gesetzlich vorgeschriebenes Bedürfniß (s. §. 10), zu dem Wesen einer wirklichen Tratte gehört — sind die eigentlichen Wechsel, welche dem Handel so großen Aufschwung gegeben haben, und ohne welche derselbe wohl schwerlich seine gegenwärtige Bedeutung und Ausbreitung erlangt haben würde. Man kann durch dieselben Forderungen an Personen, an weit entfernten Plätzen wohnhaft, mit leichter Mühe und ohne kostspieligen Geldtransport einziehen und Schulden dahin berichtigen, sie überhaupt, bei ihrer Uebertragsfähigkeit, zu Zahlungen statt des baaren Geldes verwenden, und sich ihrer als des bequemsten Ausgleichungsmittels bedienen [1]).

---

[1]) In meinem demnächst erscheinenden Werke: die kaufmännische Buchführung §. 66, habe ich mich über die trassirten Wechsel wie folgt ausgesprochen, was, in so weit es hierher gehörig und sich auf den Nutzen derselben bezieht, hier angeführt werden mag:

Ein gezogener Wechsel (Tratte) repräsentirt stets eine in demselben speciell angegebene Geldsumme, zu einer bestimmten Zeit an demjenigen Orte zahlbar, worauf er lautet, ist also eine Zahlungsanweisung auf eine gewöhnlich an einem dritten Platze wohnhafte Person, in der Regel ausgestellt in der Münzsorte (Währung) ihres Wohnortes.

Wer eine Zahlung nach einem fernen Platze zu machen hat, bedient sich gern der Wechsel statt des baaren Geldes; denn der Transport einer Baarsendung wäre theils zu kostspielig, theils auch würde man die erforderliche fremde Münzgattung an seinem Wohnorte sich nicht verschaffen können. Um sich daher gleichsam in den Besitz dieser letztern zu setzen, kauft man von Jemanden, welcher an den fremden Platz eine Forderung oder Wechsel auf denselben lautend vorräthig hat, für den

Formular eines solchen Wechsels ist folgendes:

Frankfurt a. M., 24. Januar 1853. Für Rthlr. **1000** Pr. Ct. Zwei Monate nach heute zahlen Sie gegen diesen Prima-Wechsel an die Ordre des Herrn H. C. Bernard die Summe von Tausend Thaler Preuss. Cour. Werth erhalten und stellen Sie solchen auf Rechnung laut Bericht.

Herrn Franz Dagobert in **Berlin.**   Gut für Tausend Thaler Pr. Ct. **H. Arnoldi.**

Ortsnamen, Tag, Monat und Jahreszahl so wie die Wechselsumme in Ziffern ausgedrückt, bilden die Ueberschrift, der übrige Inhalt bis auf die Unterschrift des Ausstellers und die Adresse des Bezogenen den Inhalt oder den Context des Wechsels, als dritter Theil gilt die Unterschrift des Ausstellers, und als vierter die Adresse des Bezogenen.

Platztratten.

§. 10.

Minder wichtig für den größern Verkehr als die auf auswärtige Plätze gezogenen Wechsel kommen auf großen Handelsplätzen, wie z. B. in London, Wien, Bremen, Wechsel vor, welche von einem Hause auf ein anderes am Wohnorte gezogen werden; man nennt sie Platztratten, im Gegensatze zu den im vorigen §. erwähnten wirklichen Tratten; sie werden entweder von dem ersten Inhaber selbst eingezogen oder werden auch, jedoch nur am Platze selbst, an Zahlungsstatt gegeben; gekauft aber werden sie nie. In Deutschland (nach Art. 4 Nr. 8 der allg. deutsch. Wechselordnung) [1]) und England genießen sie dieselben

Belauf der abzusendenden Summe einen Wechsel, und bedient sich desselben als Zahlungsmittel bei dem auswärtigen Freunde.

Hat man aber ein Guthaben an einem fernen Orte, so ist es meistens ebenfalls unzweckmäßig, sich den Betrag baar kommen zu lassen, denn, abgesehen von dem Porto, würde man auch am Wohnorte die fremde Geldsorte gar nicht, mindestens nicht ohne größeren oder kleineren Verlust umwechseln, d. h. in einheimische Währung umsetzen können. Man läßt sich also von seinem fernen Schuldner lieber Wechsel einsenden, die man, wenn sie auf den eigenen Wohnort lauten, zur Verfallzeit selbst eincassirt; sind sie indeß an einem auswärtigen Platze zahlbar, so schickt man sie entweder einem Geschäftsfreunde am Zahlungsorte zum Incasso (zur Eincassirung) ein oder verkauft sie, wenn man sie nicht etwa selbst wieder zu Zahlungen verwenden will.

[1]) Brauer führt bezüglich der Platztratten §. 4 Nr. 8 Folgendes an:

Wenn auch der Wechsel zunächst die Bedürfnisse einer Erleichterung der Zahlungen und Erhebungen an entfernten Orten seine Entstehung zu danken hat, so liegt doch kein hinreichender Grund vor, ihn auf die Befriedigung dieses Be-

Rechte wie die eigentlichen Tratten, sind dagegen, da ihnen die oben (§. 9) ausgesprochene Eigenthümlichkeit der Tratten: die Verschiedenheit zwischen Ausstellungs- und Zahlungsort, mangelt, in manchen Ländern, wie in Frankreich (nach Art. 110 des Handelsgesetzbuches [s. §. 79. A]) und Spanien (nach Art. 429 des Handelsgesetzbuches), gesetzlich als Wechsel nicht gültig.

Erfordernisse eines gezogenen Wechsels.

§. 11.

Ueber die wesentlichen Erfordernisse eines gezogenen Wechsels besagt die allg. deutsch. Wechselordnung:

Art. 4. Die wesentlichen Erfordernisse eines gezogenen Wechsels sind:

1. die in den Wechsel selbst aufzunehmende Bezeichnung als Wechsel, oder, wenn der Wechsel in einer fremden Sprache ausgestellt ist, ein jener Bezeichnung entsprechender Ausdruck in der fremden Sprache [1]);
2. die Angabe der zu zahlenden Geldsumme [2]);
3. der Name der Person, oder die Firma, an welche oder an deren Ordre [3]) gezahlt werden soll (des Remittenten);
4. die Angabe der Zeit, zu welcher gezahlt werden soll; die Zahlungszeit kann nur festgesetzt werden

   auf einen bestimmten Tag,

---

dürfnisses zu beschränken, und somit den Platzwechsel auszuschließen. Es kann unter Umständen, z. B. bei größerer Ausdehnung eines Ortes, bei vorübergehender Anwesenheit an demselben u. s. w., dem Geschäftsmanne erwünscht sein, auf den Ort ziehen zu können, wo er sich befindet.

[1]) Dem Worte „Wechsel" wird indeß, zur näheren Bezeichnung, das wie vielte Exemplar, bei mehrfacher Ausstellung, der Wechsel sei, noch eins der Wörter: „Prima", „Secunda" oder „Tertia" (erster, zweiter, dritter) vorgesetzt, oder auch, bei nur einfacher Ausfertigung, das Wörtchen „Sola", wenn man es nicht vorzieht, selbst den nur einfach ausgestellten Wechsel, wie dieses in der Regel geschieht, mit „Prima" zu bezeichnen (s. §. 30 und 31 so wie Art. 66. §. 35).

In Frankreich, Spanien, den Niederlanden, England u. s. w., ist die ausdrückliche Bezeichnung des Documents als „Wechsel" gesetzlich nicht nothwendig (s. §. 79).

[2]) Die Geldsumme wird zuerst mit Ziffern in der Ueberschrift, dann mit Buchstaben im Contexte aufgeführt. Eine dritte Vermerkung derselben, wie in vorstehendem Wechselformulare, ist nicht durchaus erforderlich; sie geschieht indeß häufig aus Vorsicht vor dem Vollzuge der Unterschrift eigenhändig von dem Aussteller. Die Summe wird in der Regel stets in der am Zahlungsorte üblichen Währung ausgedrückt.

[3]) Die Uebertragungsfähigkeit des Wechsels gründet sich darauf, daß er an Ordre gestellt ist, wodurch der Wechselempfänger berechtigt wird, ihn einem Andern zu übertragen (s. §. 17); doch ist zu dieser Berechtigung, nach Art. 9 der allge-

auf Sicht (Vorzeigung, a vista [4]) ꝛc.) oder auf eine bestimmte Zeit nach Sicht,

auf eine bestimmte Zeit nach dem Tage der Ausstellung (nach dato),

auf eine Messe oder einen Markt (Meß- oder Markt-Wechsel) [5]);

5. die Unterschrift des Ausstellers (Trassanten) mit seinem Namen oder seiner Firma [6]);
6. die Angabe des Ortes, Monatstages und Jahres der Ausstellung;
7. der Name der Person oder die Firma, welche die Zahlung leisten soll (des Bezogenen oder Trassaten);
8. die Angabe des Ortes, wo die Zahlung geschehen soll [7]); der bei dem Namen oder der Firma des Bezogenen angegebene Ort gilt für den Wechsel, insofern nicht ein eigener Zahlungsort angegeben ist, als Zahlungsort und zugleich als Wohnort des Bezogenen.

Auf obige wesentlichen Erfordernisse eines gezogenen Wechsels bezieht sich auch noch folgende Bestimmung der allgemeinen deutschen Wechselordnung:

Art. 7. Aus einer Schrift, welcher eines der wesentlichen Erfordernisse eines Wechsels (Art. 4) fehlt, entsteht

---

meinen deutschen Wechselordnung (§. 22), (s. auch Brauer §. 9 Nr. 2 und §. 10 Nr. 1, ferner Brauer §. 4 Nr. 3. letzten Absatz), das Stellen an Ordre in Deutschland nicht mehr unumgänglich nothwendig, wurde aber bis dahin als wesentlich erforderlich angenommen, und ist es noch außerhalb Deutschlands (in Frankreich laut Art. 110 des Handelsgesetzbuches [s. §. 79 A], England, den Niederlanden u. s. w.)

[4]) Oesterreich schaltet in der Wechselordnung im Art. 4 Nr. 4 hinter den Worten „a vista" noch die Worte „a piacere" ein, wodurch diesem Ausdrucke mit dem „a vista" (bei Sicht) gleiche Bedeutung beigelegt wird, obschon a piacere eigentlich „nach Belieben" heißt, also in der Formel: „a piacere (nach Belieben) zahlen Sie" der Sinn liegt, als hänge die Bestimmung der Zahlungszeit von der Willkür des Bezogenen ab, welches Letztere indeß nicht damit gemeint ist, wohl aber, daß der Bezogene den Wechsel bezahlen soll, sobald er ihm präsentirt wird, aber der Inhaber soll ihn nach seinem Belieben vorzeigen können, wann er will; folglich gehören a piacere gestellte Wechsel zu den Sichtwechseln. Uebrigens kommen solche nur sehr selten, vielleicht noch hin und wieder in Italien vor.

[5]) Rücksichtlich dieser sämmtlichen hier aufgeführten, die Zahlungszeit betreffenden Bestimmungen siehe §. 14.

[6]) Die Unterschrift muß von dem Aussteller entweder eigenhändig vollzogen sein oder durch seinen Procuristen, d. h. durch denjenigen, der als Bevollmächtigter des Prinzipals dessen Stelle vertritt; geschieht das Letztere, so muß der Procuraträger außer dem Namen seines Prinzipals oder der Firma auch noch den seinigen hinzufügen, z. B. per procura (abgekürzt ppra.) Danneberg und Sohn,

Conrad Jäger.

[7]) Dieser Ort kann auch derjenige der Ausstellung sein (s. §. 10 Note 1).

keine wechselmäßige Verbindlichkeit. Auch haben die auf eine solche Schrift gesetzten Erklärungen (Indossament, Accept, Aval [8]) keine Wechselkraft.

Ferner bezieht sich auf die Angabe der zu zahlenden Geldsumme (s. oben Nr. 2) der Inhalt des nachstehenden Artikels:

Art. 5. Ist die zu zahlende Geldsumme (Art. 4 Nr. 2) in Buchstaben und in Ziffern ausgedrückt, so gilt bei Abweichungen die in Buchstaben ausgedrückte Summe. — Ist die Summe mehrmals mit Buchstaben oder mehrmals mit Ziffern geschrieben, so gilt bei Abweichungen die geringere Summe.

Aber außer diesen in der allg. deutsch. Wechselordnung gesetzlich vorgeschriebenen Erfordernissen muß ein gezogener Wechsel, theils um auch außerhalb Deutschlands als Wechsel gültig zu sein, theils auch um dem allgemeinen Gebrauche Rechnung zu tragen, noch ferner enthalten:

9. das Bekenntniß des Ausstellers, daß und wie die Zahlung des Gegenwerthes (der Valuta) vom Wechselempfänger geleistet worden sei, was gewöhnlich durch „Werth erhalten“ oder „Werth in Rechnung“ ausgedrückt wird [9]). Durch „Werth erhalten“ bescheinigt der Aussteller den baaren Empfang des Gegenwerthes, durch „Werth in Rechnung“ deutet er an, daß er mit dem Wechselempfänger in Rechnung stehe, und ihn für die Valuta belastet habe [10]).

10. Die Weisung an den Bezogenen, daß er den Wechselbetrag dem Aussteller (oder einem Dritten [§. 29]) in Anrechnung zu bringen habe, und zwar mit der Angabe ob dieses laut Bericht, d. h. nach der vom Aussteller dem Bezogenen gemachten Anzeige von der geschehenen Ziehung, welche namentlich bei größeren Beträgen wohl immer nothwendig ist, oder ohne Bericht, d. h. ohne eine solche Benachrichtigung, geschehen solle, oder auch laut oder ohne Bericht, wenn der Trassant bei der Ziehung noch nicht sicher weiß, ob er dem Trassaten Bericht (Avis) ertheilen werde.

---

[8]) S. §. 44.

[9]) Die Gewährung der Valuta von Seiten des Wechselnehmers an den Aussteller ist auch, wie aus §. 2 hervorgeht, schon in dem Worte „Wechsel“ enthalten; in Rücksicht hierauf wäre die ausdrückliche Bescheinigung des Ausstellers über den Empfang der Valuta allerdings überflüssig, und dies könnte als Grund des Stillschweigens der allgemeinen deutschen Wechselordnung über dieses Erforderniß dienen, obschon Brauer §. 8 Nr. 9 andere Motive dafür aufführt.

[10]) In Frankreich gehört das Bekenntniß über den Empfang oder die Verrechnung der Valuta zu den wesentlichen Erfordernissen eines gezogenen Wechsels (Art. 110 des Handelsgesetzbuches, s. §. 79 A) ebenso in Spanien, Portugal, den Niederlanden u. s. w.

Aus dem Vorhergehenden erhellt zugleich, daß in einem gezogenen Wechsel gewöhnlich drei Personen vorkommen: der Aussteller, der Empfänger und der Bezogene.

Wesentlicher Unterschied der eigenen Wechsel und ihre Minderwichtigkeit für den Handel.

§. 12.

Eigene oder trockene Wechsel unterscheiden sich von den Tratten dadurch, daß der Aussteller sich selbst zur Zahlung der Wechselsumme verpflichtet, sie daher nur das Schuldverhältniß zwischen zwei Personen zum Gegenstande haben, also Zahlungsversprechen sind, in welchen sich der Schuldner durch das Wort „Wechsel" der Strenge der Wechselgesetze unterwirft.

Entstehungsgründe der eigenen Wechsel sind Geldvorschüsse, Waarenverkäufe u. s. w.; der Gläubiger läßt sich von seinem Schuldner einen solchen Wechsel ausstellen, um sicherer auf den prompten Eingang seiner Forderung am Verfalltage rechnen und bei Zahlungsversäumung gegen ihn nach Wechselrecht verfahren zu können; für den Verkehr aber sind sie von weit geringerer Bedeutung, als die trassirten Wechsel; denn häufig werden sie dem Umlaufe dadurch entzogen, daß sie nicht an Ordre gestellt werden, was übrigens in Deutschland die Weiterbegebung nicht hindert (Art. 9 §. 22) und selbst die eigenen Wechsel an Ordre werden von den Inhabern aus Rücksicht für den Aussteller selten in Circulation gesetzt, vielmehr von ihnen selbst eingezogen, oder der Wohnsitz des Ausstellers müßte nicht der nämliche des Inhabers sein, und dann noch ist die Weiterbegebung immer eine beschränkte, wenn dieser fremde Wohnsitz nicht gerade ein Wechselplatz ist (s. §. 38 Note 1).

Formular eines solchen Wechsels ist folgendes:

Giessen, 16. Januar 1853. Für fl. **500** im 24 fl. Fuss.
Drei Monate nach heute, zahle ich gegen diesen Sola-Wechsel an Herrn F. Weber die Summe von Fünfhundert Gulden im 24 fl. Fuss. Den Werth baar erhalten.

A. Schulz.

oder wenn er an Ordre gestellt wäre, gerade so, nur mit der Abänderung:

zahle ich an die Ordre des Herrn F. Weber.

Die Unterschrift der Firma einer Gesellschaftshandlung verbindet alle Genossen, wenn sie auch nur von einem derselben vollzogen wurde, wie es auch gewöhnlich geschieht.

Stellen zwei Personen einen trockenen Wechsel unter solidarischer Haftbarkeit aus, so wird gewöhnlich folgende Form angewandt:

Halberstadt, 24. Januar 1853. Für Rthlr. **550** Pr. Ct.
Sechs Monate nach heute zahlen wir gegen diesen Sola-Wechsel, Einer für Beide und Beide für Einen, an die Ordre der Herren Gebr. Arnheim die Summe von Fünfhundert und fünfzig Thaler Preuss. Cour. Den Werth baar (oder in Waaren) erhalten.

Friedrich Jäger.
C. J. Nordeck.

Wären indeß auch die Worte: „Einer für Beide und Beide für Einen" im Wechsel nicht enthalten, so besteht dennoch die solidarische Haftbarkeit der Aussteller, wie aus dem Art. 81 der allg. deutsch. Wechselordnung, nach Art. 98 auch für eigene Wechsel gültig, hervorgeht (s. §. 44), selbst dann, wenn es im Contexte des Wechsels statt „zahlen wir", „zahle ich" hieße (s. §. 44 Note 1).

Zinsen können ebenfalls in einem eigenen Wechsel aufgenommen werden durch den Zusatz: nebst . . . Procent jährlichen Zinsen.

Diese Beifügung kommt in der Regel bei solchen eigenen Wechseln vor, welche sich der Darleiher einer verzinslichen Geldsumme von dem Schuldner derselben ausstellen läßt. Oft geschieht auch die Wiedererstattung eines solchen Darlehens, in Folge beiderseitiger Vereinbarung, nach einer bestimmten, jedem Theile zustehenden Kündigungsfrist; der Aussteller des Wechsels bezeichnet dann die Verfallzeit desselben etwa wie folgt: Drei Monate nach Kündigung zahle ich u. s. w.

Ob aber in Deutschland Wechsel mit Zinsversprechen bei den Gerichten allgemein als wechselkräftig gelten, erscheint nach der Mittheilung des Herrn Stadtrichters Borchardt (s. Archiv für deutsches Wechselrecht Band II Seite 92), nach welcher das Berliner Stadtgericht solchen Wechseln die Wechselkraft absprach, das Kammergericht ihnen dagegen diese zuerkannte, zweifelhaft. Lübeck (s. §. 13 Zusatz Nr. 3 zu Art. 96) hat in seiner Einführungs-Ordnung (Art. 4) Wechseln mit Kündigungsclausel oder Zinsversprechen oder auch mit Pfandverschreibung die Wechselkraft abgesprochen, Hamburg (s. ebendaselbst Nr. 2) dagegen nur die Pfandverschreibung (etwa wie: — „zahle ich unter Verpfändung meines Vermögens [sub hypotheka bonorum] oder auch: „zahle ich unter Verpfändung von [Benennung des Objekts]), für wirkungslos erklärt.

Wie auch die Bestimmungen des im nächstfolgenden §. aufgeführten Art. 96 der allg. deutsch. Wechselordnung interpretirt werden mögen, so bin ich, für meine Person, über die hier in Rede stehende Frage folgender Ansicht:

1) Eigenen Wechseln mit einer bestimmten Zahlungsfrist und Zinsversprechen z. B.: „Drei Monate nach heute zahle ich gegen diesen Sola-Wechsel an die Ordre des Herrn N. N. die Summe von (Betrag) nebst (Benennung des Zinsfußes) Procent jährlichen Zinsen" ist nach der allgemeinen deutschen Wechselordnung, welche das Zinsversprechen im Wechsel keinesweges verbietet, Wechselkraft beizulegen, und wenn auch der Wortlaut von Nr. 2 des Art. 96, nach welchem die „Angabe der zu zahlenden Geldsumme" zu den wesentlichen Erfordernissen eines eigenen Wechsels gehört, von Manchem so gedeutet wird, als dürften etwaige der Berechnung noch unterworfene Zinsen im Wechsel nicht enthalten sein, so kann ich mich hiermit bei Wechseln mit bestimmter Zahlungsfrist, trotz Brauer §. 96 Nr. 1, nicht einverstanden erklären; da durch die Bestimmung dieser Frist die Höhe der Zinsessumme auch zugleich festgestellt wurde, die eben so gut gleich hätte in Zahlen ausgedrückt werden können.

2) Auf Kündigung gestellte Wechsel indeß sind vom Wechselrechte auszuschließen; denn in ihnen ist das unter Nr. 4 Art. 96 angeführte wesentliche Erforderniß eines eigenen Wechsels: „die Bestimmung der Zeit, zu welcher gezahlt werden soll", zu ausgedehnt enthalten, und die Zinsen können hier nicht nach einer im Wechsel genau stipulirten Frist berechnet werden.

Bayern, nach Art. 8 seiner Einführungs-Ordnung, und Würtemberg, nach Art. 6 derselben, (s. §. 13 Zusatz zum Art. 96) haben die Wechsel auf Kündigung, als Wechsel beseitigt.

Erfordernisse eines eigenen Wechsels.

§. 13.

Wie aus den vorstehenden Formularen hervorgeht, sind die wesentlichen Erfordernisse eines eigenen oder trockenen Wechsels fast eben dieselben als die eines gezogenen; nur fehlt hier naturgemäß die dritte Person, der Bezogene, da der Aussteller selbst dieselbe vorstellt, ferner die unter Nr. 10 §. 11 angeführte, hier nicht anwendbare Bemerkung in Bezug auf den Avis. Die Bestimmungen hierüber in der allgemeinen deutschen Wechselordnung weichen daher auch nur insofern von denen über die gezogenen Wechsel ab, als es die Eigenthümlichkeit der trockenen Wechsel mit sich bringt.

Nach Artikel 96 lauten dieselben:

Die wesentlichen Erfordernisse eines eigenen (trockenen) Wechsels sind:

1) die in den Wechsel selbst aufzunehmende Bezeichnung als Wechsel, oder wenn der Wechsel in einer fremden Sprache ausgestellt ist, ein jener Bezeichnung entsprechender Ausdruck in der fremden Sprache;
2) die Angabe der zu zahlenden Geldsumme;
3) der Name der Person oder die Firma, an welche, oder an deren Ordre, der Aussteller Zahlung leisten will;
4) die Bestimmung der Zeit, zu welcher gezahlt werden soll (Art. 4 Nr. 4);

Zum Artikel 96.

1. Bayern. Einführungs-Ordnung vom 25. Juli 1850. Art. 8.

Spätestens drei Jahre nach dem 1. Januar 1851 erlischt die Wechselkraft der vorher auf Kündigung gestellten eigenen Wechsel und wechselmäßigen Verschreibungen, wenn sie auch noch nicht verfallen sind.

2. Hamburg. Einführungs-Ordnung vom 5. März 1849. §. 13.

Eine im Wechsel enthaltene Pfandverschreibung ist wirkungslos.

3. Lübeck. Einführungs-Ordnung vom 28. April 1849. Art. 4.

Diejenigen Schuldverschreibungen, welche am 1. Mai dieses Jahres oder nach diesem Tage unter der Form von eigenen Wechseln ausgestellt werden, jedoch entweder eine Kündigungsclausel oder ein Zinsversprechen oder die Bestellung eines Pfandrechts enthalten, fallen nicht unter die allgemeine deutsche Wechselordnung, sondern sind nach statutarischen und gemeinrechtlichen Grundsätzen zu beurtheilen. Ihre Uebertragung unterliegt, in welcher Form sie geschehen mag, namentlich auch in der Form des Wechsel-Indossaments, den Grundsätzen von der Cession der Forderungsrechte.

Entsprechen Schuldverschreibungen dieser Art im Uebrigen entweder den sämmtlichen im Art. 96 jener Wechselordnung bezeichneten Erfordernissen eigener Wechsel oder erhellt doch, so viel das Erforderniß einer bestimmten Zahlungszeit betrifft, der Eintritt ihres Verfalltages aus einem unter öffentlicher Autorität ausgefertigten Kündigungsdocumente, so findet auf dieselben das für Wechselsachen angeordnete Verfahren Anwendung, mit Ausnahme der Bestimmungen unter Nr. 7, 8, 9 des Art. 10 (s. §. 76 Note 2 Nr. 8).

4. Reuß-Schleiz. Einführungs-Ordnung vom 15. Januar 1849. §. 5.

Der Vorzug, welcher durch §. 14 der hiesigen Wechselordnung den Inhabern von Wechselbriefen, worin der Schuldner die Wiederbezahlung der Wechselschuld unter Verpfändung seines Vermögens ver-

5) die Unterschrift des Ausstellers mit seinem Namen oder seiner Firma;

6) die Angabe des Ortes, Monatstages und Jahres der Ausstellung.

Bezüglich der Benennung eines Zahlungsortes bestimmt der

Art. 97: Der Ort der Ausstellung gilt für den eigenen Wechsel, in so fern nicht ein besonderer Zahlungsort angegeben ist, als Zahlungsort und zugleich als Wohnort des Ausstellers [1]).

In Frankreich, Spanien, Portugal, den Niederlanden u. s. w. wird im eigenen Wechsel das Wort „Wechsel" eben so wenig gesetzlich gefordert als im gezogenen; doch muß er „an Ordre" gestellt sein und die Bescheinigung über die Leistung des Gegenwerths enthalten. Das französische Handelsgesetzbuch bestimmt Art. 188 die Erfordernisse eines „billet à ordre“ (eigenen Wechsels) in Frankreich. (S. diesen Artikel §. 79 B.)

Eintheilung der Wechsel in Bezug auf ihre Verfallzeiten.

§. 14.

In Rücksicht auf ihre Verfallzeiten theilt man die Wechsel in Sicht-, Dato-, Tag-, Uso- und Meßwechsel ein.

Sichtwechsel sind solche, in welchen der Zahlungstermin von der Zeit der Vorzeigung abhängig gemacht wird, z. B. „Nach Sicht, Acht Tage nach Sicht, Vierzehn Tage nach Sicht u. s. w.

[1]) Wie die vorstehenden Formulare zeigen, befindet sich gewöhnlich im eigenen Wechsel nur einmal die Bezeichnung eines Ortes, des Ausstellungsortes, der auch der Wohnort des zur Zahlung verpflichteten Ausstellers, daher auch zugleich der Zahlungsort ist. Nur wenn die Zahlung an einem andern Orte als an dem der Ausstellung geleistet werden soll, muß dieser dritte Zahlungsort ausdrücklich im Wechsel benannt werden (s. §. 38 und 39).

---

sprochen hat, bei ausgebrochenen Concursen vor anderen, blos chirographarischen Gläubigern angewiesen ist, wird andurch außer Wirksamkeit gesetzt. Die Gerichte Unserer Lande haben daher in den Locations-Erkenntnissen die mit der hypothekarischen Clausel versehenen Wechsel in eine Klasse mit anderen chirographarischen Forderungen zu bringen.

5. **Würtemberg.** Einführungs-Ordnung vom 6. Mai 1849. Art. 6. Spätestens drei Jahre nach dem 1. Mai 1849 erlischt die Wechselkraft der vorher auf Kündigung gestellten eigenen Wechsel und wechselmäßigen Verschreibungen, wenn sie auch noch nicht verfallen sind.

zahlen Sie". Der Verfalltag eines eine bestimmte Zeit nach Sicht ausgestellten Wechsels wird vom Tage der Acceptation (s. §. 23) an gerechnet, indem man die Fristtage hinzuzählt: ein Wechsel z. B. 14 Tage nach Sicht, am 10. eines Monats acceptirt, würde am 24. fällig sein; wäre aber die Frist einen Monat nach Sicht gestellt, so würde er auch am nämlichen Tage des folgenden Monats nach der Acceptation fällig werden; ein Wechsel, nach Sicht (a vista) zahlbar, muß gleich nach der Vorzeigung (Art. 31 §. 16), spätestens den folgenden Tag darauf bezahlt werden.

Dato-Wechsel nennt man die eine bestimmte Zeit nach ihrer Ausstellung fälligen Wechsel, z. B. „14 Tage nach dato" (nach heute), „1 Monat, 2 Monate nach dato" u. s. w.; hier wird der Verfalltag, wenn die Frist nach Tagen bestimmt ist, ebenfalls durch Hinzurechnung der Fristtage ausgemittelt; ein Wechsel, 1 Monat nach dato, verfällt indeß am nämlichen Tage des auf der Ausstellung folgenden Monats; ein am 31. Januar 1 Monat nach dato ausgestellter Wechsel wird am 28., in einem Schaltjahre am 29. Februar fällig (s. Art. 32 Nr. 2 §. 16); ist die Frist nach Wochen bestimmt, so verfällt der Wechsel am gleichnamigen Wochentage der Zahlungswoche, an welchem die Ausstellung geschah.

Tag-Wechsel sind solche, die einen festbestimmten Verfalltag haben, z. B. „am 24. April", „Ende Mai", „Mitte September zahlen Sie" [1]) u. s. w.; ein Wechsel, bei welchem die Zahlungsfrist auf die Mitte eines Monats gesetzt wurde, ist nach Art. 30 der allgemeinen deutschen Wechselordnung am 15. dieses Monats fällig.

Uso-Wechsel nennt man solche, in welchen die Zahlungsfrist mit: „a uso zahlen Sie" bestimmt ist, d. h. nach dem Gebrauche zahlen Sie. Um aber zu wissen, welche Frist damit gemeint sei, muß man den Gebrauch desjenigen Platzes kennen, auf welchen der Wechsel lautet.

Die Zeitbestimmung nach Uso ist in Folge Art. 4 der allgemeinen deutschen Wechselordnung für Deutschland nicht mehr statthaft, aber noch im Auslande gebräuchlich. So wird auf einigen Handelsplätzen die Zahlungsfrist eines a uso gezogenen Wechsels von der Ausstellung des Wechsels an gerechnet, auf andern von dessen Vorzeigung an; ein Wechsel auf Paris z. B. a uso gezogen, ist 30 Tage nach der Ausstellung fällig, weil der Uso von Paris und ganz Frankreich 30 Tage nach dato ist; ein a uso gezogener Wechsel auf Petersburg wäre indeß 15 Tage nach der Präsentation zahlbar.

---

[1]) Statt des passenderen deutschen Ausdrucks „Mitte" und „Ende" wird auch wohl „Medio" und „Ultimo" gebraucht.

Wechsel, vom Auslande a uso auf Deutschland gezogen, sind meistens 14 Tage nach der Präsentation fällig, nach dem Uso fast aller deutschen Handelsplätze, ausnahmsweise in

Bremen	30 Tage nach dato bei Wechseln aus	Holland, Frankreich und England.
	60 „ „ „ „ „ „	Italien, Spanien u. andern Ländern.
in Hamburg	1 Monat nach dato bei Wechseln aus	Holland, Frankreich und England.
	2 „ „ „ „ „ „	Portugal, Spanien und Italien.

(s. auch §. 16, Zusatz zum Art. 32.)

Meßwechsel sind solche, welche auf eine bestimmte Messe lauten, z. B. „nächste Frankfurter Ostermesse zahlen Sie". Den Verfalltag solcher Wechsel bestimmt die am betreffenden Meßplatze bestehende Meß- oder Wechselordnung. (Das Weitere über Meßwechsel siehe §§. 42 und 43, ferner, in Bezug auf ihre Verfallzeiten, Zusatz zum Art. 35 §. 16 sowie diesen Artikel selbst.)

Respecttage.

§. 15.

Nach dem Gebrauche einiger Handelsplätze werden dem Wechselschuldner über die Verfallzeit hinaus noch einige Tage Frist zur Zahlung, Respecttage, zugestanden, je nachdem es der Gebrauch oder die Gesetze des Ortes bestimmen, oder wenn letztere auch die Respecttage nicht ausdrücklich zu Gunsten des Bezogenen gestatten, doch dem Präsentanten das Recht einräumen oder ihm gebieten, die für die Respecttage gesetzte Frist zur Einforderung des Wechselbetrages abzuwarten.

In Deutschland gibt es nach Art. 33. der allgemeinen deutschen Wechselordnung keine Respecttage mehr.

Bestimmungen der allgemeinen deutschen Wechsel-Ordnung in Bezug auf die Verfallzeiten.

§. 16.

Diese Bestimmungen sind folgende:

Art. 30. Ist in dem Wechsel ein bestimmter Tag als Zahlungstag bezeichnet [1]), so tritt die Verfallzeit an diesem Tage ein.

---

[1]) S. Tagwechsel §. 14.

Ist die Zahlungszeit auf die Mitte eines Monats gesetzt worden, so ist der Wechsel am 15. dieses Monats fällig.

Art. 31. Ein auf Sicht gestellter Wechsel ist bei der Vorzeigung fällig [2]).

Ein solcher Wechsel muß bei Verlust des wechselmäßigen Anspruchs gegen die Indossanten und den Aussteller nach Maßgabe der besonderen im Wechsel enthaltenen Bestimmung, und in Ermangelung derselben binnen zwei Jahren nach der Ausstellung zur Zahlung präsentirt werden [3]).

Hat ein Indossant auf einem Wechsel dieser Art seinem Indossamente eine besondere Präsentationsfrist hinzugefügt, so erlischt seine wechselmäßige Verpflichtung, wenn der Wechsel nicht innerhalb dieser Frist präsentirt worden ist [4]).

Art. 32. Bei Wechseln, welche mit dem Ablaufe einer bestimmten Frist nach Sicht [2]) oder nach Dato [5]) zahlbar sind tritt die Verfallzeit ein:

1) wenn die Frist nach Tagen bestimmt ist, an dem letzten Tage der Frist; bei Berechnung der Frist wird der Tag, an welchem der nach Dato zahlbare Wechsel ausgestellt oder der nach Sicht zahlbare zur Annahme präsentirt ist, nicht mitgerechnet [6]);

---

[2]) Siehe Sichtwechsel §. 14. Die in dem 2. und 3. Absatze des Art. 31 enthaltenen Bestimmungen bezüglich der Präsentationsfrist gelten auch für Wechsel, welche auf eine bestimmte Zeit nach Sicht lauten (Art. 19 §. 45), nur daß bei Letzteren die Präsentation zur Annahme vorgeschrieben ist, während gleich nach Sicht zahlbare Wechsel nicht zur Annahme, sondern nur zur Zahlung präsentirt werden.

[3]) S. die Note 7 zu Art. 19 im §. 45.

[4]) S. die Note 8 ebendaselbst.

[5]) S. Dato-Wechsel §. 14.

[6]) S. Sicht- und Dato-Wechsel §. 14.

Zum Artikel 32.

1. Bayern. Einführungs-Ordnung vom 25. Juli 1850. Art. 3.

Bei den vom Auslande eingehenden Uso-Wechseln wird die Verfallzeit auf 14 Tage vom Tage der Präsentation der Wechsel an, festgesetzt.

2. Sachsen. Einführungs-Ordnung vom 25. April 1849. §. 4.

Uso-Wechsel, welche vom Auslande aus in Sachsen zahlbar gestellt sind, verfallen am vierzehnten Tage nach der Präsentation zur Annahme.

3. Weimar. Einführungs-Ordnung vom 3. August 1849. §. 2.

Uso-Wechsel, welche vom Auslande aus im Großherzogthum zahlbar ausgestellt sind, verfallen am vierzehnten Tage nach der Präsentation zur Annahme.

2) wenn die Frist nach Wochen, Monaten, oder einem, mehrere Monate umfassenden Zeitraume (Jahr, halbes Jahr, Vierteljahr) bestimmt ist, an demjenigen Tage der Zahlungswoche oder des Zahlungsmonats, der durch seine Benennung oder Zahl dem Tage der Ausstellung oder Präsentation entspricht; fehlt dieser Tag in dem Zahlungsmonate, so tritt die Verfallzeit am letzten Tage des Zahlungsmonats ein [7]).

Der Ausdruck „halber Monat" wird einem Zeitraume von 15 Tagen gleich geachtet. Ist der Wechsel auf einen oder mehrere ganze Monate und einen halben Monat gestellt, so sind die 15 Tage zuletzt zu zählen.

Art. 33. Respecttage finden nicht statt [8]).

Art. 34. Ist in einem Lande, in welchem nach altem Style gerechnet wird, ein im Inlande zahlbarer Wechsel nach Dato ausgestellt, und dabei nicht bemerkt, daß der Wechsel nach neuem Style datirt sei, oder ist derselbe nach beiden Stylen datirt, so wird der Verfalltag nach demjenigen Kalendertage des neuen Styles berechnet, welcher dem nach altem Style sich ergebenden Tage der Ausstellung entspricht.

Art. 35. Meß- oder Marktwechsel [9]) werden zu der durch die Gesetze des Meß- oder Marktortes bestimmten Zahlungszeit, und in Ermangelung einer solchen Festsetzung an dem Tage vor dem gesetzlichen Schlusse der Messe oder des Marktes fällig [10]).

---

[7]) Z. B. ein 2 Monate nach dato am 31. December gezogener Wechsel wird am 28. (bei einem Schaltjahre am 29.) Februar des darauf folgenden Jahres fällig; s. auch Dato-Wechsel §. 14.

[8]) S. §. 15.

[9]) S. Meßwechsel §. 14.

[10]) Die gesetzlichen Vorschriften über die Verfallzeiten der Meßwechsel für die Braunschweiger, Frankfurter, Leipziger und österreichischen Messen s. den hier folgenden Zusatz zum Artikel 35.

Zum Artikel 35.

1. Braunschweig. Einführungs-Ordnung vom 11. Januar 1849. §. 4.

In Bezug auf Art. 18 und 35 der Wechselordnung wollen Wir hiermit schon jetzt bestimmen, daß hinsichtlich der auf einer der Braunschweiger Messen zahlbarer Wechsel die Erhebung eines Protestes Mangels Annahme vor dem Montage in der ersten Meßwoche nicht zulässig, der Verfalltag dieser Wechsel aber der Mittwoch in der ersten Meßwoche sein soll.

2. Frankfurt a. M. Gesetz vom 13. Februar 1850. §. 2.

Wechsel, welche auf eine Messe ohne nähere Angabe der Woche oder auf die Zahlwoche einer Messe lauten, müssen am Dienstage der

Dauert die Messe oder der Markt nur einen Tag, so tritt die Verfallzeit des Wechsels an diesem Tage ein.

---

dritten Woche, d. i. an dem letzten Tage der Messe bezahlt oder protestirt werden.

Wechsel, welche auf die erste oder zweite oder dritte Woche einer Messe zahlbar lauten, müssen am Dienstage der benannten Meßwoche bezahlt oder protestirt werden.

3. Oesterreich. A. Einführungs-Ordnung vom 25. Januar 1850.

Für diejenigen Kronländer, in welchen das allgemeine bürgerliche Gesetzbuch gilt.

§. 4. Solche Wechsel (Meßwechsel) werden, wenn der Markt oder die Messe nur einen Tag dauert, an diesem Tage fällig. Dauert der Markt mehrere, jedoch nicht über acht Tage, so tritt die Verfallzeit an dem Tage vor dem gesetzlichen Schlusse des Marktes oder der Messe ein. Wechsel, welche auf Märkte von mehr als achttägiger Dauer lauten, verfallen am dritten Tage vor dem gesetzlichen Schlusse des Marktes.

B. Für Ungarn bestimmt die hierin nach der Einführungs-Ordnung §. 7. theilweise geltend gebliebene ungarische Wechselordnung Theil I §. 97.

Die Verfallzeit der auf Märkte gestellten Wechsel (Meßwechsel) ist verschieden. Wechsel, die

a) auf Märkte gezogen sind, welche nur einen Tag dauern, verfallen an diesem Markttage;
b) die auf Märkte von zwei bis acht Tagen gezogen sind, verfallen am letzten Tage des Marktes;
c) die auf Märkte, welche länger als acht Tage dauern, gezogen sind, verfallen am Mittwoch der zweiten Woche.

4. Sachsen. Einführungs-Ordnung vom 25. April 1849. §. 5 und 6.

§. 5. Leipziger Meßwechsel (s. §. 3 der Einführungs-Ordnung Zusatz Nr. 4 zu Art. 18 §. 45) verfallen in der Jubilate- und Michaelismesse Donnerstags nach Ausläutung der Messe, in der Neujahrsmesse den 12. Januar, und wenn dieser auf einen Sonntag fällt, am folgenden Tage.

§. 6. Bei Wechseln, welche in einer Leipziger Messe mit Bezeichnung einer der Meßwochen an einem bestimmten Wochentage zahlbar gestellt sind, ist unter der „ersten Meßwoche" die vor Einläutung der Messe oder sogenannte Böttcherwoche, unter der „zweiten" die darauf folgende (eigentliche Meßwoche), unter der „dritten" die Zahlwoche, d. i. die Woche nach Ausläutung der Messe, zu verstehen.

Lautet ein Wechsel schlechthin zahlbar „in der Meßwoche", so versteht man darunter die Woche zwischen Einläutung und Ausläutung der Messe.

Indossament oder Giro.

§. 17.

Jeder Inhaber eines an Ordre gestellten Wechsels kann sein Anrecht darauf einem Andern abtreten. Die Uebertragung geschieht vermittelst einer kurzen auf die Rückseite des Wechsels [1]) geschriebenen Erklärung, Indossament oder Giro genannt, (s. §. 8 Nr. 5), in folgender Form:

> Für mich an die Ordre (oder „an die Verordnung") des Herrn N. N., Werth in Rechnung (oder „Werth erhalten".)
>
> Ortsnamen, Tag, Monat und Jahreszahl
>
> Unterschrift des Abtreters.

Hat der Aussteller indeß den Wechsel nicht an Ordre gestellt, d. h. den Vermerk, „an die Ordre" im Wechsel ganz fortgelassen, so ist er nach manchen Wechselgesetzen (z. B. in Frankreich, England, den Niederlanden u. s. w. (s. §. 11. Note 3) nicht übertragungsfähig; solche Wechsel, Recta-Wechsel genannt, müssen von demjenigen, zu dessen Gunsten sie ausgestellt wurden, selbst eingezogen werden und sind daher als Zahlungsmittel nicht zu benutzen.

In Deutschland jedoch ist, nach Art. 9 der allgemeinen deutschen Wechselordnung (§. 22), der Mangel des Stellens „an Ordre" kein Hinderniß zur Weiterbegebung [2]) und nur, wenn in einem Wechsel ausdrücklich das Verbot der Uebertragung enthalten ist, kann er nicht weiter indossirt werden; ein solches Verbot müßte etwa wie folgt lauten: — „zahlen Sie an N. N. nicht an dessen Ordre."

Zuweilen remittirt man einen Wechsel an den Bezogenen selbst; man indossirt ihn alsdann mit den Worten:

> Für mich an die Ordre Ihrer selbst, oder für mich an Ihre eigene Ordre. Werth u. s. w. wie oben [3]).

---

[1]) Ist man erster Indossant eines Wechsels, so hat man auf der Rückseite desselben das Indossament da zu beginnen, wo auf der Vorderseite die Unterschrift des Ausstellers steht (s. die Indossamente im Anhange).

[2]) s. Note 3 §. 11.

[3]) Indossirt der Bezogene den durch ein solches Indossament an ihn gelangten Wechsel weiter, so haftet er auch zugleich stillschweigend als Acceptant (§. 24), wenn er den Wechsel auch nicht mit seinem Accept versah, gleicherweise auch, wenn er denselben überhaupt an sich behält; denn wollte er nicht annehmen, so müßte er bei sich selbst Protest (§. 46) erheben lassen. In diesem Falle stehen ihm alle Rechte eines gewöhnlichen Inhabers in Bezug auf das Rückgehen an seine Vormänner, der Regreß §. 65, zu (s. Brauer §. 10 Nr. 2 b.)

§. 18.

Das in obiger Form ausgestellte, im Eingange des vorigen §. angeführte Indossament nennt man das eigentliche oder vollständige Indossament; es enthält:

1) die Aufforderung an den Bezogenen zur Bezahlung der Wechselsumme an die Ordre des Indossaten;
2) das Bekenntniß über den vom Indossaten empfangenen Gegenwerth;
3) Ort und Zeit der Indossirung und
4) die Namensunterschrift des Indossanten.

Eine zweite Gattung von Indossamenten ist das uneigentliche, unvollständige oder Procura-Indossament; es wird angewandt, wenn man dem Indossaten nicht das Eigenthumsrecht am Wechsel übertragen, sondern ihn bloß zu einer durch den Wechsel begründeten Handlung, als zur Einkassirung des Wechselbetrages und bei nicht erfolgender Zahlung zur Protesterhebung [1]) u. s. w. bevollmächtigen will; es unterscheidet sich von erster Gattung dadurch, daß darin ein oder mehrere wesentliche Theile des eigentlichen Indossaments fehlen. In Frankreich (Art. 138 des Handelsgesetzbuches), England, den Niederlanden u. s. w. gelten als unvollständige solche, denen der Beisatz „an die Ordre" mangelt; in Deutschland indeß muß nach der allgemeinen deutschen Wechselordnung einem uneigentlichen Indossamente die Bemerkung: „zur Eincassirung" oder „in Procura" u. s. w. beigefügt sein, wenn es als solches gelten soll (Art. 17 §. 22), während jedes Indossament als ein vollkommenes gilt, welches nur die obigen Erfordernisse Nr. 1 (auch ohne Ordre) und Nr. 4 hat [2]).

Schickt man einem Freunde am Zahlungsorte einen Wechsel nur zu dem Zwecke ein, damit er solchen dem Bezogenen zur Annahme präsentire, so bedarf es gar keines Indossaments, da der bloße Besitz des Wechsels (ohne Uebertragung durch Indossament) zu dieser Präsentation so wie im Falle der Nichtannahme zur Erhebung des Protestes [1]) ermächtigt [3]).

§. 19.

Auf manchen Wechseln sieht man auch oft statt eines vollständigen Indossaments nur den Namen des Giranten mit einem darüber gelassenen leeren Raume, indem man es dem Indossaten überließ, ihn auszufüllen, was jedoch nicht geschah, und wozu er auch nach Art. 13 (§. 22) nicht verpflichtet ist; man nennt dieses das Blanko-Indossament [1]) (Indossament in bianco).

---

[1]) S. §. 46.

[2]) S. Brauer §. 11 Nr. 4.

[3]) S. §. 45. den Art. 18 der allgemeinen deutschen Wechselordnung, letzten Absatz.

[1]) S. §. 22 Art. 12.

Bei seiner Anwendung muß man doppelt vorsichtig sein, das Verlorengehen des Wechsels zu verhüten, weil ein unredlicher Finder in den offen gelassenen Raum das Giro auf seinen eigenen Namen stellen und sich so als rechtmäßiger Besitzer des Wechsels darstellen könnte. Man sollte daher nie in blanco indossiren, ausgenommen in folgenden Fällen, wo es nicht gut zu umgehen ist, als:

1) wenn man einen Wechsel durch eine Mittelsperson (z. B. einen Mäkler) verkaufen lassen will, man also den Namen des spätern Inhabers noch nicht kennt; alsdann übergibt man den Wechsel mit dem Blanco-Indossament dieser Mittelsperson und überläßt es dem Käufer, dasselbe auf seinen Namen auszufüllen;
2) wenn man durch eine Mittelsperson einen Wechsel kaufen läßt und der Verkäufer den Namen des Käufers nicht gewahr werden soll; alsdann läßt die Mittelsperson den Wechsel vom Verkäufer in blanco indossiren, und der Käufer füllt dann als Indossat das Indossament selbst aus.

§. 20.

Ist die Rückseite eines Wechsels so mit Indossamenten angefüllt, daß zu einem neuen sich kein Platz mehr vorfindet, so klebt man ein Stück Papier vom nämlichen Formate wie der Wechsel daran, und schreibt das neue Indossament darauf, aus Vorsicht jedoch so, daß die Schrift noch theilweise auf den Wechsel selbst zu stehen kommt. Man nennt dieses eine Alonge (Verlängerung) oder ein Anhang des Wechsels, dessen wesentlichen Inhalt man auf die andere Seite der Verlängerung, welche dem Wechselcontexte gegenüber steht, setzt, und sie so als zum betreffenden Wechsel gehörig bezeichnet, z. B.:

> Anhang zum Prima-Wechsel über Tausend Thaler Preuß. Cour., gezogen von Herrn H. Arnoldi in Frankfurt a. M. am 24. Januar 1853, 2 Monate nach dato, an die Ordre des Herrn H. C. Bernard, auf Herrn Franz Dagobert in Berlin.

Doch kommen auch häufig Alongen vor, denen diese Bezeichnung des wesentlichen Inhalts des Wechsels abgeht, welche übrigens auch in der allgemeinen deutschen Wechselordnung eben so wenig vorgeschrieben ist, als die obenerwähnte Vorsichtsmaßregel in Betreff der Vertheilung der Schrift auf den Wechsel und die Verlängerung (Art. 11 §. 22).

§. 21.

Oft ist man zur Ausstellung einer Tratte veranlaßt, ohne augenblickliche Verwendung dafür zu haben, man weiß daher auch nicht, an wessen Ordre man sie stellen soll, z. B. man hat auf einen Schuldner eine Summe abzugeben und von der Ziehung, für welche man indeß noch keinen Wechselnehmer hat, ihm Anzeige zu machen; dann hilft man sich damit, daß man den Wechsel an seine eigene Ordre ausstellt. Anstatt „an die Ordre des Herrn N. N." heißt es sodann im Contexte des Wechsels; „an die Ordre von mir selbst", oder „an meine eigene Ordre" und statt „Werth erhalten" oder „Werth in Rechnung": „Werth in mir selbst", welches Letztere eigentlich, als sich von selbst verstehend, ganz überflüssig ist.

Bei der spätern Weiterbegebung eines solchen Wechsels geschieht die Uebertragung desselben an den Wechselnehmer ganz auf gewöhnliche Weise durch Indossament.

Die allgemeine deutsche Wechselordnung sagt in Bezug auf diese Wechsel:

> Art. 6. Der Aussteller kann sich selbst als Remittenten (Art. 4 Nr. 3) bezeichnen (Wechsel an eigene Ordre) [1].

§. 22.

Die im Wesen der Tratten begründete, §. 2 erwähnte Haftbarkeit des Ausstellers für den richtigen Eingang des Wechsels ist in der allgemeinen deutschen Wechselordnung wie folgt ausgesprochen:

> Art. 8 Der Aussteller eines Wechsels haftet für dessen Annahme und Zahlung wechselmäßig [1].

Diese Haftbarkeit geht auch auf jeden Giranten über und jeder neue Indossant ist ein neuer Gewährsmann für den darauf folgenden Indossaten, oder er müßte, im Einverständnisse mit dem Letztern, seine Nichthaftbarkeit durch den Zusatz „ohne mein Obligo" oder „ohne meine Gewährleistung" (Garantie, Präjudiz) im Giro zur ausdrücklichen Bedingniß gemacht haben.

Die allgemeine deutsche Wechselordnung enthält hierüber folgende Bestimmung:

> Art. 14. Der Indossant haftet jedem spätern Inhaber des Wechsels für dessen Annahme und Zahlung wechselmäßig. Hat er aber dem Indossamente die Bemerkung „ohne Gewährleistung," „ohne Obligo" oder einen gleichbedeutenden Vorbehalt hinzugefügt, so ist er von der Verbindlichkeit aus seinem Indossamente befreit.

Fernere Bestimmungen der allgemeinen deutschen Wechselordnung in Bezug auf das Indossament sind folgende:

---

[1]) Den ferneren Inhalt dieses Artikels s. §. 39.

[1]) Die wechselmäßigen Verpflichtungen des Ausstellers in ihrer Zusammenstellung s. §. 45 Nr. 1.

Art. 9. Der Remittent kann den Wechsel an einen Andern durch Indossament (Giro) übertragen.

Hat jedoch der Aussteller die Uebertragung im Wechsel durch die Worte „nicht an Ordre," oder durch einen gleichbedeutenden Ausdruck untersagt, so hat das Indossament keine wechselrechtliche Wirkung [2]).

Art. 10. Durch das Indossament gehen alle Rechte aus dem Wechsel auf den Indossatar über, insbesondere auch die Befugniß, den Wechsel weiter zu indossiren. Auch an den Aussteller, Bezogenen [3]), Acceptanten oder einen früheren Indossanten kann der Wechsel gültig indossirt und von denselben weiter indossirt werden.

Art. 11. Das Indossament muß auf den Wechsel, eine Copie [4]) desselben oder ein mit dem Wechsel oder der Copie verbundenes Blatt [5]) (Alonge) geschrieben werden.

Art. 12. Ein Indossament ist gültig, wenn der Indossant auch nur seinen Namen oder seine Firma auf die Rückseite des Wechsels oder der Copie, oder auf die Alonge schreibt (Blanco-Indossament) [6]).

Art. 13. Jeder Inhaber eines Wechsels ist befugt, die auf demselben befindlichen Blanco-Indossamente auszufüllen; er kann den Wechsel aber auch ohne diese Ausfüllung weiter indossiren [6]).

Art. 15. Ist in dem Indossamente die Weiterbegebung durch die Worte „nicht an Ordre" oder durch einen gleichbedeutenden Ausdruck verboten [7]), so haben diejenigen, an welche der Wechsel aus der Hand des Indossatars gelangt, gegen den Indossanten keinen Regreß [8]).

Art. 17. Ist dem Indossamente die Bemerkung „zur Einkassirung," „in Procura" oder eine andere, die Bevollmächtigung ausdrückende Formel beigefügt worden [9]), so überträgt

---

[2]) S. §. 17. — Bei Unterlassung dieses Verbots kann also der Wechsel, selbst wenn er nicht an Ordre gestellt ist, wechselkräftig weiter indossirt werden (s. §. 11 Note 3); ebenso wenig braucht das Indossament „an Ordre" zu lauten (s. Brauer §. 10 Nr. 1).

[3]) S. Note 4 §. 17.

[4]) S. §§. 36 und 37.

[5]) S. §. 20.

[6]) S. §. 19.

[7]) S. §. 17 und vorstehenden Art. 9.

[8]) S. §. 65.

[9]) S. §. 18.

das Indossament das Eigenthum an dem Wechsel nicht, ermächtigt aber den Indossatar zur Einziehung der Wechselforderung, Protesterhebung [10]) und Benachrichtigung des Vormannes seines Indossanten von der unterbliebenen Zahlung [11]) (Art. 45) [12]), so wie zur Einklagung der nicht bezahlten und zur Erhebung der deponirten Wechselschuld. — Ein solcher Indossatar ist auch berechtigt, diese Befugniß durch ein weiteres Procura-Indossament einem Andern zu übertragen.

Dagegen ist derselbe zur weiteren Begebung durch eigentliches Indossament selbst dann nicht befugt, wenn dem Procura-Indossamente der Zusatz „oder Ordre" hinzugefügt ist.

Präsentation und Annahme eines gezogenen Wechsels.

§. 23.

Langt der Wechsel am Zahlungsorte an, so kann er, wenn auch noch nicht fällig, sofort dem Bezogenen zur Annahme vorgezeigt (präsentirt) werden; die ausdrückliche Verpflichtung zur Präsentation hat aber der Wechselinhaber bei solchen Wechseln, welche auf eine bestimmte Zeit nach Sicht lauten. (Weiteres hierüber s. §. 45. Nr. 3 und Art. 18 — 20 ebendaselbst).

Die Annahme geschieht schriftlich auf der Vorderseite des Wechsels, und das einfache Wörtchen „angenommen" oder „acceptirt" nebst der eigenhändigen Unterschrift des Bezogenen ist genügend, nach der allgemeinen deutschen Wechselordnung sogar die bloße eigenhändige Namenszeichnung desselben oder seiner Firma, wie aus folgendem Art. hervorgeht:

Art. 21. Die Annahme des Wechsels muß auf dem Wechsel schriftlich geschehen.

Jede auf dem Wechsel geschriebene und von dem Bezogenen unterschriebene Erklärung gilt für eine unbeschränkte

---

[10]) S. §. 46.
[11]) S. §. 69.
[12]) S. §. 75.

Zum Artikel 21.

Bremen. Einführungs-Ordnung vom 25. April 1849. §. 8.

Hat ein Trassat den ihm präsentirten Wechsel, sofern derselbe kein Platzwechsel ist, der Zurückforderung unerachtet am nämlichen Tage nicht zurückgeliefert, so ist er zur unbedingten Acceptation verpflichtet. (S. die hierauf bezügliche Erklärung am Schlusse dieses §.)

Annahme, sofern nicht in derselben ausdrücklich ausgesprochen ist, daß der Bezogene entweder überhaupt nicht oder nur unter gewissen Einschränkungen annehmen wolle.

Gleichergestalt gilt es für eine unbeschränkte Annahme, wenn der Bezogene ohne weiteren Beisatz seinen Namen oder seine Firma auf die Vorderseite des Wechsels schreibt.

Die einmal erfolgte Annahme kann nicht wieder zurückgenommen werden.

Vorsichtshalber wendet man jedoch nicht diese bloße Namenszeichnung oder obenbemerkte einfache Bescheinigung der Acceptation an, sondern fügt dem Worte „angenommen" auch noch die Wechselsumme mit Buchstaben geschrieben hinzu; gewöhnlich schreibt man die Annahme quer durch den Text des Wechsels (s. die Wechselformulare Nr. 10 und 11 im Anhange).

Bei Wechseln, welche eine bestimmte Zeit nach Sicht lauten, hat der Acceptant auch noch das Datum der Annahme hinzuzufügen, weil von letzterer an die Verfallzeit gerechnet wird (s. §. 14).

Auf manchen Handelsplätzen besteht der Gebrauch, dem Bezogenen den zu acceptirenden Wechsel zu seiner Erklärung einige Stunden in Händen zu lassen, in Folge dessen mehrere Wechselordnungen (die frühere Hamburger Art. 7, die frühere Bremer Art. 21 mit dem Anfügen, bei Platztratten ausgenommen) die Bestimmung enthalten, daß, wenn der Bezogene den Wechsel über Nacht an sich behält, dieses für eine stillschweigende Acceptation gelte. Diese Bestimmung ist in Bremen, bei Einführung der allgemeinen deutschen Wechselordnung in das jetzt gültige Gesetz vom 25. April 1849, §. 8 übergegangen (s. vorstehenden Zusatz zum Art. 21).

Eine stillschweigende Acceptation wird in England gefolgert, wenn der Bezogene den Wechsel nach 24 Stunden nicht zurückgegeben und durch sein Benehmen den Inhaber zu dem nothwendigen Glauben veranlaßt hat, daß die Annahme erfolgt sei.

§. 24.

So lange der Bezogene den Wechsel noch nicht acceptirt hat, gehört er noch nicht zu den bei demselben betheiligten Personen. Zur Acceptation kann Niemand gezwungen werden; ist sie indeß erfolgt, so müssen auch alle Verbindlichkeiten erfüllt werden, welche man durch sie übernommmen hat; sie kann nicht wieder zurückgenommen, durch keinen Entschuldigungsgrund aufgehoben werden, selbst das Durchstreichen derselben mit Einwilligung des Wechselinhabers würde die Verbindlichkeit des Acceptanten gegen die Wechselinteressenten nicht vermindern.

Die allgemeine deutsche Wechselordnung enthält hierauf bezüglich im letzten Absatze des schon im vorigen §. aufgeführten Art. 21:

Die einmal erfolgte Annahme kann nicht wieder zurückgenommen werden;

ferner Art 23: Der Bezogene wird durch die Annahme wechselmäßig verpflichtet, die von ihm acceptirte Summe zur Verfallzeit zu zahlen.

Auch dem Aussteller haftet der Bezogene aus dem Accepte wechselmäßig [1]).

Dagegen steht dem Bezogenen kein Wechselrecht gegen den Aussteller zu [2]).

§. 25.

Will der Bezogene nicht die ganze Wechselsumme, sondern einen Minderbetrag acceptiren, so liegt es oft im Interesse der Wechselbetheiligten, daß der Präsentant hierauf eingeht. Dieses haben auch manche Wechselgesetze (Frankreich [Art. 124 des Handelsgesetzbuches], Portugal, die Niederlande) berücksichtigt, und die Acceptation einer beschränkten Wechselsumme (die Particular-Acceptation) für zulässig erklärt. In allem Uebrigen aber, was die Größe der Summe nicht betrifft, muß die Annahme ohne alle Bedingungen und Vorbehalte geschehen, und der Inhaber darf sich keinerlei sonstige Modificationen von Seiten des Acceptanten gefallen lassen.

Nach der allgemeinen deutschen Wechselordnung kann eine beschränkte Acceptation, jedoch nur in Bezug auf die Wechselsumme, Statt finden:

Art. 22. Der Bezogene kann die Annahme auf einen Theil der im Wechsel verschriebenen Summe beschränken [1]).

Werden dem Accepte andere Einschränkungen beigefügt, so wird der Wechsel einem solchen gleichgeachtet, dessen Annahme gänzlich verweigert worden ist, der Acceptant haftet aber nach dem Inhalte seines Acceptes wechselmäßig.

§. 26.

Nicht die Annahme, sondern erst die geleistete Zahlung des Bezogenen befreiet alle übrigen Wechselbetheiligten von ihrer solidarischen Haftbarkeit.

---

[1]) Selbst dann, wenn die Annahme, wie §. 26 auseinandergesetzt, in gutem Glauben auf Deckung geschah (s. Brauer §. 23 Nr. 3).

[2]) S. §. 26.

[1]) Der Wechselinhaber kann jedoch über die nicht angenommene Summe Protest erheben lassen (s. §. 46), und muß dieses, wenn er sich von einem der Indossanten oder dem Aussteller Sicherheit für den nicht angenommenen Betrag stellen lassen will (s. §. 66, Art. 25 und 26; Brauer §. 22, Nr. 1).

Bezüglich des Verhältnisses zwischen Aussteller und Acceptanten, hat sich Letzterer durch die Annahme zur Einlösung der Ziehung des Ersteren wechselmäßig verpflichtet; dieses setzt entweder eine Schuld oder eine Creditbewilligung des Acceptanten voraus. Ist aber auch das Letztere der Fall, d. h. die Acceptation in gutem Glauben auf die später eintreffenden Deckungen (Anschaffungen für die gemachte Ziehung) geschehen (Blancocredit, §. 82), so hat doch der Acceptant gegen den Aussteller keinen wechselmäßigen Anspruch, wenn auch die Deckung unterbleibt [1]); er kann vielmehr sein Recht gegen ihn nur im Wege des gewöhnlichen Prozesses geltend machen [2]) Auf diese Weise ist der letzte Absatz des am Schlusse des §. 24 aufgeführten Art. 23. der allgemeinen deutschen Wechselordnung zu verstehen, welcher lautet:

Dagegen steht dem Bezogenen kein Wechselrecht gegen den Aussteller zu.

Prolongation.

§. 27.

Die Verlängerung (Prolongation) der Zahlungsfrist eines gezogenen Wechsels kann von dem Inhaber desselben nicht zugestanden werden, er müßte denn, in Folge der vom Aussteller selbst ursprünglich ausgegangenen, von dem Wechselnehmer gebilligten Bestimmung, von seinem Vormanne ausdrücklich dazu ermächtigt sein; bewilligt er sie aber dennoch, ohne eine solche Ermächtigung, so geschieht es auf seine eigene Gefahr unter Verlust seines Rechtes auf Rückanspruch an alle seine Vormänner.

Nur eigene Wechsel, welche nicht an Ordre gestellt wurden, oder auch an Ordre gestellte, die sich noch im Besitze des ersten Inhabers befinden, können prolongirt werden. Hat sich mit diesem Letztern der Aussteller um eine Weiterhinausschiebung der Zahlungsfrist geeinigt, so schreibt er etwa auf die Vorderseite des Wechsels:

Prolongirt bis zum . . . . ., oder auch:
Prolongirt auf weitere . . . . . Monate.
Ortsnamen, Tag, Monat und Jahreszahl.
Unterschrift des Wechselschuldners (Ausstellers),

---

[1]) Wohl aber begründet die Annahme den wechselmäßigen Anspruch des Ausstellers gegen den Acceptanten (Art. 23. §. 24).

[2]) S. Brauer §. 23. Nr. 4.

oder, unter Weglassung des Ortsnamens die Zeit der Handlung in der Erklärung selbst mit aufnehmend:

Prolongirt am . . . . . . bis zum . . . . ., oder
Prolongirt am . . . . . auf weitere . . . . . Monate.
Unterschrift des Ausstellers.

Zahlung.

§. 28.

Die aus der Annahme des Wechsels am Verfalltage bedingte Zahlung muß in der darin vorgeschriebenen Münzsorte geschehen; ist sie im Wechsel nicht speciell bezeichnet, so geschieht sie in derjenigen Münzsorte, die am Zahlungsorte zu Wechselzahlungen gebräuchlich ist.

Nach geleisteter Zahlung geht der Wechsel in die Hände des Zahlenden über und dient ihm als Quittung; doch wird in der Regel der Empfang der Zahlung auf der Rückseite des Wechsels bescheinigt [1]) durch die Worte: Betrag empfangen oder bloß: empfangen, auch wohl durch: pr. (pour) acquit, mit Namensunterschrift.

Die näheren Punkte über die Zahlung bestimmt die allgemeine deutsche Wechselordnung wie folgt:

> Art. 36. Der Inhaber eines indossirten Wechsels wird durch eine zusammenhängende, bis auf ihn hinuntergehende Reihe von Indossamenten als Eigenthümer des Wechsels legitimirt [2]). Das erste Indossament muß demnach mit dem Namen des Remittenten, jedes folgende Indossament mit dem Namen Desjenigen unterzeichnet sein, welchen das unmittelbar vorhergehende Indossament als Indossatar benennt. Wenn auf ein Blanco-Indossament [3]) ein weiteres Indossament folgt, so wird angenommen, daß der Aussteller des letztern den Wechsel durch das Blanco-Indossament erworben hat.
>
> Ausgestrichene Indossamente [4]) werden bei Prüfung der Legitimation als nicht geschrieben angesehen.
>
> Die Aechtheit der Indossamente zu prüfen, ist der Zahlende nicht verpflichtet.

---

[1]) Die allgemeine deutsche Wechselordnung macht das Quittiren des bezahlten Wechsels (s. nachfolgenden Art. 39) zur ausdrücklichen Pflicht des Wechselinhabers, falls solches vom Bezogenen verlangt wird.

[2]) S. §. 8, Nr. 6.

[3]) S. §. 19.

[4]) S. Note 17, §. 75.

Art. 37. Lautet ein Wechsel auf eine Münzsorte, welche am Zahlungsorte keinen Umlauf hat, oder auf eine Rechnungswährung, so kann die Wechselsumme nach ihrem Werthe zur Verfallzeit in der Landesmünze gezahlt werden, sofern nicht der

---

Zum Artikel 37.

1. **Frankfurt a. M.** Einführungs-Ordnung vom 27. März 1849. §. 7.

Diejenigen Wechsel, welche in Preußisch-Courant zu 105 Kr. oder in preußischen Thalern, wenn das Wort „effectiv" nicht beigefügt ist, auf Frankfurt ausgestellt werden, kann der Bezogene entweder in preußischem Silbergelde oder in Gulden, den preußischen Thaler zu 1 fl. 45 kr. berechnet, bezahlen.

Diejenigen Wechsel, welche in Franken, wenn das Wort „effectiv" nicht beigefügt ist, auf Frankfurt ausgestellt werden, kann der Bezogene in französischem Silbergelde oder in Gulden, den Franken zu 28 kr. berechnet, bezahlen.

2. **Hamburg.** Einführungs-Ordnung vom 5. März 1849. §. 4.

Wenn ein Wechsel auf eine fremde Landesmünze, welche hieselbst keinen Umlauf hat, lautet, ohne daß der Aussteller sich dabei des Wortes „effectiv" oder eines gleichbedeutenden Ausdrucks bedient, oder eine anderweitige Bestimmung über die Art der Bezahlung getroffen hat, so ist die Wechselsumme, entweder in der im Wechsel benannten Münze, oder in Banco nach dem zur Verfallzeit notirten, oder wenn solche Notirung nicht stattfindet, nach dem sonst geltenden, kurzen Cours auf den hauptsächlichsten Wechselplatz des Landes, welchem jene Münze angehört, zu bezahlen.

3. **Sachsen.** Einführungs-Ordnung vom 25. April 1849. §. 7.

Der Ausdruck „nach Cours" ohne speziellere Bezeichnung ist von dem Cours am Verfalltage, wie er Vormittags 9 Uhr in dem letzten am Zahlorte, oder falls dieser kein Wechselplatz ist, am nächsten Wechselplatze ausgegebenen Courszettel notirt ist, zu verstehen. Fehlt jede Beziehung auf Cours, so wird die angegebene Sorte nach ihrem Münzwerthe angenommen, z. B. der Louisd'or zu 5 Thaler, der Ducaten zu 3 Thaler im Vierzehnthalerfuße.

4. **Schleswig-Holstein.** Einführungs-Ordnung vom 10. April 1849. §. 4.

Wenn ein Wechsel auf eine fremde Landesmünze lautet, welche hierselbst keinen Umlauf hat, ohne daß der Aussteller sich dabei des Wortes „effectiv" oder eines gleichbedeutenden Ausdrucks bedient, oder eine anderweitige Bestimmung über die Art der Bezahlung getroffen hat, so ist die Wechselsumme, entweder in der im Wechsel benannten Münze, oder nach dem an dem betreffenden Orte bekannten, zuletzt in Hamburg notirten Geldcours, oder wenn solche Notirung in Hamburg nicht Statt findet, nach dem sonst dort geltenden Cours auf den hauptsächlichsten Wechselplatz des Landes, welchem jene Münze angehört, zu leisten.

Aussteller durch den Gebrauch des Wortes „effectiv" oder eines ähnlichen Zusatzes, die Zahlung in der im Wechsel benannten Münzsorte ausdrücklich bestimmt hat.

Art. 38. Der Inhaber des Wechsels darf eine ihm angebotene Theilzahlung selbst dann nicht zurückweisen, wenn die Annahme auf den ganzen Betrag der verschriebenen Summe erfolgt ist [5]).

Art. 39. Der Wechselschuldner ist nur gegen Aushändigung des quittirten Wechsels zu zahlen verpflichtet.

Hat der Wechselschuldner eine Theilzahlung geleistet, so kann derselbe nur verlangen, daß die Zahlung auf den Wechsel abgeschrieben und ihm Quittung auf einer Abschrift des Wechsels ertheilt werde.

Art. 40. Wird die Zahlung des Wechsels zur Verfallzeit nicht gefordert, so ist der Acceptant nach Ablauf der für

---

[5]) Ueber den am Verfalltage verbleibenden Rückstand muß jedoch Protest (§. 46). erhoben werden

Wie bei der Particular-Acceptation (§. 25), so waltet auch hier die Rücksichtnahme auf den Vortheil der Wechselbetheiligten vor (s. Brauer §. 38 Nr. 1).

Für die in Altona zahlbaren Wechsel richtet sich die Berechnung nach dem zur Verfallzeit in Hamburg notirten Cours und gilt überdies die Regel, daß die Zahlung, wenn selbige nicht in der im Wechsel benannten Münze geleistet wird, in Hamburger Banco verlangt werden kann.

Zum Art. 39.

1. Hamburg. Einführungs-Ordnung vom 5. März 1849. §. 5.

Bei einem in Banco zahlbaren Wechsel vertritt die auf demselben gesetzte Anweisung, an welches Banco-Conto der Betrag abgeschrieben werden soll (Bank-Indorso) die Stelle der nach Art. 39 der allgemeinen deutschen Wechselordnung vor dem Empfange der Zahlung vorzunehmenden Quittirung des Wechsels.

2. Schleswig-Holstein. Einführungs-Ordnung vom 10. April 1849. §. 8. und 9 (für Altona).

§. 8. Auf Altona gezogene Bancowechsel sind durch Abschreiben in der Hamburger Bank zu bezahlen.

§. 9. Bei einem in Hamburger Banco zahlbaren Wechsel vertritt die auf demselben gesetzte Anweisung, an welches Banco-Conto der Betrag abgeschrieben werden soll (Bank-Indorso) die Stelle der nach Art. 39 der Wechselordnung vor dem Empfange vorzunehmende Quittirung des Wechsels.

Zum Art. 40.

1. Baden. Einführungs-Ordnung vom 19. Februar 1849. Art. 3 Vergleiche Zusatz Nr. 1 zu Art. 25. §. 66.

die Protesterhebung Mangels Zahlung [6]) bestimmten Frist [7]) befugt, die Wechselsumme auf Gefahr und Kosten des Inhabers bei Gericht, oder bei einer anderen zur Annahme von Depositen ermächtigten Behörde oder Anstalt niederzulegen.

Der Vorladung des Inhabers bedarf es nicht.

Commissions=Tratten.

§. 29.

Nicht immer werden Wechsel für eigene Rechnung gezogen, man kann auch zur Ziehung für fremde Rechnung von einem Dritten beauftragt sein; ein Schuldner z. B. beordert seinen Gläubiger den schuldigen Betrag auf ein namhaft gemachtes Haus für seine (des Schuldners) Rechnung zu trassiren; solche Wechsel werden Commissions=Tratten genannt.

Da der Bezogene hier den Wechselbetrag nicht dem Aussteller, sondern demjenigen in Rechnung zu bringen hat, welcher zur Ziehung den Auftrag ertheilt, so fügt man den Worten „und stellen ihn (den Werth) auf Rechnung" noch den Namen oder die Firma des Auftraggebers hinzu, beschränkt sich indeß nur auf die Anfangsbuchstaben vom Namen (oder der Firma), weil der Remittent und die spätern Indossanten ihn nicht zu erfahren brauchen; für den Bezogenen aber ist diese Bezeichnung des Auftraggebers genügend, weil Letzterer ihn über das Ertheilen der Commission zur Ziehung benachrichtigt haben muß, und der Aussteller ihm ebenfalls in seinem Avis angibt, wer der Veranlasser zum Trassiren gewesen [1]). Wäre z. B. der §. 9 enthaltene

[6]) S. §. 46.
[7]) S. §. 46 Art. 41.
[1]) Der Aussteller einer Commissionstratte ist wechselmäßig verhaftet; sein Verhältniß zum Auftraggeber und das des Letzteren zum Bezogenen sind nur nach gemeinem Rechte zu bemessen (Brauer §. 6 Nr. 3).

---

2. Hessen=Darmstadt. Einführungs=Ordnung vom 4. Juni 1849. §. 1. Vergleiche Zusatz Nr. 2 zum Art. 25. §. 66.

3. Oesterreich bestimmt in der Wechselordnung anstatt der deutschen Wechselordnung Art. 40:

Wird die Zahlung des Wechsels zur Verfallzeit nicht gefordert, so ist der Acceptant nach Ablauf der für die Protesterhebung Mangels Zahlung bestimmten Frist befugt, die Wechselsumme auf Gefahr und Kosten des Inhabers bei Gericht niederzulegen.

Der Vorladung des Inhabers bedarf es nicht.

4. Würtemberg. Einführungs=Ordnung vom 6. Mai 1849. Art. 8. Vergleiche Zusatz Nr. 4 zu Art. 25. §. 66.

Wechsel in Auftrag und für Rechnung von Voß und Erdmann gezogen worden, so würde darin statt „stellen Sie solchen auf Rechnung laut Bericht“ heißen müssen:

„stellen Sie solchen auf Rechnung von V. & E. laut Bericht.“ (S. die Commissions-Tratte Nr. 13 im Anhange.)

Wechselduplikate.

§. 30.

Es ereignet sich oft, daß von einer Tratte ein zweites auch wohl ein drittes Exemplar ausgestellt wird. In der Regel geschieht dieses der Sicherheit wegen bei Wechseln, welche an einem sehr entfernten Orte zahlbar sind, besonders bei solchen, die auf überseeische Plätze lauten, um beim etwaigen Nichtüberkommen eines Exemplars sogleich Ersatz zu haben, da jedes einzelne Exemplar die Stelle des ganzen Wechsels vertritt; man schickt daher jedes für sich mit einem andern Schiffe nach seinem Bestimmungsorte ab.

Diese von einem und demselben Wechsel vorhandenen Exemplare werden Wechselduplikate genannt und gelten zusammen nur für einen Wechsel. Um sie aber auch für einen solchen einzigen zu erkennen und jedes Exemplar besonders, nicht als einen für sich bestehenden Wechsel anzusehen, bezeichnet man sie, bei übrigens ganz gleichem Inhalte, als Prima-, Secunda-, Tertia-Wechsel (erster, zweiter, dritter Wechsel), und fügt in der Secunda noch die Worte „Prima nicht“ d. h., wenn Prima noch nicht bezahlt ist, und in der Tertia „Prima und Secunda nicht“ in Parenthese hinzu, oder auch statt dessen: „Prima unbezahlt“, „Prima und Secunda unbezahlt;“ z. B.

zahlen Sie gegen diesen Secunda-Wechsel (Prima nicht) u. s. w.

§. 31.

Gewöhnlich wird jede Tratte, wie schon §. 11. Note 1 angeführt, selbst bei einfacher Ausfertigung, bei der Ausstellung mit Prima bezeichnet, um im Falle der Nothwendigkeit später immer noch ein Duplikat davon ausfertigen zu können; beabsichtigt der Aussteller indeß kein Duplikat davon weiter ausgeben zu wollen, so nennt er die Ziehung einen „Sola-Wechsel“ [1]). Durch die Bezeichnung „Prima“ verpflichtet er sich stillschweigend, auf Verlangen des Remittenten oder eines späteren

---

[1]) Da die eigenen Wechsel stets nur einfach ausgestellt und daher in der Regel mit „Sola“ bezeichnet werden, so versteht man unter Sola-Wechsel gewöhnlich eigene Wechsel.

Inhabers noch mehrere Exemplare davon auszustellen [2]) (s. §. 35. Art. 66 der allgemeinen deutschen Wechselordnung).

Jeder rechtmäßige Inhaber eines Prima-Wechsels ist daher berechtigt, so viele Exemplare davon zu verlangen, als er für nothwendig erachtet. Ist er der erste Wechselinhaber (der Remittent), so kann er sich dieserhalb direkt an den Aussteller wenden; enthält der Wechsel indeß schon ein oder mehrere Indossamente, so hat der Indossat sein Gesuch an seinen Vormann anzubringen, welcher es an den seinigen gelangen läßt u. s. w., bis es endlich an den Aussteller kommt, der das Duplikat ausfertigt, welches auf demselben Wege, den das Gesuch genommen, zurückbefördert wird, indem jeder Zurücksender sein Indossament, welches auch der frühere Wechsel enthielt, darauf setzt. Die Verschaffungsunkosten des Duplikats trägt der ursprüngliche Besteller desselben.

§. 32.

Zur Beziehung einer Secunda wird man, außer in dem §. 30 erwähnten Falle, auch schon veranlaßt, wenn man die Prima, um sich über die Annahme des Wechsels alsbald Gewißheit zu verschaffen, zum Accepte einsenden will. Geschähe dieses nun, ohne im Besitze einer Secunda zu sein, so würde bis zur Zurückkunft der acceptirten Prima eine Störung in der Weiterbegebung des Wechsels eintreten, und dann wäre man auch genöthigt, das Accept in Circulation zu setzen, dessen Verlorengehen mit weit größeren Nachtheilen verknüpft ist, als das Abhandenkommen eines noch nicht acceptirten Wechsels. Um beide Mißstände daher zu vermeiden, verschafft man sich eine Secunda, und schickt, während man diese zur Weiterbegebung benutzt, die Prima an einen Freund am Zahlungsorte, läßt sie durch denselben zur Annahme präsentiren und nach geschehener Acceptation aufbewahren, schreibt aber auf die Vorderseite der zurückbehaltenen Secunda, welche man nun statt der Prima verwendet, bevor man sie weiter indossirt, die Worte: „Prima zur Annahme bei Herrn N. N.", oder falls schon die Nachricht vom Accepte eingelaufen: „die acceptirte Prima bei Herrn N. N.", damit jeder Inhaber der Secunda aus derselben ersehen könne, wo die Prima zu finden sei.

§. 33.

Langt nun die Secunda am Zahlungsorte an, so kann der Inhaber derselben den Wechselbetrag am Verfalltage nur dann erheben, nachdem er sich auch in den Besitz der acceptirten Prima gesetzt hat, welche ihm von ihrem Aufbewahrer ausgeliefert wird, sobald er sich

---

[2]) Zur Ausübung dieser Pflicht kann der Aussteller des Prima-Wechsels jedoch nur im Wege des gemeinen Civilprocesses angehalten werden. (Brauer §. 66, Nr. 5.)

durch Vorzeigung der Secunda und des darauf bemerkten, auf ihn lautenden Indossaments als rechtmäßiger Besitzer des Wechsels legitimirt hat. Bei der Ueberlieferung wird die auf der Secunda enthaltene Bemerkung, wo die Prima anzutreffen sei, von dem bisherigen Verwahrer der letztern durchgestrichen, und darunter die Worte gesetzt: „Die acceptirte Prima ausgeliefert an Herrn N. N."

Gegen beide Exemplare erst kann der Inhaber den Wechselbetrag vom Acceptanten einziehen, dem er nach erfolgter Zahlung auf der Rückseite der Secunda etwa folgende Quittung ertheilt:

„Betrag empfangen unter Auslieferung der Prima."

(S. das Formular Nr. 12 im Anhange.)

§. 34.

Zur Beziehung einer Tertia kann ein Indossat veranlaßt sein, wenn er sich überzeugen will, ob die Prima wirklich am bezeichneten Orte sich befinde. Er schickt alsdann die Secunda in Begleitung einer Vollmacht an einen Freund am Zahlungsorte; dieser läßt sich die Prima ausliefern, und verwahrt nun diese und die Secunda, auf welche der frühere Verwahrer der Prima bei der Ueberlieferung die Worte gesetzt hat:

„Die acceptirte Prima an Herrn N. N. als Bevollmächtigter des Herrn N. N. ausgeliefert"; auf die Tertia aber bemerkt deren Inhaber, wo sich die beiden ersteren Exemplare befinden; das übrige Verfahren ist dem bei der Secunda angegebenen gleich.

Ueberhaupt kommen Tertia-Wechsel seltener vor; es müßte denn beim bereits Vorhandensein einer Secunda entweder diese oder die Prima verloren gegangen sein oder, wie §. 30 erwähnt, der Wechsel auf einen weit entfernten, überseeischen Platz lauten; Quarta-Wechsel aber sind als außergewöhnlich zu betrachten und nur ihre Möglichkeit mit anzuführen.

§. 35.

Wie schon §. 30 bemerkt, gelten die von einem Wechsel vorhandenen Duplikate sämmtlich nur für einen Wechsel, und jedes einzelne Exemplar vertritt wiederum die Stelle des ganzen Wechsels, so daß das Indossament auf einem Exemplare das Eigenthumsrecht an allen überträgt, die Acceptation des einen sich auf den ganzen Wechsel bezieht, und durch die Bezahlung eines Exemplars alle übrigen mitbezahlt werden.

Gleichwohl hat der Bezogene darauf zu achten, daß er nur ein Exemplar acceptire; denn die weitere Annahme eines andern Exemplars vom nämlichen Wechsel würde als ein besonderes, für sich bestehendes Accept gelten, das einzulösen er verbunden wäre.

Die Präsentation eines zweiten Exemplars zum Accepte oder zur Zahlung kann stattfinden, wenn der Inhaber mehrerer Duplicate entweder aus Versehen oder auch betrüglicherweise dieselben, jedes als einen Wechsel für sich, an verschiedene Personen indossirt. Würde nun der Bezogene, nachdem er schon das zuerst vorgekommene Exemplar acceptirt hat, auch das zweite, später präsentirte ebenfalls annehmen, so würde der Einwand, daß beide Exemplare ja nur einen Wechsel bilden, ihn nicht schützen: er müßte seine beiden Accepte einlösen. Verweigert er aber auf den Grund des schon einmal stattgefundenen Accepts oder der geleisteten Zahlung die Annahme des zuletzt präsentirten Exemplars, so hat der letzte Inhaber desselben sich wegen seiner Schadloshaltung an seine Vormänner und zwar bis zu demjenigen hinauf zu halten, welcher den Wechsel doppelt in Umlauf gebracht hat [1]).

Hierauf ist der nachstehende Art. 67 der allgemeinen deutschen Wechselordnung zu beziehen, welche letztere überhaupt über Wechselduplicate folgende Bestimmungen enthält:

Art. 66. Der Aussteller eines gezogenen Wechsels ist verpflichtet, dem Remittenten auf Verlangen mehrere gleichlautende Exemplare des Wechsels zu überliefern [2]).

Dieselben müssen im Contexte als Prima, Secunda, Tertia u. s. w. bezeichnet sein, widrigenfalls jedes Exemplar als ein für sich bestehender Wechsel (Sola-Wechsel) erachtet wird [3]).

Auch ein Indossatar kann ein Duplicat des Wechsels verlangen. Er muß sich dieserhalb an seinen unmittelbaren Vormann wenden, welcher wieder an seinen Vormann zurückgehen muß, bis die Anforderung an den Aussteller gelangt. Jeder Indossatar kann von seinem Vormanne verlangen, daß die früheren Indossamente auf dem Duplicat wiederholt werden [2]).

Art. 67. Ist von mehreren ausgefertigten Exemplaren das eine bezahlt, so verlieren dadurch die andern ihre Kraft [4]).

Jedoch bleiben aus den übrigen Exemplaren verhaftet:

1) Der Indossant, welcher mehrere Exemplare desselben Wechsels an verschiedene Personen indossirt hat, und alle spätern Indossanten, deren Unterschriften sich auf den bei der Zahlung

---

[1]) S. Brauer §. 67.

[2]) S. §. 31.

[3]) S. §. 30.

[4]) S. §. 35.

nicht zurückgegebenen Exemplaren befinden, aus ihren Indossamenten [5]);

2) der Acceptant, welcher mehrere Exemplare desselben Wechsels acceptirt hat, aus den Accepten auf den bei der Zahlung nicht zurückgegebenen Exemplaren [5]).

Art. 68. Wer eines von mehreren Exemplaren eines Wechsels zur Annahme versandt hat, muß auf den übrigen Exemplaren bemerken, bei wem das von ihm zur Annahme versandte Exemplar anzutreffen ist [6]). Das Unterlassen dieser Bemerkung entzieht jedoch dem Wechsel nicht die Wechselkraft.

Der Verwahrer des zum Accepte versandten Exemplars ist verpflichtet, dasselbe demjenigen auszuliefern, der sich als Indossatar (Art. 36) oder auf andere Weise zur Empfangnahme legitimirt [7]).

Art. 69. Der Inhaber eines Duplicats, auf welchem angegeben ist, bei wem das zum Accepte versandte Exemplar sich befindet, kann Mangels Annahme desselben den Regreß auf Sicherstellung [8]) und Mangels Zahlung den Regreß auf Zahlung [9]) nicht eher nehmen, als bis er durch Protest [10]) hat feststellen lassen:

1) daß das zum Accepte versandte Exemplar ihm vom Verwahrer nicht verabfolgt worden ist [11]), und

2) daß auch auf das Duplicat die Annahme oder die Zahlung nicht zu erlangen gewesen [11])

Wechsel-Copieen.

§. 36.

Um aber, besonders wenn der Wechsel schon durch mehrere Hände gegangen, der oben §. 31 beschriebenen weitläuftigen und kostspieligen Verschaffungsweise eines Duplicats überhoben zu sein, und dennoch den Zweck desselben zu erreichen, wendet man eine Wechsel-Copie an, d. h. eine Abschrift des Wechsels, unter Beobachtung folgenden Verfahrens.

Man copirt getreu den Original-Wechsel mit allen darauf befindlichen Indossamenten, setzt auf der Vorderseite der Abschrift, oben links

---

[5]) S. §. 35.

[6]) S. §. 32.

[7]) S. §. 33; jedoch kann gegen den Verwahrer, bei Verweigerung der Herausgabe nur in gewöhnlichem Civilwege geklagt werden. (Brauer §. 68 Nr. 3.)

[8]) S. §§. 65 und 66.

[9]) S. §§. 65 und 69.

[10]) S. §. 46.

[11]) S. §. 46 Nr. 3 und die darauf bezügliche Note Nr. 3.

in die Ecke, das Wörtchen „Copie“ und auf deren Rückseite unter dem Schluß derselben „bis hierher Copie“ [1]). Diese Abschrift wird nun statt des Originals, welches man zum Accepte einsendet, auf gleiche Weise zur Weiterbegebung benutzt, als wie §. 32 beschrieben die Secunda, nachdem man vorher darauf bemerkt hat, bei wem sich das Original befindet, z. B. „Original zur Annahme bei Herrn N. N. [1])“.

Ueberhaupt finden bei einer Copie dieselben Formalitäten Statt, welche bei gleicher Verwendung einer Secunda beobachtet werden und wie sie aus den §§. 32 und 33 zu ersehen sind, nur daß statt Prima das Wort „Original“ gebraucht wird.

§. 37.

Jeder rechtmäßige Inhaber eines Wechsels ist befugt, sich von demselben eine Abschrift zu nehmen, und sich ihrer gleich eines Duplikats zu bedienen; doch haben letztere das voraus, daß jedes Exemplar den ganzen Wechsel ersetzt (s. §. 35), während die Copie nur in Vereinigung mit dem Originale den vollständigen Wechsel bildet, weshalb dieselbe auch die Stelle einer verlornen Prima nie vertreten kann; gleichwohl ist ihr Nutzen für das Wechselgeschäft nicht minder wesentlich. Schon die so wenig umständliche, sofort mögliche Verschaffungsweise derselben bildet einen Vorzug; ein weiterer aber besteht noch darin, daß man sich ihrer nicht nur bei Tratten, welche als Prima-Wechsel, sondern auch bei solchen bedienen kann, die als Sola-Wechsel gezogen wurden, so wie bei eigenen Wechseln an Ordre, welche an einem auswärtigen Orte zahlbar sind.

Die allgemeine deutsche Wechselordnung enthält folgende die Wechsel-Copieen betreffende Bestimmungen:

> Art. 70. Wechsel-Copieen müssen eine Abschrift des Wechsels und der darauf befindlichen Indossamente und Vermerke enthalten und mit der Erklärung: „bis hierher Abschrift (Copie)“ oder mit einer ähnlichen Bezeichnung versehen sein.
>
> In der Copie ist zu bemerken, bei wem das zur Annahme versandte Original des Wechsels anzutreffen ist. Das Unterlassen dieses Vermerkes entzieht jedoch der indossirten Copie nicht ihre wechselmäßige Kraft.
>
> Art. 71. Jedes auf einer Copie befindliche Original-Indossament verpflichtet den Indossanten eben so, als wenn es auf einem Original-Wechsel stünde.
>
> Art. 72. Der Verwahrer des Original-Wechsels ist verpflichtet, denselben dem Besitzer einer mit einem oder meh-

---

[1]) S. das Wechselformular Nr. 14 im Anhange.

reren Original-Indossamenten versehenen Copie auszuliefern, sofern sich derselbe als Indossatar oder auf andere Weise zur Empfangnahme legitimirt.

Wird der Original-Wechsel vom Verwahrer nicht ausgeliefert, so ist der Inhaber der Wechsel-Copie nur nach Aufnahme des im Art. 69 Nr. 1 [1]) erwähnten Protestes [2]) Regreß auf Sicherstellung [3]) und nach Eintritt des in der Copie angegebenen Verfalltages Regreß auf Zahlung [4]) gegen diejenigen Indossanten zu nehmen berechtigt, deren Original-Indossamente auf der Copie befindlich sind.

Domicilirte Wechsel.

§. 38.

Domicilirte Wechsel sind solche, welche einen andern Zahlungsort als den Wohnort des Bezogenen haben; diesen Zahlungsort nennt man das Domicil des Wechsels, den Bezogenen Domiciliant, Domiciliat denjenigen, welcher im Auftrage des Domicilianten die Auszahlung besorgt, und im Wechsel benannt wird, falls der Letztere nicht selbst am dritten Orte die Zahlung leisten will.

Ist nämlich der Wohnort des Bezogenen ein Nebenort [1]), so ist ein Wechsel auf einen solchen lautend schwer verkäuflich, der Inhaber muß ihn daher, beim Mangel einer andern Verwendung, gewöhnlich selbst durch ein befreundetes Handlungshaus auf seine Kosten eincassiren lassen, während Wechsel auf Wechselplätze [1]) ausgestellt, als eine allgemein beliebte und gängige Waare, leicht Abnehmer finden. Man sucht es daher möglich zu machen, einen Wechsel auf einen Schuldner am Nebenorte in einen solchen an einem Wechselplatze zahlbar umzugestalten, wodurch der Zahlungsort und der Wohnort des Bezogenen ein verschiedener wird, was natürlich nur im Einverständnisse mit dem Letztern geschehen kann; ein auf solche Weise gezogener Wechsel wird „domicilirte Tratte" genannt.

---

[1]) S. §. 35.

[2]) S. §. 46 Nr. 3 und die darauf bezügliche Note Nr. 3.

[3]) S. §§. 65 und 66.

[4]) S. §§. 65 und 69.

[1]) Unter Nebenort versteht man einen Platz mit wenig Handels- und Wechselverkehr, im Gegensatze zu Wechselplatz, an welchem ein solcher Verkehr in großem Maßstabe Statt findet (siehe auch §. 85 am Ende).

§. 39.

Aber nicht nur Tratten sondern auch eigene Wechsel können domicilirt werden; sie heißen alsdann „domicilirte eigene Wechsel“ und weil der Aussteller den Betrag am dritten Orte zahlbar, auf sich selbst zieht, sie mit den Tratten der Form nach Aehnlichkeit haben und gleich diesen circuliren, so nennt man sie auch „eigene Tratten“ oder „trassirte eigene Wechsel“.

Die allgemeine deutsche Wechselordnung stellt sie unter die Kategorie der gezogenen Wechsel, indem sie dieselben Art. 6, welcher schon theilweise, in so weit er die Wechsel an eigene Ordre betrifft, §. 21 gegeben wurde, aufführt. Im weiteren Verlaufe heißt es in diesem

> Art. 6.: Desgleichen kann der Aussteller sich selbst als Bezogenen (Art. 4 Nr. 7) [1]) bezeichnen, sofern die Zahlung an einem andern Orte, als dem der Ausstellung geschehen soll (trassirt-eigene Wechsel).

Folgende Beispiele mögen das Wesen der domicilirten Tratten, so wie der domicilirten eigenen Wechsel klarer stellen.

§. 40.

Beispiel einer domicilirten Tratte:

Angenommen, J. Reinhold in Wetzlar ist an H. Bergmann in Leipzig Rthlr. 600. — Preuß. Cour. oder fl. 1050. — im 24 fl. Fuß schuldig. Letzterer hat von Ersterem den Auftrag diesen Betrag zwei Monate nach dato auf ihn abzugeben, wünscht jedoch die Tratte auf Frankfurt domiciliren zu können und fragt daher bei Reinhold an, ob er damit einverstanden sei. Dieser antwortet bejahend, indem er gleichzeitig Ph. Nik. Schmidt als Domiciliaten aufgibt. Bergmann stellt demnach folgenden Wechsel aus:

Leipzig, 26. Februar 1853. Für fl. **1050** im 24 fl. Fuss.
Zwei Monate nach heute zahlen Sie gegen diesen Prima-Wechsel an die Ordre von mir selbst die Summe von Tausend und fünfzig Gulden im 24 fl. Fuss. Den Werth in mir selbst und stellen Sie solchen auf Rechnung laut Bericht.

Herrn J. Reinhold
in Wetzlar,
zahlbar bei
Herrn Ph. Nik. Schmidt
in **Frankfurt** a. M.

Gut für Tausend und fünfzig Gulden
im 24 fl. Fuß
H. Bergmann.

---

[1]) S. §. 11.

Am Verfalltage nun muß Reinhold entweder selbst im Geschäftslokale des Herrn Ph. Nik. Schmidt in Frankfurt anwesend sein, um den Wechsel, sobald er zur Zahlung präsentirt wird, einzulösen, oder er sendet den Betrag vor Verfall an diesen Letzteren, um durch ihn die Auszahlung besorgen zu lassen.

Hätte Reinhold dem Bergmann die specielle Aufgabe des Domiciliaten nicht gemacht, so hätte dieser auf den Wechsel nur schreiben können: „zahlbar in Frankfurt a. M."; aber dann hätte Reinhold, sobald ihm der Wechsel zur Annahme vorgelegt oder eingesendet worden wäre, die Adresse des Domiciliaten seinem Accepte beifügen müssen, welches dann etwa wie folgt gelautet haben würde:

> Angenommen für Tausend und fünfzig Gulden im 24 fl. Fuß, zahlbar bei Herrn Philipp Nik. Schmidt.
>
> J. Reinhold.

In der Regel läßt man einen domicilirten Wechsel alsbald nach der Ausstellung acceptiren und sendet ihn zu diesem Behufe dem Bezogenen ein; will man dieses Letztere aber nicht, so kann die Annahme auch durch Vermittelung eines Freundes am Wohnorte des Bezogenen erwirkt werden, oder der Aussteller kann im Wechsel auch die Präsentation zur Annahme vorschreiben, damit solche vom Remittenten oder einem späteren Inhaber besorgt werde.

Bezüglich dieser Annahme enthält die allgemeine deutsche Wechselordnung:

> Art. 24. Ist in dem Wechsel ein vom Wohnorte des Bezogenen verschiedener Zahlungsort (Art. 4 Nr. 8) [1]) angegeben (Domicilwechsel), so ist, insofern der Wechsel nicht schon ergibt, durch wen die Zahlung am Zahlungsorte erfolgen soll, dieß vom Bezogenen bei der Annahme auf dem Wechsel zu bemerken. Ist dieß nicht geschehen, so wird angenommen, daß der Bezogene selbst die Zahlung am Zahlungsorte leisten wolle.

[1]) S. §. 11.

Zum Art. 24 (auch zum Art. 43 §. 51.)

1. Hamburg. Einführungs-Ordnung vom 5. März 1849, §. 6.

Ein auf Altona, zahlbar Hamburg, gezogener Wechsel gilt, wenn nicht ein bestimmter in Hamburg wohnhafter Domiciliat darauf benannt ist, nicht als Domicilwechsel, und ist daher in Altona zur Zahlung zu präsentiren.

Der Aussteller eines Domicil-Wechsels kann in demselben die Präsentation zur Annahme vorschreiben. Die Nichtbeobachtung dieser Vorschrift hat den Verlust des Regresses [2]) gegen den Aussteller und die Indossanten zur Folge.

§. 41.

Beispiel eines domicilirten eigenen Wechsels:

L. Biermann in Coblenz ist an Gebrüder Schulze in Nordhausen Rthlr. 500 — schuldig. Der Betrag ist fällig. Der Reisende des Hauses besucht den Schuldner, ohne daß es diesem möglich wäre, augenblicklich seiner Verbindlichkeit nachzukommen. Um indeß seine Gläubiger dessenungeachtet zu befriedigen, stellt er auf sich selbst einen Wechsel in Cöln zahlbar aus, wie folgt:

Coblenz, 24. Februar 1853. Für Rthlr. **500**. — Pr. Ct.
Zwei Monate nach heute zahle ich gegen diesen meinen Sola-Wechsel an die Ordre der Herren Gebrüder Schulze die Summe von Fünfhundert Thaler Preuss. Cour. Den Werth in Waaren erhalten.

Auf mich selbst,
zahlbar bei Herrn J. H. Stein
in **Cöln** a. R.

Gut für Fünfhundert Thaler Pr. Ct.
L. Biermann.

Hierdurch hat Biermann seine Schuld getilgt, eigentlich aber sich nur einen Ausstand von zwei Monaten verschafft, ohne daß Gebr. Schulze, welche den empfangenen Wechsel sogleich verwerthen können, das Geld während dieses Zeitraums zu entbehren haben; höchstens hätten sie beim sofortigen Verkaufe desselben einen zweimonatlichen Zinsverlust zu erleiden. Aber Biermann hat dafür Sorge zu tragen, daß der Wechsel am Verfalltage prompt bei dem Domiciliaten eingelöst werde, und muß daher den Betrag noch frühzeitig genug dem J. H. Stein in Cöln einsenden, damit dieser die Auszahlung besorge.

---

[2]) S. §. 65.

---

2. Schleswig-Holstein. Einführungs-Ordnung vom 10. April 1849. §. 10 (für Altona).

Wie ein auf Altona, zahlbar Hamburg, gezogener Wechsel, wenn nicht ein bestimmter, in Hamburg wohnhafter Domiciliat darauf benannt ist, nicht als Domicilwechsel gilt, und daher in Altona zur Zahlung zu präsentiren ist, so gilt auch dasselbe im umgekehrten Falle, wenn ein Wechsel auf Hamburg, zahlbar Altona, gezogen werden sollte.

Domicilirte Wechsel als Meßwechsel.

§. 42.

Die meisten domicilirten Wechsel kommen auf Messen vor. Viele fremde Fabrikanten und Kaufleute, welche ihre Waaren dort feil halten, ertheilen ihren Gläubigern den Auftrag, Ziehungen auf sie während ihres Aufenthaltes am Meßorte zu machen, weil sie alsdann durch ihre Verkäufe und das Eingehen ihrer Meßausstände am Leichtesten ihre Verbindlichkeiten erfüllen können.

Obschon Wechsel, welche auf eine bestimmte Messe lauten (s. §. 14), eigentlich Meßwechsel genannt werden, so gehören doch diejenigen von ihnen, welche auf Personen, die nur während der Messe am Meßplatze sich aufhalten, daselbst also keinen festen Wohnsitz haben, gezogen sind, auch zur Kategorie der domicilirten Wechsel, und zwar zu der der domicilirten Tratten.

Ein solcher Meßwechsel ist folgender:

Manchester, 15. Februar 1853. **Für fl. 4250** im 24 fl. Fuss. Nächste Frankfurter Ostermesse zahlen Sie gegen diesen Prima-Wechsel an die Ordre der Herren L. Behrens und Söhne die Summe von Vier Tausend zwei Hundert und fünfzig Gulden im 24 fl. Fuss. Werth in Rechnung und stellen Sie solchen auf Rechnung laut Bericht.

Herren Gebr. Fischer
in Giessen
zahlbar in **Frankfurt** a. M.

Gut für Vier Tausend zwei Hundert und fünfzig Gulden im 24 fl. Fuß.
Salomons & Comp.

§. 43.

Domicilirte eigene Wechsel als Meßwechsel können vorkommen, wenn am Meßplatze ein fremder Waarenkäufer dem Verkäufer für den Betrag der gekauften Waaren einen Wechsel auf sich selbst, in der darauf folgenden Messe zahlbar, ausstellt, ferner in einem Falle wie der folgende:

J. Speier in Bielefeld hat Rthlr. 10,000 — vorräthig, um sie in der Leipziger Ostermesse zu Waareneinkäufen zu verwenden. Um nicht nöthig zu haben, das Geld baar von Hause aus mit dorthin zu nehmen, verständigt er sich mit B. Munkewitz, welcher die Leipziger Messen mit einem Leinewand-Lager bezieht, ihm in Bielefeld die Rthlr. 10,000 — auszuzahlen, um sie in Leipzig wieder von ihm zu erheben. Gegen Auszahlung des Betrages empfängt er nun von Munkewitz folgenden Wechsel

Bielefeld, 24. März 1853. Für Rthlr. **10,000.** — Pr. Ct.
Nächste Leipziger Ostermesse zahle ich gegen diesen meinen Sola-Wechsel an die Ordre des Herrn J. Speier die Summe von Zehn Tausend Thaler Preuss. Cour. Werth erhalten.

Auf mich selbst — Gut für Zehn Tausend Thaler Preuß. Cour.
zahlbar in **Leipzig.** — **B. Munkewitz.**

Wechselbürgschaft.

§. 44.

Die schriftliche Erklärung, daß man die Haftbarkeit des Wechselausstellers oder eines Indossenten gleichfalls wechselmäßig übernehme, d. h. für diejenige am Wechsel betheiligte Person, für welche man sich solidarisch verpflichtet, die Summe, deren Berichtigung ihr bei Nichteingang des Wechsels zur Last fällt, nach Wechselrecht zahlen wolle, wird Wechselbürgschaft oder Aval genannt. Der diese Verpflichtung Eingehende heißt der Avalgeber.

Die Bürgschaft auf den Wechsel selbst gesetzt, braucht von Seiten des Avalgebers, der übrigens sonst beim Wechsel nicht betheiligt sein darf auch wechselfähig (s. §. 7.) sein muß, unter der Unterschrift desjenigen, für welchen er sie leistet, nur durch eine der folgenden kurzen Erklärungen ausgedrückt zu sein, um denselben wechselmäßig verbindlich zu machen, z. B. „Gut für Aval"; „Als Aval"; „Als Bürge" nebst Unterschrift; ja die einfache Mitunterzeichnung der Wechselerklärung durch Namensunterschrift ist nach der allgemeinen deutschen Wechselordnung (Art. 81) schon genügend [1]).

---

[1]) Brauer (§. 81 Nr. 2) gibt in Bezug auf den Aval folgende Erläuterung:

„Jeder, welcher eine Wechselerklärung mitunterzeichnet hat, haftet gleich dem ersten Unterzeichner, außer wenn er durch einen Beisatz (z. B. als Beistand, Zeuge u. s. w.) deutlich dargethan hat, daß er in anderer Absicht unterschrieben habe (Preuß. Mot. p. 101. 102). Dagegen begründet der Beisatz „als Bürge" (pr. aval) wechselrechtlich keinen Unterschied, da der Bürge als Mitaussteller der Wechselerklärung betrachtet wird, und daher z. B. das Beneficium divisionis oder excussionis nicht ansprechen kann (Conferenz-Protokoll p. 154). Dieser Beisatz (als Bürge) kann nur außerhalb des Wechselgeschäfts von Wirkung sein, insofern es den Bürgen, welcher gezahlt hat, berechtigt, den Ersatz der gezahlten Summe von dem zu verlangen, für welchen er gezahlt hat. Aber eben aus der unmittelbaren Verpflichtung des Bürgen folgt auch umgekehrt dessen Berechtigung. Er kann auf die Vormänner zurückgreifen, ohne sich Einreden gefallen lassen zu müssen, welche dem entgegenständen, für welchen er Bürgschaft leistete."

Indeß kann die Wechselbürgschaft auch durch eine besondere Urkunde übernommen werden, welche jedoch, wenn sich der Bürge darin nicht ausdrücklich der Wechselstrenge unterwirft, keine Wechselkraft hat. Uebrigens ist eine solche Urkunde auch nur für denjenigen gültig, zu dessen Gunsten sie ausgestellt wird.

Bei Tratten kommt der eigentliche, d. h. der auf den Wechsel selbst gesetzte Aval wohl gar nicht vor; denn es würde dem Credite des Kaufmanns sehr schaden, wenn er durch die Verbürgung eines Dritten als eine Person dargestellt würde, in deren Vermögensverhältnisse man kein rechtes Vertrauen setzen könne, und man wählt hier lieber einen andern Weg, gleiches Resultat liefernd, ohne nachtheilige Folgen für den der Bürgschaft Bedürftigen, z. B.:

Jemand, dessen Gutsein ich bezweifele, bietet mir einen Wechsel zum Verkaufe an; ich erkläre mich zum Kaufe desselben bereit, wenn er einen Bürgen für sich stellt, was denn auch von ihm geschieht. Würde nun der Verkäufer den Wechsel auf gewöhnliche Weise an mich indossiren, und der Avalgeber unter dessen Unterschrift den Aval setzen, so würden alle spätern Wechselinteressenten gewahr werden, daß mein Vormann den Wechsel nur mittelst des Avals habe verwerthen können, was seinem Credite nachtheilig sein würde. Um daher den Aval zu verdecken wird folgendes Verfahren angewandt:

> Der Verkäufer indossirt den Wechsel auf gewöhnliche Weise zuerst an den Bürgen und dieser indossirt ihn dann weiter an den wirklichen Wechselnehmer.

Hierdurch ist die Selbstbetheiligung des Bürgen am Wechsel erwirkt, und er haftet für den richtigen Eingang desselben gleich dem Aussteller und den übrigen Indossenten.

Der eigentliche Aval kommt meistens nur bei eigenen Wechseln vor, welche nicht in Umlauf gesetzt werden.

Pflichten des Wechselausstellers, des Remittenten, der Indossenten und der Indossaten.

§. 45.

Aus der solidarischen Haftbarkeit des Wechselausstellers und der Indossanten für den richtigen Eingang des Wechsels (§§. 2 und 22), entspringen folgende, theilweise in den vorhergehenden Paragraphen schon angeführte Verpflichtungen.

1) Der Aussteller hat dem Bezogenen, wenn er im Wechsel die Worte „laut Bericht“ gesetzt hat [1]), was bei größeren Beträgen in der Regel geschieht, über seine Abgabe, unter genauer Bezeichnung deren Größe, Verfallzeit und an wessen Ordre sie geschah, sofort Nachricht (Avis) zu ertheilen, überhaupt dafür einzustehen, daß der Wechsel bei Vorzeigung Annahme finde und bei Verfall bezahlt werde (Art. 8 §. 22); auch ist er, im Falle der Nichtannahme oder auch des, durch eingetretene Zahlungsunfähigkeit des Bezogenen, gefährdeten Eingangs, zur Sicherheitsleistung (Art. 25 §. 66, Art. 29 §. 67), im Falle der Nichtzahlung von Seiten des Bezogenen, zum wirklichen Ersatz (Art. 41 §. 46, Art. 50 und 51 §. 75) verpflichtet. Jeder Indossant hat die nämliche Haftungs- und Regreßverbindlichkeit gegen seine Nachmänner, wie der Aussteller (Art. 14 §. 22 u. f.)

2) Der Remittent und die auf ihn folgenden Indossaten haben darauf zu achten, daß der Wechsel nicht über die Verfallzeit hinaus liegen bleibt, vielmehr frühzeitig genug weiter begeben wird, um noch vor Verfall am Zahlungsorte anlangen zu können [2]).

3) Der Inhaber am Zahlungsorte (der Präsentant) hat, schon der Ordnung und des eigenen Interesses wegen, jeden noch nicht fälligen und noch nicht acceptirten Wechsel, Meßwechsel ausgenommen, welche der Behandlung des nachfolgenden Art. 18 unterliegen, gleich nach Empfang zur Annahme zu präsentiren, obschon dieserwegen die Präsentation nach der allgemeinen deutschen Wechselordnung (Art. 19 §. 45) nur bei Wechseln, welche auf eine bestimmte Zeit nach Sicht lauten, (zur Feststellung ihrer Verfallzeit) gesetzlich vorgeschrieben, bei allen übrigen Wechseln aber (Art. 18 §. 45) dem Inhaber freigestellt ist, und wenn auch bei ersteren der Art. 19 die Präsentationsfrist auf die etwa im Wechsel besonders bestimmte Präsentationsfrist, sonst aber auf zwei Jahre nach der Ausstellung ausdehnt, so ist hiermit wie unten (Seite 72) in der Anmerkung Nr. 7 erklärt, nur die Zeit festgestellt worden, binnen welcher ein derartiger Sichtwechsel längstens, bei Verlust des wechselmäßigen Anspruchs an alle Vormänner, dem Bezogenen zur Annahme vorgezeigt werden muß. Gleichwohl erwächst durch diesen Artikel 19 für den Präsentanten kein Rechtsnachtheil, wenn er einen solchen Wechsel auch erst

[1]) S. §. 11 Nr. 10.
[2]) Das Weitere hierüber s. §. 74.

in der etwa vom Aussteller oder von einem Indossenten bestimmten Frist (s. Seite 72 die Anmerkung Nr. 8) und, in Ermangelung einer solchen, binnen zwei Jahren von der Ausstellung an gerechnet, zur Annahme präsentirt (s. Seite 72 die Anmerkung 10); aber Niemand wird, bei früher möglicher Vorzeigung, sich eine solche gegen Handelsgebrauch und Ordnung gehende Verzögerung zu Schulden kommen lassen. Eben so wenig wird der eine solche Verzögerung scheuende, am Zahlungsorte wohnende Inhaber eines andern Wechsels, (Tag-, Dato- oder Meßwechsel §. 14), die ihm nach Art. 18 gestellte Freiheit benutzen, und den Wechsel, wenn er ihn noch frühzeitig genug vor Verfall erhält, bis zur Verfallzeit liegen lassen, ohne ihn vorher zur Annahme zu präsentiren. Das Recht zu dieser Präsentation hat aber (Art. 18) nicht nur der Inhaber am Zahlungsorte, sondern jeder Inhaber, indem er die Acceptation durch einen Freund am Zahlungsorte besorgen lassen kann, dem er zu diesem Behufe den Wechsel zuschickt, ohne nöthig zu haben, ihn an denselben zu indossiren (s. §. 18 letzten Absatz, S. 71).

Wird die Annahme verweigert, so ist es nach Art. 18 bei Tag-, Dato- und Meßwechseln dem Präsentanten freigestellt, ob er dieserwegen Protest, (von welchem im nächstfolgenden Paragraphen die Rede sein wird), erheben lassen will; verpflichtet ist er nach Art. 26 (§. 66) nur dann hierzu, falls er Sicherheitsleistung von einem seiner Vormänner verlangt, da diese nur auf Grund des Protestes gefordert werden kann. Bei Wechseln aber, welche eine bestimmte Zeit nach Sicht lauten, macht das Gesetz (Art. 20, §. 45) die Protesterhebung wegen verweigerter Annahme zur unerläßlichen Pflicht des Präsentanten, weil in einem solchen Falle der Protesttag zum Anhaltspuncte dient, von welchem an der Verfalltag berechnet wird; auch ein solcher Protest begründet nur den Anspruch auf Sicherheitsleistung gegen die Vormänner [3]).

So weit über die Pflichten des Präsentanten, in so fern sie die Präsentation zur Annahme betreffen; die Verbindlichkeit desselben, den Wechsel, mag er acceptirt sein oder nicht, zur Zahlung zu präsentiren, ist eine ohne alle Bedingung durch das Gesetz (Art. 41 §. 46) festgestellte und genau auf den Verfalltag (§. 16 und §. 47), spätestens auf den

---

[3]) S. Brauer §. 20 Nr. 1.

zweiten Werktag nach demselben vorgeschriebene, bis zu welchem längstens, bei nicht erfolgter Zahlung, der dieserwegen nothwendige Protest (s. nächsten Paragraphen) aufgenommen werden muß, widrigenfalls der Präsentant sein Recht auf Rückanspruch an alle seine Vormänner verliert (s. Art. 41 §. 46).

Selbst also, wenn bei einem vor Verfall zur Annahme präsentirten Wechsel, diese verweigert worden, und der Eingang sonach höchst unwahrscheinlich, ja es gewiß ist, daß Zahlung nicht erfolgen werde, so hat dennoch der Präsentant die Verpflichtung, den Wechsel dem Bezogenen am Verfalltage nochmals und zwar zur Zahlung zu präsentiren, und daß dieses geschehen, bei nicht erfolgender Zahlung, rechtzeitig durch Protest[4]) feststellen zu lassen.

Der Verfalltag eines nach Sicht zahlbar lautenden Wechsels ist der Tag der Präsentation; sobald daher der Inhaber am Zahlungsorte in den Besitz eines solchen gelangt, ist er, sofern er sein und seiner Vormänner Interesse gehörig wahren will, verpflichtet, ihn sofort zur Zahlung zu präsentiren und im Nichtzahlungsfalle protestiren[4]) zu lassen; die allgemeine deutsche Wechselordnung indeß ertheilt ihm hierzu (Art. 31, §. 16) die nämliche Frist, welche sie bei einem auf bestimmte Zeit nach Sicht gestellten Wechsel dem Inhaber gestattet, um solchen zur Annahme zu präsentiren (s. S. 72 die Anmerkung Nr. 7).

Weitere Pflichten des Präsentanten kommen §. 46 Nr. 3, §§. 49, 51, 52, 57, 61, 63, 64, 69—75 vor.

Die allgemeine deutsche Wechselordnung enthält über die Pflichten des Wechselinhabers bezüglich der Präsentation zur Annahme folgende Bestimmungen:

Art. 18. Der Inhaber eines Wechsels ist berechtigt, den Wechsel dem Bezogenen sofort zur Annahme zu präsentiren und in Ermangelung der Annahme Protest[4]) erheben zu lassen.

---

[4]) S. den nächstfolgenden Paragraphen.

Zum Artikel 18.

1. Braunschweig. Einführungs-Ordnung vom 11. Januar 1849. §. 4.
Vergleiche Zusatz Nr. 1 zum Artikel 35, §. 16.

2. Frankfurt a. M. Gesetz vom 13. Februar 1850. §. 1.
Wechsel, welche auf die erste Meßwoche zahlbar lauten, können erst am Mittwoch dieser Woche, d. i. am ersten Tage der Messe, zur Annahme präsentirt und in deren Ermangelung protestirt werden.

Nur bei Meß- oder Marktwechseln findet eine Ausnahme dahin statt, daß solche Wechsel erst in der an dem Meß- oder Marktorte gesetzlich bestimmten Präsentationszeit zur Annahme präsentirt und in Ermangelung derselben protestirt werden können[5]).

Der bloße Besitz des Wechsels[6]) ermächtigt zur Präsentation des Wechsels und zur Erhebung des Protestes Mangels Annahme.

Art. 19. Eine Verpflichtung des Inhabers, den Wechsel zur Annahme zu präsentiren, findet nur bei Wechseln statt,

[5]) Die gesetzlichen Vorschriften bei Meßwechseln über die Zeit zur Präsentation zur Annahme für die Braunschweiger, Frankfurter, Leipziger und österreichischen Messen s. unten den Zusatz zum Artikel 18.

[6]) Wenn er nämlich an den Besitzer auch gar nicht indossirt worden (s. §. 18 letzten Absatz und oben Nr. 3 Ende des ersten Absatzes).

Wechsel, welche auf die Messe ohne weitere Angabe oder auf die zweite oder auf die dritte Meßwoche zahlbar lauten, können erst an dem Mittwoch, mit welchem die zweite Meßwoche beginnt, zur Annahme präsentirt und in deren Ermangelung protestirt werden.

3. Oesterreich. A. Einführungs-Ordnung vom 25. Januar 1850.

Für diejenigen Kronländer, in welchen das allgemeine bürgerliche Gesetzbuch gilt.

§. 3. Wechsel, welche auf inländische Messen oder Märkte zahlbar gestellt sind, dürfen nicht vor dem Anfange des Marktes, und wenn er acht Tage oder länger dauert, nicht vor der zweiten Hälfte desselben zur Annahme präsentirt werden.

B. Für Ungarn bestimmt die hierin nach §. 7 der Einführungs-Ordnung theilweise geltend gebliebene ungarische Wechselordnung Theil I §. 57.

Die Präsentation zur Acceptation der auf inländische Märkte lautenden Wechsel hat in folgenden mit Rücksicht auf die Dauer der Märkte festgesetzten Fristen zu geschehen:

a) Wechsel, welche auf Märkte, die nicht länger als einen Tag dauern, lauten, brauchen nicht präsentirt zu werden;
b) welche auf Märkte, deren Dauer länger, aber nicht über acht Tage ist, gezogen sind, müssen am ersten Tage des Marktes präsentirt werden;
c) die aber auf Märkte von längerer Dauer als acht Tage zahlbar sind, müssen in der ersten Woche des Marktes präsentirt werden, doch kann dies bis einschlüssig Samstag, wann immer geschehen.

4. Sachsen. Einführungs-Ordnung vom 25. April 1849. §. 3.

Für Leipziger Meßwechsel sind nur solche Wechsel zu achten, welche, ohne Bezeichnung eines Monats- oder Wochentages als Verfalltag, schlechthin in einer namhaft gemachten Leipziger Messe in Leipzig zahlbar lauten. Die Frist zur Präsentation zur Annahme für solche Wechsel beginnt am Tage nach Einläutung der Messe, in welche nach Inhalt des Wechsels die Zahlung geschehen soll.

welche auf eine bestimmte Zeit nach Sicht lauten. Solche Wechsel müssen bei Verlust des wechselmäßigen Anspruchs gegen die Indossanten und den Aussteller, nach Maßgabe der besonderen im Wechsel enthaltenen Bestimmung und in Ermangelung derselben binnen zwei Jahren nach der Ausstellung zur Annahme präsentirt werden [7]).

Hat ein Indossant auf einen Wechsel dieser Art seinem Indossamente eine besondere Präsentationsfrist hinzugefügt, so erlischt seine wechselmäßige Verpflichtung, wenn der Wechsel nicht innerhalb dieser Frist zur Annahme präsentirt worden ist [8]).

Art. 20. Wenn die Annahme eines auf bestimmte Zeit nach Sicht gestellten Wechsels nicht zu erhalten ist, oder der Bezogene die Datirung [9]) seines Acceptes verweigert, so muß der Inhaber, bei Verlust des wechselmäßigen Anspruchs gegen die Indossanten und den Aussteller die rechtzeitige Präsentation des Wechsels durch einen innerhalb der Präsentationsfrist (Art. 19) erhobenen Protest feststellen lassen [10]). — Der Protesttag gilt in diesem Falle für den Tag der Präsentation.

---

[7]) Die zweijährige Präsentationsfrist umfaßt hier die gesetzlich gestattete Umlaufszeit derjenigen Wechsel, welche auf eine bestimmte Zeit nach Sicht lauten; dieselbe gilt auch nach Art. 31 (§. 16) für die auf Sicht gestellten Wechsel. Ein Sichtwechsel also (§. 14), welcher länger als zwei Jahre nach seiner Ausstellung circulirt, ohne daß er zum Accepte oder zur Zahlung vorgekommen, verliert seine Wechselkraft gegen die Indossanten und den Aussteller, mithin derjenige, welcher bei Wechseln, eine bestimmte Zeit nach Sicht zahlbar, diese Versäumniß der Präsentation zur Annahme, bei Wechseln nach Sicht, diese Versäumniß der Präsentation zur Zahlung verschuldet, seinen wechselmäßigen Anspruch an seine Vormänner.

[8]) Die Ungewißheit, wann ein solcher Wechsel am Zahlungsorte anlangen und zur Annahme präsentirt werde, so wie die mittlerweile, von Zeit der Ausstellung an, in Deutschland zwei Jahre lang fortbestehende wechselmäßige Haftbarkeit des Ausstellers und der Indossenten, macht die Sichtwechsel zu einer sehr mißlichen Art von Wechseln, deren Ausstellung man daher möglichst vermeiden sollte. Ist man aber Inhaber eines solchen, so thut man wohl daran, falls nicht schon der Aussteller im Wechsel selbst eine Präsentationsfrist vorgeschrieben, wenn man bei Weiterbegebung desselben seinem Indossamente eine Fristbestimmung beifügt, bis zu welcher der Wechsel dem Bezogenen vorgezeigt werden müsse, woran dann die Nachmänner gebunden sind.

[9]) S. §. 23.

[10]) Die nach Handelsgebrauch in Wirklichkeit rechtzeitige Präsentationsfrist eines auf eine bestimmte Zeit nach Sicht lautenden Wechsels ist die oben unter Nr. 3 näher bezeichnete, nämlich die Zeit, wann der Wechsel am Zahlungsorte anlangt. Da aber das Gesetz (Art. 19) diese Frist auf die vom Aussteller oder Indossenten getroffene Bestimmung und, in Ermangelung einer solchen, auf zwei Jahre

Ist die Protesterhebung unterblieben, so wird gegen den Acceptanten, welcher die Datirung seines Acceptes unterlassen hat, die Verfallzeit des Wechsels vom letzten Tage der Präsentationsfrist an gerechnet.

Protest.

§. 46.

Die gegen die Verweigerung irgend einer aus dem Wechsel hervorgehenden Obliegenheit durch eine amtliche Urkunde schriftlich eingelegte Verwahrung, vermittelst welcher der letzte Inhaber eines Wechsels (der Präsentant), seinen ihm verhafteten Vormännern gegenüber, den allein gültigen Beweis liefert, daß er allen ihm obliegenden Verpflichtungen zur gehörigen Zeit nachgekommen, wird „Protest" genannt, die Handlung der Aufnahme dieses Protestes „die Protesterhebung, Protestation".

Der Protest wird erhoben:

1) bei Verweigerung der Annahme überhaupt oder auch bei nur bedingter oder nicht voller Annahme[1]);
2) bei am Verfalltage überhaupt nicht oder nicht vollständig erfolgter Zahlung[2]);
3) überall, wo es darauf ankommt, den Nachweis zu liefern, daß man seine Schuldigkeit zur Wahrung eines aus der Haftbarkeit der Vormänner entspringenden Rechtes in jeder Beziehung erfüllt habe, also auch, wenn der Inhaber eines Duplicats (z. B. der Secunda) oder einer Copie das zum Accept versandte Exemplar (z. B. die Prima) oder den zum Accept versandten Original-Wechsel nicht bei der auf dem Duplicate oder der Copie angegebenen Person vorfindet oder diese die Auslieferung verweigert[3]) (s. Art 69 §. 35 und

---

nach der Ausstellung ausdehnt, so ist es (nach Brauer §. 20), um Verwickelungen im Wechselprozesse vorzubeugen, von der Leipziger Wechsel-Conferenz für genügend befunden worden, wenn der Protest nur überhaupt innerhalb der gesetzlichen Präsentationsfrist aufgenommen wird.

[1]) S. §. 45 Nr. 3 zweiten Absatz und §. 25 sowie die Anmerkung Nr. 1 daselbst.

[2]) S. §. 45 Nr. 3 dritten Absatz bis Ende des Paragraphen, so wie Art. 38 §. 28 und die Anmerkung Nr. 5 daselbst.

[3]) Ein solcher Protest muß, wenn es sich um ein Exemplar des Wechsels handelt, auch darüber den Nachweis liefern, daß auf das Duplicat Annahme oder Zahlung nicht zu erlangen gewesen (Art. 69 Nr. 2 §. 35), während bei einer Copie dieser Nachweis nicht geliefert zu werden braucht (Art. 72 §. 37); da auf die bloße Copie hin vom Bezogenen die Zahlung nie gefordert werden kann (§. 37).

Art. 72 §. 37) sowie ferner bei den in §§. 51, 52 und 59 bemerkten Fällen.

Der Protest wegen verweigerter Acceptation wird „Protest Mangels Annahme", derjenige wegen nicht geschehener Einlösung des Wechsels „Protest Mangels Zahlung" genannt.

Der Protest Mangels Annahme ist in der allgemeinen deutschen Wechselordnung nur bei Wechseln, welche auf eine bestimmte Zeit nach Sicht lauten, ausdrücklich vorgeschrieben (Art 20 §. 45), bei Tag-, Dato- und Meßwechseln aber, in Folge der nicht als unumgänglich nothwendig erachteten Präsentation zur Annahme, dem Wechselinhaber freigestellt (Art. 18 §. 45), nicht so der Protest Mangels Zahlung, wie dies bereits §. 45 unter Nr. 3 erklärt wurde.

In Betreff des Protestes Mangels Zahlung und der zur Aufnahme desselben vorgeschriebenen Zeit, bestimmt die allgemeine deutsche Wechselordnung:

Art. 41. Zur Ausübung des bei nicht erlangter Zahlung statthaften Regresses [4]) gegen den Aussteller und die Indossanten ist erforderlich:

1) daß der Wechsel zur Zahlung präsentirt worden ist, und
2) daß sowohl diese Präsentation, als die Nichterlangung der Zahlung durch einen rechtzeitig darüber aufgenommenen Protest dargethan wird.

Die Erhebung des Protestes ist am Zahlungstage zulässig, sie muß aber spätestens am zweiten Werktage nach dem Zahlungstage geschehen.

§. 47.

Aus dem letzten Absatze des so eben angeführten Art. 41 geht hervor, daß der Protest Mangels Zahlung spätestens am zweiten Tage nach Verfall aufgenommen werden muß, falls aber einer dieser beiden Tage ein Sonn- oder Feiertag ist, dieser nicht mit gerechnet wird [1]);

---

[4]) S. §§. 65 und 69.

[1]) Brauer führt bezüglich dieses Gegenstandes (§. 41 Nr. 2) an:

„Der Protest kann schon am Zahlungstage erhoben werden, er muß „aber spätestens am zweiten Werktage erhoben werden. Der Ausdruck „zweiter „Werktag" ist ungenau, es ist darunter der zweite Tag, sofern er ein Werktag „ist, verstanden. Verfällt also ein Wechsel am Samstag, so ist der Montag „der letzte Protesttag, also der zweite Tag, aber der erste Werktag nach dem „Verfalltage."

Hiermit kann ich mich aber, so viel Glauben Herr Brauer sonst auch verdient, nicht einverstanden erklären; denn nach dem Wortlaute des Art. 41 muß dem zweiten Werktage nach dem Zahlungstage ein erster vorhergegangen sein; bei einem Wechsel also, welcher an einem Samstage verfällt, gilt der Montag als erster und der Dienstag als zweiter Werktag, an welchem spätestens der weiter noch spricht sich die allgemeine deutsche Wechselordnung hierüber in nachstehenden Artikeln aus, indem sie zugleich den Verfalltag eines Wechsels, wenn er auf einen Sonn- oder Feiertag fällt, auf den nächstfolgenden Werktag verlegt.

Art. 92. Verfällt der Wechsel an einem Sonntage oder allgemeinen Feiertage[2]), so ist der nächste Werktag der Zahlungstag. Auf die Herausgabe eines Wechsel-Duplikats, die

---

Protest aufgenommen werden muß. Hiernach wäre auch die Bestimmung im Art. 41 nicht „ungenau", sondern ganz genau ausgesprochen, wie ich mir, da die ganze Wechselordnung die Anwendung einer sehr großen Präcision bezeugt, eine solche von der Leipziger Wechsel-Conferenz begangene Ungenauigkeit im Ausdrucke nicht denken kann.

Ferner ist auch, die Bestimmung des Art. 41 nach ihrem Wortlaute genommen, die späteste Zeit der Protesterhebung unzweifelhaft, wenn nach dem Verfalltage zwei Feiertage hinter einander folgen.

Herr Brauer führt in dieser Beziehung (§. 92 Nr. 2) zum Art. 41 noch folgendes Beispiel an:

„Verfällt ein Wechsel am Gründonnerstag, so ist der Samstag als nächster „Werktag, der Zahltag, der Protest kann aber noch am Dienstage erhoben „werden, weil Ostersonntag und Ostermontag dazwischen liegen."

Auch dieses Beispiel muß meiner Ansicht nach dahin berichtigt werden, daß, wenn ein Wechsel am Gründonnerstag verfällt, dieser Tag, als Werktag, auch der Zahlungstag, der Samstag dagegen der erste, und der Dienstag der zweite Werktag nach dem Zahlungstage ist, an welchem spätestens der Protest erhoben werden muß.

[2]) In nachfolgendem Zusatze zum Artikel 92 sind diejenigen Staaten aufgeführt, welche mit Einführung der allgemeinen deutschen Wechselordnung Bestimmungen über die allgemeinen Feiertage erlassen haben, nebst diesen Bestimmungen selbst.

Zum Artikel 92.

1. Bayern. Einführungs-Ordnung vom 25. Juli 1850. Art. 5.

Bis zu dem Erscheinen eines allgemeinen Gesetzes über die Feiertage findet die Vorschrift des Art. 92 der Wechselordnung auf diejenigen Tage Anwendung, welche nach den Gesetzen oder dem Herkommen eines jeden Ortes bisher als christliche Feiertage im Wechselgeschäfte gegolten haben.

2. Coburg-Gotha. Ausführungs-Gesetz für Coburg vom 27. Juni 1849. §. 5; desgleichen für Gotha vom 25. April 1849. §. 5. (Beide §§. sind gleichlautend).

Als allgemeine Feiertage (Art. 92 der allgemeinen Wechsel-Ordnung) sind zu betrachten: der Neujahrstag, der Charfreitag, die beiden Oster-, Pfingst- und Weihnachtstage und der Himmelfahrtstag.

Anmerkung. In Preußen tritt zu diesen Tagen noch ein Bußtag (Mittwoch nach Jubilate) hinzu. Vergleiche Verordnung vom 28. Januar 1773 und 4. März 1789, Cabinets-Ordre vom 5. Juli 1832 und Rescript vom 12. April 1850.

Erklärung über die Annahme, so wie jede andere Handlung, können nur an einem Werktage gefordert werden. Fällt der Zeitpunkt, in welchem die Vornahme einer der vorstehenden

---

3. **Frankfurt a. M.** Einführungs-Ordnung vom 27. März 1849. §. 11.
Die allgemeinen Feiertage sind außer den Sonntagen dermalen: der erste Januar, der Charfreitag, der Ostermontag, Christi Himmelfahrtstag, der Pfingstmontag, der Buß- und Bettag, (der Freitag vor dem ersten Adventsonntage), die zwei Weihnachtsfeiertage.

4. **Hamburg.** Einführungs-Ordnung vom 5. März 1849. §. 9 und 10.
§. 9. Verfällt ein in Banco zahlbarer Wechsel während der Zeit des Bankschlusses, so ist der nächste Werktag, an welchem die Bank wieder geöffnet ist, der Zahlungstag.

§. 10. Wechselproteste dürfen nur bis 7 Uhr Abends erhoben werden, es sei denn, daß der Protestat mit der späteren Erhebung sich einverstanden erklärt, was im Proteste zu bemerken ist.

5. **Hessen-Darmstadt.** Einführungs-Ordnung vom 4. Juni 1849. §. 11 für Starkenburg und Oberhessen und §. 15. für Rheinhessen.
§. 11. (Für Starkenburg und Oberhessen.) Allgemeine Feiertage (Art. 92 der allgemeinen deutschen Wechselordnung) sind: der Neujahrstag, der Charfreitag, der Ostermontag, der Himmelfahrtstag, der Pfingstmontag und die beiden Weihnachtsfeiertage.

§. 15. (Für Rheinhessen.) Unter allgemeinen Feiertagen sind die gesetzlich anerkannten christlichen Festtage und diejenigen Tage zu verstehen, deren allgemeine Feier aus sonstigen Gründen gesetzlich festgesetzt ist.

6. **Lübeck.** Einführungs-Ordnung vom 28. April 1849. Art. 8 und 9.
Art. 8. Die im Art. 91 der Wechselordnung bezeichneten Acte dürfen nur zwischen 9 Uhr Morgens und 7 Uhr Abends vorgenommen werden. Zu einer andern Tageszeit kann dies nur mit beiderseitigem Einverständnisse geschehen.

Art. 9. Zu den im Art. 92 der Wechselordnung neben den Sonntagen erwähnten allgemeinen Feiertagen werden im Freistaate Lübeck die folgenden Tage des deutschen Kalenders gezählt: der Neujahrstag, der Charfreitag, der Ostermontag, der Himmelfahrtstag, der Pfingstmontag, der Johannistag, der Michaelistag, der erste und zweite Weihnachtstag.

7. **Mecklenburg-Strelitz und Schwerin.** Einführungs-Ordnung vom 28. April 1849. §. 2 und 3.
§. 2. Die im Art. 91 der Wechselordnung bezeichneten Acte dürfen, den Fall eines beiderseitigen Einverständnisses ausgenommen, nur zwischen 9 Uhr Morgens und 7 Uhr Abends vorgenommen werden.

§. 3. Zu den im Art. 92 der Wechselordnung neben den Sonntagen erwähnten allgemeinen Feiertagen sind zu zählen: der Neujahrstag, der Charfreitag, der Ostermontag, der Himmelfahrtstag, der Pfingstmontag, der erste und zweite Weihnachtsfeiertag, so wie die Bettage.

Handlungen spätestens gefordert werden mußte, auf einen Sonntag oder allgemeinen Feiertag, so muß diese Handlung am nächsten Werktag gefordert werden.

---

8. Meiningen. Einführungs-Ordnung vom 22. April 1848. §. 3.

Die im Art. 91 und 92 der Wechselordnung genannten Handlungen können nur in der Zeit von 9 bis 12 Uhr Vormittags und von 3 bis 6 Uhr Nachmittags vorgenommen und gefordert werden.

9. Nassau. Einführungs-Ordnung vom 7. November 1848. §. 5.

Allgemeine Feiertage (Art. 92 der Wechselordnung) sind: der Neujahrstag, der Charfreitag, der Ostermontag, das Fest der Himmelfahrt Christi, der Pfingstmontag, der Frohnleichnamstag und die beiden Weihnachtstage.

10. Sachsen. Einführungs-Ordnung vom 25. April 1849. §. 9.

Als allgemeine Feiertage sind in Sachsen zu betrachten: der Neujahrstag, der 6. Januar (Fest der Erscheinung Christi), der 25. März, (Mariä Verkündigung), der Charfreitag, der Ostermontag, der Himmelfahrtstag, der Pfingstmontag, der 31. Oktober (Reformationsfest), der 25. und 26. December (Weihnachtsfeiertage), die beiden Bußtage, Freitags vor Oculi und Freitags vor dem letzten Sonntage nach Trinitatis.

11. Schleswig-Holstein. Einführungs-Ordnung vom 10. April 1849. §. 7. und 13.

§. 7. Wechselproteste dürfen nur bis 7 Uhr Abends erhoben werden, es sei denn, daß der Protestat mit der spätern Erhebung sich einverstanden erklärt, was im Protokolle zu bemerken ist.

§. 13. (Für Altona.) Verfällt ein in Banco zahlbarer Wechsel während der Zeit des Hamburger Bankschlusses, so ist der nächste Werktag, an welchem die Bank wieder geöffnet ist, der Zahlungstag.

12 Weimar. Einführungs-Ordnung vom 3. August 1849. §. 4.

Als allgemeine Feiertage sind im Großherzogthum zu betrachten: der Neujahrstag, der Charfreitag, der Ostermontag, der Himmelfahrtstag, der Pfingstmontag, der Bußtag im Monat December (Freitag nach dem ersten Advent-Sonntage), der erste und zweite Weihnachtsfeiertag (25. und 26. December.)

13. Würtemberg. A. Einführungs-Ordnung vom 6. Mai 1849. Art. 10.

Die allgemeinen Feiertage (Art. 92 der allgemeinen deutschen Wechselordnung) werden im Wege der Verordnung bestimmt.

B. Verordnung vom 28. Juni 1849.

§. 1. Allgemeine Feiertage sind: das Neujahrsfest, das Fest der Erscheinung Christi, der Charfreitag, der Oster- und Pfingstmontag, Christi Himmelfahrtsfest, der Frohnleichnamstag, der Feiertag Peter und Paul (29. Juni), Mariä Himmelfahrtstag (15. August), das Christfest und der erste Feiertag nach demselben.

§. 2. Nur die Feier des Sonntags oder eines allgemeinen Feiertags (§. 1) gewährt eine gesetzliche Entschuldigung oder Aufschub

Dieselbe Bestimmung findet auch auf die Protesterhebung Anwendung.

Art. 93. Bestehen an einem Wechselplatze allgemeine Zahltage (Cassirtage)[3]), so braucht die Zahlung eines zwischen

---

[3]) An Wechselplätzen, wo dieser Gebrauch stattfindet, sind für die Bezahlung der Wechsel bestimmte Tage in der Woche festgesetzt, welche Zahltage, Scontrotage (Abrechnungstage) heißen, wie in Augsburg früher der Mittwoch, jetzt der Montag und Donnerstag (s. unten den Zusatz zum Art. 93). Alle Wechsel, welche von einem Scontrotage bis zum andern fällig werden, werden, mit Ausnahme derjenigen, welche auf Sicht lauten, erst an diesem letztern bezahlt.

In meinem demnächst erscheinenden Werke: die kaufmännische Buchführung (§. 63 Anmerkung), findet sich das Wort „Scontro" folgendermaßen erklärt:

Eigentlich bedeutet: Scontro „Abrechnung", „Ausgleichung." Man bedient sich dieses Wortes, um damit eine besondere Art von Abrechnung zu bezeichnen, welche zwischen drei und mehreren Personen, im Einverständnisse aller dabei Betheiligten, in der Art stattfindet, daß sie ihre gegenseitigen Forderungen, namentlich Wechselforderungen, durch Abtretung derselben von der einen und deren Uebernahme von der andern Seite, ausgleichen, was man das „Scontriren" nennt, im Gegensatze zu „conpensiren" (zwei gleiche Forderungen an einander gegenseitig aufheben), wozu nur zwei Personen erforderlich sind; z. B. A., der an B. 500 Thaler schuldig ist, hat an C. 800 Thaler zu fordern; er verständigt sich daher mit B. und C. dahin, daß B., unter Freisprechung des A. von seiner Schuld, den C. als Schuldner der 500 Thaler annimmt, und dieser Letztere dem A. dadurch nur noch 300 Thaler schuldig bleibt, welche Verrichtung durch Zu- und Abschreiben in den Handlungsbüchern geordnet wird, nämlich:

A. debitirt den B. und creditirt den C.
B. creditirt den A. und debitirt den C. } für die 500 Thaler.
C. debitirt den A. und creditirt den B.

Das Scontriren wird zur Erleichterung des Verkehrs an größeren Handelsplätzen angewandt, um den wechselseitigen Baarzahlungen überhoben zu

---

für Rechts- und gerichtliche Handlungen, nicht aber, wenn ein anderer Tag (ein Werktag im Sinne des Gesetzes Art. 41 und 92 der allgemeinen deutschen Wechselordnung) von einer Kirche als Fest- oder Feiertag begangen wird.

Die Justizbehörden müssen auch an einem solchen Tage zugänglich und ihre Amtslocale müssen geöffnet sein. Doch sind diese Behörden verpflichtet, ihre Verhandlungen an einem Orte, wo ein solcher blos kirchlicher Fest- oder Feiertag begangen wird, während des öffentlichen Gottesdienstes, mit Ausnahme dringlicher Fälle, auszusetzen.

Zum Artikel 93.

Bayern. Einführungs-Ordnung vom 25. Juli 1850. Art. 6.

Mit dem 1. Januar 1851 werden für die Stadt Augsburg der Montag und der Donnerstag als allgemeine Zahltage (Cassirtage) bestimmt. Die an andern Plätzen bestandene Einrichtung allgemeiner Zahltage wird aufgehoben.

den Zahltagen fällig gewordenen Wechsels erst am nächsten Zahltage geleistet zu werden, sofern nicht der Wechsel auf Sicht lautet.

Die im Art. 41 [4]) für die Aufnahme des Protestes Mangels Zahlung bestimmte Frist darf jedoch nicht überschritten werden.

§. 48.

Die Aufnahme eines Protestes geschieht in der Regel durch einen Notar, sonst aber auch durch einen andern Gerichtsbeamten, in Frankreich, nach Art. 173 des Handels-Gesetz-Buchs, durch zwei Notare oder durch einen Notar und zwei Zeugen oder durch einen Huissier (Gerichtsvollzieher) und zwei Zeugen. In Deutschland bedarf es seit Einführung der allgemeinen deutschen Wechselordnung der Zuziehung eines oder mehrerer Zeugen nicht mehr, eben so wenig eines Protokollführers; doch müssen die aufgenommenen Proteste ihrem ganzen Inhalte nach in ein eigends dazu bestimmtes Protestbuch eingetragen werden.

Die allgemeine deutsche Wechselordnung besagt hierüber:

Art. 87. Jeder Protest muß durch einen Notar oder einen Gerichtsbeamten aufgenommen werden.

---

sein, mindestens diese auf die Differenzen der gegen einander verglichenen und etwa nicht genau harmonirenden gegenseitigen Forderungen zu beschränken, indem dazu gewisse Tage in der Woche bestimmt werden, welche man „Scontrotage" nennt, an denen die Kaufleute und Bankiere sich gewöhnlich an der Börse versammeln, um das Scontriren vorzunehmen.

[4]) S. §. 46.

Zu Artikel 87 und 90.

1. **Baden.** Einführungs-Ordnung vom 19. Februar 1849. Art. 5.

Zur Aufnahme von Absagscheinen (Protesten) — Art. 87 der Wechselordnung — sind regelmäßig nur die Staatsschreiber berechtigt.

Doch kann den Gerichtsschreibern durch das Justizministerium die Befugniß hierzu gleichfalls ertheilt werden, in welchem Falle diese Ermächtigung durch das Regierungsblatt zur öffentlichen Kenntniß zu bringen ist.

2. **Bayern.** Einführungs-Ordnung vom 25. Juli 1850. Art. 4.

In der Pfalz werden die Wechselproteste durch Notare oder Gerichtsboten aufgenommen.

3. **Bremen.** Einführungs-Ordnung vom 25. April 1849. §. 9.

Die Bezahlung eines Wechsels muß spätestens vier Uhr Nachmittags geschehen.

Der Zuziehung von Zeugen oder eines Protokollführers bedarf es dabei nicht.

Die Protestvollziehung ist nur von neun Uhr Morgens bis sieben Uhr Abends zulässig.

4. Coburg=Gotha. Ausführungs=Gesetz für Coburg vom 27. Juni 1849. §. 4; desgleichen für Gotha vom 25. April 1849. §. 4. (Beide §§. sind gleichlautend.)

Wechselproteste sollen nach 7 Uhr Abends nicht mehr erhoben werden, es sei denn, daß derjenige, wider welchen der Protest erhoben wird, mit der spätern Erhebung (nach 7 Uhr Abends) einverstanden ist, welchenfalls solches im Proteste ausdrücklich angemerkt werden muß.

5. Frankfurt a. M. Einführungs=Ordnung vom 27. März 1849. §. 10.

Jeder Protest muß durch einen der besonders ernannten Wechsel-Notare aufgenommen werden.

Die Proteste werden Vormittags von 9 bis 12 Uhr und Nachmittags von 2 bis 5 Uhr aufgenommen.

Die Wechselnotare haben die ihnen zukommenden Aufträge schnell und pünktlich zu besorgen. Das von ihnen zu führende Register über die aufgenommenen Proteste liegt auf dem Protest=Comptoir zu Jedermanns Einsicht offen.

Das Wechsel=Protest=Comptoir ist Vormittags von 9 bis 12 Uhr und Nachmittags von 2 bis 5 Uhr offen, und es muß zu dieser Zeit immer wenigstens Einer der Wechselnotare in demselben anzutreffen sein.

6. Hamburg. Einführungs=Ordnung vom 5. März 1849. §. 10. Vergleiche Zusatz Nr. 4 zu Art. 92. §. 47.

7. Hessen=Darmstadt. Einführungs=Ordnung vom 4. Juni 1849. §. 9 und 10 für Starkenburg und Oberhessen, §. 13 und 14 für Rheinhessen.

§. 9. Die Wechselproteste (Art. 87 der allgemeinen deutschen Wechselordnung) werden durch die Stadt= und Landgerichte oder durch Wechselnotare nach den hierüber vorhandenen oder noch ergehenden Bestimmungen aufgenommen.

§. 10. Proteste dürfen nach sieben Uhr Abends nicht erhoben werden, sofern nicht der Protestat mit der späteren Erhebung sich einverstanden erklärt, was im Proteste zu bemerken ist.

§. 13. Die Wechselproteste werden durch Notarien oder Gerichtsboten aufgenommen.

§. 14. Der Artikel 176 des rheinhessischen Handelsgesetzbuches bleibt so weit in Kraft, als er hinsichtlich der von den Notarien oder Gerichtsboten zu führenden Register das Versehen mit Seitenzahlen und das Paraphiren, so wie die Beobachtung der für die Repertorien bestimmten Formen vorschreibt.

8 Lippe=Detmold. Einführungs=Ordnung vom 5. Juli 1849. §. 2.

Zur Aufnahme von Wechselprotesten (Art. 87 der Wechselordnung) sind die Einzelrichter, also bis zur erfolgten Umgestaltung der

Art. 90. Die Notare und Gerichtsbeamten sind schuldig, die von ihnen aufgenommenen Proteste nach derem ganzen

---

Gerichtsverfassung die Stadtgerichte und Aemter, zu Lemgo der Magistrat und das „Herrschaftliche und Stadtgericht", berechtigt und verpflichtet. Die Anträge auf Protesterhebung können bei ihnen an jedem Tage, mit Ausschluß der Sonn- und Festtage, angebracht werden.

Die Gerichte haben dabei die in den Art. 87 — 90 der Wechselordnung enthaltenen Vorschriften zu beachten, demnach auch sofort das über die aufgenommenen Proteste zu führende Register anzulegen. Für die Protestaufnahme sind 15. Sgr. als Taxe und 2½ Sgr. an Stempelgebühren zu berechnen.

9. Lübeck. Einführungs-Ordnung vom 28. April 1849. Art. 7 und 8.

Art. 7. Siehe §. 105 unter B. Art. Lübeck die Einführungs-Ordnung von Lübeck.

Art. 8. Vergleiche Zusatz Nr. 6 zum Art. 92 §. 47.

10. Mecklenburg-Strelitz und Schwerin. Einführungs-Ordnung vom 28. April 1849. §. 2.

Vergleiche Zusatz Nr. 7 zum Art. 92. §. 47.

11. Meiningen. Einführungs-Ordnung vom 22. April 1848. §. 2 u. 3.

§. 2. Zur Aufnahme von Protesten ist jedes Untergericht in seinem Bezirk ermächtigt, auch wenn der Protest gegen Personen gerichtet ist, welche nicht unter der Gerichtsbarkeit desselben stehen.

§. 3. Vergleiche Zusatz Nr. 8 zum Art. 92. §. 47.

12. Nassau. Einführungs-Ordnung vom 7. November 1848. §. 4.

Der Protest (§. 87 der Wechselordnung) wird zufolge der Verordnung vom 16. Juni 1841 von dem betreffenden Landoberschultheißen aufgenommen.

13. Oldenburg. Zusatz-Artikel zur Wechselordnung vom 31. März 1849. Art. 102.

Die in der Wechselordnung erwähnten Geschäfte der Notare oder Gerichtsbeamten werden den zur Aufnahme der Acte freiwilliger Gerichtsbarkeit befugten Personen zugewiesen.

14. Preußen. Einführungs-Ordnung vom 15. Februar 1850. §. 3 u. 4.

§. 3. Zu den Gerichtsbeamten, welche Proteste aufnehmen können, gehören im Bezirke des Appellationsgerichtshofes zu Cöln auch die Gerichtsvollzieher.

§. 4. Proteste dürfen nur von 9 Uhr Vormittags bis 6 Uhr Abends, zu einer früheren oder späteren Tageszeit aber nur mit Zustimmung des Protestaten erhoben werden.

15. Sachsen. Einführungs-Ordnung vom 25. April 1849. §. 8.

Wechselproteste können nur von früh neun Uhr bis Abends sechs Uhr aufgenommen werden.

Inhalte Tag für Tag und nach Ordnung des Datums in ein besonderes Register einzutragen, das von Blatt zu Blatt mit fortlaufenden Zahlen versehen ist.

In Betreff der zur Protestaufnahme befugten Amtspersonen haben mehrere deutsche Staaten bei Einführung der allgemeinen deutschen Wechselordnung besondere Gesetze erlassen, welche aus untenstehendem Zusatze zu Art. 87 und 90, Seite 79 — 82 zu ersehen sind.

§. 49.

Der Wechselinhaber übergibt der zur Protestaufnahme befugten Amtsperson den Wechsel, oder im Falle des Art. 72 (§ 37) die Copie; diese verfügt sich damit in das Geschäftslokal oder in die Wohnung desjenigen, bei welchem der Protest erhoben werden soll, zeigt demselben den Wechsel oder die Copie vor und verlangt von ihm, je nach Erforderniß, die Acceptation, die Zahlung oder die Herausgabe der Prima oder des Originals. Bei erfolgter Verwei-

---

16. **Schleswig-Holstein.** Einführungs-Ordnung vom 10. April 1849. §. 6 und 7.

§. 6. Der Wechselprotest ist von einem öffentlichen Notar oder von einem das Richteramt bekleidenden Beamten, welcher aber nicht der Wechselrichter des Orts sein darf, oder dem Stadtsecretär in den Städten, oder den mit landesherrlicher Bestallung versehenen Actuarien in den Landdistrikten aufzunehmen.

In so weit die Vorschriften über den Gebrauch des Stempelpapiers zur Anwendung kommen, ist der Protest auf einem Stempelbogen der zweiten Classe Nr. 4 auszufertigen.

§. 7. Vergleiche Zusatz Nr. 11. zu Art. 92. §. 47.

17. **Waldeck.** Einführungs-Ordnung vom 30. Mai 1849. §. 2.

Zur Aufnahme von Wechselprotesten ist jedes Mitglied eines Untergerichts berechtigt und verpflichtet. Die Anträge auf Protesterhebung können an jedem Tage, mit Ausnahme der Sonn- und Festtage angebracht werden.

Für die Protestaufnahme sind einschließlich des Stempels 15 Sgr. der Sportelnkasse zu berechnen.

18. **Würtemberg.** A. Einführungs-Ordnung vom 6. Mai 1849. Art. 9.

Ist der Bezirksnotar verhindert, Protest aufzunehmen, (Art. 87 der allgemeinen deutschen Wechselordnung), so hat derjenige Notar der Aufforderung zu genügen, welcher dem Orte der Aufnahme zunächst wohnt. Wäre dieser Ort der Sitz des Bezirksgerichts, ohne daß ein weiterer Notar dort wohnt, so hat der Gerichts-Actuar einzutreten.

B. Regierungs-Verfügung vom 7. Mai 1849:

Die Notare sollen nach 7 Uhr Abends einen Wechselprotest nicht erheben, wenn sich der Protestat nicht mit der späteren Erhebung einverstanden erklärt, was in den Protesten zu bemerken ist.

gerung wird die **Protesturkunde** aufgenommen, welche laut nachstehendem Artikel der allgemeinen deutschen Wechselordnung folgende Punkte enthalten muß:

Art. 88. Der Protest muß enthalten:

1) eine wörtliche Abschrift des Wechsels oder der Copie und aller darauf befindlichen Indossamente und Bemerkungen;
2) den Namen oder die Firma der Personen, für welche, und gegen welche der Protest erhoben wird;
3) das an die Person, gegen welche protestirt wird, gestellte Begehren, ihre Antwort oder die Bemerkung, daß sie keine gegeben habe oder nicht anzutreffen gewesen sei;
4) die Angabe des Orts, so wie des Kalendertages, Monats und Jahres [1]), an welchem die Aufforderung (Nr. 3.) geschehen oder ohne Erfolg versucht worden ist;
5) im Falle einer Ehrenannahme oder einer Ehrenzahlung [2]) die Erwähnung, von wem, für wen nnd wie sie angeboten und geleistet wird;
6) die Unterschrift des Notars oder des Gerichtsbeamten, welcher den Protest aufgenommen hat, mit Beifügung des Amtssiegels.

Indeß wird allgemein **außerdem** noch als zum wesentlichen Inhalte eines Protestes gehörig betrachtet:

7) der Vorbehalt aller aus dem Wechsel hervorgehenden Rechte des Wechselinhabers wegen Capital, Zinsen, Kosten u. s. w.

(Beispiele von Protesturkunden s. im Anhange).

§. 50.

Wenn bei **verschiedenen** Personen wegen Nichterfüllung einer aus dem Wechsel hervorgehenden Leistung **Protest** erhoben werden muß, wie z. B. im Falle des Art. 69 (§. 35), bedarf es nur **einer** Protesturkunde, worin indeß der specielle Vermerk über die an jede Person besonders gestellte Aufforderung enthalten sein muß. Hierauf bezüglich sagt die allgemeine deutsche Wechselordnung:

---

[1]) **Brauer** (§. 88 Nr. 4) führt hierauf bezüglich an:

„Das Datum ist nach dem Kalender (z. B. den 19. Juli 1848) nicht auf andere oder auf mehrfache Weise (z. B. nach den Regierungsjahren des Landesherrn) zu bezeichnen (Conf. Prot. p. 159). Auch ist nur die Angabe des Tages, nicht auch der Tages**stunde** erforderlich, da eine derartige Vorschrift wegen der Ungleichmäßigkeit der Uhren mit Anständen verknüpft wäre (Conf. Prot. p. 159)“.

[2]) S. §. 58.

Art. 89. Muß eine wechselrechtliche Leistung von mehreren Personen verlangt werden, so ist über die mehrfache Aufforderung nur eine Protesturkunde erforderlich.

§. 51.

Wie überhaupt jede Aufforderung zur Erledigung einer Wechselleistung nur in dem Geschäftslokale oder, beim Mangel eines solchen, in der Wohnung desjenigen Statt finden muß, an welche man sie zu stellen hat, so muß auch, wie schon §. 49 bemerkt, der Protest daselbst aufgenommen werden. Bei domicilirten Wechseln ist der Protest an dem im Wechsel angegebenen Domicil aufzunehmen, selbst dann, wenn der Wechselschuldner daselbst nicht anzutreffen und von keinem Dritten vertreten ist; einen solchen die Bescheinigung über dieses Letztere enthaltenden Protest nennt man den „Perquisitions- oder Nachforschungs-Protest".

Die allgemeine deutsche Wechselordnung enthält hierüber folgende specielle Bestimmungen:

Art. 91. Die Präsentation zur Annahme oder Zahlung, die Protesterhebung, die Abforderung eines Wechsel-Duplicats, sowie alle sonstigen bei einer bestimmten Person vorzunehmenden Acte müssen in deren Geschäftslokal, und in Ermangelung eines solchen, in deren Wohnung vorgenommen werden [1]. An einem anderen Orte, z. B. an der Börse, kann dies nur mit beiderseitigem Einverständnisse geschehen.

Daß das Geschäftslokal oder die Wohnung nicht zu ermitteln sei, ist erst alsdann als festgestellt anzunehmen, wenn auch eine dieserhalb bei der Polizeibehörde des Orts geschehene Nachfrage des Notars oder des Gerichtsbeamten fruchtlos geblieben ist, welches im Proteste bemerkt werden muß.

Art. 43. Domicilirte Wechsel [2] sind dem Domiciliaten, oder wenn ein solcher nicht benannt ist, dem Bezogenen selbst an demjenigen Orte, wohin der Wechsel domicilirt ist, zur

---

[1] Ist der Verpflichtete fallit (s. Anmerkung 1 §. 67), so muß die Handlung natürlich in der Wohnung des Vertreters der Masse, z. B. des Curators, vorgenommen werden.

[2] Hierunter sind hier nur domicilirte Tratten (§. 38) verstanden.

Zum Art. 43.

1. Hamburg. Einführungs-Ordnung vom 5. März 1849. §. 6. Vergleiche Zusatz Nr. 1 zum Art. 24. §. 40.

2. Schleswig-Holstein. Einführungs-Ordnung vom 10. April 1849. §. 10. Vergleiche Zusatz Nr. 2 zum Art. 24. §. 40.

Zahlung zu präsentiren, und wenn die Zahlung unterbleibt dort zu protestiren.

Wird die rechtzeitige [3]) Protesterhebung beim Domiciliaten verabsäumt, so geht dadurch der wechselmäßige Anspruch nicht nur gegen den Aussteller und die Indossanten, sondern auch gegen den Acceptanten verloren [4]).

Art. 99. Eigene domicilirte Wechsel sind dem Domiciliaten, oder wenn ein solcher nicht benannt ist, dem Aussteller selbst an demjenigen Orte, wohin der Wechsel domicilirt ist, zur Zahlung zu präsentiren und, wenn die Zahlung unterbleibt, dort zu protestiren. Wird die rechtzeitige Protesterhebung beim Domiciliaten verabsäumt, so geht dadurch der wechselmäßige Anspruch gegen den Aussteller und die Indossanten verloren [5]).

§. 52.

Fallirt der Bezogene eines Wechsels oder stellt er auch nur seine Zahlungen ein [1]), so wartet man, auch wenn der Wechsel von ihm schon acceptirt worden, die Verfallzeit nicht ab, sondern protestirt, indem man vom Acceptanten Sicherheitsleistung verlangt, gleich nach bekannt gewordenem Falliment, eben so beim gleichen Falle gegen den Aussteller eines auf Ordre gestellten, durch Indossament in dritte Hand übergegangenen eigenen Wechsels. Ein solcher die Zahlungsunfähigkeit erweisender Protest, welcher „Sicherheits- oder Securitäts-Protest" heißt, ist auch ganz der Natur der Sache angemessen; denn durch die Fallimentserklärung oder Zahlungseinstellung hat der Schuldner, durch erstere seine Insolvenz [1]), durch letztere mindestens sein zeitliches Zahlungsunvermögen [1]) zu erkennen gegeben, und der Inhaber des Wechsels ist hierdurch in Deutschland, selbst bei vorhergegangener Acceptation, zur Erhebung des Protestes vor Verfall und, auf den Grund desselben, zum Anspruch an seine Vormänner auf Sicherheitsleistung (Art. 29 §. 67) berechtigt. Wirklichen Ersatz kann er indeß erst alsdann verlangen, nachdem er am Verfalltage nochmals Mangels Zahlung hat protestiren lassen, (Art. 41 §. 46, §. 45 Nr. 3 vierter Absatz und §. 69).

---

[3]) S. §. 46 Art. 41 und §. 47.

[4]) Ist indeß der vom Bezogenen acceptirte domicilirte Wechsel dem Letzteren selbst am dritten Orte zur Zahlung zu präsentiren, (wenn nämlich kein Domiciliat (§. 38) im Wechsel angegeben), so geht durch das Versäumniß der Protesterhebung der wechselmäßige Anspruch an ihn, den Acceptanten nicht verloren. (Brauer §. 43 Nr. 4.)

[5]) Die Anmerkung Nr. 4 findet auf den Aussteller eines domicilirten eigenen Wechsels ebenfalls Anwendung.

[1]) S. §. 67. Note 1.

In Frankreich gelten nach Art. 448 des Handels-Gesetzbuchs ähnliche Bestimmungen, ebenso in den Niederlanden u. s. w.

§. 53.

Alle Wechselgesetze stimmen darin überein, daß der Präsentant, beim Nichteingange des Wechsels, nachdem er rechtzeitig den Protest Mangels Zahlung hat erheben lassen und nach ihm jeder Indossent, sobald ihm der nicht bezahlte Wechsel und der Protest überliefert worden, berechtigt sei, zum Regresse zu schreiten, d. h. wegen seiner Schadloshaltung einen früheren Wechselbetheiligten in Anspruch zu nehmen. In denjenigen Ländern nun (z. B. in Schweden und Rußland), in welchen dieser Regreß gesetzlich nach der Reihenfolge der Indossamente geschehen muß, wo nämlich derjenige, welcher den Rückanspruch zu machen hat, sich zuerst nur an seinen unmittelbaren Vormann halten kann, und dann erst, nachdem er diesen erfolglos um Vergütung angesprochen, auf den zunächst folgenden Indossanten überzugehen berechtigt ist, bedarf es zur Begründung des Anspruchs an diesen Letzteren des Beweises, daß dessen Nachmann ohne Erfolg zur Rückvergütung aufgefordert worden sei und es wird daher bei demselben dieserhalb ein weiterer Protest erhoben, der sogenannte „Contra-Protest.“ In Frankreich indeß (Art. 164 des Handels-Gesetzbuchs), in Spanien, den Niederlanden, Portugal, Dänemark u. s. w., so auch in Deutschland nach der allgemeinen deutschen Wechselordnung (Art. 49 §. 75) ist man an die Reihenfolge der Indossamente nicht gebunden, folglich der Contra-Protest hier auch überflüssig.

Fälle, in welchen der Protest unnöthig.

§. 54.

Da bei eigenen Wechseln, wenn sie noch in dem Besitz des ersten Inhabers befindlich, dieser Letztere, welcher nur mit dem Wechselschuldner in Beziehung steht, keinen Vormann und daher auch keinen Nachweis zu liefern hat, so kann hier natürlich, falls der Aussteller am Verfalltage nicht zahlen sollte, der Protest unterbleiben.

Folgende Bestimmung der allgemeinen deutschen Wechselordnung ist hierauf anzuwenden:

Art. 44. Zur Erhaltung des Wechselrechts gegen den Acceptanten bedarf es mit Ausnahme des im Art. 43 [1]) er-

[1]) S. §. 51, so wie die auf die hier in Rede stehende Ausnahme bezügliche Anmerkung Nr. 4 ebendaselbst.

wähnten Falles weder der Präsentation am Zahlungstage, noch der Erhebung eines Protestes [2]).

§. 55.

In der Regel bedarf es ferner keines Protestes, wenn man eine Tratte, welche am eigenen Wohnorte zahlbar ist, bloß zum Einziehen des Wechselbetrags (zum Incasso) direkt vom Aussteller empfängt; denn der Inhaber hat hier von seinem Vormanne, welcher keinerlei Haftbarkeit übernahm, weder wegen verweigerter Annahme Sicherstellung noch wegen Nichteingang Rückvergütung zu verlangen.

Solche Wechsel werden gewöhnlich nur in der Absicht gezogen, um vermittelst derselben auswärtige Forderungen, meistentheils Waarenforderungen, einzuziehen, und Geschäftsfreunden zum Incasso eingesendet, damit diese nach Eingang dem Einsender den Gegenwerth übermachen oder auch ihm gutbringen, je nachdem ein besonderes Rechnungsverhältniß zwischen ihnen Statt findet. Der Eingang solcher Wechsel ist daher nur für den Aussteller von Interesse; er allein hat deshalb auch über die Ausübung der wechselgebräuchlichen Formalitäten, welche mit der Einziehung verbunden werden sollen, zu bestimmen, die Protesterhebung Mangels Annahme aber schon deshalb zu scheuen, weil er die Unkosten, die sie veranlaßt, vom Bezogenen nicht vergütet verlangen kann, oder die Ziehung müßte auf dessen ausdrückliches Begehren geschehen sein [1]); der Aussteller schreibt daher, falls er den Wechsel nicht direkt nach dem Zahlungsorte zum Incasso einsendet und derselbe bis zum Eintreffen daselbst nothwendig durch mehrere Hände gehen muß, auch gewöhnlich über die Ueberschrift oder unter den Context des Wechsels die Worte: „ohne Kosten," oder „ohne Protest," welche Bemerkung von sämmtlichen spätern Inhabern bei der Weiterbegebung neben ihren Indossamenten ebenfalls beigefügt wird, wodurch sodann der Präsentant

---

[2]) Da der wechselmäßige Anspruch gegen den Acceptanten eines gezogenen, oder gegen den Aussteller eines eigenen Wechsels erst nach drei Jahren, vom Verfalltage des Wechsels an gerechnet, verjährt (s. Art. 77 und 100 §. 77), so folgt hieraus, daß dieselben während dieser ganzen Zeit nach Wechselrecht zahlungsverbindlich sind, der Wechselinhaber daher den Wechsel nicht gerade am Zahlungstage zu präsentiren braucht, sondern auch später, wenn nur binnen der dreijährigen Frist, von dem Acceptanten oder dem hier in Rede stehenden Aussteller den Wechselbetrag einziehen oder im Wege des Wechselprocesses klagend gegen ihn auftreten kann; in Bezug auf diese Beiden ist der Nachweis der geschehenen Präsentation zur Zahlung durch Protesterhebung ganz überflüssig.

[1]) Aber auch in diesem Falle kann der Bezogene zur Erstattung der Kosten nur im Wege des gewöhnlichen Prozesses angehalten werden, weil er zur Annahme nicht wechselrechtlich verpflichtet ist.

allen Vormännern gegenüber von der Verpflichtung zur Protesterhebung befreit wird, oder der Aussteller, wenn er die Klausel auf dem Wechsel selbst nicht schreiben will, bemerkt in seinem Briefe an denjenigen, welchem er ihn zum Incasso einsendet, daß kein Protest erforderlich sei, in welchem Falle dann jeder Indossent seinem Indossaten dieses ebenfalls mittheilt. Bei solchen Wechseln wird sonach bei verweigerter Annahme oder Zahlung in der Regel kein Protest erhoben, dieselben vielmehr mit Angabe des Verweigerungsgrundes einfach zurückgeschickt.

In der allgemeinen deutschen Wechselordnung ist bezüglich dieser Wechsel folgende Bestimmung enthalten:

> Art. 42. Die Aufforderung keinen Protest erheben zu lassen („ohne Protest", „ohne Kosten" ꝛc.) gilt als Erlaß des Protestes, nicht aber als Erlaß der Pflicht zur rechtzeitigen [2]) Präsentation. Der Wechselverpflichtete, von welchem jene Aufforderung ausgeht, muß die Beweislast übernehmen, wenn er die rechtzeitig geschehene Präsentation in Abrede stellt [3]).
>
> Gegen die Pflicht zum Ersatze der Protestkosten schützt jene Aufforderung nicht [4]).

Nothadresse.

§. 56.

Wie bei der solidarischen Haftbarkeit des Wechselausstellers und der Indossenten der Nichteingang eines Wechsels ihnen, am Meisten aber dem Aussteller unangenehm sein muß, so wünschenswerth wäre es einem Jeden derselben, am Zahlungsorte einen Freund zu besitzen, welcher, im Falle der Wechsel vom Bezogenen nicht angenommen würde, an dessen Stelle denselben acceptirte und bezahlte, und in der That wird von Vielen, wenn sie nur den leisesten Zweifel gegen den Bezogenen oder

---

[2]) S. §. 47.

[3]) Nämlich er, der Entbinder vom Proteste, muß nachweisen, daß nicht rechtzeitig präsentirt worden sei.

[4]) Ist die vom Aussteller ausgegangene Protest-Entbindungs-Klausel nicht von allen Indossenten wiederholt worden, oder rührt die Klausel nur von einem der Letztern her, so muß der Präsentant gleichwohl den Protest Mangels Zahlung erheben lassen; denn die Verzichtleistung bezieht sich jedesmal nur auf diejenige Person, welche die Erklärung schrieb, und jeder Wechselbetheiligte, von welchem dieselbe nicht ausging, kann den Nachweis der rechtzeitig geschehenen Präsentation durch Protest fordern, wenn gegen ihn Regreß (§. 70) genommen wird. Aus diesem Grunde spricht das Gesetz selbst die Entbinder vom Proteste nicht frei vom Ersatze der Kosten der unter besagten Umständen allerdings nothwendigen Protesterhebung.

Aussteller hegen, selbst auch oft ohne ein solches Mißtrauen, bloß der Beruhigung wegen, die Vorsicht angewendet, unten auf der Vorderseite des Wechsels die Adresse eines am Zahlungsorte wohnenden Geschäftsfreundes zu bemerken, zu dem man das Vertrauen hat, daß er, im Falle der Bezogene die Annahme verweigerte oder zur Verfallzeit nicht zahlte, als Mittelsperson dazwischen tritt (intervenirt) und statt diesem, für Rechnung des Gesuchstellers, die Acceptation vollzieht und die Zahlung leistet. Eine solche Adresse heißt: die „Noth- oder „Hülfs-Adresse" und derjenige, welcher durch sie benannt ist, der „Noth-Adressat" oder auch schlechtweg der „Adressat". Man bedient sich gewöhnlich dabei der Form folgenden Beispiels:

„Nöthigenfalls (oder im Fall) bei Herrn Friedrich Jäger für N. L."

Die beiden letzten Buchstaben bedeuten den Namen desjenigen, welcher die Adresse geschrieben, und dessen vollständiger Name in der Reihe der Indossenten zu suchen oder auch der des Trassanten ist [1]).

Will ein Indossent den Bezogenen selbst als Nothadressaten bezeichnen, so setzt er neben der Adresse desselben die Worte: „wobei nöthigenfalls für N. N., oder „wobei im Fall (im Nothfall) für N. N." [1]), damit derselbe, falls er den Wechsel nicht für Rechnung des Ausstellers honoriren wollte, dieses für Rechnung desjenigen thue, welcher seinem Namen die Bemerkung beigefügt.

§. 57.

Verweigert nun der Bezogene die Annahme oder die Zahlung, so wendet man sich nach erhobenem Protest an den Nothadressaten, indem man ihm den Wechsel vorzeigt und ihn, je nach Erforderniß, entweder um Annahme oder um Zahlung anspricht. Beim Vorhandensein mehrerer Hülfsadressen, von denen nur eine anzunehmen oder zu zahlen hat, besteht in Bezug auf ihr Alter eine gewisse Rangordnung, indem derjenige Nothadressat, welcher am Frühesten als solcher bezeichnet worden, folglich die Nothadresse, welche vom Wechsel-Aussteller selbst ausging, vor allen übrigen bevorzugt wird [1]). Diese Rücksichtsnahme auf das Alter der Hülfsadressen ist deshalb nothwendig, weil das Dazwischentreten eines durch sie benannten Dritten, nach geschehener Zahlung desselben, die Befreiung aller derjenigen Indossenten von ihrer wechselmäßigen Verbindlichkeit zur Folge hat, welche dem Giro eines Wechselbetheiligten nachstehen, zu dessen Gunsten die Vermittelung geschah (§. 62) [2]).

---

[1]) S. das Wechselformular Nr. 13 im Anhange.

[1]) S. §. 64, Art. 64.

[2]) S. auch den letzten Absatz des nachfolgenden Art. 56.

Die allgemeine deutsche Wechselordnung spricht sich bezüglich dieses Gegenstandes, in so weit er die Aufforderung an die Nothadresse zur Annahme betrifft, folgendermaßen aus:

Art. 56. Befindet sich auf einem, Mangels Annahme protestirten Wechsel eine auf den Zahlungsort lautende Nothadresse, so muß, ehe Sicherstellung [3]) verlangt werden kann, die Annahme von der Nothadresse gefordert werden [4]).

Unter mehreren Nothadressen gebührt derjenigen der Vorzug, durch deren Zahlung die meisten Verpflichteten befreit werden.

---

[3]) S. §. 66.

[4]) Der Inhaber des Mangels Annahme protestirten Wechsels kann nämlich von seinem Vormanne nicht eher Sicherstellung (§. 66) verlangen, als bis der Nothadressat ebenfalls die Annahme verweigert hat; nimmt dieser indeß an, so geht dadurch das Recht des Präsentanten auf Sicherstellung verloren (Art. 61. §. 64); denn da der Adressat statt des Bezogenen den Wechsel mit Accept versah, so ist ja für ihn der Erstere an die Stelle des Letzteren getreten, und er hat sonach keinen Grund, Sicherheit zu verlangen. Uebrigens braucht wohl kaum erwähnt zu werden, daß der Präsentant, Inhalts des Art. 56, nur dann die Verpflichtung hat, die Annahme von der Nothadresse zu fordern, wenn er beabsichtigt, Sicherheitsleistung von einem seiner Vormänner zu verlangen, obschon er bei einem Mangels Annahme protestirten Wechsel regelmäßig auch die Nothadressen, so deren vorhanden, befragt, er mag von seinem Rechte auf Sicherstellung Gebrauch machen wollen oder nicht.

Zum Artikel 56 (auch zu Art. 62 §. 64).

1. Hamburg. Einführungs-Ordnung vom 5. März 1849. §. 7.

Die in den Art. 56 und 62 der allgemeinen deutschen Wechselordnung enthaltene Vorschrift der Präsentation des Wechsels an die auf den Zahlungsort lautenden Nothadressen gilt auch für Altonaische Nothadressen, welche sich auf einem auf Hamburg gezogenen, so wie für Hamburgische Nothadressen, welche sich auf einem auf Altona gezogenen Wechsel befinden.

2. Schleswig-Holstein. Einführungs-Ordnung vom 10. April 1849. §. 11. (Für Altona.)

Die in dem Art. 56 und 62 der allgemeinen deutschen Wechselordnung enthaltene Vorschrift der Präsentation des Wechsels an die auf den Zahlungsort lautenden Nothadressen gilt auch für Hamburgische Nothadressen, welche sich auf einem auf Altona gezogenen, sowie für Altonaische Nothadressen, welche sich auf einem auf Hamburg gezogenen Wechsel befinden.

Intervention.

§. 58.

Das in den beiden vorhergehenden Paragraphen bemerkte Dazwischentreten eines Dritten zur Uebernahme der Wechselverbindlichkeit statt des Bezogenen, sei es aus freiem Antriebe [1]) oder in Folge einer Nothadresse nach geschehener Aufforderung [2]), wird „das Interveniren" oder die „Intervention" genannt; man sagt dann, es sei intervenirt worden, und heißt den zur Aufrechthaltung des Credits oder, wie man zu sagen pflegt, zur Ehre eines Wechselbetheiligten als Mittelsperson Auftretenden „Intervenient", „Ehrenacceptant„ „Honorant", denjenigen, zu dessen Gunsten die Intervention geschah „Honorat"; in diesem Sinne nennt man auch die Annahme „Ehren-Annahme", die Zahlung „Ehren-Zahlung".

§. 59.

Die Ehrenannahme geschieht, sobald die Verweigerung der Acceptation von Seiten des Bezogenen durch den bei ihm erhobenen Protest festgestellt ist (s. §. 57. Art. 56); die Erklärung des Intervenienten, daß er zu Ehren des von ihm benannten Wechselbetheiligten acceptiren wolle, muß vom Notar oder Gerichtsbeamten im Proteste als Nachtrag beigefügt werden (Art. 58. §. 64); ein solcher Protest heißt alsdann „Interventions-Protest".

Der Intervenient vollzieht das Ehren-Accept auf dem Wechsel selbst, etwa mit folgenden Worten:

„Angenommen für (Summe) für Rechnung (oder zu Ehren der Unterschrift) des Ausstellers, Herrn N. N. in N."

Ortsnamen und Datum.

Unterschrift";

oder wenn die Annahme für einen Indossenten erfolgt:

„Angenommen für (Summe) für Rechnung (oder zu Ehren des Giro) des Herrn N. N. in N.

Ortsnamen und Datum.

Unterschrift."

§. 60.

Der Ehrenacceptant hat die Protesturkunde, gegen Erstattung der durch ihre Aufnahme veranlaßten Kosten, vom Präsentanten sich überliefern zu lassen, um dieselbe unverzüglich spätestens am zweiten

---

[1]) S. §. 61.

[2]) S. §. 57.

Tage nach der Protesterhebung, seinem Honoraten einzusenden, welchem er zugleich die geschehene Intervention anzeigt und die Kosten, gewöhnlich auch $^1/_3$ % Provision (Art. 65. §. 64), in Anrechnung bringt [1]) (Art. 58. §. 64).

Der Honorat schickt den Protest weiter an seinen Vormann, unter Anrechnung der gehabten Unkosten, zu denen nun noch seine Portoauslagen kommen, dieser wieder an den seinigen u. s. w., bis er endlich an den Aussteller gelangt, der für sämmtliche Kosten aufkommen muß, immerhin auch noch für den richtigen Eingang des Wechsels am Verfalltage von Seiten des Bezogenen haftbar bleibt, und Sicherheit hierfür stellen muß, wenn sie vom Honoraten oder seinen Vormännern beansprucht wird (s. §. 66. so wie §. 64 Art. 61).

§. 61.

Selbst aber, wenn keine Nothadressen auf dem Wechsel befindlich sind, können als Intervenienten auftreten:

1) Der Bezogene, wenn er den Wechsel nicht in seiner Eigenschaft als Bezogener, sondern als Ehrenacceptant annehmen will, entweder zu Ehren eines der Giranten oder des Ausstellers, welcher Letztere ihm dadurch wechselmäßig verpflichtet wird, während er denselben, wenn er als Bezogener acceptirt, nur nach gewöhnlichem Rechte in Anspruch nehmen kann (s. §. 26);
2) der Präsentant; sind indeß Nothadressen vorhanden nur dann, wenn Keiner der dadurch bezeichneten Adressaten interveniren will (Art. 56. §. 57);
3) eine dem Wechsel fremde, dritte, wechselfähige Person; jedoch braucht nach manchen Wechselgesetzen der Präsentant eine solche Intervention gar nicht oder nur dann zuzulassen, wenn der Intervenient sofortige Zahlung oder Caution leistet. Die allgemeine deutsche Wechselordnung stellt die Nichtzulassung der Ehrenannahme von Seiten eines Nichtadressaten dem Präsentanten frei, verbindet indeß die Zurückweisung einer aus freiem Antriebe von einem Dritten angebotenen Ehrenzahlung mit Rechtsnachtheilen; denn es heißt bezüglich des ersten Punktes:

---

[1]) Bezüglich dieser Kosten steht dem Ehrenacceptanten gegen den Honoraten nicht das wechselrechtliche Verfahren, sondern nur der Weg des gewöhnlichen Prozesses zu Gebote, weil er durch die Ehrenannahme zu dem Honoraten in kein wechselrechtliches Verhältniß tritt (Art. 60 §. 64, ferner Brauer §. 58); erst durch die Ehrenzahlung wird ihm der Honorat wechselmäßig verpflichtet (vergleiche §. 62).

Art. 57. Die Ehrenannahme von Seiten einer nicht auf dem Wechsel als Nothadresse benannten Person braucht der Inhaber nicht zuzulassen [1];

und in Betreff des letzteren, am Schlusse des

Art. 62 [2]: Weist der Inhaber die von einem andern Intervenienten angebotene Ehrenzahlung zurück, so verliert er den Regreß gegen die Nachmänner des Honoraten [3].

§. 62.

Durch die Ehren-Acceptation übernimmt der Intervenient die Verpflichtung des gewöhnlichen Acceptanten, jedoch nur den Nachmännern des Honoraten gegenüber (s. Art. 60. §. 64) [1], durch die Ehren-Zahlung erhält er die Rechte des Wechsel-Inhabers, in so fern er durch dieselbe, nachdem ihm Wechsel und Protesturkunde ausgeliefert worden (§. 63), ermächtigt wird die Wechselklage auf Rembours (Zurückerstattung) gegen den Honoraten, dessen Vormänner und den etwaigen Acceptanten zu erheben (s. Art. 63. §. 64). Diese Zahlung erst befreit alle diejenigen Indossenten von ihrer Wechselverbindlichkeit, welche demjenigen Giro nachstehen; zu dessen Ehren die Intervention geschah, so daß die Ehrenzahlung für den Aussteller alle Giranten befreit.

§. 63.

Ungeachtet bei einem Mangels Annahme protestirten Wechsel, wenn der Bezogene von der Protesterhebung an bis zur Verfallzeit sich nicht freiwillig zur Einlösung desselben bereit erklärt, nicht wohl anzunehmen ist, daß die Zahlung von demselben erfolge, so ist ihm der Wechsel, wenn auch mit dem Ehrenaccepte eines Intervenienten versehen, doch am Verfalltage zur Zahlung nochmals zu präsentiren, und bei Zahlungsverweigerung der Protest Mangels Zahlung zu erheben (s. §. 45. Nr. 3. vierten Absatz); dann erst wird der Wechselbetrag gegen Auslieferung

---

[1] Folglich braucht der Inhaber auch die Ehrenannahme des Bezogenen zu Ehren des Ausstellers nicht zu gestatten.

[2] S. §. 64.

[3] Der Inhaber verliert nämlich in einem solchen Falle sein Recht auf Rückanspruch gegen diejenigen Indossanten, welche dem Giro desjenigen nachstehen, für welchen der Intervenient Zahlung leisten wollte; denn die Zurückweisung geschah ja offenbar zum Nachtheile dieser Nachmänner, welche durch eine angenommene Ehrenzahlung von ihrer Wechselverbindlichkeit befreit worden wären (§. 57).

[1] Denn die Ehrenannahme geschah in der Absicht, um den Honoraten von den wechselmäßigen Ansprüchen seiner Nachmänner zu befreien, weshalb die Vormänner desselben aus dem Ehrenaccepte keine Rechte für sich ableiten können (s. Brauer §. 60 a).

des quittirten [1]) Wechsels und des Protestes, in welchem auch von der beabsichtigten Ehrenzahlung Erwähnung geschehen, vom Intervenienten eingezogen, welcher auch die Protestkosten erstattet. (Weiteres hierüber s. §. 73.)

§. 64.

Außer den schon in den vorigen Paragraphen in Betreff der Intervention angeführten Artikeln der allgemeinen deutschen Wechselordnung (Art. 56, §. 57, Art. 57. §. 61.) enthält dieselbe über diesen Gegenstand noch folgende Bestimmungen, und zwar

1) bezüglich der Ehrenannahme:

Art. 58. Der Ehrenacceptant muß sich den Protest Mangels Annahme gegen Erstattung der Kosten aushändigen und in einem Anhange zu demselben die Ehrenannahme bemerken lassen [1]).

Er muß den Honoraten unter Uebersendung des Protestes von der geschehenen Intervention benachrichtigen und diese Benachrichtigung mit dem Proteste innerhalb zweier Tage nach dem Tage der Protesterhebung zur Post geben [1]).

Unterläßt er dieses, so haftet er für den durch die Unterlassung entstehenden Schaden [2]).

Art. 59. Wenn der Ehrenacceptant unterlassen hat, in seinem Accepte [3]) zu bemerken, zu wessen Ehren die Annahme geschieht, so wird der Aussteller als Honorat angesehen [4]).

Art. 60. Der Ehrenacceptant wird den sämmtlichen Nachmännern des Honoraten durch die Annahme wechselmäßig verpflichtet [5]). Diese Verpflichtung erlischt, wenn dem Ehren-

---

[1]) Die auf der Rückseite des Wechsels zu schreibende Quittung lautet etwa wie folgt:

Betrag empfangen durch Herrn (Namen des Intervenienten).

Unterschrift des Wechselinhabers.

[1]) S. §§. 59 und 60.

[2]) So gut dem Ehrenacceptanten seinem Honoraten gegenüber kein wechselmäßiges Recht zusteht (s. §. 60. Note 1), eben so wenig dem Honoraten gegen den Ehrenacceptanten; Letzterer kann daher von Ersterem für den hier in Rede stehenden Schaden nur im Wege des gewöhnlichen Civilprocesses belangt werden (Brauer §. 58).

[3]) S. §. 59.

[4]) Selbst dann ist dieses der Fall, wenn man nicht aus dem Ehrenaccepte, wohl aber aus der im Wechsel enthaltenen Nothadresse (§. 56) ersehen kann, für wen die Intervention geschah, oder wenn im Proteste, nicht aber im Ehrenaccepte der Name des Honoraten enthalten ist (Brauer §. 59).

[5]) S. §. 62.

acceptanten der Wechsel nicht spätestens am zweiten Werktage nach dem Zahlungstage zur Zahlung vorgelegt wird [6]).

Art. 61. Wenn der Wechsel von einer Nothadresse oder einem andern Intervenienten zu Ehren angenommen wird, so haben der Inhaber und die Nachmänner des Honoraten keinen Regreß auf Sicherstellung [7]).

Derselbe kann aber von dem Honoraten und dessen Vormännern geltend gemacht werden [8]).

2) bezüglich der Ehrenzahlung:

Art. 62. Befinden sich auf dem von dem Bezogenen nicht eingelösten Wechsel oder der Copie Nothadressen oder ein Ehrenaccept, welche auf den Zahlungsort lauten, so muß der Inhaber den Wechsel spätestens am zweiten Werktage nach dem Zahlungstage den sämmtlichen Nothadressen und dem Ehrenacceptanten zur Zahlung vorlegen, und den Erfolg im

---

[6]) Wie aus §. 63 ferner aus den nachstehenden Artikeln 62 und 63 hervorgeht, kann der Ehrenacceptant erst dann zur Einlösung seines Ehrenacceptes angehalten werden, nachdem dem Bezogenen am Verfalltage der Wechsel nochmals und zwar zur Zahlung erfolglos präsentirt und dieserhalb der Protest Mangels Zahlung erhoben worden ist; er hat sonach nicht unbedingt, sondern nur bedingungsweise, falls nämlich der Bezogene keine Zahlung leisten und in der vorgeschriebenen Zeit (Art. 41. §. 46) die Protestaufnahme erfolgen werde, die Zahlung des Wechsels zur Verfallzeit übernommen. Wenn ihm daher spätestens am zweiten Werktage nach dem Zahlungstage der Wechsel, im Begleite des Protestes, nicht zur Zahlung vorgelegt wird, so kann er auch mit Recht annehmen, daß die Zahlung vom Bezogenen geleistet und er dadurch von seiner Verbindlichkeit befreit worden sei, und deshalb ist auch die Bestimmung des Art. 60 eine dem Sachverhältniß ganz entsprechende.

[7]) In Bezug auf den Inhaber s. die Anmerkung 4 §. 57; die Nachmänner des Honoraten betreffend, so ist auch für sie der Ehrenacceptant an die Stelle des Bezogenen getreten (s. §. 62), sie folglich dadurch des Rechtes auf Sicherstellung verlustig.

[8]) S. §. 60.

Zum Art. 62 und 63.

1. Hamburg. Einführungs-Ordnung vom 5. März 1849. §. 7 u. 8.

§. 7. Vergleiche Zusatz Nr. 1 zum Art. 56 §. 57.

§. 8. Wenn gleich ein Ehrenacceptant nach Art. 62 und 63 der allgemeinen deutschen Wechselordnung nur verpflichtet ist, sein Accept gegen ihm geschehende Einlieferung des vom Inhaber ordnungsmäßig erhobenen Protestes Mangels Zahlung einzulösen, so bleibt es demselben dennoch gestattet, nach Maßgabe des hieselbst bestehenden Gebrauches, die Zahlung auf Verfall auch bereits vor erhobenem Proteste zu leisten.

Proteste Mangels Zahlung oder in einem Anhange zu demselben bemerken lassen [9]).

Unterläßt er dies, so verliert er den Regreß gegen den Adressanten oder Honoraten und deren Nachmänner [10]).

---

[9]) S. §§. 57 und 63.

[10]) Derjenige, welcher auf dem Wechsel einen Nothadressaten angibt, thut dieses, wie aus §. 56 hervorgeht, in der Absicht, um, falls der Bezogene nicht annehmen oder zahlen sollte, sich durch die Ehrenannahme und Ehrenzahlung des Adressaten von den wechselmäßigen Rückansprüchen seiner Nachmänner zu befreien, nämlich durch die Ehrenannahme von ihrem Forderungsrechte auf Sicherheitsleistung (§. 66), durch die Ehrenzahlung von ihren Ansprüchen auf Rückvergütung des Wechselbetrages u. s. w. (s. §. 69). Zugleich hat er aber auch dadurch dem späteren Wechselinhaber den Weg vorgezeichnet, den er, bei Nichteingang des Wechsels von Seiten des Bezogenen, zu gehen hat, um dennoch zur Zahlung zu gelangen. Versäumt nun der Präsentant die rechtzeitige Verfolgung dieses Weges, so ist es natürlich, daß er dadurch sein Recht an den Adressanten und ebenso an dessen Nachmänner verliert, da diese durch die Ehrenzahlung des Adressaten von ihrer Haftungsverbindlichkeit befreit worden wären. Die Unterlassung der rechtzeitigen Zahlungsaufforderung an den etwa in Folge einer Nothadresse vorhandenen Ehrenacceptanten, muß die Befreiung des Honoraten und seiner Nachmänner nach sich ziehen; denn die Ehrenzahlung, welche die Befreiung erwirkt hätte, unterblieb ja nur durch die Schuld des Präsentanten; daß aber der Letztere, beim Vorhandensein mehrerer Nothadressen, den Mangels Zahlung protestirten Wechsel ihnen allen, also wenn eine von ihnen sich schon zur Zahlung bereit erklärt hat, auch noch den übrigen zur Zahlung vorlegen muß, kann nur in der Absicht geboten sein, um durch den vorgeschriebenen Vermerk hierüber im Proteste, ein vollständiges Bild über das ganze, bei der Einziehung des Wechsels innegehaltene Verfahren zu erhalten, wie dieses auch Brauer §. 62. Nr. 2 angibt.

Er tritt durch solche Zahlung in die Rechte des Inhabers gegen den Honoraten, dessen Vormänner und den Acceptanten, und hat sodann die zur Ausübung dieser Rechte von der Wechselordnung vorgeschriebenen Förmlichkeiten an der Stelle des Inhabers seinerseits zu erfüllen.

2. Lübeck. Einführungs-Ordnung vom 28. April 1849. §. 5.

Leistet ein Ehren-Acceptant auf Verfall des Wechsels die Zahlung schon vor Erhebung des in dem Art. 62 und 63 der Wechselordnung gedachten Protestes, so tritt er durch solche Zahlung zwar ebenfalls in die Rechte des Inhabers gegen den Honoraten, dessen Vormänner und den Acceptanten, hat jedoch sodann die zur Ausübung dieser Rechte von der Wechselordnung vorgeschriebenen Förmlichkeiten an Stelle des Inhabers seinerseits zu erfüllen.

3. Schleswig-Holstein. Einführungs-Ordnung vom 10. April 1849. §. 11 und 12.

§. 11. Vergleiche Zusatz Nr. 2 zu Art. 56 §. 57.

§. 12. Wenn gleich ein Ehrenacceptant, nach Art. 62 und 63 der Wechselordnung, nur verpflichtet ist, sein Accept gegen geschehende

Weist der Inhaber die von einem andern Intervenienten angebotene Ehrenzahlung zurück, so verliert er den Regreß gegen die Nachmänner des Honoraten [11]).

Art. 63. Dem Ehrenzahler muß der Wechsel und der Protest Mangels Zahlung gegen Erstattung der Kosten ausgehändigt werden [12]).

Er tritt durch die Ehrenzahlung in die Rechte des Inhabers (Art. 50 und 52) [13]) gegen den Honoraten, dessen Vormänner und den Acceptanten [14]).

Art. 64. Unter Mehreren, welche sich zur Ehrenzahlung anbieten, gebührt Demjenigen der Vorzug, durch dessen Zahlung die meisten Wechselverpflichteten befreit werden [15]).

Ein Intervenient, welcher zahlt, obgleich aus dem Wechsel oder Proteste ersichtlich ist, daß ein Anderer, dem er hiernach nachstehen müßte, den Wechsel einzulösen bereit war, hat keinen Regreß gegen diejenigen Indossanten, welche durch Leistung der von dem Anderen angebotenen Zahlung befreit worden wären [16]).

Art. 65. Der Ehrenacceptant, welcher nicht zur Zahlungsleistung gelangt, weil der Bezogene oder ein anderer

[11]) S. §. 61 Nr. 3 und die Anmerkung Nr. 3 daselbst; der Honorat bleibt hier wechselverbindlich: weil er zum Zahlungserbieten eines solchen sich freiwillig (ohne Nothadresse) gestellten Intervenienten keine Veranlassung gab, und er durch Zurückweisung der Ehrenzahlung von Seiten des Präsentanten eigentlich nicht beeinträchtigt wird, da das Recht des Letztern, hätte dieser die Zahlung angenommen, nach Art. 63, nur an den Ehrenzahler übergegangen wäre.

[12]) S. §. 63.

[13]) S. §. 75.

[14]) S. §. 62.

[15]) S. §. 57. Erbieten sich Mehrere zur Ehrenzahlung für eine und dieselbe Person, so hat der Wechselinhaber die Wahl unter diesen Gleichberechtigten (s. Brauer §. 64. Nr. 5).

[16]) Denn durch solchen Vorgriff darf kein Nachtheil für die Nachmänner desjenigen Honoraten erwachsen, für welchen die Zahlungsleistung erfolgt wäre, wenn dessen Honorant in seinem Vorzugsrechte nicht beeinträchtigt worden wäre.

Einlieferung des vom Inhaber ordnungsmäßig erhobenen Protestes Mangels Zahlung einzulösen, so bleibt es demselben dennoch gestattet, nach Maßgabe des in Altona bestehenden Gebrauchs, die Zahlung auf Verfall auch bereits vor erhobenem Proteste zu leisten. Er tritt durch solche Zahlung in die Rechte des Inhabers gegen den Honoraten, dessen Vormänner und den Acceptanten, und hat sodann die zur Ausübung dieser Rechte von der Wechselordnung vorgeschriebenen Förmlichkeiten an der Stelle des Inhabers seinerseits zu erfüllen.

Intervenient bezahlt hat, ist berechtigt, von dem Zahlenden eine Provision von 1/3 Procent zu verlangen [17]).

Regreß.

§. 65.

Unter Regreß, theilweise schon §. 53 erklärt, versteht man das Zurückgehen an Jemanden in Betreff einer Schadloshaltung, hier den Rückanspruch des Wechselinhabers an seine Vormänner wegen Nichtannahme oder Nichtzahlung des Wechsels von Seiten des Bezogenen. Derjenige, welcher den Rückanspruch macht, wird „Regreßnehmer" oder „Regredient" genannt.

Je nachdem wegen verweigerter Annahme oder wegen nicht erfolgter Zahlung der Regreß Statt findet, ist er ein verschiedener; jener heißt „Regreß Mangels Annahme", dieser „Regreß Mangels Zahlung"; bei Ersterem kann nur Sicherstellung, bei Letzterem wirklicher Ersatz (Rembours) verlangt werden (s. §. 53).

Regreß Mangels Annahme.

§. 66.

Bei der schon früher (§§. 2 und 22) hervorgehobenen, im Wesen des Wechsels begründeten Haftbarkeit des Ausstellers und der Indossenten für den richtigen Eingang desselben, sollte eigentlich, nach gemeinem Rechte, ein Rückanspruch an dieselben von Seiten des Wechselinhabers erst nach der am Verfalltage sich herausgestellten Nichtzahlung des Bezogenen Statt finden dürfen; indeß gestatten manche Wechselgesetze (England, Dänemark, Schweden) schon bei nicht erfolgter Annahme, die Forderung einer sofortigen Zurückerstattung, (wie dies in Preußen [A. L. II., Tit. VIII. §. 1056] und Oesterreich früher auch der Fall war); andere Wechselgesetze dagegen (z. B. Frankreich [Art. 120 des Handelsgesetzbuchs), Spanien, die Niederlande u. s. w., welche (in Frankreich nach Art. 161 und 163 des Handelsgesetzbuchs) bei Verfall die abermalige Präsentation und Protestation eines wegen Nichtannahme protestirten Wechsels vorschreiben, mit ihnen auch die allgemeine deutsche Wechselordnung, sprechen dem Inhaber eines, Mangels Annahme protestirten Wechsels nur das Recht zu, von einem beliebigen Vormanne

---

[17]) Der Ehrenacceptant kann indeß im Weigerungsfalle des Wechselzahlers seinen Anspruch an ihn nur im gewöhnlichen Civilwege geltend machen (Brauer §. 65).

Sicherstellung für die Höhe der Wechselsumme, oder bei einer Particular-Acceptation, [1]) für den nicht angenommenen Betrag und für die Protest- und andere Kosten zu verlangen.

Ist die Sicherheit auf befriedigende Weise von dem Vormanne geleistet, so muß demselben der Protest ausgeliefert werden, und er kann dasselbe Recht, welches der Wechselinhaber gegen ihn angewandt, gegen einen seiner Vormänner, bis zum Aussteller hinauf, weiter ausüben. Selbst aber, wenn von dem Vormanne keine Sicherheit verlangt und ihm der Protest ohne diese Leistung überliefert wurde, steht diesem, durch den Besitz der Protesturkunde dazu legitimirt, das Recht zu, von einem früheren Indossanten oder dem Aussteller Sicherheit zu fordern (s. nachstehenden Art 26).

Die Bestimmungen hierüber in der allgemeinen deutschen Wechselordnung sind folgende:

Art. 25. Wenn die Annahme eines Wechsels überhaupt nicht, oder unter Einschränkungen, oder nur auf eine geringere Summe [1]) erfolgt ist, so sind die Indossanten und der Aussteller wechselmäßig verpflichtet, gegen Aushändigung des, Mangels Annahme aufgenommenen Protestes genügende Sicherheit dahin zu leisten, daß die Bezahlung der im Wechsel verschriebenen Summe, oder des nicht angenommenen Betrages, so wie die Erstattung der durch die Nichtannahme veranlaßten Kosten am Verfalltage erfolgen werde.

---

[1]) S. §. 25.

Zum Art. 25.

1. **Baden.** Einführungs-Ordnung vom 19. Februar 1849. Art. 3.

Die Hinterlegung (Deposition) der Wechselsumme (Art. 25, 40, 73 der Wechselordnung) geschieht auf den Grund einer von dem zuständigen Amts- oder Handelsgerichte ausgegangenen Verfügung oder einer von dem zuständigen Staatsschreiber aufgenommenen Hinterlegungsurkunde nach Vorschrift des Gesetzes vom 3. August 1837 über die Errichtung der Hinterlegungskasse und der über dasselbe ergangenen Vollzugsvorschriften.

2. **Hessen-Darmstadt.** EinführungsOrdnung vom 4. Juni 1849. §. 1.

Die Deposition der Wechselsumme (Art. 25, 40 und 73 der allgemeinen deutschen Wechselordnung) geschieht nach Maßgabe des Gesetzes vom 20. October 1821, die Anlegung der Depositen bei der Staatsschuldentilgungskasse betreffend.

3. **Oesterreich** bestimmt in der Wechselordnung anstatt des zweiten Absatzes der deutschen Wechselordnung Art. 25:

Jedoch sind diese Personen auch befugt, auf ihre Kosten die schuldige Summe bei Gericht oder bei einer anderen, zur Annahme von Depositen ermächtigten Behörde oder Anstalt niederzulegen.

Art. 26. Der Remittent, so wie jeder Indossatar wird durch den Besitz des, Mangels Annahme aufgenommenen Protestes ermächtigt, von dem Aussteller und den übrigen Vormännern Sicherheit zu fordern und im Wege des Wechselprozesses darauf zu klagen.

Der Regreßnehmer ist hierbei an die Folgeordnung der Indossamente und die einmal getroffene Wahl nicht gebunden [2]).

Der Beibringung des Wechsels und des Nachweises, daß der Regreßnehmer seinen Nachmännern selbst Sicherheit bestellt habe, bedarf es nicht.

Art. 27. Die bestellte Sicherheit haftet nicht bloß dem Regreßnehmer, sondern auch allen übrigen Nachmännern des Bestellers, insofern sie gegen ihn den Regreß auf Sicherstellung nehmen. Dieselben sind weitere Sicherheit zu verlangen nur in dem Falle berechtigt, wenn sie gegen die Art oder Größe der bestellten Sicherheit Einwendungen zu begründen vermögen [3]).

---

[2]) Der Regredient kann nämlich den springenden Regreß (§. 69) anwenden.

[3]) Brauer (§. 27. Nr. 1) bemerkt bezüglich dieses Artikels, daß die Fassung desselben zu dem unrichtigen Glauben verleiten könne, als sei kein Nachmann, dessen Vormann Sicherheit geleistet hat, seinerseits weiter zur Sicherheitsbestellung verpflichtet, und führt zur Aufklärung des Sinnes dieser Gesetzesstelle folgendes Beispiel an: Der Wechsel wurde vom Remittenten A. an B., von diesem an C., von jenem an D. und von Letzterem an E. indossirt. E. als letzter Inhaber kann vom Aussteller und den Giranten A. B. C. D. Sicherheit verlangen, aber wenn ihm einer derselben solche geleistet hat, kann er keine weitere fordern. Wenn er nun die Sicherheit von B. erlangt hat, so ist so viel sicher, daß C. nicht auch seinerseits Sicherheit von B. verlangen kann. B. kann ihm entgegen

---

Die Art der Sicherstellung und der Ort, wo die zur Sicherheit gegebene Sache verwahrt werden soll, hängt von der Uebereinkunft der Parteien ab. Sind sie darüber nicht einig, so muß der sicher zu stellende Betrag bei Gericht baar erlegt werden.

Dem Wechselgläubiger gebührt auf die zur Sicherstellung erlegte Sache das Pfandrecht, wenn es ihm auch nicht ausdrücklich eingeräumt worden ist.

4. Würtemberg. Einführungs-Ordnung vom 6. Mai 1849. Art. 8.

Die Hinterlegung (Deposition) der Wechselsumme (Art. 25, 40) 73 der allgemeinen deutschen Wechselordnung) geschieht bei dem für Wechselsachen zuständigen Gerichte des Zahlungsortes (zu vergleichen §. 185 des IV. Edikts vom 31. December 1818).

Art. 28. Die bestellte Sicherheit muß zurückgegeben werden:

1) sobald die vollständige Annahme des Wechsels nachträglich erfolgt ist;
2) wenn gegen den Regreßpflichtigen, welcher sie bestellt hat, binnen Jahresfrist, vom Verfalltage des Wechsels an gerechnet, auf Zahlung aus dem Wechsel nicht geklagt worden ist;
3) wenn die Zahlung des Wechsels erfolgt oder die Wechselkraft desselben erloschen ist [4]).

§. 67.

Aber auch bei einem schon acceptirten Wechsel kann der Inhaber desselben auf Grund des §. 52 erklärten Securitäts-Protestes, zu dessen Erhebung die im nachstehenden Artikel 29 der allgemeinen deutschen Wechselordnung unter 1 und 2 bemerkten Fälle berechtigen, nachdem er vergebens versucht, vom Acceptanten Sicherheit oder von etwaigen Nothadressen Annahme zu erhalten, was im Proteste zu bemerken ist, eben so gut Sicherstellung von einem beliebigen Vormanne fordern, als auf Grund eines Protestes Mangels Annahme.

Art. 29. Ist ein Wechsel ganz oder theilweise angenommen worden, so kann in Betreff der acceptirten Summe Sicherheit nur gefordert werden:

---

halten, ich habe bereits Sicherheit geleistet, die dir und dem E. genügen kann und genügen muß. Wollte aber C., wenn D. von ihm Sicherheit verlangt, einwenden, hierzu sei er nicht verbunden, weil ihr gemeinschaftlicher Vormann B. bereits eine solche geleistet, so würde er das Gesetz unrichtig anwenden, denn einmal muß jeder Girant auf Verlangen Sicherheit leisten (Conferenz-Protokoll p. 249).

Dieses Beispiel führt Brauer in Bezug auf den zweiten Satz unseres Artikels wie folgt noch weiter aus: Wenn B. auf Klage des E. Sicherheit geleistet hat, so braucht er zwar dem später klagenden C. nicht nochmals solche zu stellen, wohl aber kann C. sagen: „du bist mit E. über eine ungenügende Sicherheit übereingekommen, ich verlange eine bessere, und provocire deshalb auf richterliche Entscheidung".

[4]) Gegen den Sicherheitsbesteller kann die wechselmäßige Kraft des Wechsels noch durch Versäumung der Vorschriften des Artikels 41 (§. 46) oder der Regreßfristen des Art. 78 und 79 (§. 77) verloren gehen.

Zum Artikel 29.

Frankfurt a. M. Einführungs-Ordnung vom 27. März 1849. §. 5.

Die im Art. 29 der allgemeinen deutschen Wechselordnung unter 1. vorkommenden Worte:

„1) wenn über das Vermögen des Acceptanten der Concurs (Debitverfahren, Falliment) eröffnet worden ist,"

1) wenn über das Vermögen des Acceptanten der Concurs (Debitverfahren, Falliment) eröffnet worden ist, oder der Acceptant auch nur seine Zahlungen eingestellt hat [1]);

2) wenn nach Ausstellung des Wechsels eine Execution in das Vermögen des Acceptanten fruchtlos ausgefallen, oder wider

[1]) Die bloße Zahlungseinstellung ist von der wirklichen Zahlungsunfähigkeit (Insolvenz) wohl zu unterscheiden.

Ein Kaufmann kann, selbst wenn er mehr besitzt als er schuldig ist, durch das Zusammentreffen widriger Umstände, z. B. durch zeitweilige Stockung seines Absatzes, durch Nichteingang seiner Ausstände u. s. w., in den Fall gerathen, seine Zahlungen einstellen zu müssen; dann ist er aber nur temporär zahlungsunfähig; denn wenn ihm zu seiner Erholung einige Frist vergönnt wird, so wird er meistens sein Geschäft bald wieder nach wie vor betreiben und seine Zahlungsverbindlichkeiten wieder wie früher erfüllen können; im schlimmsten Falle werden seine Gläubiger keine wesentlichen Verluste bei ihm erleiden.

Im Gegensatze zu der temporären ist die wirkliche Zahlungsunfähigkeit diejenige, wenn ein Kaufmann weniger Vermögen besitzt als er schuldig ist, er also seine Schulden nicht zum Vollen bezahlen kann. Diesen Zustand so lange als möglich zu verbergen, lassen sich Viele angelegen sein, und die §. 88 geschilderte Wechselreiterei dient dann gewöhnlich als Hülfsmittel dazu, was in der Regel indeß, ja unfehlbar, wenn keine äußeren Glücksumstände hinzutreten, nur die Vergrößerung der Zahlungsunfähigkeit zur Folge hat. Sobald aber der Kaufmann seine Insolvenz öffentlich erklärt, ist er fallit oder im Zustande des Falliments, und wenn bei Gericht hiervon Anzeige geschieht, so wird das Concurs- oder Debitverfahren angeordnet, auf welches hin das vorhandene Vermögen des Gemeinschuldners (Cridars) an die sämmtlichen Gläubiger, welche sich, in Folge geschehenen Aufrufs, mit ihren Forderungen im Concurse gemeldet und solche liquid gestellt haben, wenn anders kein Vergleich (Accord, Concordat, Borg- oder Nachlaßvertrag) mit ihnen zu Stande gekommen, je nach Verhältniß ihrer Ansprüche und der Verschiedenheit ihrer Rechte, vertheilt wird.

---

so wie in den Artikeln 48, 49, 50, 51, 52 und 54 der Ordnung in Wechsel- und Kaufmannsgeschäften vom Jahre 1739 vorkommenden Ausdrücke:

„Ausbruch eines Falliments, ausgebrochene Insolvenz, ausgetretener Schuldner, in Insolvenz gerathener Debitor“

werden dahin erläutert, daß der Zeitpunkt eines Falliments oder Gantes und dessen Eröffnung sich durch den Tag bestimmt, an welchem der Gantmann gerichtlich angezeigt hat, seine Zahlungen einstellen zu müssen, oder, insofern eine solche Anzeige nicht vorliegt, durch den Tag, an welchem die gerichtliche Decretur erfolgt ist, wodurch Vermögenssperre oder Bestellung eines Güterpflegers, oder die Erlassung einer Bekanntmachung in öffentlichen Blättern, betreffe diese die Erkennung des Concurses oder die Aufforderung der Gläubiger zur Wahl eines Masseverwalters oder Gläubigerausschusses, oder zur Anmeldung der Forderungen, oder zur Aeußerung über ein nachgesuchtes Moratorium verfügt worden ist.

denselben wegen Erfüllung einer Zahlungsverbindlichkeit die Vollstreckung des Personalarrestes verfügt worden ist.

Wenn in diesen Fällen die Sicherheit von dem Acceptanten nicht geleistet und dieserhalb Protest gegen denselben erhoben wird, auch von den auf dem Wechsel etwa benannten Nothadressen die Annahme nach Ausweis des Protestes nicht zu erhalten ist, so kann der Inhaber des Wechsels und jeder Indossatar gegen Auslieferung des Protestes von seinen Vormännern Sicherstellung fordern. (Art. 25 — 28)[2]).

Der bloße Besitz des Wechsels vertritt die Stelle einer Vollmacht, in den Nr. 1 und 2 gedachten Fällen von dem Acceptanten Sicherheitsbestellung zu fordern, und wenn solche nicht zu erhalten ist, Protest erheben zu lassen[3]).

§. 68.

Das Recht auf Sicherstellung gegen einen Vormann wird indeß nicht sehr häufig, in der Regel nur dann angewandt, wenn man in die Vermögensverhältnisse desselben Mißtrauen setzt. Findet ein solches Mißtrauen nicht Statt, so sendet der Präsentant den Mangels Annahme erhobenen Protest mit der Bitte um Gutschrift der Protestkosten, an seinen unmittelbaren Vormann; dieser sendet ihn weiter an den seinigen u. s. f. bis er an den Aussteller des Wechsels gelangt, welcher die Gesammtunkosten zu tragen hat, und von dem vorausgesetzt wird, daß er bis zur Verfallzeit für den richtigen Eingang seiner Tratte Sorge tragen werde.

Regreß Mangels Zahlung.

§. 69.

Der rechtzeitig[1]) Mangels Zahlung erhobene Protest berechtigt[1]) den Wechselinhaber (den letzten Indossaten oder Präsentanten), welcher den Nichteingang des Wechsels und die dadurch veranlaßte Protesterhebung, mit erster Post, (nach Art. 45 der allgemeinen deutschen

---

[2]) S. §. 66. Daß der Securitäts-Protest die Zahlungsunfähigkeit erweisen muß, ist schon §. 52 aufgeführt.

[3]) Befindet sich nämlich der acceptirte Wechsel noch in Circulation, so kann der nicht am Zahlungsorte wohnende Besitzer desselben, wenn er aus einem der oben unter 1 und 2 angeführten Gründe Sicherstellung zu fordern für nöthig erachtet, den Wechsel an einen Freund am Zahlungsorte, ohne nöthig zu haben denselben auf ihn zu indossiren, senden, um durch ihn die Aufnahme des Securitäts-Protestes besorgen zu lassen. (Analog mit der Bestimmung des Art. 18 Absatz 3 §. 45.)

[1]) S. §. 46. Art. 41 und §. 47.

Wechselordnung [§. 75], spätestens am zweiten Tage nach erfolgtem Protest), seinem unmittelbaren Vormanne schriftlich anzuzeigen hat, seinen Regreß auf vollen Ersatz an seine Vormänner, also an den Trassanten und alle Indossenten, mit Ausnahme an denjenigen Giranten zu nehmen, welcher seinem Giro etwa den §. 22 erwähnten Vorbehalt (ohne Obligo oder ohne Gewährleistung) beigefügt hat. Die nach allen Wechselgesetzen bestehende solidarische Haftbarkeit derselben gestattet ihm nicht allein, etwa zuerst auf seinen unmittelbaren Vormann, und wenn er bei diesem keine Befriedigung erhalten, auf den zunächst vorhergehenden zurückzugehen, wie dieses in der früher österreichischen, Leipziger, Würtemberger und mehreren anderen deutschen Wechselordnungen vorgeschrieben war, und außerhalb Deutschlands noch in einigen Ländern üblich ist (s. §. 53), sondern die Mehrzahl der Gesetze, und so auch die allgemeine deutsche Wechselordnung (Art. 49 §. 75), stellt es ihm frei, alle seine Vormänner zur Rückentschädigung anzuhalten oder ganz nach seinem Belieben einen oder mehrere von ihnen auszuwählen, an welche er seinen Regreß nehmen will [2]) oder auch alle Giranten zu überspringen und sich direct an den Aussteller zu halten; ja er ist befugt, von einem schon in Anspruch genommenen Vormanne wieder abzulassen und seinen Regreß an einen vorher schon übersprungenen zu nehmen, ohne daß Ersterer dadurch von seiner Verpflichtung befreit wird, weßhalb denn auch ein solcher Regreß „der springende Regreß" genannt wird. Wäre aber der übersprungene Vormann ein solcher gewesen, den er ganz übergangen, d. h., welchen er vom Nichteingange des Wechsels und der Protesterhebung ganz in Unkunde gelassen oder dem er hiervon nicht zur gehörigen Zeit Nachricht ertheilt hat, so kann er von diesem nur den Wechselbetrag nicht aber Zinsen und Kosten vergütet verlangen, und ist demselben außerdem noch für den etwa durch die unterlassene Anzeige entstandenen Schaden verantwortlich (Art. 45 §. 75); hat er aber seinen unmittelbaren Vormann rechtzeitig von der Sachlage unterrichtet, so ist es so gut, als habe er sie alle davon in Kenntniß gesetzt; denn jeder Vormann hat die Verpflichtung, die Nachricht in nämlicher Frist an den seinigen weiter gelangen zu lassen, so daß sie auf diesem Wege endlich den Aussteller trifft (Art. 45 §. 75). Zum Beweise einer solchen Benachrichtigung bedarf es nur eines Postscheins über die in bemerktem

---

[2]) Auch ist es nach Art. 49 (§. 75) und Art. 81 (§. 76) dem Regredienten gestattet, im Fallimentsfalle mehrerer Wechselverpflichteten, bei jeder Concursmasse den vollen Betrag seiner Forderung an Capital, Zinsen und Kosten zu liquidiren, und an den Dividenden der verschiedenen Massen Theil zu nehmen, bis er vollständig befriedigt ist. (S. §. 75 Seite 111 und 112 Bremen und Nassau Zusatz zu Art. 51.)

Zeitraume geschehene Abgabe eines Briefes an den betreffenden Vormann (Art. 46 §. 75).

War indeß der Mangels Zahlung protestirte Wechsel ein acceptirter, so liegt es wohl in der Natur der Sache, daß man, ohne sich jedoch eine Vernachlässigung in Bezug auf die erwähnte Notifikation zu Schulden kommen zu lassen, zuerst den Weg der Wechselklage gegen den Acceptanten einschlägt, bevor man zum Regresse schreitet, den an seine Vormänner zu nehmen auch nach beendigter, fruchtlos abgelaufener Klage dem Wechselinhaber unbenommen bleibt; nur muß die Anstellung der Regreßklage innerhalb den (Art. 78 §. 77) vorgeschriebenen Regreßfristen geschehen, weil er sonst den wechselmäßigen Anspruch an seine Vormänner verliert.

Das Regreßrecht geht auf jeden Indossenten über, sobald er durch Erfüllung seiner Wechselverbindlichkeit gegen den Regredienten oder auch, im Falle sofortige Zurückerstattung nicht verlangt wird, ohne diese Erfüllung, in den Besitz des Wechsels und des Protestes gelangt ist (Art. 51 §. 75).

Das Quittiren über die empfangene Zahlung geschieht entweder auf dem Wechsel selbst oder der Retourrechnung, von welcher im nächstfolgenden Paragraphen die Rede sein wird (Art. 48 und 54 §. 75).

§. 70.

Der den Protest Mangels Zahlung erwirkt habende Wechselinhaber, als **erster Regredient**, ist berechtigt von seinen Vormännern vergütet zu verlangen (s. Art. 50 §. 75):

1) die **Wechselsumme** oder das sogenannte **Capital**;
2) etwaige **Verzugszinsen** hievon à 6 % vom Verfalltage an gerechnet;
3) sämmtliche Unkosten für Protesterhebung, Porto u. s. w.;
4) eine Entschädigung für die Mühewaltung (Provision), welche vom Capital gewöhnlich zu $^1/_3$ % berechnet wird.

Gleiche Befugniß hat jeder Indossent, auf welchen nach Absatz 3 des vorigen Paragraphen das Regreßrecht übergegangen, nur daß er seine Forderung gleich mit der ausgezahlten oder ihm in Anrechnung gebrachten Entschädigungssumme beginnen und von dieser die Zins- und Provisionsvergütung verlangen kann (Art. 51 §. 75).

Ueber seinen Regreßanspruch hat der Regredient demjenigen, auf welchen er zurückgeht, eine gehörige Rechnung zu stellen, welche die „**Retour-Rechnung**“ oder „**Rückrechnung**“ genannt wird. (Beispiele von Retourrechnungen s. im Anhange.)

§. 71.

Gewöhnlich aber geht der Wechselinhaber auf seinen letzten Vormann zurück. Entweder schickt er demselben den Wechsel, den Protest und die Retourrechnung ohne Weiteres zu, ihn um Einsendung der Entschädigungssumme oder, falls er mit ihm in Rechnung steht, um Gutschrift derselben bittend, oder er sendet die Papiere an einen Geschäftsfreund am Wohnorte des Vormannes, den Wechsel auf ihn, (den Geschäftsfreund), indossirt, um durch ihn die Einziehung des Betrages besorgen und, falls die Zahlung nicht geleistet würde, die Regreßklage anstellen zu lassen (s. den hierauf bezüglichen Art. 16 der allgemeinen deutschen Wechselordnung, zweiten Absatz (§. 74) und die Anmerkungen Nr. 2 und 3 daselbst).

§. 72.

Der Regredient kann auch, der Bequemlichkeit wegen, einen neuen Wechsel im Betrage der Retourrechnung auf seinen Vormann, welchen er in Anspruch nehmen will, ausstellen.

Ein solcher Wechsel wird „Retourwechsel", „Rückwechsel", „Herwechsel", „Gegenwechsel", „Wiederwechsel", „Ritratte" genannt, und unterscheidet sich, außer daß er wohl statt „Wechsel" das Wort „Rückwechsel" enthält, nicht von andern Wechseln.

Der Rückwechsel, welcher auf gewöhnliche Weise begeben oder auch einem Freunde am Wohnorte des Bezogenen zum Incasso eingeschickt werden kann, wird nach Sicht zahlbar ausgestellt, und muß von dem Proteste, dem unbezahlten Wechsel, und der Retourrechnung begleitet sein; denn ohne gleichzeitige Ueberlieferung dieser Papiere braucht der Regreßpflichtige den Wechsel nicht einzulösen (s. Art. 54 §. 75).

Im Nichtzahlungsfalle kann gegen den Letzteren auf Grund des ursprünglichen Wechsels und des Protestes vom Inhaber des Rückwechsels die Regreßklage (§. 76) anhängig gemacht werden [1]).

§. 73.

Durch die Ehrenzahlung eines Intervenienten geht das Recht des Wechselinhabers gegen den Honoraten, dessen Vormänner und den etwaigen Acceptanten, auf diesen, den Ehrenzahler, über (s. §. 62 sowie Art. 63 §. 64); er nimmt indeß in der Regel seinen Regreß nur an seinen Honoraten, indem er demselben den von ihm eingelösten Wechsel und die Protesturkunde (s. §. 63) mit erster

---

[1]) Brauer führt in Bezug auf den Rückwechsel, §. 53 Nr. 4, sehr richtig Folgendes an: „Die gewöhnliche Behauptung, daß der Rückwechsel der Acceptation nicht bedürfe, (Treitschke a. a. O. s. v. „Rückwechsel" II. p. 418 — Braunschw. Mot. p. 149) ist an sich unrichtig. Der Bezogene kann allerdings die Annahme der Rücktratte verweigern, und wird dies namentlich immer thun, wenn er die Retourrechnung in einzelnen Punkten beanstandet, aber der Inhaber des Wechsels kann auf den Grund des ursprünglichen protestirten Wechsels dann die Summe im Wege des Regreßprozesses von ihm einziehen."

Post einsendet, und ihm seine Anslagen, gewöhnlich auf 1/3 Procent Provision in Anrechnung bringt.

Hat der Bezogene den Wechsel als Intervenient zu Ehren der Unterschrift des Ausstellers eingelöst, so steht ihm gegen diesen der wechselmäßige Regreß gleich einem andern Intervenienten zu (siehe §. 61 Nr. 1); dieses Recht des als Ehrenzahler auftretenden Bezogenen spricht sich im Art. 63 der allgemeinen deutschen Wechselordnung (§. 64) aus.

§. 74.

Das Versäumen der (§. 45 Nr. 2 als Pflicht des Wechselinhabers aufgeführten) frühzeitig genug vor Verfall zu geschehenden Weiterbegebung des Wechsels, oder auch die Indossirung des Wechsels, nachdem dessen Verfallzeit schon abgelaufen, so daß derselbe in Folge dessen so spät nach Verfall am Zahlungsorte anlangt, daß die Protestation Mangels Zahlung zur gebotenen Zeit nicht mehr geschehen kann, führt für den Veranlasser dieser Verspätung den Nachtheil herbei, daß er dadurch sein Regreßrecht an alle früheren Indossanten, so wie bei einer Tratte auch an den Aussteller verliert und nur an den etwa durch Accept verbundenen Bezogenen (s. Art. 44 §. 54) sich halten kann; denn er trägt die Schuld, daß der Wechsel nicht rechtzeitig (Art. 41, §. 46) hat präsentirt und protestirt werden können, weßhalb er auch seinen Nachmännern zum Regresse verpflichtet ist, ohne denselben gegen seine Vormänner weiter ausüben zu können. Nur in so weit bleibt ihm nach Art. 83 der allgemeinen deutschen Wechselordnung (s. §. 76) im ordinären Civilwege ein Recht auf Rückentschädigung gegen den Aussteller des Wechsels, als sich derselbe zu seinem Schaden bereichern würde. Bei eigenen Wechseln geht der wechselmäßige Anspruch an den Aussteller nicht verloren, weil dieser zugleich Acceptant, also nach Art. 44 (§. 54) verhaftet ist.

Die allgemeine deutsche Wechselordnung enthält sowohl hierüber als für den schon §. 71 berührten Fall, wenn ein Wechsel nämlich noch nach erfolgter Protestation Mangels Zahlung, weiter indossirt worden, folgende Bestimmungen:

> Art. 16. Wenn ein Wechsel indossirt wird, nachdem die für die Protest-Erhebung Mangels Zahlung bestimmte Frist abgelaufen ist, so erlangt der Indossatar die Rechte aus dem etwa vorhandenen Accepte gegen den Bezogenen und Re-

greßrechte gegen diejenigen, welche den Wechsel nach Ablauf dieser Frist indossirt haben [1]).

Ist aber der Wechsel vor dem Indossamente bereits Mangels Zahlung protestirt worden, so hat der Indossatar nur die Rechte seines Indossenten gegen den Acceptanten, den Aussteller und diejenigen, welche den Wechsel bis zur Protesterhebung indossirt haben [2]). Auch ist in einem solchen Falle der Indossant nicht wechselmäßig verpflichtet [3]).

§. 75.

Von den mit „Regreß Mangels Zahlung" überschriebenen Bestimmungen der allgemeinen deutschen Wechselordnung sind bis jetzt Art. 41 (§. 46), Art. 42 (§. 55), Art. 43 (§. 51) so wie Art. 44 (§. 54) angeführt; ihre weiteren diesen Regreß betreffende Vorschriften sind folgende:

> Art. 45. Der Inhaber eines Mangels Zahlung protestirten Wechsels ist verpflichtet, seinen unmittelbaren Vormann innerhalb zweier Tage nach dem Tage der Protesterhebung von der Nichtzahlung des Wechsels schriftlich zu benachrichtigen, zu welchem Ende es genügt, wenn das Benachrichtigungsschreiben innerhalb dieser Frist zur Post gegeben ist [1]).
>
> Jeder benachrichtigte Vormann muß binnen derselben, vom Tage des empfangenen Berichts zu berechnenden Frist seinen nächsten Vormann in gleicher Weise benachrichtigen [1]).
>
> Der Inhaber oder Indossatar, welcher die Benachrichtigung unterläßt, oder dieselbe nicht an den unmittelbaren Vormann ergehen läßt, wird hierdurch den sämmtlichen oder den

---

[1]) Zur Ausübung dieser Regreßrechte bedarf es jedoch des Protestes Mangels Zahlung, dessen Aufnahme bei einem solchen, erst nach der Protestzeit am Zahlungsorte anlangenden Wechsel an keine vorgeschriebene Zeit mehr gebunden ist (Brauer §. 16. Nr. 1 a).

[2]) Denn ein solches Indossament kann nur die Stellvertretung des Indossanten zur Ausübung der Rechte desselben bezwecken (§. 71).

[3]) Ein solcher Indossant nämlich kann in Bezug auf etwaige Ansprüche aus dem Wechsel von seinem Indossaten nur im Wege der gewöhnlichen Klage belangt werden; denn er übergab den Wechsel, nachdem dessen Nichteingang bei Verfall sich herausgestellt hatte, also mit Wegfallen der gewöhnlichen wechselmäßigen Haftbarkeit (§. 22), und dem Indossaten bleiben nur der etwaige Acceptant und diejenigen Indossanten, welche den Wechsel bis zur Protesterhebung indossirt hatten, so wie der Aussteller in so weit wechselmäßig verpflichtet, als sie es dem Indossanten vor Weiterbegebung des Wechsels gewesen waren, da der Erstere, wie unter Nr. 2 bemerkt und aus §. 71 klar hervorgeht, hier nichts weiter als der Stellvertreter des Letzteren ist.

[1]) S. §. 69.

übersprungenen Vormännern zum Ersatze des aus der unterlassenen Benachrichtigung entstandenen Schadens verpflichtet [2]). Auch verliert derselbe gegen diese Personen den Anspruch auf Zinsen und Kosten, so daß er nur die Wechselsumme zu fordern berechtigt ist [3]).

Art. 46. Kommt es auf den Nachweis der dem Vormanne rechtzeitig gegebenen schriftlichen Benachrichtigung an, so genügt zu diesem Zwecke der durch ein Postattest geführte Beweis, daß ein Brief von dem Betheiligten an den Adressaten an dem angegebenen Tage abgesandt ist, sofern nicht dargethan wird, daß der angekommene Brief einen andern Inhalt gehabt hat.

Auch der Tag des Empfanges der erhaltenen schriftlichen Benachrichtigung kann durch ein Postattest nachgewiesen werden.

Art. 47. Hat ein Indossant den Wechsel ohne Hinzufügung einer Ortsbezeichnung weiter begeben, so ist der Vormann desselben von der unterbliebenen Zahlung zu benachrichtigen [4]).

Art. 48. Jeder Wechselschuldner hat das Recht, gegen Erstattung der Wechselsumme nebst Zinsen und Kosten die Auslieferung des quittirten Wechsels und des wegen Nichtzahlung erhobenen Protestes von dem Inhaber zu fordern [5]).

---

[2]) Diesen Schadenersatz kann jeder unbenachrichtigt gebliebene Vormann von dem Unterlasser der Benachrichtigung ansprechen, auch wenn er von ihm nicht zum Regresse angehalten wird. Die Geltendmachung kann indeß nur im gewöhnlichen Civilwege und bei gehörigem Nachweis des Schadens geschehen (s. Brauer §. 45 Nr. 2 a).

[3]) Der wechselmäßige Anspruch auf Zinsen und Kosten geht nur dann verloren, wenn der Regreßkläger auf die Einrede des Beklagten, daß er nicht benachrichtigt worden sei, die geschehene Notification nach Art. 46 nicht zu erweisen vermag. (S. Brauer . 45 Nr. 2 b.)

[4]) Ist indeß dem Nachmanne eines solchen Indossenten dessen Wohnort bekannt, so darf er demselben notificiren und kann alsdann die Notification an den älteren Vormann unterlassen (Brauer §. 47).

[5]) Also nicht nur der von dem Wechselinhaber in Anspruch genommene Vormann ist berechtigt gegen Bezahlung der Regreßsumme die Auslieferung des quittirten Wechsels und des Mangels Zahlung erhobenen Protestes zu verlangen, sondern

---

Zum Art. 47.

Frankfurt a. M. Einführungs-Ordnung vom 27. März 1849. §. 8.

Der Art. 47 der allgemeinen deutschen Wechselordnung ist so zu verstehen, daß, wenn ein Indossant den Wechsel ohne Hinzufügung einer Ortsbezeichnung weiter begeben hat, der Inhaber oder Indossant befugt ist, statt desselben dessen Vormann zu benachrichtigen.

Art. 49. Der Inhaber eines, Mangels Zahlung protestirten Wechsels kann die Wechselklage gegen alle Wechselverpflichtete, oder auch nur gegen Einige oder Einen derselben anstellen, ohne dadurch seinen Anspruch gegen die nicht in Anspruch genommenen Verpflichteten zu verlieren.

Derselbe ist an die Reihenfolge der Indossamente nicht gebunden.

Art. 50. Die Regreßansprüche des Inhabers, welcher den Wechsel Mangels Zahlung hat protestiren lassen, beschränken sich auf [6]):

1) die nicht bezahlte Wechselsumme nebst 6 Procent jährlicher Zinsen vom Verfalltage ab,
2) die Protestkosten und anderen Auslagen,
3) eine Provision von 1/3 Procent.

Die vorstehenden Beträge müssen, wenn der Regreßpflichtige an einem anderen Orte, als dem Zahlungsorte wohnt, zu demjenigen Course gezahlt werden, welche ein vom Zahlungsorte auf den Wohnort des Regreßpflichtigen gezogener Wechsel auf Sicht hat [7]).

Besteht am Zahlungsorte kein Cours auf jenen Wohnort, so wird der Cours nach demjenigen Platze genommen, welcher dem Wohnorte des Regreßpflichtigen am nächsten liegt [8]).

Der Cours ist auf Verlangen des Regreßpflichtigen durch einen, unter öffentlicher Autorität ausgestellten Courszettel [9])

---

an jeden Vormann, welcher sich freiwillig zu dieser Zahlung erbietet, muß gegen Leistung derselben erwähnte Auslieferung Statt finden. Diese Bestimmung ist zum großen Vortheile des Wechselausstellers; denn wenn der Regreß nach der Reihenfolge der Indossamente ausgeführt wird (s. §. 53), so hat er alle diejenigen bedeutenden Kosten zu tragen, welche ein solcher Rückgang erzeugt (s. Anhang unter B. Beispiele von Retourrechnungen, den vorletzten Absatz). Erstattet der Aussteller aber, gleich nach eingelaufener Nachricht vom Nichteingange des Wechsels und der Protesterhebung, dem Wechsel- und Protestinhaber den Betrag seiner ihm nach Recht (Art. 50 und 51) gebührenden Regreßforderung, so verhindert er hierdurch die für ihn so kostspielige Ausübung des Regresses gegen die übrigen Wechselbetheiligten und das durch den Rückgang nach der Reihenfolge der Indossamente so unmäßige Anschwellen der ursprünglichen Wechselsumme. Der Wechselinhaber ist verpflichtet, die Zahlung anzunehmen, wie dieses der Artikel besagt, und muß sonach auch den durch eine allenfallsige Zurückweisung derselben entstandenen Schaden vergüten.

[6]) S. §. 70.

[7]) S. §. 84 dritten Absatz.

[8]) S. §. 85 letzten Absatz.

[9]) S. §. 85 Nr. 6.

oder durch das Attest eines vereideten Mäklers, oder in Ermangelung derselben durch ein Attest zweier Kaufleute zu bescheinigen.

Art. 51. Der Indossant, welcher den Wechsel eingelöst oder als Rimesse erhalten hat [10]), ist von einem früheren Indossanten oder von dem Aussteller zu fordern berechtigt:

1) die von ihm gezahlte oder durch Rimesse berichtigte Summe nebst 6 Procent jährlicher Zinsen vom Tage der Zahlung,
2) die ihm entstandenen Kosten,
3) eine Provision von $^1/_3$ Procent.

[10]) S. §. 69 vorletzten Absatz so wie §. 71.

Zum Artikel 51.

1. Bayern. Einführungs-Ordnung vom 25. Juli 1850. Art. 10.

Das Vorzugsrecht der Wechselforderungen im Concurse ist aufgehoben.

Dasselbe tritt jedoch in Ansehung der Wechselverbindlichkeiten, welche von bisher wechselfähigen Personen eingegangen worden sind, erst bei den nach dem 1. Januar 1852 eröffnet werdenden Concursen außer Kraft.

2. Bremen. Einführungs-Ordnung vom 25. April 1849. §. 10, 11 u. 12.

§. 10. Das Wechselrecht ertheilt dem Gläubiger keinen Vorzug vor andern chirographarischen Gläubigern.

§. 11. Gerathen mehrere dem Wechselinhaber wechselmäßig Verpflichtete in Insolvenz, so ist derselbe bei jeder Masse seine gesammte Forderung an Capital, Zinsen und Auslagen bis zu seiner völligen Befriedigung geltend zu machen befugt, muß sich jedoch dasjenige, was er aus einer andern Masse erhält, in Anrechnung bringen lassen. Er braucht erst derjenigen Masse, welche ihm den Rest seiner Forderung bezahlt, den quittirten Wechsel nebst Protesturkunde auszuliefern.

§. 12. Der mit einer Masse eingegangene Accord verhindert den Wechselinhaber nicht, seine gesammte Forderung nach Maßgabe des §. 11 gegen die übrigen Wechselverpflichteten oder deren Debitmassen geltend zu machen, und im Falle eines Accordes der letzteren die Accordsgelder für den ursprünglichen Gesammtbetrag seiner Forderung bis zu seiner vollständigen Befriedigung zu erheben.

3. Braunschweig. Einführungs-Ordnung vom 11. Januar 1849. §. 7.

Das durch den Art. LIV. der Wechselordnung vom 1. August 1715 eingeführte Vorzugsrecht im Concurse steht nur solchen Wechselforderungen zu, welche vor dem 1. Mai 1849 entstanden sind. Eine durch Prolongation bewirkte Fortdauer der Wechselkraft solcher Forderungen hat auf die Fortdauer jenes Vorzugsrechts keinen Einfluß.

4. Hannover. Einführungs-Ordnung vom 7. April 1849. §. 5.

Den nach eingetretener Wirksamkeit der allgemeinen Wechselordnung entstandenen Wechselforderungen gebührt ein Vorzugsrecht im

Die vorstehenden Beträge müssen, wenn der Regreßpflichtige an einem andern Orte, als der Regreßnehmer wohnt, zu demjenigen Course gezahlt werden, welchen ein vom Wohnorte des Regreßnehmers auf den Wohnort des Regreßpflichtigen gezogener Wechsel auf Sicht hat.

Besteht im Wohnorte des Regreßnehmers kein Cours auf den Wohnort des Regreßpflichtigen, so wird der Cours nach demjenigen Platze genommen, welcher dem Wohnorte des Regreßpflichtigen am nächsten liegt.

Concurse nicht, mithin auch nicht das in der allgemeinen Gerichtsordnung Theil I Titel 50. §. 471 und in deren Anhange §. 366 den Wechselforderungen beigelegte Recht der sechsten Classe.

(Anmerkung.) In Preußen ist das den Wechselforderungen nach §. 471 Tit. 50 der Prozeßordnung gebührende Vorzugsrecht im Concurse noch nicht aufgehoben; eben so ist in Würtemberg nach Art. 13 und 15 des Prioritätsgesetzes vom 15. April 1825 und nach Art. 43 des Gesetzes vom 21. Mai 1828, betreffend die vollständige Entwickelung des neuen Pfandsystems, bei einem Concursverfahren den Gläubigern, welche auf Grund gezogener Wechsel Forderungen an den Gemeinschuldner haben, das Vorzugsrecht der vierten, d. h. der den Currentgläubigern zunächst vorausgehenden Classe eingeräumt, während bei eigenen Wechseln, um in den Genuß dieser Bevorzugung zu gelangen, zuvor die mit gutem Vorwissen eingegangene wechselmäßige Verpflichtung des Wechselausstellers noch näher nachgewiesen werden muß. Die Aufhebung dieses Vorzugsrechtes, (nach der Mittheilung des Herrn Jacob Heß, öffentlicher Rechtsanwalt und Notar in Ulm, s. Archiv für deutsches Wechselrecht Band II Seite 122), von der Königl. Regierung schon längst zugesichert, war bis zum Jahre 1851 noch nicht erfolgt.

5. Nassau. Wechselprozeß-Ordnung vom 7. November 1848. §. 31 u. 32.

§. 31. Sind einem Wechselgläubiger mehrere Wechselinteressenten verhaftet und es bricht über alle der Concurs aus, so kann er sich mit der ganzen Summe in allen Concursen melden. Gelangt er jedoch in einem derselben zu irgend einer Zahlung, so mindert sich dadurch seine Forderung in allen übrigen Concursen. Er ist schuldig, bei jeder Liquidation von der anderwärts geschehenen Geltendmachung, so wie von jeder empfangenen Zahlung bei dem Concursgericht die Anzeige zu machen, und es treffen den, welcher dieses unterläßt, im Falle des Zuvielempfanges, die Folgen der wissentlichen Annahme einer Nichtschuld. Der Gläubiger ist nur schuldig, derjenigen Masse, welche ihm den Rest seiner Forderung bezahlt, den quittirten Wechsel nebst Protesturkunde auszuliefern.

Wegen der Bescheinigung des Courses kommt die Bestimmung des Art. 50 zur Anwendung.

Art. 52. Durch die Bestimmungen des Art. 50 und 51 Nr. 1 und 3 wird bei einem Regresse auf einen ausländischen Ort die Berechnung höherer, dort zulässiger Sätze nicht ausgeschlossen [11]).

Art. 53. Der Regreßnehmer kann über den Betrag seiner Forderung einen Rückwechsel auf den Regreßpflichtigen ziehen [12]).

Der Forderung treten in diesem Falle noch die Mäklergebühren für Negozirung [13]) des Rückwechsels, so wie die etwaigen Stempelgebühren [14]) hinzu.

Der Rückwechsel [12]) muß auf Sicht zahlbar und unmittelbar [15]) (a drittura) gestellt werden.

Art. 54. Der Regreßpflichtige ist nur gegen Auslieferung des Wechsels, des Protestes und einer quittirten Retourrechnung Zahlung zu leisten verbunden [16]).

---

[11]) Daraus folgt, wie Brauer §. 52 anführt, daß der ausländische Rembourſirende, welcher weitern Regreß in das Inland nimmt, mit seiner Retourrechnung die höheren Ansätze, die er entrichten mußte, von seinen Vormännern ersetzt verlangen kann.

[12]) S. §. 72.

[13]) Negozirung, Negociation heißt: „Unterhandlung" „Verhandlung", „Kauf", „Verkauf", „Abschluß"; Negozirung eines Wechsels: die Erhandlung oder Verhandlung desselben; hier ist das Letztere darunter verstanden.

[14]) In vielen Staaten sind die Wechsel einer Stempelgebühr unterworfen, welche sich nach der Höhe des Betrages richtet; in Preußen z. B. müssen alle Wechsel über 50 Thaler gestempelt sein; die Stempelgebühren von Rthlr. 50 bis Rthlr. 200 betragen daselbst 5 Sgr., von 200 bis 400 Thaler 10 Sgr. u. s. w.; in Frankfurt ist der Wechselstempel 1/2 pr. mille. Die Umgehung dieser Vorschrift entzieht zwar dem Wechsel nicht seine Kraft, hat aber die Bestrafung des Unterlassers zur Folge.

[15]) Der Rückwechsel muß nämlich von dem Wohnorte des Regredienten direkt auf den Wohnort des Regreßpflichtigen gezogen werden.

[16]) Denn wenn der Regreßpflichtige den Rückwechsel einlösen würde, ohne sich gleichzeitig diejenigen Documente ausliefern zu lassen, auf deren Grund hin die Regreßklage erhoben werden kann, o wäre er einentheils gegen einen Mißbrauch dieser Papiere nicht sicher gestellt, anderntheils hat er sie ja auch, wenn er weiteren Regreß an seine Vormänner zu nehmen hat, unbedingt nothwendig (Art. 51 Seite 111.)

---

§. 32. Der mit einer Masse eingegangene Nachlaßvertrag verhindert den Wechselinhaber nicht, seine gesammte Forderung gegen die übrigen Wechselverpflichteten oder deren Debitmassen geltend zu machen; jedoch hinsichtlich der empfangenen Zahlung mit Beobachtung der im vorhergehenden §. enthaltenen Vorschrift.

Art. 55. Jeder Indossant, der einen seiner Nachmänner befriedigt hat, kann sein eigenes und seiner Nachmänner Indossament ausstreichen [17]).

Wechselprozeß.

§. 76.

Wenn zwischen zwei Personen über Rechtsansprüche, welche die eine gegen die andere hat, Streit entstanden, und der zur Forderung Berechtigte bei Gericht darauf anträgt, daß dasselbe seinen Gegner zur Leistung seiner Verbindlichkeit verurtheilen möge, so kann der Richter solchem Antrage nicht sogleich entsprechen; er muß auch der Gegenseite, dem Beklagten, Gelegenheit geben, seine etwaigen Einreden gegen das Vorbringen des Antragstellers, des Klägers, bei Gericht abzugeben auch nöthigenfalls zu beweisen, wenn nicht etwa dem Letzteren, bei erfolgter gänzlicher Ableugnung der Existenz des Rechtsanspruchs, der Beweis über den Bestand desselben auferlegt werden muß. Erst dann, nachdem der Richter durch Verhandlung des Streitgegenstandes sich diejenigen Merkmale verschafft hat, welche das anzuwendende Gesetz zur Begründung des richterlichen Spruchs als nothwendig vorschreibt, kann er entscheiden, auf wessen Seite das gesetzliche Recht sei.

Eine solche vom Gerichte zu entscheidende Streitsache nennt man einen „Rechtsstreit“ und die zur Abgebung des Urtheils nothwendige Verhandlung des Rechtsstreites „das gerichtliche Verfahren“ oder den „Prozeß“, unter „Wechselprozeß“ also versteht man das gerichtliche Verfahren bei Wechsel-Rechtsstreitigkeiten (s. §. 5).

Der Wechselprozeß gehört zur Kategorie des Civilprozesses, nämlich desjenigen gerichtlichen Verfahrens, welches zur Geltendmachung der Privatrechte einer Person gegen die andere (beim Mein und Dein) angewandt wird, während als eine zweite Hauptgattung der Criminalprozeß gilt, der das strafrechtliche Verfahren zum Gegenstande hat.

Der Civilprozeß zerfällt in den ordentlichen (gemeinen oder gewöhnlichen, ordinären) und außerordentlichen; bei ersterem findet die Verhandlung in verschiedenen auf einander folgenden, längeren oder kürzeren Zeiträumen (Fristen oder Terminen) Statt, und die Entscheidung eines Streitgegenstandes kann, wenn das Recht der streitenden

---

[17]) Beim Retourgehen eines Wechsels streicht, wie üblich, jeder Zurücksender, welcher den Wechsel vorher weiter begeben hatte, sein eigenes Indossament aus; wenn daher dieses Ausstreichen hier gesetzlich gestattet ist, so wird nur einem allgemeinen Gebrauche Rechnung getragen.

Theile (Parteien) erst durch verschiedenartige Beweismittel: Zeugen, Besichtigungen, Gutachten Sachverständiger u s. w. ermittelt werden muß oder auch, wenn die in erster Instanz (bei demjenigen Gerichte, bei welchem die Sache zuerst verhandelt wird) verlierende Partei von den ihr zustehenden Rechtsmitteln (z. B. von dem der Appellation) *) Gebrauch macht, sich Jahre lang verzögern; beim zweiten, (dem außerordentlichen Civilprozesse), welcher

1) in die summarischen Prozesse,

2) in den Concursprozeß (s. §. 67 Anmerkung 1) eingetheilt wird, findet, bei den unter 1 angeführten, regelmäßig, bei dem unter 2 benannten, gewöhnlich nur dann, und zwar theilweise, ein abgekürztes Verfahren Statt, wenn in demselben Fälle vorkommen, welche, um die Beendigung der Hauptsache nicht zu lange aufzuhalten, die Beschleunigung gebieten, z. B. Streitigkeiten über Forderungsrechte einzelner Gläubiger u. s. w.

Die summarischen Prozesse zerfallen in mehrere Abtheilungen, von welchen eine der Executiv-Prozeß ist, dessen Merkmale folgende sind:

Wenn Jemand, welcher wegen eines Anspruchs an einen Dritten bei Gericht klagend auftritt, demselben sogleich solche Urkunden, seien es öffentliche oder Privaturkunden, vorlegt, aus welchen der Rechtsbestand seiner Forderung so bestimmt und klar hervorgeht, daß hierüber der Richter von vorn herein sich vollkommen zu überzeugen im Stande ist, so muthet das Gesetz einem in solcher Weise klagend Auftretenden nicht zu, mit der Realisirung seiner Forderung so lange warten zu müssen, bis sein Gegner alle Mittel, welche ihm im Wege des ordentlichen Prozesses zur Hinhaltung der Sache zu Gebote stehen, erschöpft hat, sondern es schreibt vor, daß das Gericht, im abgekürzten Verfahren, nur solche Einreden des Beklagten berücksichtige, die er etwa mit eben solchen klaren Urkunden, wie es der Kläger bei seiner Forderung gethan, sofort belegen würde, er, der Beklagte, somit mit allen auf andere Art zu erweisenden Einreden, unter Vorbehalt, daß er solche in einem abgesonderten Verfahren vorbringen könne, nicht gehört und, falls er besagten Urkundenbeweis nicht führen könne, sogleich zur Erfüllung der klägerischer Seits von ihm geforderten Leistung für schuldig erkannt werde, so daß auf diese Weise der Kläger bezüglich der Realisirung seines Anspruchs nicht lange zu warten braucht; ja! es ist dem Richter bei einem

---

*) Unter Appellation versteht man dasjenige Rechtsmittel, durch welches Jemand die Prüfung und Entscheidung über eine vom Untergerichte erlassene Verfügung, durch welche er sich in seinem Rechte verletzt glaubt, an das zuständige höhere Gericht (die zweite Instanz) bringt.

solch unzweifelhaft bestehenden Rechte des Klägers, wenn dessen Forderung sich auf eine öffentliche, der Anerkennung (Recognition) des Beklagten also nicht bedürfende Urkunde stützt, oft gestattet, dem Letzteren, ohne ihn vorher erst gehört zu haben, durch ein Mandat (unbedingtes oder bedingtes) die Zahlung aufzuerlegen.

Dies also ist das sogenannte executivische Verfahren, der Executivprozeß.

Da Wechsel nun zu denjenigen Privaturkunden gehören, aus denen das Forderungsrecht des Klägers klar hervorgeht, so werden die auf Grund derselben angestellten Klagen, im Interesse des Handels und zur Aufrechterhaltung des Credits dieser Papiere, nach den Regeln des executivischen Verfahrens behandelt; der Wechselprozeß ist also eine Art des Executivprozesses, jedoch in mancher Beziehung mit noch strengeren Formen als der gewöhnliche Executivprozeß und mit der besonderen Eigenthümlichkeit, daß in der Regel der Schuldner außer der Pfändung in sein Vermögen auch noch dem Personalarreste unterworfen ist.

Wechsel aber, als Privaturkunden, bedürfen der Recognition (Anerkennung) von Seiten des Beklagten, jedoch nicht der ihres Inhalts, sondern nur der Unterschrift des Letztern. Demselben wird daher auf die gegen ihn erhobene Klage und auf sein alsbald oder doch in sehr kurzer Frist gefordertes Erscheinen vor Gericht, der Wechsel, auf dessen Grund hin die Wechselklage gegen ihn anhängig gemacht wurde, zu solcher Anerkennung oder Ableugnung vorgelegt. Erkennt er seine Unterschrift an, so kann er zwar noch Einreden vorbringen, diese dürfen indeß nur solche statthafte sein, wie sie nachfolgend im vorletzten Absatze dieses Paragraphen näher bezeichnet sind und sie müssen auch auf der Stelle rechtsgültig dargethan (liquid gemacht) werden; vermag er dies nicht, so wird er sogleich durch richterliches Urtheil zur alsbaldigen oder in einem sehr kurzen Termine zu leistenden Zahlung, mit der Verwarnung für schuldig erkannt, daß bei Nichtfolgeleistung die wechselmäßige Hülfsvollstreckung gegen ihn vollzogen werde. Diese Hülfsvollstreckung tritt denn auch erforderlichen Falls, auf Antrag des Klägers, sofort ein und besteht in der gerichtlichen zwangsmäßigen Schuldeintreibung (der Execution); sie erstreckt sich, wie oben schon erwähnt, nicht nur auf das Vermögen des Schuldners, sondern auch auf dessen Person, und zwar kann, je nach den Bestimmungen der einzelnen Länder, die Personalhaft gegen ihn entweder zugleich neben der Pfändung in sein bewegliches Gut in Ausführung gebracht werden, oder die Execution kann nur alternativ, entweder in das Vermögen oder auf die Person des Schuldners, nach der Wahl des Klägers, Statt finden.

Bezüglich dieses Punktes so wie über das zuständige Gericht bei Wechselprozessen, welches in der Regel das ordentliche Gericht am

Wohnorte des Beklagten oder dasjenige des Zahlungsortes, beim Vorhandensein eines Handelsgerichts vorzugsweise das letztere ist, bestehen in den unten angeführten deutschen Staaten die zugleich beigefügten, in Folge der Einführung der deutschen Wechselordnung, theils in den betreffenden Einführungsgesetzen, theils in besonderen Wechselprozeßordnungen erlassenen Vorschriften [2]), während die übrigen Staaten, in welchen die Verkündigung neuer Wechselprozeßgesetze bis jetzt unterblieb, noch ihre älteren zur Anwendung bringen, wie überhaupt über die **Form** des Wechselprozesses die allgemeine deutsche Wechselordnung keine

---

[2]) **Diese Bestimmungen sind folgende:**

1. Baden. In diesem Staate ist zwar in angeregter Beziehung nichts Neues verordnet, doch möge die im Archiv für deutsches Wechselrecht Band I. Seite 225 über Baden enthaltene Anführung des Bad. Oberhofgerichtsraths Dr. Zentner hier Platz finden, sie lautet:

Ueber das Verfahren im Wechselprozeß enthält die Prozeß-Ordnung folgende Bestimmung:

§. 741. Bei Klagen aus Wechseln und Handelszetteln kommen im Ganzen die Regeln des Executivprozesses zur Anwendung mit den im Handelsrecht (— an dessen Stelle ist nun das allgemeine Wechselrecht getreten —) vorgeschriebenen und folgenden weiteren Bestimmungen:

1) Die Tagfahrt zur Verhandlung über die Klage darf in der Regel nicht über drei Tage hinausgesetzt werden;
2) eine Verlegung der Tagfahrt findet nur einmal Statt und nur unter der Voraussetzung, daß ein unabwendbares Hinderniß bescheinigt wird;
3) das Erkenntniß muß zugleich die Hülfsvollstreckung mit der kurzen Frist von drei Tagen androhen;
4) nach Ablauf der Frist wird auf Antrag des Klägers die Vollstreckung verhängt und zwar bei Wechselverbindlichkeiten nach der Wahl desselben entweder mittelst Personalarrestes oder mittelst Pfändung.

2. Braunschweig. Gesetz über den Wechselprozeß vom 11. Januar 1849. §. 1 und 11.

§. 1. Wechselklagen sind bei dem Gerichte des Wohnorts des Beklagten oder bei dem Gerichte des Orts, wo die Zahlung geschehen soll, oder, wenn der Schuldner sich durch eine besondere Clausel demselben unterworfen hat, bei dem Gerichte, in dessen Bezirke er nach der Verfallzeit angetroffen wird, anzustellen.

Dem Gerichte, welches hiernach zur Entscheidung competent ist, sind auch die übrigen Wechselschuldner unterworfen, insofern sie der Kläger in demselben Prozesse in Anspruch nimmt.

§. 11. Das abzugebende Erkenntniß muß den Parteien spätestens binnen acht Tagen nach abgehaltenem Termine eröffnet oder in vim publicati (in Kraft geschehener Eröffnung) insinuirt werden. Wird der Beklagte verurtheilt, so ist demselben zugleich die binnen 24 Stunden bei Vermeidung der wechselmäßigen oder in das Vermögen des

Bestimmungen enthält, solche vielmehr der Gesetzgebung jedes einzelnen Landes überläßt; doch ist anzunehmen, daß, abgesehen von der oben erwähnten Verschiedenheit in Betreff der Hülfsvollstreckung (Real- und Personal-Execution), die vorstehenden Regeln den meisten positiven Wechselprozeßgesetzen eigen sind, wie diese auch noch in folgenden Punkten übereinstimmen:

Gegen das ergangene Erkenntniß kann der verurtheilte Beklagte zwar Rechtsmittel, z. B. das der Appellation (s. die vorstehende Anmerkung Nr. 1, Seite 115) einlegen; aber keines derselben hat Suspensivkraft, d. h. es bewirkt keinen Aufschub im Verlaufe der Execution.

Schuldners zu vollstreckenden Execution zu beschaffende Befriedigung des Klägers wegen seiner Haupt- und Nebenforderungen, ingleichen der Kosten, aufzugeben.

3. Bremen. Wechselprozeß-Ordnung vom 25. April 1849. §. 29 u. 30.

§. 29. Der Kläger hat die Wahl, ob er zunächst die Vollstreckung an dem beweglichen Vermögen des Beklagten, nach Vorschrift der Gerichtsordnung, oder sofort den Personalarrest verlangen oder endlich beide Vollstreckungsarten mit einander verbinden will. Er ist auch befugt, die eine derselben aufzugeben und nachher von Neuem zu wählen.

§. 30. Der Kläger kann, wenn er das sonstige bewegliche Vermögen des Beklagten zu seiner Befriedigung nicht hinreichend erachtet, sofort auf Beschlagnahme der ausstehenden Forderungen und den Verkauf der Immobilien des letzteren antragen, ohne dadurch auf den Personalarrest zu verzichten.

4. Coburg-Gotha. Verordnung über den Wechselprozeß für Coburg vom 27. Juni 1849. § 6 und 16.

§. 6. Wörtlich wie oben bei Braunschweig §. 1.

§. 16. „ „ „ „ „ §. 11, nur mit dem Unterschiede, daß das Erkenntniß hier den Parteien schon innerhalb vier Tagen eröffnet oder insinuirt werden muß.

5. Hamburg. Einführungs-Ordnung vom 5. März 1849. §. 2.

Das Handelsgericht ist die ausschließlich competente erste Instanz für alle in Stadt und privativem Gebiet, mit Ausnahme des Amtes Ritzebüttel, vorkommenden Wechselsachen.

6. Hessen-Darmstadt. Wechselprozeß-Ordnung vom 4. Juni 1849, für Starkenburg und Oberhessen §. 1, 2 und 25, ferner Einführungs-Ordnung vom 4. Juni 1849. §. 18 für Rheinhessen.

Für Starkenburg und Oberhessen §. 1, 2 und 25 der Wechsel-Prozeß-Ordnung.

§. 1. Wechselklagen können sowohl bei demjenigen Gerichte, welchem der Beklagte bezüglich der Erfüllung persönlicher Verbindlichkeiten unterworfen ist, als auch bei dem Gerichte des Orts, wo die Zahlung geschehen soll, angestellt werden.

Leugnet der Beklagte, nachdem ihm, wie vorhin schon bemerkt, der Wechsel zur Anerkennung seiner Unterschrift vorgelegt worden, die letztere, so muß er sofort den Diffessionseid leisten, nämlich schwören: daß die Unterschrift weder von ihm selbst noch an seiner Statt von einem Dritten mit seiner Einwilligung geschrieben sei. Durch Ableistung dieses Eides wird natürlich die Fortsetzung der Wechselklage abgeschnitten; doch kann der Kläger denselben dadurch abwenden, daß er sich erbietet, über die Aechtheit der Unterschrift andere Beweismittel vorzubringen; alsdann aber hört der Wechselprozeß auf, und die Sache wird im ordentlichen Prozesse weiter verhandelt. Ob aber, nach

---

§. 2. Sind mehrere aus demselben Wechsel Verpflichtete verschiedenen Gerichten unterworfen, so kann der Kläger nach seiner Wahl bei einem jeden dieser Gerichte gegen sämmtliche Schuldner oder auch nur gegen einige derselben, seine Klage anbringen.

§. 25. (nach welchem die Execution in das Vermögen und die Person des Wechselschuldners zugleich vollstreckt werden kann), vergleiche Zusatz Nr. 7 zu Artikel 2 §. 7. Seite 13.

Für Rheinhessen §. 18 der Einführungs-Ordnung.

§. 18. Die Klagen aus eigenen (trockenen) Wechseln gehören auch dann vor die Handelsgerichte, wenn sie weder von Handeltreibenden unterschrieben sind, noch Handelsgeschäfte zur Veranlassung haben. Die Art. 636 und 637 des rheinhessischen Handelsgesetzbuches sind aufgehoben.

7. Lippe-Detmold. Wechselprozeß-Ordnung vom 5. Juli 1849. §. 1 u. 11.

§. 1. Wörtlich wie oben bei Braunschweig §. 1 Seite 117.

§. 11. „ „ „ „ „ „ 11 „ „

8. Lübeck. Einführungs-Ordnung vom 28. April 1849. Artikel 10, Nr. 1, 7, 8 und 9.

Nr. 1. Wechselklagen können nach der Wahl des Klägers sowohl bei dem Gerichte, welchem der Beklagte persönlich unterworfen ist, als bei dem Gerichte des Ortes, wo die Zahlung geschehen soll, angestellt werden.

Nr. 7. Das Erkenntniß hat, sofern nicht der Art. 2 des heute publicirten Gesetzes über den Wechselarrest eine Ausnahme begründet oder falls nicht das Gesuch der Klage ein Minderes ausdrücklich beantragt, der Verurtheilung des Beklagten allemal sofort die Androhung der, für den Fall der Nichtgelobung des Erkenntnisses innerhalb dreitägiger Frist, nach der Wahl des Klägers zu vollziehenden Real-Execution oder gefänglichen Haft anzuhängen.

Nr. 8. Die Wahl des einen dieser Executionsmittel hindert den Kläger nicht auf das andere zurückzukommen.

Nr. 9. Wenn für die Forderung Sicherheit bestellt worden ist (vergl. Art. 25—29 der Wechselordnung), so hindert das die Wahl der gefänglichen Haft nur dann, wenn der Kläger aus der bestellten Sicherheit sofort befriedigt werden kann.

Ausschwörung des Diffessionseides von Seiten des Beklagten, der Kläger auf den Grund des nämlichen Wechsels, seinen Anspruch an den Schuldner noch im ordentlichen Prozesse weiter verfolgen könne und, trotz der eidlich abgeläugneten Unterschrift, die Aechtheit des Wechsels dennoch zu erweisen berechtigt sei; auf diese Frage muß die Antwort ohne allen Zweifel bejahend lauten, da, nach gemeinem Rechte, eine im Executivprozesse eidlich abgeläugnete Urkunde von dem Kläger, wenn er im ordentlichen Prozesse dieselbe Klage anstellt, in diesem noch immer als Beweismittel benützt und von ihm deren Aechtheit nachgewiesen

---

9. **Mecklenburg-Schwerin und Strelitz.** Wechselprozeß-Ordnung vom 14. Juni 1849. §. I. und IV. Nr. 1.

§. I. Wechselklagen können bei allen Gerichten, unter welchen der Beklagte in erster Instanz nach der bestehenden Gerichtsverfassung seinen allgemeinen oder besondern Gerichtsstand hat, insbesondere auch bei dem Gerichte des Zahlungsortes angestellt werden.

§. IV. Nr. 1. Wenn der Beklagte dem ihn verurtheilenden Erkenntnisse keine Folge leistet, so kann der Kläger sofort die Vollstreckung in das Vermögen und zugleich die Erkennung des Wechselarrestes verlangen. Er darf auch den einen oder den andern dieser Anträge späterhin nachträglich stellen.

10. **Nassau.** Wechselprozeß-Ordnung vom 7. November 1848. §. 1, 6. 21 und 22.

§. 1. Wechselklagen werden mit Beseitigung des befreiten persönlichen Gerichtsstandes vor den ordentlichen Gerichten erster Instanz angebracht.

Die Wechselklage kann mündlich oder schriftlich angebracht werden.

Vertretung durch Anwälte ist im Wechselprozeß, sowohl bei schriftlichen Eingaben, als auch bei mündlicher Verhandlung gestattet.

Der Klagevortrag muß, neben den allgemeinen Erfordernissen das bestimmte Gesuch, den Beklagten zur Zahlung nach Wechselrecht anzuhalten, enthalten.

Es ist zulässig, mehrere Wechselforderungen desselben Klägers gegen denselben Beklagten in einer Klage zu cumuliren.

§. 6. In dem anberaumten Termine muß der Beklagte, auch wenn er einen Anwalt angenommen hat, persönlich erscheinen.

Nur wenn Hindernisse der Beobachtung dem Gerichte notorisch oder bescheinigt sind, die nur durch Anwendung der größten Vorsicht oder des größten Fleißes überwunden werden können (§. 121 pos. 2 der Prozeß-Ordnung vom 23. April 1822), kann auf Anstehen des Beklagten dieser Termin einmal auf höchstens drei Tage verlegt werden.

§. 21. In dem verurtheilenden Erkenntniß ist dem Beklagten eine Frist von längstens drei Tagen zur Befriedigung des Klägers bei Vermeidung der Hülfsvollstreckung zu bestimmen.

§. 22. Außer der Hülfsvollstreckung in das Vermögen des Schuldners findet die Verhaftung desselben als Executionsmittel Anwendung.

werden kann, denn ihre Beweiskraft ist durch den Diffessionseid nur für den Executivprozeß zerstört.

Vorstehenden allgemeinen Grundsätzen haben die einzelnen Landesgesetze noch besondere Bestimmungen hinzugefügt, welche bei ihrer Verschiedenartigkeit die strenge Classification des Ganzen sehr erschweren; doch habe ich mich bemüht, zur klareren Uebersicht über die in Deutschland bestehenden Wechselprozeßgesetze, solche unter folgende 4 Abtheilungen zu bringen:

1) Die Bestimmungen über den Wechselarrest, bezüglich der Beschränkungen, deren er unterworfen ist, dessen Dauer und

---

Der Kläger hat zwischen beiden Executionsarten die Wahl und kann von der einen zur andern übergehen.

Wird die Hülfsvollstreckung in das Vermögen des Schuldners nachgesucht, so kommen die Bestimmungen der Executionsordnung vom 5. Mai 1841 in Anwendung.

11. Oesterreich. A. Verordnung vom 25. Januar 1850 (Nr. 2 des Reichsgesetzblattes), gültig für jene Kronländer, in welchen das allgemeine bürgerliche Gesetzbuch in Wirksamkeit ist, mit Ausnahme des lombardisch-venetianischen Königreichs und der Militärgrenze §. 1, 2, 3, 4, 18, 19 u. 20.

§. 1. Wechselklagen, sie mögen aus gezogenen oder eigenen (trockenen) Wechseln entspringen, sind bei dem Landesgerichte des Zahlungsortes, oder bei jenem des Wohnsitzes oder zeitweiligen Aufenthaltsortes des Beklagten, und wenn an dem Sitze des Landesgerichtes sich ein Handelsgericht befindet, nur bei letzterem anzubringen.

§. 2. In denjenigen Kronländern, in welchen die neue Gerichtsverfassung noch nicht in Wirksamkeit getreten ist, sind die Wechselklagen entweder bei dem Wechselgerichte des Zahlungsortes oder des Wohnsitzes oder zeitweiligen Aufenthaltsortes des Beklagten oder bei den nach den allgemeinen Jurisdictionsvorschriften zuständigen Gerichten, wenn sich jedoch an dem Orte, wo der Prozeß geführt werden soll, ein Wechselgericht befindet, nur bei diesem anzubringen.

§. 3. Militärpersonen sind wegen Forderungen aus Wechseln vor dem zuständigen Militärgerichte zu belangen.

§. 4. Bei dem competenten Gerichte des Zahlungsortes kann der Inhaber des Wechsels alle Wechselschuldner mit derselben Klage belangen, bei anderen Gerichten außerhalb des Zahlungsortes können mehrere Wechselschuldner nur dann mit einer Klage belangt werden, wenn sie in dem Bezirk desselben ihren Wohnsitz haben. Wechselbürgen folgen überhaupt dem Gerichtsstande des Hauptschuldners und können mit ihm zugleich mittelst derselben Klage belangt werden.

§. 18. Wenn der Schuldner die ihm durch Urtheil oder Bescheid mit Androhung wechselrechtlicher Execution auferlegte Verbindlichkeit binnen der dazu festgesetzten Frist nicht erfüllt, so hat der Gläubiger die Wahl, auf das Vermögen oder gegen die Person des Schuldners sonstige hierauf Bezug habende Gesetzesstellen, sind im Zusatze zum Art. 2 der allgemeinen deutschen Wechselordnung, §. 7, Seite 9 ff. enthalten.

2) Die Vorschriften über den Gerichtsstand, über die Vollziehung des Urtheils und der dem Kläger im Falle des Obsieges zu Gebote stehenden Executionsmittel und deren Benutzung, sind aus vorstehender Anmerkung Nr 2 Seite 117 ff. zu ersehen.

Execution zu führen. Es steht ihm frei, sogleich nach Ablauf der Zahlungsfrist und eingetretener Rechtskraft des Erkenntnisses ohne vorausgegangene Execution auf das Vermögen den Executionsarrest des Schuldners zu bewirken. Auf das Vermögen kann die Execution vor und nach Vollziehung der Personalexecution geführt werden; jedoch ist der Gläubiger, welcher die Personalexecution erwirkt hat; so lange sich der Beklagte im Schuldenarreste befindet, die Execution auf das Vermögen desselben zu erwirken oder fortzusetzen nicht berechtigt.

§. 19. Auf gerichtliche Vergleiche findet diese wechselrechtliche Execution nur in dem Falle Statt, wenn sich der Schuldner derselben in Rücksicht einer Wechselforderung ausdrücklich unterworfen hat.

§. 20. Der Wechselgläubiger kann selbst dann, wenn für den Wechselanspruch Sicherheit bestellt ist, wegen der Zahlung gegen die Person des Schuldners die Execution führen, ohne vorher die Sicherheit aufgeben zu müssen, insofern er durch die bestellte Sicherheit nicht sogleich befriedigt werden kann.

B. Verordnung über das Verfahren in Wechselsachen vom 31. März 1850 für das lombardisch venetianische Königreich.

§. 1. Wechselklagen, sie mögen aus gezogenen oder eigenen Wechseln entspringen, sind entweder bei dem Wechselgerichte des Zahlungsortes oder des Wohnsitzes oder zeitlichen Aufenthaltsortes des Beklagten anzubringen.

In den Provinzen Mailand und Venedig sind die Merantil- und Wechselgerichte dieser Hauptstädte, in den übrigen Provinzen aber die Provinzialtribunale in Gemäßheit des §. 9 der Jurisdictionsnorm vom 29. September 1819 in Wechselsachen ausschließlich zuständig.

(Die folgenden §§. 2—26 sind mit den §§. 3—27 der vorstehend unter A. angeführten Verordnung vom 25. Januar 1850 wörtlich gleichlautend.)

C. Verordnung vom 25. Januar 1850 für Ungarn, Croatien, Slavonien, Serbien und das Temeser Banat. §. 4, 5 und 6.

§. 4 wörtlich wie in vorstehender Verordnung A. §. 18.
§. 5 „ „ „ „ „ „ „ 19.
§. 6 „ „ „ „ „ „ „ 20.

12. Oldenburg. Wechselprozeß - Ordnung vom 31. März 1849. Art. 124—128.

Art. 124. Der nach Wechselrecht Verurtheilte muß dem Urtheile innerhalb 24 Stunden nach der Verkündigung oder Zustellung des Urtheils Folge leisten.

3) Die wesentlichsten Verordnungen, in so weit sie auf den Inhalt dieses Paragraphen und den nachfolgenden Artikeln 81—83 der allgemeinen deutschen Wechselordnung Bezug haben, und zwar in Betreff des Verfahrens und der Verhandlung im Termine, namentlich der Vorlegung des Wechsels zur Anerkennung oder Abläugnung der Unterschrift, des Diffessionseides, der zulässigen Einreden, des abzufassenden Erkenntnisses u. s. w.,

---

Art. 125. Die Vollstreckung des Urtheils kann nach Ablauf der im Art. 124 gedachten Frist verlangt werden, an Sonn- und Festtagen jedoch nur in dringenden Fällen geschehen.

Art. 126. Außer und neben den gewöhnlichen Vollstreckungsmitteln kann jeder Zeit der Wechselarrest verlangt werden.

Art. 127. Der Gläubiger kann sich selbst dann, wenn für den Wechselanspruch Sicherheit bestellt ist, an die Person des Schuldners halten.

Art. 128. Die Vollstreckung gegen die Person kann von jedem Gerichte — Unter- und Obergerichte — welches das Urtheil erlassen hat, unmittelbar verfügt werden.

13. Preußen. A. Einführungs-Ordnung vom 15. Februar 1850. §. 6 und 8.

§. 6. Wechselklagen können sowohl bei dem Gerichte des Zahlungsortes, als bei dem Gerichte, bei welchem der Beklagte seinen persönlichen Gerichtsstand hat, erhoben werden. Wenn mehrere Wechselschuldner zusammen belangt werden, so ist außer dem Gerichte des Zahlungsortes jedes Gericht competent, welchem Einer der Beklagten persönlich unterworfen ist. Bei dem Gerichte, bei welchem hiernach eine Wechselklage anhängig gemacht ist, müssen sich demnächst auch alle Wechselverpflichteten einlassen, welche von einer Partei in Gemäßheit der in den verschiedenen Landestheilen bestehenden Prozeßgesetze zur Regreßleistung beigeladen, oder nach gehörig geschehener Streitverkündigung belangt werden.

§. 8. Im Bezirke des Appellationsgerichtshofs zu Cöln gehören die Klagen aus eigenen Wechseln auch dann vor die Handelsgerichte, wenn sie weder von Handelstreibenden unterschrieben sind, noch Handelsgeschäfte zur Veranlassung haben (Artikel 636, 637 des rheinischen Handelsgesetzbuchs).

B. Gesetz vom 11. Mai 1839.

§. 3. Dem Wechselgläubiger ist gestattet, neben der Execution gegen die Person seines Schuldners gleichzeitig die Execution in dessen Vermögen zu suchen.

14. Sachsen. Wechselprozeß-Ordnung vom 7. Juni 1849. §. 19, 31, 45 und 54.

§. 19. Der Schuldarrest kann gleichzeitig neben der Hülfsvollstreckung in die Güter verhängt werden.

§. 31. Die Klage kann vor jedem Civilrichter angebracht werden in dessen Gerichtsbezirke sich der Beklagte findet.

so wie über Einlegung von Rechtsmitteln und deren Wirkung, sind im Zusatze zu nachstehenden Art. 81—83 aufgenommen.

4) Alle übrigen Bestimmungen, welche theils wegen Ungehörigkeit, theils wegen zu großen Umfangs bei obiger Classification nicht berücksichtigt werden konnten oder auch wegen Minderwichtigkeit daselbst nicht angeführt wurden, sind an betreffender Stelle in dem Register zur Particulargesetzgebung der einzelnen deutschen

---

§. 45. An Sonn- und Feiertagen ist nur dann ein Wechselverfahren zulässig, wenn nachgewiesen ist, daß Zahlung an einem Werktage vergeblich gesucht worden.

§. 54. So lange als nicht in Folge der beabsichtigten Reorganisation der Untergerichte etwas Anderes festgesetzt worden, kann der Wechselprozeß wider die in Königlich Sächsischen Diensten stehenden Militärpersonen bis zu ihrer Entlassung aus diesen Diensten nicht vor einem andern Richter, als vor den Kriegsgerichten, denen sie wegen aller andern persönlichen Ansprüchen unterworfen sind, angestellt werden, und findet daher die §. 31 enthaltene Bestimmung auf das Wechselverfahren wider Militärpersonen keine Anwendung.

15. Waldeck. Wechselprozeß-Ordnung vom 30. Mai 1849. §. 1 und 12.

§. 1. Die Wechselklage kann angebracht werden:

a) vor dem Gerichte des Wohnorts des Verklagten;

b) vor dem Gerichte, in dessen Bezirk der Wechsel ausgestellt wurde, vorausgesetzt, daß der Verklagte sich zur Zeit der Anstellung der Klage in demselben befindet;

c) vor dem Gerichte des Orts, wo die Zahlung geschehen soll, unter gleicher Voraussetzung wie zu b;

d) vor jedem Gerichte, in dessen Bezirk der Verklagte nach der Verfallzeit angetroffen wird, vorausgesetzt, daß er sich diesem durch eine schriftliche Erklärung unterworfen hat.

Dem Gerichte, welchem hiernach die Entscheidung zusteht, sind auch die übrigen hierländischen Wechselschuldner unterworfen, insofern sie der Kläger in derselben Klage in Anspruch nimmt.

§. 12. Das abzugebende Erkenntniß muß den Parteien sofort oder längstens binnen drei Tagen nach dem Actenschluß eröffnet, oder statt der Eröffnung in einer Ausfertigung zugestellt werden. Wird der Verklagte verurtheilt, so ist er sofort in den Schuldarrest abzuführen, insofern der Kläger nicht erklärt, seine Befriedigung zunächst in dem Vermögen des Verklagten suchen zu wollen. Der Vollzug der Execution in das Vermögen des Schuldners kann nach Ablauf von 24 Stunden, von der Eröffnung des Urtheils an gerechnet, gefordert werden.

16. Weimar. Einführungs-Ordnung vom 13. Juli 1849. §. 8. Nr. 1 und 5.

Nr. 1. (Zu §. 214 der Wechselordnung vom 20. April 1819, deren vierter Abschnitt in Kraft geblieben.) Bei dem Gerichte, bei welchem hiernach eine Wechselklage angebracht ist, müssen sich demnächst auch

Staaten unter B. §. 105 zu finden, so daß diese vier Abtheilungen die sämmtlichen deutschen Gesetze über Wechselprozeß und Wechselarrest in sich fassen, welche seit dem Jahre 1848 erschienen sind.

Die allgemeine deutsche Wechselordnung enthält nun unter der Rubrik:

Klagerecht des Wechselgläubigers

folgende Bestimmungen:

Art. 81. Die wechselmäßige Verpflichtung trifft den Aussteller, Acceptanten und Indossanten des Wechsels, so wie einen Jeden, welcher den Wechsel, die Wechselcopie, das

---

alle Wechselverpflichteten einlassen, welche von einer Partei nach gehörig geschehener Streitverkündigung belangt werden. Auch in Wechselsachen verlieren die Privilegien des Gerichtsstandes ihre Wirkung und sind die Schriftsassen dem Stadtgerichte oder Justizamte des Bezirkes worin sie wohnen, unterworfen.

Nr. 5 (wonach die Execution in das Vermögen und in die Person des Wechselschuldners zugleich vollstreckt werden kann). Vergleiche Zusatz Nr. 20 zu Art. 2, §. 7. Seite 24.

Zu Art. 81—83.

1. Braunschweig. Gesetz über den Wechselprozeß vom 11. Januar 1849. §. 5—13.

§. 5. Der Beklagte hat im Termine die ihn verbindenden Unterschriften anzuerkennen oder eidlich abzuleugnen. Leugnet derselbe bei einer per procura (in seinem Auftrage) geschehenen Unterschrift die Ertheilung der Procura (Vollmacht), so kann der Kläger die Ausdehnung des Diffessionseides auf diesen Umstand fordern.

Bei Protesten, welche in Deutschland aufgenommen sind, und bei Urkunden, deren Aufnahme oder Beglaubigung in Deutschland durch einen Notar oder Gerichtsbeamten erfolgt, bedarf es einer weiteren Legalisation (Beglaubigung Seitens anderer Behörden) nicht. Der Einwand der Fälschung bleibt vorbehalten und ist in einem besondern Verfahren auszuführen.

Die Quittungen über bezahlte Provision, Spesen, Kosten u. s. w. der Nachmänner haben die Vermuthung der Richtigkeit für sich und bedürfen keiner Recognition (Anerkennung). Der Einwand der Fälschung oder des Betrugs bleibt vorbehalten und ist, wenn er nicht sofort liquide gemacht wird, in einem besonderen Verfahren auszuführen.

§. 6. Erbietet sich der Beklagte zum Diffessionseide, so kann der Kläger den Beweis der Aechtheit und bei einer Unterschrift per procura den Beweis der Procuraertheilung durch die gewöhnlichen Beweismittel, mit Ausschluß der Eidesdelation (Eideszuschiebung) unternehmen. Der Wechselprozeß wird für die Dauer dieses Incidentverfahrens (Zwischenverfahrens) suspendirt (ausgesetzt). Nach dem Mißlingen des unternommenen Beweises darf der Kläger noch den Diffessionseid fordern.

Accept oder das Indossament mit unterzeichnet hat, selbst dann, wenn er sich dabei nur als Bürge (per aval) benannt hat.

Die Verpflichtung dieser Personen erstreckt sich auf Alles,

Will der Beklagte die Procuraertheilung eidlich diffitiren, oder wird die Ueberschreitung der Befugnisse behauptet (Art. 95 der Wechselordnung), so hat der Kläger das Recht, den Procuristen, Vormund oder sonstigen Vertreter des Beklagten zu einem anderweiten Termine abcitiren (hinzuladen) zu lassen. Wenn in diesem Termine der Abcitat (Hinzugeladene)

1) nicht erscheint, oder
2) nicht erklärt, daß er den Kläger wechselmäßig befriedigen wolle, so hat der Kläger den Prozeß gegen den Beklagten, nach seinem Ermessen, zur gerichtlichen Entscheidung zu bringen.

Wird der Kläger aus einem der angeführten Gründe abgewiesen, (Art. 95), so kann er bei demselben Gerichte den Wechselprozeß gegen den Abcitaten fortsetzen und es ist dieser, wenn die Aechtheit seiner Unterschrift feststeht, wechselmäßig auch in die Kosten des ersten Prozesses zu verurtheilen.

So lange der erste Prozeß schwebt, hat der Abcitat das Recht, nach vollständiger Befriedigung des Klägers, denselben auf seine Gefahr fortzusetzen.

§. 7. Wird die Passivlegitimation geleugnet, (d. h. vom Beklagten geleugnet, daß er der richtige Beklagte sei), so kann der Kläger dieselbe durch die gewöhnlichen Beweismittel berichtigen. Der Wechselprozeß wird alsdann für die Dauer des hierdurch entstehenden Incidentverfahrens suspendirt (ausgesetzt).

§. 8. Im Wechselverfahren werden nur solche Einreden berücksichtigt, welche, insofern den Beklagten die Beweislast trifft, durch öffentliche oder recognoscible (anerkennungsfähige) Privaturkunden erweislich sind.

Dillatorische (aufschiebende) Einreden sind nur zulässig sofern sie den Mangel einer Voraussetzung der Rechtsbeständigkeit des Verfahrens betreffen.

Editionsgesuche (Anträge auf Vorlegung oder Herausgabe von Urkunden) sind überhaupt unstatthaft.

Bei Wiederklagen findet gleichzeitiges Verfahren mit der Vorklage nicht statt, doch können sie zur Begründung des Forum (Gerichtsstandes) bei dem Gerichte der Vorklage in einem gesonderten Prozesse angebracht werden.

§. 9. Illiquide peremtorische (zerstörliche) Einreden sind dem Beklagten nicht abzuerkennen, sondern zum besonderen Verfahren zu verweisen.

§. 10. Der Kläger kann zur Verhandlung seiner Repliken, (Gegeneinreden) so wie zur Anerkennung oder eidlichen Ableugnung der von dem Beklagten vorgelegten Urkunden die Ansetzung eines andern, jedoch ohne seine (des Klägers) Zustimmung nicht über drei was der Wechselinhaber wegen Nichterfüllung der Wechselverbindlichkeit zu fordern hat.

Der Wechselinhaber kann sich wegen seiner ganzen Forderung an den Einzelnen halten; es steht in seiner Wahl,

---

Tage hinauszurückenden Termins beantragen. Die Ansetzung dieses Termins soll bei collegialisch besetzten Gerichten sofort durch einen Protocallarbescheid geschehen.

Illiquide und nicht im Sinne des §. 8 sofort erweisliche Repliken sind im Wechselprozesse nicht zu berücksichtigen, vielmehr für ein besonderes Verfahren vorzubehalten..

§. 11. Vergleiche vorstehende Note 2 Nr. 2, §. 11. Seite 117.

§. 12. Gegen das Erkenntniß finden die überhaupt zulässigen Rechtsmittel, jedoch ohne Suspensivwirkung (aufschiebende Wirkung), statt.

Die Einlegung muß binnen drei Tagen erfolgen.

Die Frist zur Rechtfertigung beträgt acht Tage.

Auch haben die Gerichte in der Instanz der Rechtsmittel die Fristen für die Verhandlungen der Parteien nicht über acht Tage auszudehnen und alle Verfügungen nnd die Erkenntnisse jedesmal binnen acht Tagen abzugeben.

§. 13. Der Beklagte, welcher es wahrscheinlich macht, daß ihm im Falle des Obsieges, bei etwa verfolgten Rechtsmitteln oder im Separatprozesse, die Vollstreckung (die Wiederverlangung des Gezahlten) werde gefährdet werden, kann verlangen, daß die Zahlung in das gerichtliche Depositum genommen und dem Kläger nur gegen Sicherheits-Leistung ausgeliefert werde.

Wird in Beziehung auf die Verfolgung zum Separatverfahren verwiesener illiquider Einreden die Deponirung der gezahlten Summe oder eines Theiles vom Beklagten gefordert, so hat derselbe gleichzeitig den Grund seiner Ansprüche, wie bei Arrestanträgen, wahrscheinlich zu machen und binnen vier Wochen, von der Publikation oder Insinuation des Erkenntnisses, bei Verlust seiner Rechte auf das Depositum oder die bestellte Sicherheit, das Prozeßverfahren selbst einzuleiten.

2. Bremen. Einführungs-Ordnung vom 25. April 1849. II. Vom Wechselprozesse §. 13, 14, 15, 18—27, 29—31.

§. 13. Der Wechselinhaber genießt unter der Bedingung, daß er die mit der Originalhandzeichnung versehene Wechselurkunde beibringt, der Vortheile des Wechselprozesses unter folgenden näheren Bestimmungen:

§. 14. Die zur sonstigen Begründung der Klage und Einreden so wie der etwaigen Re- und Dupliken dienenden Thatsachen können, sofern nicht der Gegner sie einräumt oder dessen Geständniß in Contumacialfällen angenommen wird, nur durch Urkunden erwiesen werden. Wird der Beweis ausländischer Wechselgesetze erforderlich, so ist ein unverdächtiger Abdruck derselben dazu genügend.

§. 15. Die Urkunden müssen auf der Stelle beigebracht werden. Editionsanträge bleiben ausgeschlossen.

welchen Wechselverpflichteten er zuerst in Anspruch nehmen will.

Art. 82. Der Wechselschuldner kann sich nur solcher Einreden bedienen, welche aus dem Wechselrechte selbst hervor-

---

§. 18. Die Ausstreichung aller spätern Indossamente überhebt den Wechselinhaber der Nothwendigkeit des Beweises der erfolgten Wiedereinlösung des Wechsels.

§. 19. Der Beklagte muß sich gleich im ersten Termine über die erhobene Klage vernehmen lassen.

§. 20. Der Beklagte wird mit keinerlei Cautionsanträgen gehört. Indessen kann er, wenn er auf die Klage verurtheilt und im Stand ist eine Wiederklage anzustellen, zur Sicherheit für dieselbe, den Vorschriften der Gerichtsordnung gemäß, den Gegenstand seiner Verurtheilung deponiren.

§. 21. Der Beklagte muß sich gleich bei seiner ersten Vernehmlassung über die Aechtheit seiner eigenen Wechselzeichnungen, so wie über die Wechselzeichnungen derjenigen, deren Handschrift ihn verbindet, erklären, und kann sich durch keinerlei Einrede von dieser Pflicht befreien.

§. 22. Entkennt er deren Aechtheit, so kann der Kläger sofort einen Diffessionseid verlangen.

§. 23. Ist der Wechsel pr. procura gezeichnet und wird die Ertheilung derselben vom Beklagten geleugnet, so kann der Kläger die Ausdehnung des Diffessionseides auf diesen Punkt verlangen.

§. 24. Der Kläger kann die eidliche Diffession des Beklagten durch das Erbieten zum anderweitigen Beweise der erkannten Thatumstände abwenden. Doch geht alsdann der Wechselprozeß in den ordentlichen Prozeß über.

§. 25. Zur Fortführung des Verfahrens kann die Partei, wenn sie zur sofortigen Vornahme der ihr obliegenden Handlung nicht füglich im Stande sein kann, dafür die Ansetzung eines ferneren Termins beantragen.

§. 26. Der nach Wechselrecht Verurtheilte muß dem Urtheile vor Ablauf des nämlichen Tages, an welchem dasselbe ihm zur Kunde kommt, genügen.

§. 27. Geschieht dies nicht, so ist das Urtheil gleich am Morgen des nächstfolgenden Werktages vollstreckbar.

In dringenden Fällen, deren Beurtheilung dem Vorsitzer des Gerichts überlassen bleibt, kann die Vollstreckung auch an Sonn- und Festtagen geschehen.

§. 29. } Vergleiche vorstehende Note 2 Nr. 3, §. 29 u. 30 Seite 118.
§. 30. }

§. 31. Rechtsmittel haben im Wechselprozesse keine Suspensiv-Wirkung.

gehen oder ihm unmittelbar gegen den jedesmaligen Kläger zustehen.

Art. 83. Ist die wechselmäßige Verbindlichkeit des Ausstellers oder des Acceptanten durch Verjährung oder dadurch,

---

8. Coburg-Gotha. Verordnung über den Wechselprozeß für Coburg vom 27. Juni 1849. §. 10, 11, 12, 13, 14, 15, 17 u. 18; (Vorschriften über den Wechselprozeß für Gotha, §. 8—11 des Ausführungsgesetzes vom 25. April 1849, siehe Register zur Particular-Gesetzgebung unter Coburg-Gotha B.)

§. 10. Wörtlich wie oben bei Braunschweig §. 5. Seite 125.
§. 11. „ „ „ „ „ „ 6. „ „
§. 12. „ „ „ „ „ „ 7. „ 126.
§. 13. „ „ „ „ „ „ 8. „ „
jedoch im §. 13 zwischen dem ersten und zweiten Absatze noch mit folgendem Zusatze:

Die exceptio non numeratae pecuniae (Einrede des nicht gezahlten Geldes) kann in Wechselsachen mit der gemeinrechtlichen Wirkung nicht vorgeschützt werden.

§. 14. Wörtlich wie oben bei Braunschweig §. 9. Seite 126.
§. 15. „ „ „ „ „ „ 10, nur daß der Schluß des ersten Absatzes heißt: Die Ansetzung dieses Termins soll sofort durch einen Protokollarbescheid geschehen, und im zweiten Absatze hier auf §. 13 Bezug genommen wird.

§. 17. Im Wechselprozeß findet als ordentliches Rechtsmittel nur die Berufung und zwar ohne aufschiebende Wirkung Statt.

Die Berufung ergeht gegen Erkenntnisse der Untergerichte an das Justiz-Collegium zu Coburg, gegen die von dem Letzteren in erster Instanz gefällten Erkenntnisse an das Justiz-Collegium zu Gotha und ist in letzterer Beziehung nicht devolutiv.

Sie kann sowohl mündlich als schriftlich angebracht, muß aber stets bei dem Gerichte, welches das anzufechtende Erkenntniß ertheilt hat (judex a quo), und zwar binnen drei Tagen eingelegt werden.

Ist der judex a quo eine Unterbehörde, so hat diese innerhalb acht Tagen das Duplicat der Berufung oder eine Abschrift davon, wenn sie mündlich eingewendet wurde, dem Provocaten mitzutheilen und innerhalb derselben Frist die Acten an das Justizcollegium zu Coburg einzusenden. Von Zeit der Einlegung des Rechtsmittels an läuft dem Provocanten eine nicht erstreckbare achttägige präclusivische Frist, um solches mittelst einer bei dem Oberrichter zu übergebenden Schrift näher zu begründen. Bei Versäumniß dieser Frist wird von ihm angenommen, daß er sich zur Begründung des Rechtsmittels blos auf die Vorverhandlungen (submissio ad acta priora) beziehe.

Das Justiz-Collegium entscheidet darauf mittelst Rescrips oder einer Weisung nach Befinden der Umstände entweder sofort oder nachdem es die etwa eingegangene Rechtfertigungsschrift im Duplicat dem Provocaten zur Anfechtung binnen einer nicht erstreckbaren achttägigen präclusivischen Frist mitgetheilt oder nachdem es die Parteien Behufs einer

daß die zur Erhaltung des Wechselrechts gesetzlich vorgeschriebenen Handlungen verabsäumt sind, erloschen, so bleiben dieselben dem Inhaber des Wechsels nur soweit, als sie sich mit dessen Schaden bereichern würden, verpflichtet.

---

nachträglichen mündlichen Erörterung oder eines nochmaligen Güteversuchs vor sich beschieden hat.

Wird Berufung gegen ein von dem Justiz-Collegium selbst in erster Instanz ertheiltes Erkenntniß eingewendet, so ist vorerst abzuwarten, ob der Provocant innerhalb acht Tagen das Rechtsmittel schriftlich näher begründen werde. Alsdann wird das Duplicat der Berufung und der etwa beigekommenen Rechtfertigungsschrift dem Provocaten zugestellt und ihm überlassen, binnen achttägiger Frist eine Anfechtungsschrift zu den Acten zu geben; hierauf aber, es mag eine Schrift einkommen oder nicht, werden die Acten ohne Ansetzung eines Inrotulationstermins an das Justiz-Collegium zu Gotha zur Einholung des Provocations-Erkenntnisses übersendet.

Die hier gestatteten Fristen sind ebenfalls bei Strafe des Ausschlusses mit weiterer Ausführung oder Anfechtung des Rechtsmittels einzuhalten. Ihr Versäumniß gilt für Submission auf die Voracten.

Alle Verfügungen der Gerichte, so wie die Erkenntnisse sind jedesmal binnen acht Tagen abzugeben.

§. 18. Wörtlich wie oben bei Braunschweig §. 13 Seite 127.

4. Hannover. Einführungs-Ordnung vom 7. April 1849. §. 2.

Die vorstehenden (§. 1, siehe §. 105 Hannover), für die verschiedenen Theile des Königreichs geltenden Bestimmungen erleiden nur insofern Abänderungen, als solche durch die neue Wechselordnung vorgeschrieben sind. In dieser Beziehung wird insbesondere

1) die Vorschrift, daß zur Begründung des strengen Wechselprozesses die Beibringung des Originalwechsels nothwendig sei, (Hannoversche Wechselordnung vom 23. Juli 1822 Art. 47 Nr 1. Allgemeine Gerichtsordnung Theil I. Tit. 27. §. 4) für die in den Artikeln 26, 70—72 der allgemeinen Wechselordnnng gedachten Fälle aufgehoben. Sodann wird

2) die Vorschrift, daß der Acceptant den Wechsel und seine Acceptation und der Indossant den Wechsel und sein Indossament recognosciren müsse, (Hannoversche Wechselordnung vom 23. Juli 1822 Art. 47 Nr. 5) auf den Grund der Art. 75 und 76 der allgemeinen Wechselordnung dahin abgeändert, daß sich die Recognition lediglich auf die Recognition des Accepts, beziehungsweise des Indossaments zu beschränken habe; hiernächst wird die Vorschrift

3) daß der Kläger, wenn der Wechsel nicht auf ihn selbst lautet, durch das letzte gehörig ausgefüllte Indossament sich zu legitimiren habe, (Hannoversche Wechselordnung vom 23. Juli 1822 Art. 47 Nr. 6) auf Grund des Art. 12 der allgemeinen Wechselordnung dahin abgeändert, daß ein nach Maßgabe dieses Artikels 12 gültiges Indossament genüge; endlich wird

Gegen die Indossanten, deren wechselmäßige Verbindlichkeit erloschen ist, findet ein solcher Anspruch nicht Statt.

Das nach vorstehendem Art. 81 dem Wechselinhaber zustehende Klagerecht gegen die darin benannten, an dem Wechsel betheiligten Personen stützt sich:

---

4) die Bestimmung, daß der Beklagte, wiewohl er die Richtigkeit der Unterschrift anerkannt, dennoch zur eidlichen Diffession des Inhalts unter dringenden Umständen zugelassen werden dürfe, (Hannoversche Wechselordnung vom 23. Juli 1822 Art. 50) dahin abgeändert, daß im Wechselprozesse ein Beklagter, gegen welchen die Richtigkeit seiner Unterschrift unter einer Wechselerklärung feststeht, mit dem Einwande, daß die über die Unterschrift befindliche Erklärung ohne seine Genehmigung geschrieben sei, nicht gehört werden solle.

5. Hessen=Darmstadt. Wechselprozeß=Ordnung vom 4. Juni 1849. Für Starkenburg und Oberhessen. §. 8 bis 24.

§. 8. Der Beklagte kann die Aechtheit der Unterschrift persönlich oder durch einen Bevollmächtigten bestreiten.

§. 9. Bestreitet der Beklagte die Aechtheit einer Privaturkunde, so hat er auf Verlangen des Klägers sofort den Diffessionseid in Person dahin abzuleisten:

daß die fragliche Unterschrift weder von ihm noch an seiner Statt von einem Dritten mit seiner Einwilligung geschrieben sei.

Ist die Urkunde nicht von dem Beklagten selbst ausgestellt, so hat derselbe zu schwören:

daß er nicht wisse, daß die Unterschrift ächt sei.

§. 10. Verweigert der Beklagte die Eidesleistung, so wird die Urkunde als anerkannt betrachtet.

§. 11. Es findet weder Zurückschiebung des Diffessionseides noch Gewissensvertretung statt. Der Eid für Gefährde ist unstatthaft.

§. 12. Ist die Aechtheit der Privaturkunde durch einen Bevollmächtigten bestritten (§. 8), so wird zur Eidesleistung, wenn der Kläger diese verlangt, ein möglichst naher Termin anberaumt.

§. 13. Die Ableugnung des Inhalts einer Urkunde bei anerkannter Unterschrift ist unzulässig.

Jedoch kann die Behauptung, daß ein nicht zum Behufe einer wechselmäßigen Verpflichtung ausgestelltes Blanquet mißbraucht, oder ein sonstiger Betrug oder eine Fälschung vorgenommen worden sei, als Einrede, nach Maßgabe des §. 15 geltend gemacht werden. Dasselbe findet statt, wenn die Aechtheit öffentlicher Urkunden bestritten wird.

§. 14. Keine Einrede befreit den Beklagten von der Verbindlichkeit, sogleich in dem Termine sich über die Aechtheit der Urkunden zu erklären und den verlangten Diffessionseid abzuleisten.

§. 15. Einreden sind im Wechselverfahren nur dann von voller Wirkung, wenn sie, insofern dem Beklagten der Beweis obliegt, auf der Stelle durch Urkunden bewiesen werden. Die öffentlichen und Privaturkunden sind dem Gegner zur Anerkennung oder beziehungsweise zur eidlichen Ableugnung vorzulegen.

1) gegen den **Acceptanten** auf Art. 23 (§. 24 Seite 49);
2) gegen den **Aussteller** auf Art. 8 (§. 22 Seite 45);
3) gegen die **Indossanten** auf Art. 14 (§. 22 Seite 45);
In Bezug auf den **Avalgeber** (s. §. 44), so haftet er, wie der

---

Werden die Einreden nicht sofort durch Urkunden erwiesen, so verweist das Gericht solche zur besonderen Verhandlung und erkennt im Uebrigen ohne Rücksicht auf solche.

Vermag der Verklagte aber die Voraussetzungen eines Arrestes, nach den Grundsätzen des Arrestprozesses — Bescheinigung der Gegenforderung und Gefahr wegen demnächstiger Restitution — nachzuweisen, so kann das Gericht die Hinterlegung der streitigen Summe bis zur Sicherheitsleistung des Klägers verordnen.

§. 16. Will der Kläger es auf den Diffessionseid (§. 9), zu dessen Ableistung der Beklagte erbötig ist, nicht ankommen lassen, sondern in anderer Art den Beweis, daß die Namensunterschrift ächt sei, übernehmen, so hört das Wechselverfahren auf; die Sache wird im ordentlichen Prozesse mit abgekürzten Fristen weiter verhandelt und nach stattgehabtem Beweisverfahren abgeurtheilt. Der Kläger kann, wenn er rechtskräftig die Verurtheilung des Beklagten erwirkt hat, die wechselrechtliche Vollstreckung dieses Erkenntnisses (§. 25 bis 30; vergleiche §. 7 Zusatz Nr. 7 zum Art. 2 Seite 13) verlangen.

Ebenso kann der Beklagte, wenn der Kläger sich zur Ableistung des Diffessionseides erboten hat, diesen Eid fallen lassen, in welchem Falle die Bestimmung des zweiten Absatzes des vorstehenden §. 15 zur Anwendung kommt.

§. 17. Wird demnächst der Beweis erbracht, daß die Unterschrift von demjenigen, welcher ihre Aechtheit im Wechselverfahren bestritten hat, geschrieben ist, so kann derselbe auf Antrag des Gegners in eine bürgerliche Gefängnißstrafe bis zu 14 Tagen verurtheilt werden.

§. 18. Der Beklagte ist in keinem Falle berechtigt, von dem Kläger wegen der Prozeßkosten, zu deren Ersatz derselbe verurtheilt werden könnte, Sicherheit zu verlangen.

§. 19. Eine Widerklage kann nur dann in demselben Verfahren verfolgt werden, wenn sie ebenfalls eine Wechselklage (§. 3; siehe §. 105 Hessen-Darmstadt, Wechselprozeßordnung) ist und zugleich mit der Erklärung auf die Klage angestellt wird.

§. 20. Zur Erklärung auf Widerklagen, eigentliche Einreden und Repliken 2c., kann nach dem Ermessen des Gerichts ein weiterer Termin gestattet werden.

§. 21. Editionsanträge sind im Wechselverfahren nicht zulässig.

§. 22. Nach geschlossener Verhandlung ist das Urtheil den streitenden Theilen in der Regel sogleich im Termine selbst, spätestens aber binnen drei Tagen zu eröffnen und einzuhändigen.

§. 23. Wird der Beklagte verurtheilt, so ist demselben zugleich aufzugeben, daß er den Kläger binnen 24 Stunden, bei Vermeidung der wechselmäßigen Hülfsvollstreckung, befriedige.

Art. 81 klar ausspricht, gleich dem Aussteller und den Indossanten solidarisch für den richtigen Eingang des Wechsels, ist also bei Nichteingang desselben ebenfalls regreßpflichtig, wie dies überhaupt Jeder wird, welcher eine Wechselerklärung mit unterschreibt (s. §. 44 die Anmerkung Nr. 1 S. 66).

---

§. 24. Alle in Wechselsachen erlassenen gerichtlichen Verfügungen und Urtheile sind sogleich vollstreckbar. Weder Rechtsmittel noch einfache Beschwerden haben aufschiebende Wirkung.

Hat jedoch der Beklagte gegen ein verurtheilendes Erkenntniß Rechtsmittel eingelegt, oder eine mit den Erfordernissen einer Arrestklage ausgestattete Widerklage erhoben, so kann er verlangen, daß die zu bezahlende Summe bei der zuständigen Behörde hinterlegt und nur gegen hinreichende Sicherheit für den allenfallsigen Rückersatz an den Kläger ausgeliefert werde.

6. Lippe-Detmold. Wechselprozeß-Ordnung vom 5. Juli 1849. §. 5—13.

§. 5.	Wie oben bei Braunschweig	§. 5.	Seite	125.
§. 6.	„ „ „ „	„ 6.	„	„
§. 7.	„ „ „ „	„ 7.	„	126.
§. 8.	„ „ „ „	„ 8.	„	„
§. 9.	„ „ „ „	„ 9.	„	„
§. 10.	„ „ „ „	„ 10.	„	„
§. 11.	„ „ „ „	„ 11.	„	127.
§. 12.	„ „ „ „	„ 12.	„	„
§. 13.	„ „ „ „	„ 13.	„	„

7. Lübeck. Einführungs-Ordnung vom 28. April 1849. Art. 10. Nr. 2—6.

Nr. 2. Die Vorladung ist spätestens am zweiten Tage vor Anstellung der Klage, und zwar alsdann vor 7 Uhr Abends, unter Zurücklassung eines den einzuklagenden Wechsel nach Summe, Datum und Inhaber bezeichnenden Vorladungsscheines, im Geschäftslokale, eventuell in der Wohnung des Beklagten, zu bestellen.

Daß dieses geschehen, hat der Kläger bei Anbringung der Klage zu bescheinigen.

Nr. 3. Der Beklagte, gegen welchen die Richtigkeit seiner Unterschrift unter einer Wechselerklärung feststeht, wird mit dem Einwande nicht gehört, daß die über der Unterschrift befindliche Erklärung ohne seine Genehmigung geschrieben worden, oder daß er die Sprache, in welcher die Erklärung abgefaßt ist, nicht verstehe, oder daß er nur seinen Namen schreiben könne

Nr. 4. Auch die gesetzlich zulässigen Einreden sind im Wechselprozesse nur dann zu berücksichtigen, wenn sie auf der Stelle liquid gemacht werden, sonst aber bei der Verurtheilung des Beklagten zum abgesonderten Verfahren zu verweisen.

Nr. 5. Die Eidesdelation ist kein zulässiges Beweismittel. Nur in Bezug auf die Aechtheit der Unterschrift einer Wechselerklärung kann sie Platz greifen. Gewissensvertretung findet auch dann nicht Statt.

Nr. 6. Editionsgesuche sind im Wechselprozesse unstatthaft.

Wenn man auch die Klage gegen den Acceptanten vorzugsweise die **Wechselklage** nennt, die gegen einen Vormann aber mit **Regreßklage** bezeichnet, so beruhen beide doch auf einerlei Ansprüchen, nämlich auf der Forderung des Wechselbetrages, der Zinsen und Kosten;

---

8. **Mecklenburg-Schwerin und Strelitz.** Wechselprozeß-Ordnung vom 14. Juni 1849. §. II. Nr. 2, §. III. und IV. §. V. Nr. 1, 2 u. 3.

§. II. Nr. 2. Die Quittungen über bezahlte Provision, Spesen, Kosten u. s. w. der Nachmänner haben die Vermuthung der Richtigkeit für sich; Einwendungen dagegen müssen mittelst zu erweisender Einrede geltend gemacht werden.

§. III. Verfahren und Verhandlung im Termin.

1) Der Beklagte ist verpflichtet, sich sogleich im Termine über die Echtheit der von dem Kläger vorzulegenden Urkunden zu erklären, so wie auf Verlangen desselben sofort den Diffessionseid (§. IV.) in Person abzuleisten, und befreit ihn davon keine s. g. prozeßhindernde oder verzögerliche Einrede.

2) Der Beklagte ist in keinem Falle berechtigt, wegen der Prozeßkosten Sicherheit von dem Kläger zu verlangen.

3) Dem Kläger ist unbenommen, die Ableistung des Diffessionseides nicht zuzulassen, und den Beweis der Echtheit zu versuchen. In diesem Falle hört das Wechselverfahren auf, die Sache wird im summarischen Prozesse weiter verhandelt und zur endlichen Entscheidung gebracht. Der Kläger kann jedoch, wenn er rechtskräftig die Verurtheilung des Beklagten erwirkt hat, die wechselrechtliche Vollstreckung (§. VI.) des Erkenntnisses verlangen.

4) Alle Einreden ohne Ausnahmen, welcherhalb den Beklagten die Beweislast trifft, insoweit solche Einreden nach der Wechselordnung gegen das Recht aus dem Wechsel überhaupt statthaft sind, müssen im Termine durch öffentliche oder durch den Kläger verbindende Privaturkunden erwiesen werden, und sind diese Urkunden demselben zur Anerkennung oder beziehungsweise eidlichen Ableugnung vorzulegen.

5) Wenn an sich rechtlich statthafte Einreden nicht vollständig durch Urkunden erwiesen sind, oder wenn der Beklagte, um den Diffessionseid des Klägers abzuwenden, die Echtheit erweisen will, so sind solche Einreden zum besonderen summarischen Verfahren zu verweisen.

6) Auch in diesem Falle tritt die wechselmäßige Hülfsvollstreckung (§. VI.) ein, jedoch nur in dem Maße, daß der Beklagte zum gerichtlichen Depositum, an den Kläger selbst aber nur gegen rechtsgenügliche Caution wegen der Wiedererstattung zu zahlen schuldig ist, in Gemäßheit der Verordnung vom 11. März 1837. (Für das Fürstenthum Ratzeburg publicirt den 2. October 1841.)

7) Gegen liquide Einreden dürfen zum Zwecke der Fortsetzung des Wechselprozesses nur gleichmäßig liquide Repliken und gegen liquide Repliken nur eben solche Dupliken 2c. vorgebracht werden.

Das Verfahren über die Repliken und die Dupliken u. s. w. ist demjenigen über die Einreden gleich.

zwischen beiden besteht indeß der Unterschied, daß zur Klage gegen den Acceptanten kein Protest nothwendig ist (Art. 44 §. 54), während zu derjenigen gegen einen Vormann das Gesetz einen solchen unbedingt vorschreibt (Art. 41 §. 46).

Für illiquide Repliken und Dupliken u. s. w. wird die Vorschrift unter Nr. 5 dieses Paragraphen anwendlich.

8) In der Regel ist die Sache in demselben Termine zum Erkenntniß zu bringen, es kann jedoch zur Erklärung über thatsächliche Einreden, Repliken und Dupliken u. s. w. und zur Production der auf dieselbe bezüglichen Originalurkunden, sowie zur Eidesleistung über dieselben, auf Antrag des einen oder andern Theils der Termin nach richterlichem Ermessen erstreckt werden.

9) Dem verurtheilten Beklagten ist aufzugeben, daß er seinen Gegner binnen einer nach dem Ermessen des Gerichts zu bestimmenden Frist — die aber nicht kürzer als 24 Stunden und nicht länger als drei Tage sein darf — bei Vermeidung der wechselmäßigen Hülfsvollstreckung klaglos stelle.

§. IV. Diffessionseid.

1) Es findet sowenig eine Zurückschiebung des Diffessionseides, als eine Gewissensvertretung statt; wenn derselbe verweigert wird, so ist die fragliche Urkunde als anerkannt zu betrachten.

2) Der Diffessionseid ist von dem Beklagten, beziehungsweise vom Kläger, dahin abzuleisten:

daß die fragliche Unterschrift weder von ihm, noch an seiner Statt von einem Dritten ihn Verpflichtenden geschrieben sei.

Wenn der Eine oder der Andere als Erbe oder Rechtsnachfolger des ursprünglich Verpflichteten oder Berechtigten auftritt, so hat er zu schwören:

daß er nach seiner gewissenhaften Ueberzeugung weder wisse, noch glaube, daß die fragliche Unterschrift echt sei.

Dem Richter bleibt vorbehalten, die Eidesformel prozeßordnungsmäßig auf die entscheidende Thatsache zu stellen.

3) Die Ableugnung des Inhalts einer Urkunde bei anerkannter Unterschrift ist unzulässig.

Es kann jedoch die Behauptung, daß ein, nicht zum Behuf einer wechselmäßigen Verpflichtung ausgestelltes Blanquet gemißbraucht, oder eine sonstige Fälschung vorgenommen sei, als Einrede Replik und Duplik (in Maßgabe §. III. Nr. 4 ff.) geltend gemacht werden. Dasselbe findet statt, wenn die Echtheit öffentlicher Urkunden bestritten wird.

§. V. Allgemeine Vorschriften über das Verfahren.

1) Alle in Wechselsachen erfolgten Erkenntnisse und Erlasse sind sofort vollstreckbar. Kein Rechtsmittel gegen dieselben hat aufschiebende Wirkung.

Der verurtheilte Beklagte kann jedoch nach einer von ihm eingelegten Appellation einstweilen nur dahin angehalten werden,

Die Bestimmung des letzten Absatzes des Art. 81 spricht auch schon der Art. 49 (§. 75) aus; von der hieraus zu ziehenden Folgerung auf die Berechtigung des Wechselinhabers, im Fallimentsfalle mehrerer Wechselverpflichteten bei jeder Concursmasse zum

---

den Betrag gerichtlich zu deponiren; zur Zahlung an den Kläger ist er nur gegen Cautionsleistung verpflichtet. (Vergl. §. 21 des Rechtsmittelgesetzes.)

2) Bei Widerklagen findet gleichzeitiges Verfahren mit der Vorklage nicht statt, doch können sie zur Begründung des Gerichtsstandes bei dem Gerichte der Vorklage in einem gesonderten Prozesse angebracht werden.

3) Editionsanträge sind im Wechselverfahren unzulässig.

9. Nassau. Wechselprozeß-Ordnung vom 7. November 1848. §. 7—14, §. 19 und 20.

§. 7. Der Beklagte hat sich in dem Termine auf die Klage einzulassen; unbestimmte oder zweideutige Erklärungen gelten für Eingeständniß, wenn der, nach §. 137 der Prozeßordnung, im Termine unter der in das Protokoll aufzunehmenden genauen Bezeichnung der Mängel seiner Erklärung, zur Verbesserung aufgeforderte Beklagte diese verweigert; derselbe hat sodann die im Original vorzulegenden Urkunden anzuerkennen oder hinsichtlich der abgeleugneten, wenn ihm keine Einrede zur Seite steht, welche die Beurtheilung der Echtheit der Urkunden entbehrlich macht, den Diffessionseid auszuschwören; verweigert er die Ausschwörung dieses Eides, so gilt die Urkunde für anerkannt.

Ist der Beklagte auch in dem erstreckten Termine (§. 6) durch eine physische oder moralische Unmöglichkeit, welche dem Gerichte notorisch oder zu erweisen ist (§. 121 pos. 3 der Prozeßordnung), persönlich zu erscheinen verhindert, so kann auf sein Anstehen ein anderer Termin zur Verhandlung, wenn dieser durch einen Bevollmächtigten noch nicht stattgefunden hat, so wie zur Ableistung des Diffessionseides, welche geeigneten Falles in dessen Wohnung geschehen kann, anberaumt werden.

§. 8. Will der Kläger den Beklagten den Diffessionseid nicht schwören lassen, so steht ihm frei, den Wechselprozeß aufzugeben und seine Forderung im ordentlichen Prozeß geltend zu machen, wobei die Vorschriften im §. 3 eintreten. Eine Recognition des Wechsels durch Zeugen oder Beweis durch Schriftvergleichung findet im Wechselprozesse nicht statt.

§. 9. Der Wechselschuldner kann sich nur solcher Einreden bedienen, welche aus dem Wechselrecht selbst hervorgehen oder ihm unmittelbar gegen den jedesmaligen Kläger zustehen.

§. 10. In dem Wechselprozeß hat keine Einrede die Wirkung, daß sie von der eventuellen Erklärung über die Hauptsache (§. 10 und 11 der Prozeßordnung vom 23. April 1822) befreit, auch ist die Einrede der fehlenden Sicherheit wegen der Prozeßkosten (§. 12 der Prozeßordnung) unzulässig.

Bollen zu liquidiren, ist schon in der Anmerkung Nr. 2 des §. 69 (Seite 104) gesprochen.

Im Wechselprozesse sind nach Art. 82 nur solche Einreden statthaft, welche aus einem unmittelbar zwischen dem Kläger und Be-

§. 11. Der Beklagte, welcher dillatorische oder peremtorische Einreden vorschützt, muß dieselben, insofern sie nicht aus dem Wechsel selbst oder sonst klar sind, in dem Termine beweisen. Als Beweismittel sind nur zulässig: öffentliche Urkunden, Privaturkunden, welche der Kläger anzuerkennen oder eidlich abzuleugnen verbunden ist, und das eigene Handelsbuch des Klägers, wenn es am Orte des Gerichts sich befindet.

§. 12. Die Beweisurkunden muß der Beklagte sofort im Original vorlegen. Behauptet er aber, daß der Gegner solche besitze, so kann er unter bestimmter Angabe des Inhalts der Urkunde oder Beifügung einer Abschrift derselben, wenn er eine solche besitzt, die Vorlage unter Antrag des Editionseides verlangen.

Das Gericht hat alsdann dem Kläger aufzugeben, die Urkunden noch in dem nämlichen oder einem anderen, auf dessen Ansteben auf kurze Zeit zu verlegenden Termine, vorzulegen, oder den Editionseid auszuschwören, unter dem Rechtsnachtheil, daß sonst die beigebrachte Abschrift für anerkannt oder der durch die Urkunde zu erweisende Thatumstand für eingeräumt erachtet werden solle. Das nämliche gilt von dem eigenen Handelsbuch des Gegners.

§. 13. Der Kläger hat sich über die vorgeschützten Einreden zu erklären, kann jedoch hierzu die Bestimmung eines anderen, auf kurze Zeit hinauszusetzenden Termins verlangen.

In Rücksicht der Anerkennung oder eidlichen Ableugnung der Urkunden treten die nämlichen Grundsätze ein, wie bei dem Beklagten (§. 7 und 8).

§. 14. Eigentliche Repliken und Dupliken sind im Wechselprozesse nur zulässig, wenn sie auf gleiche Weise wie die Klage und Einreden in dem Termine, wo sie vorgeschützt, auch erwiesen werden.

§. 19. Nach gegenseitiger Verhandlung bis zum Schlusse (§. 4—14) muß das Erkenntniß mit Entscheidungsgründen in der Regel in dem Termine den Parteien eröffnet werden.

In Fällen von verwickelter Beschaffenheit kann die Entscheidung, jedoch nicht länger als drei Tage, ausgesetzt werden, binnen welcher Frist alsdann das Erkenntniß mit Entscheidungsgründen den Parteien zu insinuiren ist.

§. 20. Die nicht bewiesenen Nebenforderungen des Klägers (§. 3), wenn sie nicht als eingestanden angenommen werden müssen (§. 5, 7, 16), so wie die mittelst illiquid gebliebenen Einreden, Repliken oder Dupliken geltend gemachten Ansprüche sind zum besonderen Verfahren zu verweisen.

10. Oesterreich. Verordnung vom 25. Januar 1850 für Ungarn, Croatien, Slavonien, Serbien und das Temeser Banat. §. 3.

Die Compensation gegenseitiger Forderungen ist im Wechselprozesse nur dann zulässig, wenn der Wechselschuldner dem Kläger eine klagten bestehendem Rechtsverhältnisse herrühren, oder durch das Wechselrecht selbst begründet werden. Eine gegenseitige Forderung kann der Beklagte also, wenn sie ihm unmittelbar an den Kläger zusteht, compensiren; sie muß aber fällig und sofort durch vorzu-

---

fällige, entweder durch ein rechtskräftiges Erkenntniß oder durch einen gerichtlichen Vergleich anerkannte, und dem Schuldner unmittelbar gegen den Kläger zustehende Gegenforderung entgegenzusetzen vermag.

11. Oldenburg. Wechselprozeß-Ordnung vom 31. März 1849. Art. 109, 110, 113—121.

Art. 109. Im Wechselprozesse können Thatsachen, welche eines Beweises bedürfen, nur durch Urkunden nach den Vorschriften des Executivprozesses erwiesen werden. Einwendnngen, bei welchen solcher Beweis fehlt, sind, wenn der Beklagte verurtheilt wird, zum abgesonderten Verfahren zu verweisen.

Editions-Anträge sind ausgeschlossen.

Art. 110. Wird der Beweis ausländischer Wechselgesetze erforderlich, so ist ein unverdächtiger Abdruck derselben dazu genügend.

Art. 113. Der Beklagte muß sich im ersten Termine über die Klage vernehmen lassen, seine zulässigen (Art. 82, 114) Einreden verhandeln und sich über sämmtliche vorgelegte Urkunden erklären, insbesondere über die Aechtheit seiner eigenen Wechselzeichnungen, so wie der Wechselzeichnungen der Personen, deren Handschrift ihn verbindet. Von diesen Verpflichtungen kann er sich weder durch Fristgesuche, noch durch prozeßhindernde oder verzögerliche Einreden befreien.

Quittungen der Nachmänner über bezahlte Provision, Kosten u. s. w. haben die Vermuthung der Richtigkeit für sich und bedürfen keiner Anerkennung.

Art. 114. Es sind nur die verzögerlichen Einreden zulässig, welche die Zuständigkeit des Gerichts, die Legitimation des Gegners sowohl zur Sache als zum Prozeß, wesentliche Fehler der Klagschrift oder der Ladung oder endlich die eingeklagte Schuld selbst betreffen, z. B. die Einrede einer vom Kläger bewilligten Zahlungsfrist.

Art. 115. Der Beklagte, gegen welchen die Richtigkeit der Unterschrift unter einer Wechselerklärung feststeht, wird im Wechselprozesse mit dem Einwande nicht gehört, daß die über der Unterschrift befindliche Erklärung ohne seine Genehmigung geschrieben worden, oder daß er die Sprache, worin die Erklärung abgefaßt ist, nicht verstehe, oder daß er Geschriebenes nicht lesen könne.

Art. 116. Die Ableistung des dem Beklagten in Betreff der, der Klage zu Grunde liegenden Urkunden obliegenden Ableugnungseides muß auf Verlangen des Klägers im ersten Termine erfolgen.

Art. 117. Ist der Wechsel pr. procura gezeichnet und wird die Ertheilung der letzteren vom Beklagten geleugnet, so kann der Kläger hierüber einen Ableugnungseid verlangen.

Art. 118. Der Kläger kann den Ableugnungseid des Beklagten durch das Erbieten zum anderweitigen Beweise der geleugneten legende Urkunden liquid gestellt werden können (s. unten den Zusatz zu Art. 81—83: Braunschweig §. 8 Seite 126, Bremen §. 14 Seite 127, Coburg-Gotha §. 13 Seite 129, Hessen-Darmstadt §. 15 Seite 131, Lübeck Art. 10 Nr. 4 Seite 133, Mecklenburg-Schwerin und Strelitz

---

Thatumstände abwenden, und zu dem Ende die Aussetzung des Wechselprozesses verlangen, der alsdann in den unbestimmten summarischen Prozeß übergeht. Nach Beendigung dieses Zwischenverfahrens wird auf Antrag des Klägers wieder im Wechselprozesse weiter verfahren. Nach dem Mißlingen des anderweitigen Beweises darf der Kläger noch den Ableugnungseid fordern.

Art. 119. In dem ersten Termine muß zum Schluß verhandelt werden, wenn nicht der Kläger zur Verhandlung seiner Replik einen neuen Termin verlangt, in welchem Falle der Beklagte zur Verhandlung der Duplik einen ferneren Termin nach der Replik verlangen kann.

Art. 120. Nach dem Schlusse der Verhandlungen muß der Richter das Erkenntniß, mit kurzer Anführung der Gründe, sofort oder in einem sogleich anzusetzenden Termine innerhalb der nächsten drei Tage verkünden, vorbehaltlich der ihm überlassenen schriftlichen Zustellung vor diesem Termine.

Art. 121. Rechtsmittel haben keine aufschiebende Wirkung.

12. Preußen. Einführungs-Ordnung vom 15. Februar 1850. §. 7.

In denjenigen Landestheilen, in welchen die allgemeine Gerichtsordnung gilt, ist auch auf an sich zulässige Einwendungen, soweit es eines Beweises derselben bedarf, in Wechselsachen nur dann Rücksicht zu nehmen, wenn dieselben durch Urkunden, Eideszuschiebung oder Aussagen solcher Zeugen, die sogleich zur Stelle gebracht sind, dargethan werden. Auswärtige Zeugenverhöre, wenn sie gleich im Termine beigebracht werden, gelten nur soweit, als sie mit Zuziehung des Gegentheils, oder eines von ihm dazu bestellten Bevollmächtigten aufgenommen sind, und tritt diese Bestimmung an die Stelle des im §. 26 Tit. 27 Theil I. der allgemeinen Gerichtsordnung in Bezug genommenen Vorschriften.

13. Sachsen. Wechselprozeß-Ordnung vom 7. Juni 1849. §. 40, 42, 43 und 44.

§. 40. Erböte sich der Beklagte zur eidlichen Ableugnung (Diffession) der Urkunden, so ist zur Abnahme des Diffessionseides sofort zu verschreiten. Eine auf den Inhalt der Urkunden gerichtete Diffession (diffessio quoad contenta) ist in dieser Prozeßart eben so wenig zulässig, als ein Zeugenbeweis, womit die Ausstellung der Urkunden erhärtet werden soll (recognitio per testes).

§. 42. Wenn der Beklagte seine Einrede mit vorgelegten Urkunden sofort bescheinigt, so hat der Richter, dafern er sie bei Entscheidung der Sache von Einfluß findet, solche dem Kläger, da nöthig, zum Anerkenntnisse vorzulegen und, falls dieser sich zur Diffession erböte, auch dießfalls zur Abnahme des Diffessionseides sofort zu verschreiten.

§. III. Nr. 4 Seite 134, Nassau §. 9—12 Seite 136, Oesterreich §. 3 Seite 137, Oldenburg Art. 109 Seite 138, Preußen §. 7 Seite 139, Sachsen §. 42 Seite 139, Waldeck §. 7 Seite 141); sonstige im Art. 82 als zulässig angeführten Einreden müssen aus der allgemeinen deutschen

---

§. 43. Wäre der Kläger, welchem dieser Diffessionseid zufällt, nicht persönlich anwesend, so ist zwar, auch wenn die Einrede den Klaganspruch erschöpfen würde, der Beklagte, insofern Wechselhaft gegen ihn verfügt werden kann, inmittelst in Verwahrung zu nehmen, dem Kläger jedoch die Erklärung über die Recognition, sowie nach Befinden die Leistung des Diffessionseides unter Einräumung einer nach den besonderen Umständen zu bemessenden kurzen Frist, unter der Verwarnung, daß außerdem der Beklagte entlassen werden solle, aufzugeben.

§. 44. Diese Entlassung ist jedoch auch vorher anzuordnen, wenn der Beklagte hinreichende Caution an Gerichtsstelle leistet.

14. Schleswig-Holstein. Einführungs-Ordnung vom 10. April 1849.

§. 3.

Alle Wechsel, in welchen keine Pfandverschreibung enthalten ist, können auf ungestempeltem Papiere ausgefertigt werden. Werden sie aber bei einer gerichtlichen oder obrigkeitlichen Behörde producirt, so ist ihnen, insofern überhaupt nach den bestehenden Anordnungen die Verpflichtung zum Gebrauch des Stempelpapiers begründet ist, eine Abschrift auf einen Stempelbogen der zweiten Classe nach der Summengröße, hinzuzufügen.

Diese Vorschrift leidet auch auf die im Auslande ausgestellten Wechsel Anwendung.

15. Waldeck. Wechselprozeß-Ordnung vom 30. Mai 1849. §. 5—14.

§. 5. Erscheint der Verklagte und erkennt die Richtigkeit seiner Unterschrift ohne Einreden vorzubringen an, so wird er sofort zur Zahlung und zum Ersatze der Kosten verurtheilt, auch so lange in Arrest gesetzt, bis er die Zahlung geleistet hat. (S. jedoch §. 12, oben in Note 2 Nr. 15. Seite 124.)

Leugnet der Verklagte seine Unterschrift des Wechsels oder des Indossaments oder die Unterschrift seines Procurators eidlich ab, so wird er von der Wechselklage entbunden, und der Kläger in die Kosten verurtheilt.

Will der Kläger den Verklagten zur eidlichen Ableugnung nicht zulassen, und erbietet er sich den Beweis der Richtigkeit auf andere Weise zu führen, so ist ihm dies zwar zu gestatten, jedoch fällt sodann der Wechselprozeß weg, und es ist die Sache zum Verfahren im ordentlichen Prozesse zu verweisen.

§. 6. Leugnet der Verklagte bei einer in seinem Auftrage (pr procura) geschehenen Unterschrift die Ertheilung der Vollmacht, so kann der Kläger fordern, daß die eidliche Ableugnung (der Diffessionseid) auf diesen Punkt gerichtet werde.

Die Vermerkungen über bezahlte Provision, Kosten und Auslagen der Nachmänner haben die Vermuthung der Richtigkeit für sich und bedürfen keiner Anerkennung.

Wechselordnung selbst hergeleitet werden können, z. B. aus Art. 7 (§. 11), Art. 16 (§. 74), Art. 19 und 20 (§. 45), Art. 24 (§. 40), Art. 27 (§. 66), Art. 31 (§. 16), Art. 41 (§. 46), Art. 43 (§. 51), Art. 45 (§. 75), Art. 60, 62 und 64 (§. 64), Art. 67 und 69

---

§. 7. Die nach Art. 82 der allgemeinen Wechselordnung statthaften Einreden sind, insofern dabei den Verklagten die Beweislast trifft, im Wechselverfahren nur dann zulässig, wenn sie auf der Stelle durch öffentliche Urkunden, oder durch solche Privaturkunden, die den Kläger zur Anerkennung oder eidlichen Ableugnung verpflichten, erweislich gemacht werden können.

§. 8. Einreden, welche das Klagerecht aufschieben (dilatorische) sind nur dann zulässig, wenn sie den Mangel einer Voraussetzung der Rechtsbeständigkeit des Verfahrens betreffen.

§. 9. Gesuche um Herausgabe von Urkunden (Editionsgesuche) sind unstatthaft.

§. 10. Bei Widerklagen tritt gleichzeitiges Verfahren mit der Vorklage nicht ein; doch können sie zur Begründung des Gerichtsstandes bei dem Gerichte der Vorklage in einem besonderen Prozesse angebracht werden.

§. 11. Der Kläger kann zur Verhandlung seiner Repliken, so wie zur Anerkennnung oder eidlichen Ableugnung der vom Verklagten vorgelegten Urkunden, die Ansetzung eines andern, jedoch ohne die Zustimmung des Klägers nicht über drei Tage hinauszurückenden, Termins beantragen.

Repliken, die nicht in der Weise des §. 7 sofort klar gestellt werden können, sind im Wechselprozesse nicht zu berücksichtigen.

§. 12. Vergleiche vorstehende Note 2 Nr. 15 Seite 124.

§. 13. Gegen das Erkenntniß finden die überhaupt zulässigen Rechtsmittel, jedoch ohne daß die Vollstreckung desselben aufgehalten wird, (ohne Suspensiveffect) statt.

Die Einwendung des Rechtsmittels muß innerhalb drei Tagen erfolgen.

Die Frist zur Rechtfertigung (bei den Obergerichten zur Einführung und Rechtfertigung) beträgt acht Tage.

Hiernach ist in nicht appelabeln Sachen der Termin zur Rechtfertigung der Revision zu bestimmen. Würde die achttägige Frist an einem Sonn- oder Festtage ablaufen, so ist der Rechtfertigungstermin auf den folgenden Wochentag anzuberaumen.

In der Instanz der Rechtsmittel sind auch die Termine und Fristen für die weiteren Verhandlungen der Parteien nicht über acht Tage hinauszurücken bzw. auszudehnen. Die Erkenntnisse sind innerhalb acht Tagen nach Eingang der Acten bzw. nach deren Schluß abzugeben.

§. 14 wie oben bei Braunschweig §. 13. Seite 127.

16. Weimar. Einführungs-Ordnung vom 13. Juli 1849. §. 5, 6 und 8.

§. 5. Alle vor dem 1. Mai dieses Jahres im Großherzogthume gültig gewesenen Gesetze über Wechsel und Wechselrecht sind seit jenem Tage aufgehoben.

(§. 35), Art. 72 (§. 37), Art. 75 und 76 (§. 90), Art. 77 bis 80 (§. 77).

In Folge des Art. 83 geht, wenn der Wechsel durch Verjährung oder durch Versäumung der gesetzlich vorgeschriebenen Handlungen (ein Beispiel hiervon s. §. 74) präjudicirt, d. h. seine wechselmäßige Kraft erloschen ist, der wechselmäßige Anspruch an den Aussteller, die Indossanten und den Acceptanten, also an alle Wechselbetheiligten verloren; nur in so weit kann der Wechselinhaber sich im gewöhnlichen Prozeßwege an den Aussteller oder Acceptanten halten, als sich einer derselben auf seine Kosten bereichern würde [3]). Brauer giebt hierzu §. 83 Nr. 2 und 3 folgende Erklärung: „Aber nur soweit reicht der

[3]) Vergl. §. 74.

---

§. 6. Jedoch bleibt es hinsichtlich der civilrechtlichen Verhältnisse, welche — ohne wechselmäßige Rechte und Verbindlichkeiten zu begründen — aus dem Wechselgeschäfte hervorgehen oder mit demselben in Verbindung stehen, bei dem bestehenden Rechte, insoweit dieses durch die Bestimmungen der allgemeinen deutschen Wechselordnung keine Abänderung erleidet.

Insbesondere bleibt in dem Falle, daß ein ungültiges Geschäft einer Wechselerklärung zum Grunde läge — unbeschadet der wechselmäßigen Wirksamkeit der letztern — die Ausführung der Ungültigkeit unter dem Aussteller und Empfänger der Wechselerklärung und den Nachmännern des Letztern — soweit diese um die Ungültigkeit wußten — vorbehalten.

§. 8. Hinsichtlich des Wechselprozesses finden die Bestimmungen des vierten Abschnitts der Wechselordnung vom 20. April 1819 auch ferner wie seither Anwendung, jedoch mit folgenden Abänderungen und Zusätzen:

1) (Zu §. 214 der Wechselordnung) vergleiche obenstehende Note 2 Nr. 16 Seite 124.
2) (Zu §. 227). Das Wechselverfahren ist auch an Sonn- und Feiertagen und wider Juden auch am Sabbath oder jüdischen Feiertagen zulässig.

   Würde jedoch der Beklagte die Eidesleistung an einem solchen Tage unter Berufung auf seine Religion, verweigern, so ist er auf Antrag des Klägers einstweilen zu detiniren, wenn er wegen seiner anderweiten zeitigen Stellung an Gerichtsstelle nicht hinreichende Sicherheit stellt.
3) (Zu den §§. 243, 244, 246 und 248). Die vormittägige Terminszeit dauert auch im Wechselprozesse bis 2 Uhr Nachmittags; einer Ungehorsamsbeschuldigung bedarf es auch im Wechselprozesse nicht (Gesetz vom 31. December 1833), und falls der Kläger im Termine auf die Klage nicht erscheint, treten die im §. 9 des Gesetzes vom 12. April 1833 bestimmten Folgen ein.
4) (Zu §. 251)
5) (Zu §. 252) } Vergleiche §. 7 Zusatz Nr. 20 zum Art. 2 Seite 24.
6) (Zu §. 255)

Anspruch (des Wechselinhabers an den Aussteller oder Acceptanten) als die Bereicherung geht. Nur der Aussteller oder der Acceptant können auf diese Art bereichert sein, nicht der Indossant. Der Trassant hat den Wechsel geschaffen, ist also bereichert, wenn er Valuta erhalten und keine Deckung gemacht. Dagegen hat der Indossant den Wechsel auf der einen Seite erworben, auf der andern Seite wieder veräußert, es kann daher in Bezug auf ihn von einer wahren Bereicherung nicht geredet werden, selbst dann nicht, wenn er durch den Verkauf des Wechsels einen Gewinn gemacht, oder sogar seinerseits den Wechsel geschenkt erhielt (Conf.-Prot. p. 205—206). Wenn der Aussteller auf Rechnung eines Dritten zog (Commissionstratte)[4]), so ist, im Falle der Dritte dem Acceptanten keine Deckung gemacht hat, jener außerhalb des wechselrechtlichen Verhältnisses stehende Dritte[5]) der Bereicherte; der durch das Präjudiz Benachtheiligte hat sich daher, statt an den Trassanten, an den Dritten (Committenten) zu halten (Conf.-Prot. p. 207)".

Wechselverjährung.

§. 77.

Der Verlust eines Rechtes in Folge der Unterlassung seiner Geltendmachung während einer gesetzlich bestimmten Zeit wird „Verjährung" genannt; in so fern diese Verjährung die Erlöschung des Rechtes betrifft, einen auf einen Wechsel begründeten Anspruch gegen Jemanden im Wege des Wechselprozesses zu verfolgen, heißt sie „Wechselverjährung".

Wie aber überhaupt die Verjährung eines Klagerechts nur von der Zeit seiner Entstehung an gerechnet werden kann, so kann auch die Verjährungsfrist gegen den Wechselinhaber, bezüglich seines wechselmäßigen Anspruchs, erst von dem Augenblicke an beginnen, wo ihm **zuerst** das Recht zustand, klagend gegen den Wechselverpflichteten aufzutreten. So hat

1) der Bezogene, wenn er acceptirt hat, und der Aussteller eines eigenen Wechsels die Zahlung des Wechselbetrages am Verfalltage zu leisten; von diesem Zeitpunkte an ist sonach der Wechselinhaber berechtigt, gegen den Säumigen die Wechselklage anhängig zu machen. Die Verjährung in Bezug auf den Acceptanten oder den Aussteller eines eigenen Wechsels wird also vom Verfalltage an gerechnet (Art. 77 u. 100 unten); macht von dieser Zeit

---

[4]) S. § 29.

[5]) Vergl §. 29. Anmerkung 1 Seite 54.

an, innerhalb einer gesetzlich bestimmten Frist, der Wechselinhaber von seinem Rechte keinen Gebrauch, so ist solches verjährt, d. h, er kann gegen den besagten Wechselschuldner nicht mehr im Wege des Wechselprozesses klagend auftreten, sondern es steht ihm sodann nur noch der gewöhnliche Civilprozeß zu Gebote, indem der trassirte Wechsel nunmehr nur noch als eine gewöhnliche Schuldverschreibung des Acceptanten, der eigene Wechsel nur als gewöhnliches Schulddocument des Ausstellers betrachtet wird. Wäre aber die Acceptation in Folge eines Blancocredits (§. 82) erfolgt und keine Deckung vom Trassanten gemacht worden, so ist der Acceptant dem Inhaber des verjährten Wechsels nicht zur Zahlung verpflichtet, und es bleibt diesem alsdann nichts weiter übrig, als sich an den Aussteller zu halten; denn es steht ihm (dem Inhaber) ein Klagerecht nur an den Einen von Beiden zu, welcher sich zu seinem Schaden bereichern würde und nur soweit die Bereicherung geht, wie aus Art. 83 (Seite 129) und dem letzten Absatze des vorigen Paragraphen (Seite 142—143) hervorgeht.

2) Zum Regreßanspruch an den Aussteller und die Indossanten (Art. 50 §. 75) ist der Wechselinhaber (der Präsentant) erst dann berechtigt, nachdem er rechtzeitig den Protest Mangels Zahlung hat erheben lassen (Art. 41 §. 46); er kann also erst in Folge dieses Actes gegen dieselben die Regreßklage erheben; die auf die Vormänner bezügliche Verjährung gegen den Wechselinhaber beginnt sonach vom Tage des erhobenen Protestes (Art. 78 unten).

3) Dem Indossanten steht zur weiteren Ausübung seines Regresses nicht früher das Recht zu, als bis er durch Erfüllung seiner eigenen Verbindlichkeit oder durch freie Ueberlassung von Seiten des Inhabers (s. §. 69 Seite 105 den vorletzten Absatz) in den Besitz des vom Bezogenen nicht eingelösten Wechsels und des Protestes gelangt ist, da er nur bei solchem Besitz gegen einen früheren Indossenten oder den Aussteller seinerseits die Regreßklage anzustellen die Befugniß hat (Art. 51 §. 75); sonach kann gegen ihn die Verjährung erst von dieser Zeit an oder auch von dem Augenblicke an beginnen, in welchem er berechtigt oder verpflichtet war, den eben besagten Besitz zu erwirken. Der Beginn der Verjährungsfrist gegen den Indossanten muß daher ein verschiedener sein, je nachdem der Uebergang von Wechsel und

Protest in seinen Besitz schon in der Wirklichkeit Statt gefunden, oder er diesen Uebergang noch nicht ausgewirkt hat, obschon er dazu die Berechtigung oder die Verpflichtung hatte; es kommt sonach nur darauf an, diese Verschiedenheit festzustellen. Löst er nun Wechsel und Protest freiwillig ein, d. h. ohne daß Regreßklage gegen ihn erhoben wurde, so fängt gegen ihn die Frist von dem Datum der auf dem Wechsel oder der Retourrechnung bescheinigten Zahlung (Art. 48 und 54 §. 75) an zu laufen; muß gegen ihn aber zur Erfüllung seiner Regreßpflicht erst gerichtliche Hülfe nachgesucht werden, so beginnt die Frist von dem Tage der ihm behändigten Klage oder Ladung; denn es kann keinem Zweifel unterliegen, daß ihm von diesem Zeitpunkte an sein Recht oder die Verpflichtung, den Uebergang des Wechsels und des Protestes in sein Eigenthum zu erwirken, bekannt geworden (Art. 79 letzten Absatz, Seite 148).

Ich glaube durch diese Erläuterungen es klar gemacht zu haben, weshalb die nachfolgenden Art. 77—79 der allgemeinen deutschen Wechselordnung in Betreff des Beginnes der Verjährungsfristen so verschiedenartige Bestimmungen enthalten, überhaupt nach welchen Grundsätzen verfahren werden müsse, um den Anfang der Wechselverjährung, den verschiedenen Betheiligten gegenüber, festzustellen.

Bezüglich der Dauer der Frist weichen die verschiedenen Wechselgesetze sehr von einander ab; doch stimmen sie alle darin überein, daß sie dieselbe, im Vergleiche zu der gewöhnlichen Verjährung, auf einen weit kürzeren Zeitraum festsetzen, was auch in Rücksicht auf die Bedeutung der Wechsel für den Handelsverkehr ganz sachgemäß ist. Was die allgemeine deutsche Wechselordnung hierüber bestimmt, besagen die nachstehenden Art. 77, 78, 79 und 100.

Die Wechselverjährung kann aber, wie die gemeine Verjährung, unterbrochen [1]) werden; indeß kann dieses nach folgendem Art. 80 nur geschehen:

1) durch Anstellung der Klage, in welchem Falle der Lauf der Verjährung, jedoch nur in Bezug auf den

---

[1]) Wenn, wie im Eingange dieses §. gesagt, die Verjährung durch die zeitige Nichtgeltendmachung eines Rechtes erfolgt, so muß eine Handlung, durch welche eine Geltendmachung sich kund gibt, z. B. gerichtliche Mahnung, Ausstellung und Entgegennahme eines Schuldscheins u. s. w., den Fortschritt der Verjährung (nämlich der gemeinen Verjährung) in ihrem Laufe hemmen, und die Frist derselben wieder von Neuem beginnen, sobald der eingetretene Umstand aufhört, ein Hinderniß zur Geltendmachung des Rechtsanspruchs zu sein; man nennt dieses das Unterbrechen der Verjährung.

Beklagten [2]), von dem Augenblicke an aufhört, in welchem ihm von Seiten des Gerichts die Vorladung zum Termine oder, falls der Prozeßgang es irgendwo so mit sich brächte, das vom Richter erlassene Mandat (s. Seite 116) zugestellt wird;

2) durch eine von dem Beklagten geschehene Streitverkündigung.

Alle übrigen in anderen Ländern noch anwendbare Unterbrechungsmittel, z. B. die Prolongation (§. 27), gerichtliche Mahnung u. s. w., sind, wie aus der Fassung des Gesetzes deutlich hervorgeht, in Deutschland in Bezug auf die Wechselverjährung ohne Wirkung.

Unter Streitverkündigung (litis denunciatio) versteht man diejenige Handlung, wodurch eine Partei, welche ihren Regreß an einen Vormann zu nehmen hat, diesem von dem gegen sie schwebenden Rechtsstreite in Kenntniß setzt und ihm freistellt, ihr in demselben Assistenz (Beistand) zu leisten.

Wenn also der vom Wechselinhaber in Anspruch genommene Indossant sich gegen die Verjährung seines wechselmäßigen Rückanspruchs an seine Vormänner schützen will, so muß er ihnen allen den Streit verkünden; unterläßt er dieses bei Einem oder Einigen, so ist in Bezug auf diese Letzteren, welche die Benachrichtigung nicht empfingen, die Verjährung nicht unterbrochen.

Die allgemeine deutsche Wechselordnung bestimmt über die Wechselverjährung Folgendes:

Art. 77. Der wechselmäßige Anspruch gegen den Acceptanten verjährt in drei Jahren vom Verfalltage des Wechsels an gerechnet.

Art. 78. Die Regreßansprüche des Inhabers [3]) (Art. 50) [4]) gegen den Aussteller und die übrigen Vormänner verjähren:

---

[2]) Da dem Wechselinhaber nach Art. 49 (§. 75) das Recht zusteht, nicht nur gegen Einen oder Einigen der Wechselverpflichteten sondern, falls es ihm so gefiele, gegen sie Alle zugleich die Wechselklage anzustellen, so hat er ein Mittel in Händen, sich in Bezug auf alle Verpflichteten mit Einemmale gegen die Verjährung seines Klagerechts zu schützen.

[3]) Des Präsentanten, welcher den Protest Mangels Zahlung hat erheben lassen.

[4]) S. §. 75 Seite 110.

Zu Artikel 77—80.

1. Frankfurt a. M. Einführungs-Ordnung vom 27. März 1849. §. 9.

Die Verjährung wechselmäßiger Ansprüche ist für alle Wechsel, bei welchem der Lauf der Verjährung vor dem 1. Mai 1849 noch nicht begonnen hat, nach den Vorschriften der Art. 77 bis 80 der allgemeinen deutschen Wechselordnung zu beurtheilen.

1) in drei Monaten, wenn der Wechsel in Europa, mit Ausnahme von Island und den Faröern, zahlbar war;
2) in sechs Monaten, wenn der Wechsel in den Küstenländern von Asien und Afrika längs des mittelländischen und schwarzen Meeres, oder in den dazu gehörigen Inseln dieser Meere zahlbar war;
3) in achtzehn Monaten, wenn der Wechsel in einem anderen außereuropäischen Lande oder in Island oder den Faröern zahlbar war.

Die Verjährung beginnt gegen den Inhaber mit dem Tage des erhobenen Protestes[5]).

Art. 79. Die Regreßansprüche des Indossanten (Art. 51)[6]) gegen den Aussteller und die übrigen Vormänner verjähren:
1) in drei Monaten, wenn der Regreßnehmer in Europa, mit Ausnahme von Island und den Faröern, wohnt;
2) in sechs Monaten, wenn der Regreßnehmer in den Küstenländern von Asien und Afrika längs des mittelländischen und schwarzen Meeres, oder in den dazu gehörigen Inseln dieser Meere wohnt;

---

[5]) Zu diesem Artikel bemerkt Brauer §. 78 Nr. 3: „Das Gesetz kann nur für die Fälle Bestimmungen treffen, wo der Regreßpflichtige im Inlande wohnt, indem dasselbe den umgekehrten Fall, wo der zu Belangende im Auslande wohnt, durch seine Vorschriften nicht treffen kann (Conf.-Prot. p. 199). Im letzteren Falle muß die ausländische Gesetzgebung zur Anwendung kommen (Art. 86 f. §. 92).

[6]) S. §. 75 Seite 111.

Hatte dagegen der Lauf der Verjährung bereits vor dem 1. Mai 1849 angefangen, so kommen die Vorschriften des bisherigen Rechtes zur Anwendung.

2. Hessen-Darmstadt. Einführungs-Ordnung vom 4. Juni 1849. §. 2. für alle drei Provinzen und §. 16 für Rheinhessen.

§. 2. (Für alle drei Provinzen). Die Verjährung wechselmäßiger Ansprüche, deren Lauf vor dem 1. Mai d. J. begonnen hat, ist nach dem alten Gesetze zu beurtheilen. Fehlen aber an diesem Tage, nach Maßgabe des alten Gesetzes, zur Vollendung einer im Laufe begriffenen Verjährung mehr als drei Jahre, beziehungsweise in Fällen der Art. 78 und 79 der allgemeinen deutschen Wechselordnung mehr als sechs, zwölf oder achtzehn Monate, so soll diese Verjährung schon dann vollendet sein, wenn von dem gedachten Tage an, im Falle des Art. 77 der Wechselordnung, drei Jahre, oder in Fällen der angeführten Art. 78 und 79 beziehungsweise sechs, zwölf oder achtzehn Monate abgelaufen sein werden.

3) in achtzehn Monaten, wenn der Regreßnehmer in einem anderen außereuropäischen Lande oder in Island oder den Faröern wohnt.

Gegen den Indossanten läuft die Frist, wenn er, ehe eine Wechselklage gegen ihn angestellt worden, gezahlt hat, vom Tage der Zahlung, in allen übrigen Fällen aber vom Tage der ihm geschehenen Behändigung der Klage oder Ladung.

Art. 80. Die Verjährung (Art. 77—79) wird nur durch Behändigung der Klage unterbrochen und nur in Beziehung auf denjenigen, gegen welchen die Klage gerichtet ist [7]).

Jedoch vertritt in dieser Hinsicht die von dem Verklagten geschehene Streitverkündigung die Stelle der Klage [8]).

Art. 100. Der wechselmäßige Anspruch gegen den Aussteller eines eigenen Wechsels verjährt in drei Jahren vom Verfalltage des Wechsels an gerechnet.

Wenn die vorstehenden Art. 77 und 100 bestimmen, daß der wechselmäßige Anspruch gegen den Acceptanten oder den Aussteller eines eigenen Wechsels in drei Jahren, vom Verfalltage des Wechsels an gerechnet, verjährt, so darf man nicht etwa glauben, daß durch Schaffung eines neuen Verfalltages, also durch weitere Hinausschiebung desselben (Prolongation §. 27) die bereits abgelaufene Frist der Verjährung für Nichts gerechnet (unterbrochen) werde, und von dem neuen Verfalltage an ihr dreijähriger Lauf von Neuem wieder beginne; denn dieses wäre, wie schon oben Seite 146 angeführt, ja ganz gegen die Bestimmung des Art. 80. Wohl aber kann, wie §. 27 erklärt, der Inhaber eines

[7]) S. die Anmerkung Nr. 2 Seite 146.
[8]) S. das Seite 146 über Streitverkündigung Gesagte.

---

§. 16. (Für Rheinhessen). Der nach Art. 189 Satz 2 des rheinhessischen Handelsgesetzbuches zulässige Eidesantrag findet nur noch in denjenigen Fällen statt, in welchen entweder vor dem 1. Mai d. J. die ganze Verjährungszeit abgelaufen ist, oder in welchen eine an diesem Tage noch im Laufe befindliche Verjährung nach Maßgabe des alten Gesetzes vollendet wird (§. 2).

Der Eidesantrag kann aber dann nicht mehr statthaben, wenn erst von dem gedachten Tage an, die in der allgemeinen deutschen Wechselordnung bestimmte Verjährungszeit abgelaufen sein wird.

Zum Artikel 80.

Hessen-Darmstadt. Einführungs-Ordnung vom 4. Juni 1849. §. 12 für Rheinhessen.

Die in dem Art. 80 Satz 2 der allg. deutschen Wechselordnung der Streitverkündigung verliehene Wirkung findet durch Notification der Klage statt.

gezogenen Wechsels, freilich nur mit Verlust seines Regreßrechtes an alle seine Vormänner, der erste Inhaber eines eigenen Wechsels, ohne daß ihm dadurch ein Rechtsverlust erwüchse, der Erstere dem Acceptanten, der Letztere dem Aussteller innerhalb der dreijährigen Verjährungsfrist die Prolongation gestatten; aber über diese Frist, welche von der ursprünglichen Verfallzeit an gerechnet wird, darf die neue Verfallzeit nicht hinausgeschoben werden, denn hierdurch würde der Inhaber, dem Wechselschuldner gegenüber, sich ja seines Rechtes begeben, noch vor Ablauf der Verjährung klagend gegen denselben auftreten zu können, und er sonach seinen wechselmäßigen Anspruch an ihn verlieren.

Wenn aber Brauer (§. 79 Nr. 1) zur Erklärung des letzten Absatzes des vorstehenden Art. 79 Folgendes bemerkt:

> „Die Verjährung der Regreßklage des Indossanten beginnt von einem verschiedenen Zeitpunkte an zu laufen, je nachdem derselbe freiwillig oder nur auf gerichtliche Nöthigung zahlt. Im erstern Falle ist offenbar die Klage schon dann begründet (actio nata), wenn er freiwillig gezahlt hat, im letztern Falle, streng genommen, erst dann, wenn er in Folge des gegen ihn ergangenen Urtheils gezahlt hat. Da aber die Verhandlungen über die Klage sich möglicher Weise durch mehrere Instanzen hindurch auf eine längere Zeit hindurch erstrecken können, so soll schon die Behändigung der Klage oder Ladung die Zulässigkeit der Regreßklage für ihn begründen. Dadurch kann freilich die Sonderbarkeit herauskommen, daß er von seinem Vormanne Zahlung erhält, während die gegen ihn angestellte Klage später vom Gerichte abgewiesen wird. Für diesen wohl nur selten vorkommenden Fall bleibt dem Vormann, welcher gezahlt hat, nichts übrig, als das Gezahlte im gewöhnlichen Civilwege wieder zurückzufordern."

so muß wohl dasjenige, was derselbe beim zweiten Falle anführt, auf einen Irrthum seinerseits beruhen; denn wie sollte es dem gerichtlich in Anspruch genommenen Indossanten, gegen welchen noch die Regreßklage schwebt, möglich sein, weitere Regreßklage gegen seine Vormänner anzustellen, da er noch gar nicht seine Wechselverbindlichkeit erfüllt und dieserhalb auch noch nicht in den Besitz des protestirten Wechsels und des Protestes gelangt ist, welcher Besitz doch, (wie der Art. 51 (§. 75) besagt und schon vorhin Seite 144 unter Nr. 3 angeführt, auch aus dem Art. 49 [§. 75] hervorgeht), lediglich eine solche Klage begründet, und diese Bestimmung durch keine andere, namentlich auch nicht durch diejenige, zu welcher Herr Brauer diese Erklärung gibt, modificirt ist? Ein solcher Indossant ist sonach durch die gegen ihn erhobene Regreßklage, respective durch die ihm behändigte

Klage oder Ladung, noch nicht zur weiteren Regreßklage gegen seine Vormänner berechtigt; es steht ihm vielmehr nach der klaren Fassung des Art. 80, kein anderes Unterbrechungsmittel als das der Streitverkündigung zu Gebote, wie dieses oben Seite 146 unter Nr. 2 bemerkt. Der Grund aber, weshalb in Betreff des Beginnes der Verjährung gegen die Indossanten verschiedene Zeitpunkte festgesetzt wurden, kann wohl kein anderer sein, als wie oben Seite 144—145 unter Nr. 3 angeführt; ich muß daher vorbemerktem Citat, insoweit es den hier widerlegten Punkt betrifft, reinen Widerspruch entgegensetzen.

Schließlich habe ich nun bezüglich der Sichtwechsel noch Folgendes anzuführen:

Wie aus Art. 19 und 31 der allgemeinen deutschen Wechselordnung hervorgeht, und in den Anmerkungen Nr. 7 und 8 zu Art. 19 (Seite 72) näher erläutert wird, verliert der Sichtwechsel seine Wechselkraft gegen den Aussteller und die Indossenten nach Ablauf der etwa im Wechsel enthaltenen besonderen Präsentationsfrist und, in Ermangelung derselben, nach zwei Jahren von der Ausstellung an gerechnet, falls er nämlich bis dahin nicht zur Präsentation vorgekommen. Ein Sichtwechsel also, dessen wechselmäßige Kraft gegen die benannten Wechselbetheiligten durch Versäumniß der rechtzeitigen Präsentation erloschen, oder mit anderen Worten, welcher angeführter Ursache wegen präjudicirt ist, läßt für denjenigen, welcher dieses Versäumniß verschuldet, ein Klagerecht gegen seine Vormänner wegen Regreß Mangels Annahme oder Zahlung (§. 65), gar nicht ins Leben treten und bei einem Rechte, welches noch nicht existirt, kann auch natürlich eine Verjährung desselben nicht Statt finden. Wird aber ein solcher, in Bezug auf die Vormänner präjudicirter Sichtwechsel von dem Bezogenen noch nach abgelaufener Präsentationsfrist (der besonderen oder, beim Mangel derselben, der zweijährigen) acceptirt, so hat der Wechsel, von diesem Augenblicke an, gegen ihn, den Acceptanten, seine volle Wechselkraft, auf dessen Grund hin, innerhalb der dreijährigen Verjährungszeit (Art. 77), vom Verfalltage an gerechnet, die Wechselklage gegen ihn mit ebenderselben Befugniß angestellt werden kann, als auf Grund jedes andern acceptirten Wechsels.

Abhanden gekommene Wechsel.

§. 78.

Das Verlorengehen eines Wechsels hebt zwar keine der Verbindlichkeiten der Wechselbetheiligten gegen einander auf, ist aber immer mißlich und mit manchen Unannehmlichkeiten und Kosten verknüpft.

Geht ein noch nicht acceptirter Wechsel verloren, so muß der rechtmäßige Eigenthümer desselben dem Bezogenen sogleich hiervon Nachricht geben, damit er ihn bei Vorkommen nicht acceptire oder bezahle; er kann den Verlust auch durch öffentliche Blätter zur allgemeinen Kenntniß bringen, und vor Ankauf des abhanden gekommenen Papieres warnen, was zur Schützung dritter Personen vor Betrug als Regel eingeführt sein sollte. Mittlerweile läßt er sich, wenn es eine Prima war, auf die §. 31 beschriebene Weise eine Secunda, war es eine Secunda, eine Tertia kommen, und verwendet das neu erhaltene Exemplar statt des verlornen; würde ihm indeß die Verschaffung eines den Verlust ersetzenden Exemplars vor Verfall nicht mehr möglich sein, so muß er dennoch, zur Wahrung seiner Rechte gegen seine Vormänner, am Verfalltage gegen den Bezogenen Protest erheben lassen.

Der Verlust eines acceptirten also auch eines eigenen Wechsels, wovon die sofortige Kundmachung an den Wechselschuldner und die Anzeige durch öffentliche Blätter ebenfalls geschehen muß, hat noch den Nachtheil, daß der Schuldner, wenn er auch sein Accept, bei einem eigenen Wechsel die Ausstellung desselben, eingesteht, nicht eher zu zahlen braucht, als bis das verlorene Papier gerichtlich für ungültig erklärt (amortisirt oder mortificirt) ist, oder der rechtmäßige Wechseleigenthümer müßte denn, nachdem er bei Gericht auf Ungültigkeitserklärung (Amortisation oder Mortification) des abhanden gekommenen Wechsels angetragen (das Amortisations-Verfahren eingeleitet), für den Betrag des Wechsels Sicherheit leisten. Thut er dieses nicht, so ist er nur berechtigt, von dem Wechselschuldner zu verlangen, daß er den Wechselbetrag gerichtlich hinterlege (deponire). (S. nachstehenden Art. 73.)

Leugnet aber der Wechselschuldner (der Acceptant oder der Aussteller eines eigenen Wechsels) seine Verpflichtung, (der Acceptant sein Accept, der Aussteller des eigenen Wechsels das ganze Faktum), so muß die Geltendmachung der gegen ihn aus dem verlornen Wechsel hervorgehenden Rechte erst im Wege des gewöhnlichen Prozesses geschehen.

Die Amortisation wird durch öffentliches, gerichtliches Ausschreiben bewerkstelligt, wonach Jeder, welcher ein Recht an dem verlornen Wechsel zu haben glaubt, bei Verlust dieses Rechtes, aufgefordert wird, solches in einer vorgeschriebenen Zeit anzumelden und nachzuweisen; widrigenfalls der Wechsel für ungültig erklärt und das Amortisations-Erkenntniß auch gewöhnlich durch die Zeitungen veröffentlicht wird. Die Kosten des ganzen Verfahrens trägt derjenige, welchem der Wechsel verloren gegangen.

Meldet sich der Inhaber des Wechsels und begründet sein Anrecht an demselben, so wird das Amortisations-Verfahren aufgehoben, und es bleibt dem Antragsteller nichts weiter übrig, als gegen den Ersteren im gewöhnlichen Rechtswege auf Herausgabe zu klagen, in welchem Falle dem Richter die Vorschriften des folgenden Art. 74 zur Richtschnur dienen.

Die Bestimmungen der allgemeinen deutschen Wechselordnung über diesen Gegenstand lauten:

Art. 73. Der Eigenthümer eines abhanden gekommenen Wechsels kann die Amortisation des Wechsels bei dem Gerichte des Zahlungsortes beantragen. Nach Einleitung des Amorti-

---

Zum Artikel 73.

1. Baden. Einführungs-Ordnung vom 19. Februar 1849. Art. 4.

Die Kraftloserklärung (Amortisation) eines Wechsels (Art. 73 der Wechselordnung) ist bei dem Amts- oder Handelsgerichte des Zahlungsortes zu beantragen.

Wenn der Eigenthümer des abhanden gekommenen Wechsels die Kennbarkeitszeichen desselben gehörig anzugeben, auch den Besitz und Verlust desselben glaublich zu machen vermag, so erläßt das Gericht eine öffentliche Aufforderung nach Maßgabe der §§. 275 und 782 der bürgerlichen Prozeßordnung, in welcher der unbekannte Inhaber des abhanden gekommenen Wechsels aufgefordert wird, sein Recht an denselben dem Gerichte darzulegen, widrigenfalls der Wechsel nach umlaufener Frist für kraftlos erklärt werde.

Ist der Wechsel noch nicht verfallen, so beginnt diese Frist erst vom Verfalltage an zu laufen.

Meldet sich der Inhaber, so kann er die Aufhebung des eingeleiteten Verfahrens durch den Nachweis eines rechtmäßigen Erwerbes des Wechsels erwirken; doch bleibt demjenigen, der auf die Einleitung des Amortisationsverfahrens antrug, im Falle des Art. 74 der Wechselordnung unbenommen, die Herausgabe des Wechsels von dem Inhaber im gesonderten Rechtsverfahren zu verlangen.

Meldet sich der Inhaber des Wechsels nicht, oder vermag er sich nicht über den rechtmäßigen Erwerb desselben auszuweisen, so wird der Wechsel auf Antrag Desjenigen, welcher auf die Einleitung des Verfahrens über Kraftloserklärung antrug, für kraftlos erklärt und dieses Erkenntniß gleichfalls öffentlich verkündigt.

2. Braunschweig. Einführungs-Ordnung vom 11. Januar 1849. §. 5.

Bei der im Art. 73 der Wechselordnung gestatteten Amortisation abhanden gekommener Wechsel sind hinsichtlich des Verfahrens die in den Verordnungen vom 6. Januar 1818 und 24. Juni 1827 für die Mortificirung auf den Namen eines Gläubigers gestellten Schuldverschreibungen erlassenen Vorschriften anzuwenden.

sations-Verfahrens kann derselbe vom Acceptanten Zahlung fordern, wenn er bis zur Amortisation des Wechsels Sicherheit bestellt. Ohne eine solche Sicherheitsbestellung ist er nur die

---

3. Coburg-Gotha. Ausführungs-Gesetz für Coburg vom 27. Juni 1849. §. 3, desgleichen für Gotha vom 25. April 1849. §. 3. (Beide §§. sind gleichlautend).

Der Antrag auf Ungültigkeitserklärung (Amortisation) eines abhanden gekommenen Wechsels (Art. 73 der allgemeinen Wechselordnung) ist bei dem Untergerichte des Zahlungsortes zu stellen.

Der Antragsteller (Aufbieter) hat dabei eine Abschrift des abhanden gekommenen Wechsels mit vorzulegen, oder doch den Inhalt desselben und die Merkmale, woran er wieder zu erkennen ist, vollständig anzugeben, auch ein Eigenthum an dem Wechsel wahrscheinlich zu machen.

Unter dieser Voraussetzung erläßt das Gericht eine öffentliche Aufforderung (Edictalien) an den unbekannten Inhaber des Wechsels, den letztern binnen einer gewissen Frist an Gerichtsstelle vorzulegen, widrigenfalls der Wechsel für kraftlos und ungültig erklärt werden würde. Die Aufforderung wird an Gerichtsstelle angeschlagen, einmal ins Regierungsblatt und entweder dreimal in eine hiesige Zeitung oder, wenn die Gerichtsbehörde dies nach der besondern Beschaffenheit des Falles für nöthig findet, einmal in eine hiesige und zweimal in eine auswärtige Zeitung eingerückt, die Frist aber, welche von Zeit der Ausfertigung der Bekanntmachung zu berechnen ist, auf mindestenst drei Monate und höchstens ein Jahr festgesetzt. Wenn sich nun binnen der bestimmten Frist der Inhaber nicht meldet, so wird auf weiteren Antrag des Aufbieters der abhanden gekommene Wechsel vom Gericht für kraftlos und ungültig erklärt.

Meldet sich dagegen der Inhaber und legt den Wechsel vor, so wird dem Antragsteller lediglich davon Kenntniß gegeben und ihm überlassen, sein Recht gegen den Inhaber mit Rücksicht auf Art. 74 der allgemeinen Wechselordnung besonders geltend zu machen.

4. Hannover. Einführungs-Ordnung vom 7. April 1849. §. 4.

Wenn nach Art. 73 der allgemeinen Wechselordnung die Mortification (Amortisation) eines abhanden gekommenen Wechsels beantragt und das erforderliche gerichtliche Verfahren eingeleitet wird, so ist, wenn der Wechsel noch nicht fällig ist, der durch Edictalladung vorzuschreibende Anmeldungstermin erst auf eine geräumige Zeit nach dem Verfalltage des Wechsels zu bestimmen.

5. Hessen-Darmstadt. Einführungs-Ordnung vom 4. Juni 1849. §. 3 bis 8.

§. 3. Wer die Amortisation eines abhanden gekommenen Wechsels (Art. 73 der allg. deutsch. Wechselordnung) veranlassen will, hat sich in den Provinzen Starkenburg und Oberhessen an das Stadt- oder Landgericht, in der Provinz Rheinhessen an das Handelsgericht des Zahlungsortes zu wenden, den Inhalt des Wechsels soweit thunlich, anzugeben, sein Eigenthum an den Wechsel glaublich zu machen und die

Deposition der aus dem Accepte schuldigen Summe bei Gericht oder bei einer andern zu Annahme von Depositen ermächtigten Behörde oder Anstalt zu fordern berechtigt.

öffentliche Aufforderung des unbekannten Inhabers desselben zu beantragen.

§. 4. Wenn das Gericht die im vorhergehenden §. 3. erforderten Angaben und Nachweise als genügend erachtet, so verfügt es eine öffentliche Bekanntmachung, in welcher der Wechsel nach jenen Angaben beschrieben und der Inhaber aufgefordert wird, sein Recht an den Wechsel innerhalb einer bestimmten Frist dem Gerichte darzulegen, widrigenfalls nach abgelaufener Frist der Wechsel amortisirt erklärt werden soll.

§. 5. Die Frist ist nicht länger, als auf drei Monate zu bestimmen, und beginnt, wenn der Wechsel noch nicht verfallen ist, erst vom Verfalltage an.

Die Aufforderung ist in eine im Großherzogthume erscheinende und wenigstens in eine außerhalb des Großherzogthums erscheinende Zeitung, — nach Ermessen des Gerichts ein- oder mehreremale — einzurücken.

In der Provinz Rheinhessen wird außerdem die Aufforderung in dem Sitzungslokale des Gerichts angeschlagen.

§. 6. Meldet sich innerhalb der anberaumten Frist der Inhaber des Wechsels und kann er sich als dessen Eigenthümer legitimiren, so wird das Amortisationsverfahren aufgehoben, unbeschadet des Rechts des Amortisationsklägers, im Falle des Art. 74 der allgemeinen deutschen Wechselordnung die Herausgabe des Wechsels in besonderem Rechtsverfahren zu verlangen.

§. 7. Ist die Frist ohne Einsprache abgelaufen, so wird der Wechsel auf Anrufen des betreibenden Theils als amortisirt erklärt und dies wird, jedoch nur in einer im Großherzogthume erscheinenden Zeitung und nur einmal, durch das Gericht öffentlich bekannt gemacht.

§. 8. Das Verfahren richtet sich in den Provinzen Starkenburg und Oberhessen nach den gemeinrechtlichen Bestimmungen. In der Provinz Rheinhessen hat der Amortisationskläger sich mit einer Bittschrift an das Handelsgericht zu wenden.

Außerdem wird für die Provinz Rheinhessen noch Folgendes besonders verordnet:

a) Der Einspruch gegen die Amortisation ist durch eine dem Amortisationskläger vor das Gericht, welches die Aufforderung erlassen hat, gegebene Ladung zu erheben und das Original desselben von dem Gerichtsschreiber zu visiren. Auch kann der Einspruch durch eine auf der Gerichtskanzlei zu Protocoll gegebene Erklärung geschehen, er muß aber in diesem Falle unter Strafe der Nichtigkeit durch eine, in den darauf folgenden drei Tagen gegebene Vorladung des Amortisationsklägers wiederholt werden.

Der Gerichtsschreiber hat alle Ansprüche sofort in ein besonderes, von dem Präsidenten des Gerichts mit Seitenzahlen und Handzug versehenes Register einzutragen.

Art. 74. Der nach den Bestimmungen des Art. 36 legitimirte Besitzer eines Wechsels kann nur dann zur Herausgabe desselben angehalten werden, wenn er den Wechsel in bösem

---

b) Die auf das Verfahren über den Einspruch Bezug habenden Acte, einschließlich der Urtheile, können auf der Canzlei des Gerichts an diejenige Partei insinuirt werden, welche nicht an dem Orte wohnt, wo das Gericht seinen Sitz hat, oder welche daselbst ein anderes Domicil erwählte.

6. Lübeck. Einführungs-Ordnung vom 28. April 1849. Art. 6.

Rücksichtlich der im Art. 73 der Wechselordnung erwähnten Amortisation abhanden gekommener Wechsel greift das auch bisher schon bei der Amortisation abhanden gekommener Urkunden in den hiesigen Gerichten übliche Verfahren Platz.

7. Nassau. Einführungs-Ordnung vom 7. November 1848. §. 3.

Die Amortisation eines Wechsels (§. 73 der Wechselordnung) ist bei dem Justizamte des Zahlungsortes zu beantragen.

Wenn der Eigenthümer des abhanden gekommenen Wechsels die Kennbarkeitszeichen desselben gehörig anzugeben, auch den Besitz und Verlust desselben wahrscheinlich zu machen vermag, so erläßt das Gericht eine Edictalladung, in welcher der unbekannte Inhaber des abhanden gekommenen Wechsels aufgefordert wird, denselben binnen einer bestimmten Frist vorzulegen, widrigenfalls der Wechsel nach abgelaufener Frist für kraftlos erklärt werden würde Ist der Wechsel noch nicht verfallen, so beginnt die Frist vom Verfalltage an zu laufen.

Die Frist soll in der Regel mindestens in drei Monaten bestehen: von dem richterlichen Ermessen hängt es ab, dieselbe den Umständen entsprechend zu erweitern.

Die erlassene Edictalladung ist durch dreimaliges Einrücken in das allgemeine Intelligenzblatt, so wie in eine inländische und zwei auswärtige nach den obwaltenden Verhältnissen zu wählende Zeitungen bekannt zu machen, und die geschehene Bekanntmachung zu den Acten zu bescheinigen.

Meldet sich hierauf ein Inhaber des abhanden gekommenen Wechsels, so ist die nachgesuchte Kraftloserklärung abzuschlagen und den aufgetretenen Betheiligten zu überlassen, ihre Ansprüche nach §. 74 der Wechselordnung vor dem zuständigen Richter geltend zu machen.

Meldet sich ein Inhaber des Wechsels innerhalb der anberaumten Frist nicht, so wird der Wechsel auf Antrag des Verlierenden für kraftlos erklärt, und dieses Erkenntniß in die öffentlichen Blätter, durch welche die Edictalladung bekannt gemacht worden ist, eingerückt.

8. Oesterreich bestimmt in der Wechselordnung anstatt der deutschen Wechselordnung, Art. 73:

Der Eigenthümer eines abhanden gekommenen Wechsels kann die Amortisation desselben bei dem Gerichte des Zahlungsortes beantragen.

Das Gericht, bei welchem ein Gesuch um Amortisation eines Wechsels überreicht worden ist, hat hierüber ein Edict mit der Aufforderung

Glauben erworben hat oder ihm bei der Erwerbung des Wechsels eine grobe Fahrlässigkeit zur Last fällt.

Wenn also das Indossament nach der Vorschrift des Art. 36

---

an den Inhaber des Wechsels, denselben dem Gerichte vorzulegen, zu erlassen, darin die Frist auf 45 Tage zu bestimmen und den Anfang derselben, wenn der Wechsel noch nicht fällig ist, auf den ersten Tag nach der Verfallzeit des Wechsels festzusetzen.

Nach Einleitung des Amortisationsverfahrens und nach der Verfallzeit des Wechsels kann der Eigenthümer vom Acceptanten Zahlung fordern, wenn er bis zur Amortisation des Wechsels Sicherheit bestellt. Ohne eine solche Sicherheitsbestellung ist er nur die Deposition der aus dem Accepte schuldigen Summe bei Gericht zu fordern berechtigt.

9. Preußen. Einführungs-Ordnung vom 15. Februar 1850. §. 2.

Die Amortisation eines Wechsels ist bei dem ordentlichen Gerichte des Zahlungsortes, und wo Handelsgerichte bestehen, bei diesem nachzusuchen.

Der Antragende muß eine Abschrift des Wechsels beibringen oder doch den wesentlichen Inhalt desselben und alles das, was das Gericht zur vollständigen Erkennbarkeit für nöthig hält, angeben, auch den Besitz und Verlust glaubhaft machen.

Das Gericht erläßt eine öffentliche Aufforderung an den unbekannten Inhaber des Wechsels, binnen einer bestimmten Frist den Wechsel dem Gerichte vorzulegen, mit der Verwarnung, daß sonst der Wechsel werde für kraftlos erklärt werden.

Die Aufforderung wird am Gerichtshause oder an einer andern für geeignet befundenen öffentlichen Stelle, und wenn am Zahlungsorte eine Börse besteht, im Börsensaale angeschlagen und einmal ins Amtsblatt und dreimal in eine in- oder ausländische Zeitung eingerückt.

Das Gericht ist befugt, die Aufforderung an mehreren Stellen anschlagen und in mehreren Zeitungen einrücken zu lassen, wenn dies nach den Umständen angemessen erscheint.

Die Frist zur Meldung wird auf mindestens sechs Monate und höchstens ein Jahr, vom Verfalltage ab gerechnet, bestimmt. Wird von einem Inhaber der Wechsel vorgelegt, so ist dem Antragsteller hiervon Kenntniß zu geben und ihm zu überlassen, sein Recht gegen den Inhaber geltend zu machen. Meldet sich kein Inhaber, so erklärt das Gericht auf weiteren Antrag des Antragstellers den Wechsel für amortisirt.

10. Sachsen. Gesetz über die Amortisation der Wechsel. (S. Gesetz- und Verordnungsblatt für das Königreich Sachsen, 28. Stück vom Jahre 1850.

Die Amortisation eines Wechsels ist bei den ordentlichen Gerichten des Zahlungsortes und, wo ein Handelsgericht besteht, bei diesem nachzusuchen.

Der Antragende muß eine Abschrift des Wechsels beibringen oder doch den wesentlichen Inhalt desselben und Alles, was das Gericht

(§. 28) auf den Besitzer lautet, so kann dieser nach den Bestimmungen des zuletzt aufgeführten Art. 74 nur dann zur Herausgabe des Wechsels gezwungen werden:

---

zur vollständigen Erkennbarkeit für nöthig hält, angeben, ingleichen den Besitz und Verlust glaubhaft machen. Nach richterlichem Ermessen kann hierbei auch eidliche Bestärkung eintreten.

Das Gericht erläßt darauf eine öffentliche Aufforderung an den unbekannten Inhaber des Wechsels, binnen einer bestimmten Frist den Wechsel dem Gerichte vorzulegen, mit der Verwarnung, daß sonst der Wechsel werde für kraftlos erklärt werden.

Die Aufforderung wird am Gerichtshause oder einer andern, vom Gerichte für geeignet befundenen, öffentlichen Stelle, und wenn am Zahlungsorte eine Börse besteht, im Börsenlocale angeschlagen, auch dreimal in die Leipziger Zeitung eingerückt. Das Gericht ist aber befugt, die Aufforderung an mehreren Stellen anschlagen und in mehrere Zeitungen einrücken zu lassen, wenn es nach den Umständen dies für zweckmäßig hält.

Die Frist zur Meldung, welche nur erst nach dem Verfalltage zu laufen anfangen darf, wird auf mindestens sechs Monate, worunter gewöhnliche Kalendermonate zu verstehen, und höchstens ein Jahr bestimmt.

Wird von einem Inhaber der Wechsel vorgelegt, so ist dem Antragsteller hiervon Kenntniß zu geben und ihm zu überlassen, sein Recht gegen den Inhaber geltend zu machen. Meldet sich binnen der Frist kein Inhaber, so erklärt das Gericht auf weiteren Antrag des Antragstellers den Wechsel durch eine zu den Acten zu bringende Resolution für amortisirt.

11. Schleswig-Holstein. Einführungs-Ordnung vom 10. April 1849. §. 5.

Die Amortisation eines Wechsels ist bei dem Wechselgerichte des Zahlungsortes nachzusuchen.

Der Antragende muß eine Abschrift des Wechsels beibringen oder doch den wesentlichen Inhalt desselben und alles das, was das Gericht zur vollständigen Erkennbarkeit für nöthig hält, angeben, auch den Besitz und Verlust glaubhaft machen.

Das Gericht erläßt eine öffentliche Bekanntmachung, in welcher der Wechsel näher beschrieben und der unbekannte Inhaber desselben aufgefordert wird, binnen einer bestimmten Frist den Wechsel dem Gerichte vorzulegen, mit der Verwarnung, daß sonst der Wechsel für kraftlos werde erklärt werden.

Die Aufforderung wird dreimal in drei Zeitungen, zwei inländische und eine außerhalb der Herzogthümer erscheinende, eingerückt. Die Frist zur Meldung wird auf mindestens 12 Wochen, von der letzten Bekanntmachung an gerechnet, bestimmt.

Wird von einem Inhaber der Wechsel vorgelegt, so ist dem Antragsteller hiervon Kenntniß zu geben, und ihm zu überlassen sein Recht gegen den Inhaber geltend zu machen. Meldet sich kein Inhaber, so erklärt das Gericht auf weiteres Verlangen des Antragstellers den Wechsel für amortisirt.

1) falls ihm nachgewiesen werden kann, daß er den Wechsel in bösem Glauben erworben hat, d. h. ihn auf sich indossiren ließ, obgleich er wußte, daß sein Vormann nicht der rechtmäßige Besitzer war. Diesen Nachweis hat der die Herausgabe fordernde und desfalls nur im ordentlichen Civilprozesse aufzutreten ermächtigte Kläger zu führen;
2) falls er sich bei Erwerbung des Wechsels eine grobe Fahrlässigkeit hat zu Schulden kommen lassen, z. B. wenn er ihn erworben hätte, trotzdem das Indossament seines Vormannes augenscheinlich verfälscht gewesen. Die Beweislast trifft auch hier den Kläger.

Anweisungen und Handelsbillets.

§. 79.

A. Anweisungen.

Den gezogenen Wechseln in Form und Inhalt ähnliche Papiere sind die Anweisungen (Assignationen), nur daß sie statt des Wortes „Wechsel" das Wort „Anweisung" enthalten, darin auch die §. 11 Nr. 9 bemerkte, den Empfang des Gegenwerths betreffende Bescheinigung des Ausstellers ausgelassen werden kann. In ihrem Wesen sind sie in Deutschland, (jedoch ausnahmsweise und unter gewissen

---

12. Weimar. Einführungs-Ordnung vom 13. Juli 1849. §. 3.

Die Amortisation eines Wechsels ist bei dem ordentlichen Gerichte des Zahlungsortes nachzusuchen.

Der Antragsteller muß eine Abschrift des Wechsels beibringen oder doch den wesentlichen Inhalt desselben und alles das, was das Gericht zur vollständigen Erkennbarkeit für nöthig hält, angeben, auch den Besitz und Verlust glaubhaft machen. Das Gericht erläßt hierauf eine öffentliche Aufforderung an den unbekannten Inhaber des Wechsels, binnen einer bestimmten Frist den Wechsel dem Gerichte vorzulegen, mit der Verwarnung, daß sonst der Wechsel werde für kraftlos erklärt werden.

Die Aufforderung wird nach Maßgabe des Gesetzes über die Bekanntmachung der Edictalien vom 1. Mai 1829 veröffentlicht und die Frist zur Meldung wird auf mindestens sechs Monate und höchstens ein Jahr, vom Verfalltage ab gerechnet, bestimmt.

Wird von einem Inhaber der Wechsel vorgelegt, so ist dem Antragsteller hiervon Kenntniß zu geben und ihm zu überlassen, sein Recht gegen den Inhaber geltend zu machen. Meldet sich kein Inhaber, so erklärt das Gericht auf weiteren Antrag des Antragstellers den Wechsel für amortisirt.

Bedingungen, wie weiter unten angeführt, nicht in Bayern, Frankfurt a. M., Sachsen und Weimar), von den Wechseln dadurch verschieden, daß der Betheiligte durch sie nicht wechselrechtlich verbunden wird; auch kann bei ihnen, bestehenden Handelsgebrauchs zufolge, die Annahme vor Verfall nicht gefordert werden, oder sie müßten denn auf eine gewisse Zeit nach Sicht lauten, was die Acceptation schon deßhalb erforderlich macht, um den Verfalltag darnach bestimmen zu können. Die Anweisungen werden gewöhnlich bei kleineren, der Förmlichkeit des Wechselverfahrens nicht werth seienden Beträgen, zur Einziehung von Waarenforderungen, beim Zweifel über die Zahlung des Bezogenen oder wenn man demselben die strengen Verbindlichkeiten, welche das Wechselrecht vorschreibt, nicht auferlegen will, angewandt, ihre Form ist folgende:

Mannheim, 12. März 1853. Für fl. **87. 30** kr. im 24 fl. Fuss.
Vierzehn Tage nach heute zahlen Sie gegen diese Anweisung an die Ordre des Herrn F. Romberg die Summe von Sieben und achtzig Gulden dreissig Kreuzer im 24 fl. Fuss, und bringen solche auf Rechnung laut Bericht.

Herrn S. Lyon
in **Carlsruhe.**

Gut für Sieben und achtzig Gulden dreißig Kreuzer im 24 fl. Fuß.
C. Bender & Comp.

oder auch:

Herr S. Lyon in Carlsruhe beliebe vierzehn Tage nach heute gegen diese Anweisung an die Ordre des Herrn F. Romberg die Summe vom Sieben und achtzig Gulden dreissig Kreuzer im 24 fl. Fuss zu bezahlen und uns solche laut Bericht in Rechnung zu bringen.

Mannheim, 12. März, 1853.
C. Bender & Comp.

Für fl. 87. 30 kr. im 24 fl. Fuß.

Der Aussteller einer Anweisung wird auch „Assignant" der Bezogene „Assignat" und derjenige, an welchen oder an dessen Ordre die Zahlung geleistet werden soll „Assignatar" oder „Mandatar" genannt.

Im Verkehre werden die Anweisungen ebenso wie die gezogenen Wechsel behandelt, wie diese indossirt, zur Zahlung präsentirt, im Nichtzahlungsfalle jedoch, wenn sie acceptirt worden, in Deutschland nur da protestirt, wo, in Folge der durch die Particular-Gesetzgebung ihnen verliehenen gleichen Rechte wie den Wechseln, dieses erforderlich ist.

Frankreich, England, die Vereinigten Staaten von Nordamerika u. s. w. (s. §. 11 Note Nr. 1), in welchen Ländern das Wort „Wechsel“ nicht gesetzlich zu den Erfordernissen eines Wechsels gehört, machen keinen Unterschied zwischen diesen Letzteren und der Anweisung, doch muß in Frankreich, nach Art. 110 des Handelsgesetzbuchs, eine als Wechsel gültige Ziehung folgende Erfordernisse haben:

1) Ein Wechselbrief wird von einem Orte auf den andern gezogen;
2) er muß datirt sein;
3) es muß darin ausgedrückt sein:
   die Summe, welche gezahlt werden soll, der Name desjenigen, der zahlen soll, die Zeit und der Ort, wann und wo die Zahlung geschehen soll,
   der Werth, wie er in baarem Gelde, in Waaren, in Rechnung oder auf jede andere Weise dem Aussteller verschafft worden ist (Valuta);
4) er muß auf Ordre eines Dritten oder des Ziehers (Trassanten) selbst gestellt sein;
5) ist es ein erster, zweiter, dritter, vierter Wechsel u. s. w. (Prima, Secunda 2c.) so wird dieses ausgedrückt.

Die allgemeine deutsche Wechselordnung umgeht, in Folge des mit 14 gegen 4 Stimmen in der 31. Sitzung der Leipziger Conferenz gefaßten Beschlusses, die kaufmännischen Anweisungen weder gesetzlich zu verbieten noch über solche etwas in das Wechselgesetz aufzunehmen, die Anweisungen ganz, so daß es den einzelnen Regierungen anheim gestellt bleibt, ob und was sie, je nach Erforderniß, hierüber zu bestimmen für gut finden.

Während nun Baden (Einführungsordnung Art. 2) in Bezug auf die Anweisungen seine älteren Gesetze, nach welchen (s. unten die Artikel des Anhanges zum Landrechte) solche nicht als Wechsel zu betrachten sind, beibehält [1]), Preußen (Einführungsordnung vom 15.

---

1. Baden. Einführungs-Ordnung vom 19. Februar 1849. Art. 2.

Mit diesem Tage (dem 1. März 1849) tritt der (von den Wechseln handelnde) achte Titel des Anhangs zum Landrechte (Anhangs-Satz 110 bis 189 a) außer Wirksamkeit.

Dagegen behält der neunte Titel „von Handelszetteln“ (Anhangs-Satz 190 bis 205) noch fernere Geltung, jedoch mit der Beschränkung, daß im Anhange Satz 197 an die Stelle der dort festgesetzten doppelten Frist des durch gegenwärtiges Gesetz aufgehobenen Anhangs-Satz 165 die einfache Frist des Art. 78 der Wechselordnung tritt.

Der durch diesen Artikel in Kraft gebliebene neunte Titel des Anhangs zum Landrechte enthält:

Satz 190. Handelszettel, (worunter hier kaufmännische Anweisungen und Handelsbillets verstanden sind) sind wechselähnliche Zahlungszusagen, unter Handelsleuten oder wegen

Februar 1850 §. 9) die Bestimmungen des allgemeinen Landrechts über Handelsbillets und Anweisungen aufhebt (Note Nr. 2 Seite 162), ohne neue Gesetze dafür anzuordnen, mithin diese Papiere, gleich denjenigen Staaten, welche keine besondern Vorschriften darüber erlassen, als außer dem Wechselrechte stehend betrachtet, haben Bayern (Note Nr. 3 Seite 162), Frankfurt (Note Nr. 4 Seite 163), Sachsen (Note Nr. 5 Seite 164), und Weimar (Note Nr. 6 Seite 165), die Anweisungen den ge-

---

Handelsgeschäften ausgestellt, die jedoch mit der Absicht geschehen, nicht den Förmlichkeiten und der Strenge der Wechsel zu unterliegen. Sie geben, wenn sie unmangelhaft sind, (d. h. wenn sie nach Satz 192: Ort Tag und Jahr der Ausstellung, die Unterzeichnung des Ausstellers, die Summe, welche, an wen oder an wessen Ordre und von wem sie gezahlt werden soll, enthalten) unaufgehaltenen Zugriff auf das Gut, nicht aber auf die Person dessen, der dadurch Schuldner wird.

Satz 194. Handelszettel (Anweisungen) auf benannte Personen sind nichts Anderes als formlose Erhebungsvollmachten deren Abgabe durch Rückschrift (Indossament) bei jenen, die in obgedachter Art auf Umlauf gestellt sind (an Ordre lauten), gilt für Afterbevollmächtigung.

Satz 195. Wo ein Brief aus Orten, wo dieses Handelsrecht angenommen ist, nicht die Worte: auf Verfügung (auf Ordre) oder ein Brief von Orten, deren Handelsrecht die Benennung fordert, nicht das Wort: Wechsel in sich enthält; ingleichen wo ein Brief nur unschicklich sich des Worts auf Verfügung bedient, aber woraus z. E. durch die Worte: auf diese meine Anweisung zahle u. s. w. die Absicht keinen Wechsel, sondern eine bloße Handelsanweisung auszustellen, klar an den Tag gegeben ist: da ist ein solcher Brief als Handelszettel nach gegenwärtigem Titel, nicht als Wechsel nach dem vorigen zu behandeln, so viel Aehnlichkeit er übrigens mit einem solchen habe.

Satz 196. Handelszettel auf bestimmte Personen sind Anweisungen an Einzugs Statt; sie bedürfen, auch wenn sie auf Umlauf gestellt sind, der Förmlichkeiten der Annahme und Absage (Protest), auch der Einforderung und Zahlung an bestimmten Tagen, nicht; sie können durch Beisatz auf dem Rücken zwar an Andere zur Erhebung abgegeben, aber nicht ihnen für eigen zugeschrieben werden; sie unterliegen bis zur geschehenen Erhebung dem gutfindenden Widerruf des Ausstellers, wenn sie nicht ausdrücklich an Zahlungs Statt gegeben und genommen worden sind; sie machen die Inhaber nur zu Gewalt- und Aftergewalthabern des Ausstellers; diese werden unter sich durch den Umlauf zu nichts, und gegen den Aussteller nur dazu verbindlich, daß sie in der gesetzlichen Zeit die Erhebung bewirken oder den Zettel dem Aussteller zurückschicken.

Satz 197. Diese gesetzliche Zeit ist bei solchen Zetteln, welche keine bestimmte Zahlungszeit angeben, (also bei Anweisungen nach Sicht oder eine bestimmte Zeit nach Sicht zahlbar), ein Jahr, zogenen Wechseln mehr oder weniger gleichgestellt, wie aus der untenstehenden Anführung der betreffenden Verordnungen (S. 160—165) zu ersehen.

B. Handelsbillets.

Wie die Anweisung dem gezogenen Wechsel an Form und Inhalt ähnlich, so ist es das Handelsbillet dem eigenen oder trockenen Wechsel.

Handelsbillets kommen beim Waarenhandel vor. Wenn der

---

vom Tage der Ausstellung des Zettels an; bei solchen aber, die einen bestimmten Verfalltag haben, das Doppelte der im Satz 164 ausgedrückten Frist (also 4 Wochen nach dem Verfalltage, wenn der Aussteller nicht über 10 Stunden entfernt wohnt, und für je 5 Stunden weiter zwei Tage längere Frist). Unterbleibt Zahlung und Rücksendung länger, so wird der Inhaber Eigenthümer der Schuldforderung und Schuldner des Ausstellers für deren Betrag, und kann sich deshalb allein an den angewiesenen Schuldner, oder wenn sein Vormann zu spät den Zettel zur Erhebung an ihn abgab, an diesen zur Mitleidenheit halten. Zu spät ist jene Abgabe der Vollmacht auf einen weiteren Inhaber bei Zetteln, die einen Verfalltag haben, wenn dieser eintritt; bei andern aber, wenn sie nicht mehr vier Wochen Zeit zur Erhebung oder Rücksendung übrig läßt. (Anstatt der doppelten Fristen des Satzes 165 gelten jetzt nach obigem Art. 2 der Einführungs-Ordnung, die Fristen des Art. 78 der allgemeinen deutschen Wechselordnung).

Satz 198. Gültige Handelszettel (Satz 190), auf sich selbst gestellt ohne Anzeige des Werthempfangs oder Rechtsursache der Zahlungszusage (also Handelsbillets, in welchen die Klausel „Werth erhalten" oder „Werth in Waaren erhalten" oder auch „Werth baar erhalten" u. s. w. nicht vorkommt), müssen gezahlt werden, ohne daß dagegen eine Nichtschuldigkeit der zugesagten Zahlung angehört werden dürfte: nur nach geleisteter Zahlung dürfen dergleichen Einreden zum Behuf des Rückrufs einer zur Ungebühr geschehenen Zahlung benutzt werden.

2. Preußen. Einführungs-Ordnung vom 15. Febuar 1850. §. 9.

Die Bestimmungen des allgemeinen Landrechts über Handelsbillets und kaufmännische Assignationen in den §§. 1250 bis 1304 Tit. 8. Theil II. und §. 297. Tit. 16. Theil I. werden hiermit aufgehoben.

Auf Rechtsverhältnisse aus solchen Handelsbillets und kaufmännischen Assignationen, welche vor dem Tage ausgestellt sind, mit dem dies Gesetz in Kraft tritt, findet diese Vorschrift keine Anwendung.

3. Bayern. Gesetz über die kaufmännischen Anweisungen vom 29. Juni 1851.

Art. 1. Kaufmännische Anweisungen sind den gesetzlichen Bestimmungen über gezogene Wechsel unterworfen, insoweit nicht durch das gegenwärtige Gesetz etwas Anderes verordnet ist.

Käufer über die auf Credit gekauften Waaren dem Verkäufer einen Schuldschein etwa in der Form folgenden Beispiels ausstellt:

Ich mache mich hierdurch verbindlich, drei Monate nach heute an Herrn Moritz Rehhage die Summe von Ein und achtzig Thaler Preuss. Cour. zu zahlen. Den Werth in Waaren erhalten.

Für Rthlr. 81 Pr. Cour.

Cöln, 24. März 1853.

Carl Magnus.

Art. 2. Als kaufmännische Anweisung ist jede Urkunde zu betrachten, welche in ihrem Texte als Anweisung bezeichnet, mit den im Art. 4. Ziff. 2—8 der allgemeinen deutschen Wechselordnung aufgeführten Erfordernissen eines gezogenen Wechsels versehen und überdies ausdrücklich auf Ordre gestellt ist.

Bei Anweisungen, welche in einer fremden Sprache ausgestellt sind, wird ein dem Worte „Anweisung" entsprechender Ausdruck in der fremden Sprache erfordert.

Es besteht keine Verpflichtung für den Inhaber, die Anweisung zur Annahme zu präsentiren, und für den zur Zahlung Angewiesenen (Assignaten), sich über die Annahme zu erklären; auch findet wegen der Verweigerung der Annahme oder einer Erklärung darüber keine Protesterhebung und keine wechselmäßige Regreßnahme statt.

Art. 4. Wird die Anweisung freiwillig acceptirt, so entsteht daraus für den Acceptanten dieselbe Verbindlichkeit, wie aus der Annahme eines gezogenen Wechsels, jedoch mit der im Art. 6 festgesetzten Beschränkung.

Art. 5. Was in den Art. 19 und 20 der allgemeinen deutschen Wechselordnung über die Präsentation eines auf bestimmte Zeit nach Sicht lautenden Wechsels zur Annahme, so wie über die Feststellung des Präsentationstages durch Protesterhebung und über die Folgen der Unterlassung rechtzeitiger Vornahme dieser Handlungen verordnet ist, gilt bei Anweisungen dieser Art hinsichtlich der Vorzeigung an den Assignaten zur Bestätigung des Tages derselben.

Art. 6. Die gesetzlichen Bestimmungen über den Wechselarrest finden bei kaufmännischen Anweisungen keine Anwendung.

Art. 7. Alle dermalen im Königreiche bestehenden, die kaufmännischen Anweisungen betreffenden Gesetze und Gewohnheitsrechte sind aufgehoben.

Art. 8. Gegenwärtiges Gesetz tritt mit dem dreißigsten Tage nach der Bekanntmachung durch das Gesetzblatt, beziehungsweise durch das Amtsblatt der Pfalz, in Wirksamkeit.

4. Frankfurt a. M. Einführungs-Ordnung vom 27. März 1849. §. 12.

Eine Wechselklage kann nicht nur durch einen gezogenen oder eigenen Wechsel begründet werden, sondern auch:

a) durch diejenigen Anweisungen, welche zur Einlösung eines Wechsels dem Wechselinhaber an Zahlungsstatt zugestellt werden, um an der Casse eines Dritten den Betrag zu erheben;

so ist dieses ein Handelsbillet; ein solches kann auch an Ordre gestellt und alsdann indossirt werden, was indeß nicht häufig benutzt wird, da sie in der Regel nicht in Circulation gesetzt werden.

In Frankreich heißt jeder eigene Wechsel „Billet à Ordre“ (s. §. 13 letzten Absatz Seite 36), dessen Erfordernisse nach Art. 188 des Handelsgesetzbuchs folgende sind:

1) Ein Billet, das auf Ordre gestellt ist, muß datirt sein;

2) Es wird darin ausgedrückt:

---

b) durch Anweisungen, welche acceptirt sind;

c) durch Anweisungen, die an Ordre gestellt sind;

d) durch Schuldscheine und Zahlungs-Versprechen, welche an Ordre lauten (billet à ordre).

Eine solche Wechselkraft haben die Urkunden unter b. c. nur dann, wenn sie die im Art. 4 (der allg. deutschen Wechselordnung) unter 2 bis 8, und die Urkunden unter d nur dann, wenn sie die im Art. 96 unter 2 bis 6 aufgeführten Erfordernisse besitzen, und zur Erhaltung dieser Wechselkraft muß der Inhaber alles dasjenige beobachten, was der Inhaber eines Wechsels zu beobachten hat.

5. Sachsen. Gesetz, die kaufmännischen Anweisungen betreffend; vom 7. Juni 1849.

§. 1. Kaufmännische Anweisungen, d. i. solche Papiere, welche in ihrer Fassung (nicht blos in einer Aufschrift) als Anweisung bezeichnet und sonst in der, Art. 4 der deutschen Wechselordnnng Nr. 2 bis 8 für Wechsel vorgeschriebenen Form ausgestellt sind, stehen, soweit nicht in den folgenden Bestimmungen etwas Abweichendes festgesetzt ist, den gezogenen Wechseln allenthalben gleich.

§. 2. Anweisungen, welche in der, §. 3 des Gesetzes wegen Einführung der allgemeinen deutschen Wechselordnung, vom 25. April d. J. beschriebenen allgemeinen Ausdrucksweise auf eine Leipziger Messe gezogen sind (Meßanweisungen), verfallen in der Jubilate- und Michaelismesse Freitags nach Ausläutung derselben, in der Neujahrsmesse regelmäßig den 13. Januar und nur wenn dieser oder der 12. Januar auf einen Sonntag fällt, den 14. desselben Monats.

§. 3. Auf Uso (all' uso) zahlbar gestellte Anweisungen verfallen vom vierzehnten Tage nach ihrer Präsentation zur Sicht.

§. 4. Anweisungen werden nicht zur Annahme präsentirt. Geschieht dies, so ist der Bezogene nicht verpflichtet, sich darauf zu erklären, und der Inhaber ist nicht befugt, wegen Verweigerung der Annahme oder einer Erklärung darüber Protest zu erheben und Regreß zu nehmen.

§. 5. Wird jedoch eine Anweisung acceptirt, so entsteht daraus dieselbe Verbindlichkeit, wie aus der Acceptation einer Tratte.

§. 6. Anweisungen mit den vorstehend bezeichneten rechtlichen Wirkungen müssen mindestens auf eine Summe von 50 Thaler lauten und dürfen als das weiteste Ziel der Zahlbarkeit drei Monate nicht überschreiten. Sollten Anweisungen auf eine niedrigere Summe oder auf eine längere Zahlungsfrist gestellt sein, so sind dieselben in dem einen wie im andern Falle als gezogene Wechsel zu betrachten, können daher

die Summe, welche gezahlt werden soll;
der Name desjenigen, an dessen Ordre das Billet gestellt ist;
die Zeit, da die Zahlung geschehen soll;
der Werth, wie er in baarem Gelde, in Waaren, in Rechnung oder auf jede andere Weise verschafft worden.

Folglich würde ein in obiger Form ausgestellter Schuldschein, wenn er an Ordre gestellt wäre, in Frankreich ein förmlicher eigener Wechsel sein, was in Deutschland wegen des fehlenden Wortes „Wechsel" nicht der Fall ist; die Handelsbillets sind hier deshalb auch vom Wechselrechte ausgeschlossen; doch legt ihnen Frankfurt a. M., in so fern sie an Ordre lauten und die Erfordernisse eines eigenen Wechsels Art. 96 der allgemeinen deutschen Wechselordnung Nr. 2 bis 6 haben (s. Note 4 d Seite 164), Wechselkraft bei, während sie in Baden die ihnen durch Satz 190 und 198 des Anhangs zum Landrechte (s. unten die Anmerkung Nr. 1 Seite 160) eingeräumten Vorzüge genießen.

Der Wechselhandel.

§. 80.

Als Waare betrachtet bilden die Wechsel den ausgedehntesten Handelsartikel. Während der Handel mit realen Waaren (materiellen Handelsgegenständen, deren Besitz den vollständigen Inhalt des ganzen Objects umfaßt) sich stets nur auf die eine oder andere Gattung

---

sofort zum Accept präsentirt und wegen Mangels Annahme, wie auch Mangels Zahlung, protestirt werden.

§. 7. Im Wechselhandel werden unter Wechseln, ohne besondere Vereinbarung, Anweisungen nicht verstanden.

§. 8. Alle dermalen in Sachsen gültigen, die kaufmännischen Anweisungen betreffenden Gesetze werden hiermit aufgehoben, so weit sie nicht durch gegenwärtiges Gesetz wiederholt sind.

6. Weimar. Gesetz, die kaufmännischen Anweisungen betreffend; vom 3. August 1849.

§. 1. Wörtlich wie bei Sachsen §. 1.
§. 2. „ „ „ „ „ 3.
§. 3. „ „ „ „ „ 4.
§. 4. „ „ „ „ „ 5.
§. 5. „ „ „ „ „ 7.

§. 6. Wenn aus Anweisungen auf Zahlung oder Rembours geklagt wird, findet der Wechselprozeß Statt. Wechselhaft wird jedoch nur gegen den Acceptanten einer Anweisung verhängt.

§. 7. Alle dermalen im Großherzogthume gültigen, die kaufmännischen Anweisungen betreffenden Gesetze werden hiermit aufgehoben, so weit sie nicht durch gegenwärtiges Gesetz wiederholt sind.

derselben beschränkt, welche ein Handlungshaus zu seiner vorzugsweisen Beschäftigung gewählt hat, breitet sich der Wechselhandel über alle Handelsgeschäfte aus, als wesentliches Erforderniß für den gesammten Handel, und nicht nur die größeren, sondern auch selbst die kleinsten Geschäfte kommen mit ihm in Berührung (s. §. 9).

Im Gegensatze zu den realen Waaren sind die Wechsel ideelle; denn der Kauf eines Wechsels ist nur der Erwerb des Anspruchs auf eine reale Waare (die Münze), welche durch ihn repräsentirt wird (s. §. 9 Note 1 Seite 27).

Der Handel mit realen Waaren wird durch Kauf und Verkauf derselben betrieben, ebenso der Wechselhandel durch Kauf und Verkauf von Wechseln (s. §. 84), deren Aussteller die Erzeuger dieses Handelsobjectes sind, das sie in den Handel liefern.

Der Bankier.

§. 81.

Diejenigen Handlungshäuser, welche sich vorzugsweise mit Geld- und Wechselgeschäften befassen, werden „Bankhäuser", „Wechselhäuser", der Eigenthümer eines solchen Geschäftes „Bankier" genannt.

Der Bankier muß ein der Größe und dem Umfange seines Geschäftes entsprechendes Betriebskapital besitzen; er steht in geschäftlicher Verbindung mit Wechselhäusern vieler Handelsplätze, deren Credit er genießt und denen er den seinigen schenkt, das Erstere, um nicht beschränkt in seinen Unternehmungen, namentlich im Trassiren auf sie zu sein, wenn er auch gerade kein Guthaben an dieselben hat, das Letztere, um ihnen dieselbe Erleichterung zu gewähren; er unterhält Verbindungen mit Kaufleuten und Fabrikanten in weitem Umkreise seines Wohnortes, welche bei ihm Gelder, wenn sie deren zeitweise im Geschäfte überflüssig haben, zinsbar belegen können; er gestattet ihnen Ziehungen auf sich, sehr oft sogar, wenn sie an ihn Nichts gut haben, nach Maßgabe des ihnen bewilligten Credits, liefert ihnen auf ihre Bestellung Wechsel auf auswärtige Handelsplätze, besorgt für sie Incassos, Zahlungen u. s. w.; überhaupt sind Geld, Wechsel, Staatspapiere und Actien [1]), (beide Letztere auch Effecten genannt), Handelsartikel des

[1]) Actien sind Bescheinigungen über die Betheiligung an einem größeren Handels- oder industriellen Unternehmen, nach Maßgabe des in dieser Bescheinigung (Actie) quittirten Einschusses. Der Besitzer einer solchen Actie, welche übertragsfähig ist, wird „Actionär" genannt. Sämmtliche Theilhaber eines auf Actien begründeten Unternehmens, also die sämmtlichen Inhaber der zur Ausführung desselben ausgegebenen Actien bilden die „Actien-Gesellschaft".

Bankiers, wie nicht minder die Uebernahme von Staatsanleihen zu seinem Wirkungskreise, namentlich zu dem der größeren Wechselhäuser gehört.

Der Bankier rechnet mit seinen Geschäftsfreunden jährlich oder halbjährlich ab; dieses geschieht, indem er ihnen einen Rechnungsauszug aus seinem Conto-Corrent-Buche mittheilt, welcher Rechnungsauszug „Conto-Corrent" (laufende Rechnung) heißt. Der Geschäftsfreund vergleicht denselben mit dem betreffenden Conto in seinem Conto-Corrent-Buche, und findet er ihn damit übereinstimmend, also den gezogenen Saldo im Conto-Corrent des Bankiers richtig, so macht er ihm Mittheilung hiervon, wie er ihm auch allenfallsige Abweichungen anzeigt, die nächstdem geordnet werden.

Blanco-Credit.

§. 82.

Die obenerwähnte gegenseitige, offene Credit-Bewilligung der Bankhäuser unter sich, so wie die Kaufleuten und Fabrikanten, überhaupt dritten Personen eingeräumte Begünstigung, auch ohne ein Guthaben an den Bankier, auf ihn trassiren zu dürfen, und doch der Annahme dieser Tratten versichert zu sein, nennt man den „Blanco-Credit" „offenen Credit", „Wechsel-Credit".

Dieser Blanco-Credit ist gewöhnlich auf eine Summe beschränkt, um die man sich gegenseitig geeinigt hat, und welche von dem Creditnehmer nicht überschritten werden darf; in der Regel hängt die Begränzung von der, nach dem Ermessen des Creditgebers, getroffenen Bestimmung ab; auch setzt der Letztere voraus, daß der Creditnehmer noch vor Verfall seiner Ziehungen, spätestens bis zum Verfalltage, regelmäßig Deckung dafür einsende (s. §. 26).

Zinsen- und Provisions-Anrechnung des Bankiers.

§. 83.

Der Bankier rechnet seinen Freunden Zinsen an von jedem Posten, den sie ihm schuldig werden, und vergütet Zinsen von allen denjenigen, die sie an ihn gut haben. Diese Zinsen werden, in besonders für sie bestimmte Rubriken, in die jährlichen oder halbjährlichen Conto-Corrente (§. 81) mit aufgeführt, am Schlusse derselben die schuldigen mit den guthabenden Zinsen verglichen, und die Differenz in einem Posten in die Haupt-Geldrubrik entweder der Soll- oder der Habenseite gesetzt, je nachdem die Zinsen von den Posten der Sollseite diejenigen von den Posten der Habenseite übersteigen oder umgekehrt; die Höhe des Zinsfußes richtet sich nach gegenseitiger Uebereinkunft, in der Regel jedoch nach der vom Bankier dafür festgesetzten Norm.

Außerdem rechnet der Bankier eine Provision gewöhnlich von 1/3 Procent, und zwar herkömmlich entweder von der Summe der Soll- oder derjenigen der Habenposten, welche von beiden die größere ist, und da bei Wechseln, welche auf auswärtige Handelsplätze lauten, und Effecten angenommen wird, daß solche durch Vermittelung eines Sensals (Mäklers) beschafft oder verkauft (negozirt) werden, von der Summe solcher, sowohl im Soll als im Haben des Conto-Corrents vorkommenden Wechsel und Effecten ein pro mille (1 °/oo) Courtage (Mäklerlohn); letztere so wie die Provision, die gehabten Portoauslagen und Stempelgebühren (s. Note 14 Seite 113) kommen als Guthaben des Bankiers auf die Sollseite des seinem Geschäftsfreunde zu ertheilenden Conto-Corrents.

Bei der geringen Provision kann es aber nicht im Interesse des Bankiers sein, einen langen Credit zu bewilligen; er hat nur Gewinn bei einem lebhaften, ununterbrochenen, gegenseitigen Verkehr; die Bewilligung des Blanco-Credits ist daher auch gewöhnlich mit der Bedingung eines öftern Umschlages verknüpft.

Das Discontiren; der Cours; Wechsel-Lieferungs-Vertrag.

§. 84.

Eine der Hauptbeschäftigungen des Bankiers ist das Einkaufen von Wechseln.

Sind diese am Wohnorte selbst zahlbar, so gibt er dafür den Wechselbetrag abzüglich der Zinsen vom Tage des Einkaufs bis zur Verfallzeit, was man das „Discontiren“ nennt; der Abzug selbst heißt „Disconto“, welcher nach Procenten gerechnet wird und einem beständigen Steigen und Fallen unterworfen ist, je nachdem Ueberfluß oder Mangel an baarem Gelde am Platze besteht oder sonstige Einwirkungen den Stand des Discontos (den Discontofuß) erhöhen oder erniedrigen.

Lauten die zu kaufenden Papiere auf auswärtige Handelsplätze, so zahlt er den laufenden Preis dafür. Dieser Preis der Wechsel, je nach ihren verschiedenen Zahlungsorten, nach welchen sie als besondere Gattungen benannt (§. 8 Nr. 12) und als sich unterscheidende Waarenartikel gewürdigt werden, sich verschiedenartig gestaltend, indem in der

Regel jeder Wechsel in der Münzsorte [1]) (Währung, Valuta) des Zahlungsplatzes ausgestellt wird, wird mit „Cours“ (Kurs) bezeichnet; er steigt oder fällt je nach stärkerem oder schwächerem Begehr nach dieser oder jener Gattung von Wechseln, je nach bestehendem Ueberfluß oder Mangel an solchen u. s. w., wobei auch die Verfallzeit ihren Einfluß ausübt, da langsichtige Papiere (§. 8 Nr. 14) naturgemäß um so viel geringer als kurzsichtige bezahlt werden, als nach dem Stand des Discontos die Differenz beträgt. (Weiteres hierüber §. 86.)

Hieraus also geht hervor, daß mit Wechseln förmlicher Handel getrieben wird. So lange aber der Aussteller oder Verkäufer (Geber) eines Wechsels solchen noch nicht dem Käufer (Nehmer) überliefert hat, besteht zwischen Beiden noch nicht dasjenige wechselmäßige Rechtsverhältniß, welches von den Rechtslehrern mit dem Namen „Wechselvertrag“ bezeichnet wird; dieses beginnt erst mit der Uebergabe des Wechsels von Seiten des Gebers an den Nehmer, indem hierdurch erst der Erstere dem Letzteren wechselmäßig (§. 22 und 45) verpflichtet wird. Die vorherige Vereinbarung über die Bedingungen, nach welchen die Ueberlieferung geschehen soll, (die den Abschluß des Handels betreffenden Bestimmungen), zuweilen unrichtig ebenfalls Wechselvertrag genannt, (wie z. B. unten bei Lübeck Seite 171), begreift man unter dem Namen „pactum de cambiando“ oder „Wechsel-Lieferungs-Vertrag“.

In Bezug auf diesen letzteren enthalten die Einführungsordnungen von Bremen, Hamburg, Lübeck, und Schleswig-Holstein die unten angeführten Bestimmungen. [2])

---

[1]) Diejenige Münze, nach welcher in einem Lande gerechnet und der Werth aller Gegenstände bestimmt wird, ist sein wirkliches Geld, seine Währung (Valuta). Alle anderen fremden Münzsorten, wenn sie auch daselbst Umlauf haben und als Zahlungsmittel dienen, können nur als eine Waare betrachtet werden, und ihre Geltung (Cours, äußerer Werth), obschon hauptsächlich nach ihrem innern Werth (Gehalt an feinem Metall) bemessen, ist aus ähnlichen Ursachen, wie oben beim Wechselcours angeführt, häufigen Schwankungen ausgesetzt.

[2]) **Diese Bestimmungen sind folgende:**

1. Bremen. Einführungs-Ordnung vom 25. April 1849. §. 1—7.

§. 1. Der das Wechselrecht begründende Vertrag zwischen dem Geber und Nehmer entsteht erst durch die Ueberlieferung der Wechselurkunde. Die sich darauf beziehenden vorbereitenden Vereinbarungen hingegen geben, wenn auch einen klagbaren Anspruch, doch keinen nach Wechselrecht.

§. 2. Der Geber eines Sichtwechsels ist verpflichtet, dem Nehmer einen im Bremischen Staate ausgestellten Wechsel zu liefern, sofern er

Die Börse.

§. 85.

An großen Handelsplätzen bestehen öffentliche Locale, „Börsen“ genannt, zu Sammelplätzen für Kaufleute, Mäkler, Agenten, Schiffs-Capitäne u. s. w., um zu einer bestimmten Tageszeit über geschäftliche Angelegenheiten sich zu besprechen und zu einigen; die Versammlung selbst heißt ebenfalls „Börse“.

---

demselben nicht vor Abschluß des Geschäfts einen andern Ort der Ausstellung angezeigt hat.

§. 3. Im Zweifel ist derjenige, welcher den Wechsel erhält, dem Geber zur baaren Zahlung der Valuta verpflichtet.

§. 4. Der Wechselgeber hat, in Ermangelung besonderer Verabredung, den versprochenen Wechsel am Tage der Vereinbarung vor fünf Uhr Abends zu überliefern. Ist der Wechsel auf einen andern Ort gezogen, so muß die Ueberlieferung überdies so zeitig geschehen, daß der Wechsel noch mit der letzten Post desselben Tages versandt werden kann.

§. 5. Der Nehmer eines auswärts zahlbaren Solawechsels oder eines sonstigen auswärts zahlbaren, im Originale bereits acceptirten Wechsels ist nicht verpflichtet, das acceptirte Exemplar zu empfangen; vielmehr ist der Geber verbunden, dem Nehmer auf dessen Verlangen eine Copie des Wechsels, mit Nachweisnng des acceptirten Originals zu überliefern. Als ein Solawechsel wird jeder Wechsel angesehen, welcher nicht als Prima, Secunda u. s. w. bezeichnet ist.

§. 6. Die aus den nach vorstehenden Paragraphen dem Geber und Nehmer obliegenden Verpflichtungen entstehenden Klagen und Einreden können im Exekutivprozesse geltend gemacht werden, wenn damit sofort der Beweis der denselben zum Grunde liegenden Thatsachen durch Urkunden oder Eideszuschiebung verbunden wird.

§. 7. Der Nehmer kann, in Ermangelung besonderer Verabredung, von demjenigen, welcher ihm den Wechsel überträgt, die Beifügung seines Indossaments verlangen, welches, im Falle der Nehmer es begehrt, vollständig auszufüllen ist.

2. Hamburg. Einführungs-Ordnung vom 5. März 1849. §. 11 und 12.

§. 11. Ist ein hieselbst zu verkaufender Wechsel ein eigener (Art. 96 der allg. deutschen Wechselordnung), oder mit einem Original-Accept versehener, oder Solawechsel (Art. 66 der allg. deutschen Wechselordnung) so muß solches beim Abschluß des Geschäfts angezeigt werden. In Entstehung dessen ist der Käufer zur Entgegennahme des Wechsels nicht gehalten; sondern vielmehr berechtigt, ordnungsmäßige Lieferung sammt Ersatz des etwaigen Schadens, oder auch Schadenersatz allein, zu fordern.

§. 12. Der Betrag in Disconto genommener Wechsel muß am Tage der Ueberlieferung, der Betrag gekaufter Wechsel auf auswärtige Plätze am nächstfolgenden Werktage bezahlt werden.

Hier werden Waarenkäufe, Käufe von Wechseln, Staatspapieren und Actien, Accorde über Frachten und Assecuranzen, überhaupt die wichtigsten wie minderwichtige Geschäfte abgeschlossen. Aber nicht nur zur Erledigung eines wirklichen Geschäftes besucht der Kaufmann die Börse, sondern auch, um sich in steter Kenntniß mit allen auf den Handel Bezug habenden Ereignissen, von welchen hier die Nachrichten zusammenfließen, zu erhalten, den stärkeren oder geringeren Begehr nach diesem oder jenem Waarenartikel, das Steigen und Fallen der Waaren-, Geld-, Wechsel- und Effecten-Preise zu erfahren u. s. w., kurz, dem beobachtenden Kaufmanne dienen die auf der Börse gemachten Wahrnehmungen zur Richtschnur bei seinen eigenen Geschäftsangelegenheiten.

Die Börse ist ein von der Regierung genehmigtes und beaufsichtigtes Institut. Als solches bestehen in jedem Staate, wo eine Börse existirt, für dieselben besondere gesetzliche Vorschriften, „Börsenordnungen" genannt, deren Beobachtung die aus der Mitte der Kaufleute gewählten „Börsen-Commissarien" oder „Vorsteher", „Börsenälteste" zu überwachen haben und denen überhaupt die Beaufsichtigung über die Verwaltung des Börsenwesens zusteht.

Die Börsenordnungen bestimmen hauptsächlich:

1) welchen Personen die Theilnahme an den Versammlungen gestattet ist; Frauen und im Fallimentszustande befindliche Kaufleute sind gewöhnlich davon ausgeschlossen;

Gegen den Säumigen findet, vorbehaltlich eines nach den Umständen einzuleitenden Strafverfahrens, die schleunigste gerichtliche Procedur statt, und kann sofort auf die erste Citation, je nach dem Antrage des Klägers, Real-Execution oder Wechselarrest, und zwar ohne Rücksicht auf etwa dawider einzulegende Rechtsmittel, verfügt werden.

3. Lübeck. Einführungs-Ordnung vom 28. April 1849. Art. 11.

Für den Wechselvertrag (pactum de cambiando) behält es bei den statutarischen und gemeinrechtlichen Grundsätzen über die Verträge für jetzt sein Bewenden.

4. Schleswig-Holstein. Einführungs-Ordnung vom 10. April 1849. §. 14 (für Altona).

Der Betrag in Disconto genommener Bancowechsel muß am Tage der Ueberlieferung, der Betrag gekaufter Wechsel auf auswärtige Plätze am nächstfolgenden Werktage bezahlt werden.

Gegen den Säumigen findet, vorbehaltlich eines nach den Umständen eintretenden Strafverfahrens, die schleunigste gerichtliche Procedur Statt.

2) die Zeit der Versammlungen; in der Regel sind die ersten Nachmittagsstunden hierzu bestimmt;
3) die Rechte und Pflichten der Börsenältesten und des zur Verwaltung gehörigen Personals;
4) die Art und Weise, wonach die auf der Börse vorkommenden Geschäfte geregelt werden;
5) die Obliegenheiten der Mäkler und ihre Stellung zu den verschiedenen Geschäften;
6) die Regulirung der stattgehabten Waaren-, Geld-, Wechsel- und Effectenpreise; diese werden von den Börsenältesten, unter Zuziehung der Mäkler, am Schlusse der Börse, in ihrem Durchschnitte ermittelt und festgestellt, die Resultate der Berechnungen auf besondere Listen ordnungsmäßig zusammengestellt, im Börsenlocale angeschlagen und durch den Druck veröffentlicht, um auch außerhalb der Börse, bei abzuschließenden Geschäften, bis zum nächsten Börsentage als Richtschnur zu dienen. Diejenige Liste, welche die Preise (Course) der Papiere und Geldsorten enthält, wird „Coursblatt" oder „Courszettel" genannt.

Zur vollen Klarstellung dieses letztbemerkten Gegenstandes dürfte es nicht überflüssig sein, folgende darauf Bezug habende Bestimmungen der Börsenordnung für Berlin vom 7. Mai 1825 hier anzuführen:

„Die Börsenkommissarien haben die Kurse zu reguliren, und mit aller Sorgfalt darauf zu wachen, daß dies richtig und dem wahren Verkehr angemessen geschehe, da solches für das Publikum und den Handelsstand insbesondere von großer Wichtigkeit ist." (Börs.-Ord. §. 10.)

„Die Fonds- und Geldkurse werden, mit Ausnahme des Mittwochs, täglich, die Wechselkurse nur Dienstags, Donnerstags und Sonnabends, die Waarenkurse nur Freitags festgestellt." (Börs.-Ord. §. 11.)

„Die Feststellung geschieht auf folgende Weise:

Nach dem Schluß der Börse verfügen sich die Börsenkommissarien in das zu diesem Geschäft bestimmte Zimmer. Ihnen folgen dorthin die sämmtlichen Geld-, Fonds- und Waarenmäkler an den sie betreffenden Tagen. Die Börsenkommissarien erfordern von den Letztern pflichtmäßige und auf ihren geleisteten Amtseid zu nehmende Anzeige, zu welchen Preisen Wechsel, Geldsorten, Fonds, und Waaren aller Art zu haben gewesen sind, was dafür geboten und auf welche Summe wirklich abgeschlossen worden. Sie können auch die Mäkler auffordern, ihre Meinung darüber, wie die Preise zu notiren seien, gutachtlich auszusprechen, haben aber nicht nöthig, sich darüber auf Diskussion mit den Mäklern selbst einzulassen, noch eine solche überhaupt unter den Anwesenden zu gestatten, sobald sie dieselbe für überflüssig halten, und sind befugt, die Vorlegung der Taschenbücher der Mäkler, jedoch mit Verdeckung der Namen der Contrahenten, zu verlangen. Bei diesen Verhandlungen müssen wenigstens drei Börsenkommissarien und der Börsensekretarius anwesend sein. Auf den Grund der solchergestalt aus den mündlichen Angaben der Mäkler oder aus ihren Taschenbüchern gesammelten Materialien bestimmen die Börsenkommissarien in Gegenwart der Mäkler und des Börsensekretarius die Kurse und Preise. In Fällen, da die Börsenkommissarien sich nicht einigen können, entscheidet die Mehrheit der Stimmen, bei eintretender Stimmengleichheit aber entscheidet die Stimme desjenigen Börsenkommissarius, welcher der Aelteste im Amte ist; kann aber auch hierdurch die Sache nicht entschieden werden, weil die Börsenkommissarien gleiche Zeit im Amte sind, so gibt die Stimme desjenigen, der den Jahren nach der älteste ist, den Ausschlag. Agenten, welche nicht zugleich den Mäklereid geleistet haben, können beim Kursmachen nicht zugelassen werden. Ueberhaupt darf während der Regulirung der Kurse außer den Börsenkommissarien, dem Börsensekretarius und den Mäklern, Niemand im Kurszimmer anwesend sein." (Börs.=Ord. §. 12.)

„Sobald die Kurse festgestellt sind, werden sie von einem der vereideten Börsensekretarien, in Gegenwart der Börsenkommissarien, in ein besonderes Protocollbuch eingetragen. Demnächst wird dies Protocoll sofort in die Druckerei des Börsenhauses zum Druck der Kurszettel befördert. Dieser muß sogleich, und die Ausgabe der Kurszettel noch an demselben Nachmittage erfolgen." (Börs.=Ord. §. 13.)

„Die Kurse führen mit dem Börsenstempel die Ueberschrift: „Börse von Berlin." Eine Unterschrift führen sie nicht. Die sonstige Form der Kurszettel über Waaren und Fonds hängt von der Bestimmung der Aeltesten ab. Keinem Mäkler ist übrigens das Versenden der Kurszettel nach andern Orten erlaubt." (Börsen=Ordnung §. 14.)

„Diese Kurszettel sollen, in so weit sie mit dem §. 13. gedachten Protocollbuche übereinstimmen, auch in streitigen Fällen den richterlichen Entscheidungen zur Grundlage dienen." (Börs.=Ord. §. 15.)

Orte mit minderem Handelsverkehr (s. die Anmerkung Nr. 1. §. 38), welche keine Börse besitzen, also auch keine eigenen Course haben (Nebenorte), richten sich nach den ihnen zunächst gelegenen Wechselplätzen. Wenn auch einige solcher Orte Courszettel ausgeben, so sind solche nur Copieen der ihnen als Richtschnur dienenden Course der betreffenden größeren Handelsplätze.

Das Coursblatt.

§. 86.

In den Coursblättern, deren Entstehung im vorigen §. besprochen, wird der Wechselcours (§. 84) theils in der Münzsorte (Valuta, Währung) des Coursortes ausgedrückt, in welchem Falle der Cours (der veränderliche Preis) für ein gewisses feststehendes Quantum der fremden Währung, die als Waare betrachtet wird, gilt, theils in derjenigen Münzsorte, welche am daneben verzeichneten fremden Handelsplatze üblich ist; alsdann zeigt der Cours an, wieviel von der fremden Währung, (als Waare gedacht), erforderlich ist, um einer feststehenden Summe der einheimischen Münzsorte im Werthe gleich zu kommen. Im ersteren Falle sagt man, der fremde Platz hat die feste, der Coursort die veränderliche Valuta, im zweiten Falle umgekehrt. Von diesen beiden Arten der Preisbestimmung wird jedoch auf vielen Plätzen, wie in Amsterdam, Frankfurt, Berlin u. s. w. nur die erstere angewandt. Auf vielen Courszetteln steht auch nur die veränderliche Valuta (der Cours), indem die feste, (der unveränderliche Gegenwerth, wonach der Preis stets berechnet wird), als bekannt vorausgesetzt wird; manche enthalten seit neuerer Zeit sehr zweckmäßig beide, z. B. die Berliner, die Frankfurter Courszettel u. s. w.

Wenn es demnach in einem der letzteren heißt:

Berlin Thaler 60	k. S.	105 3/4 B. 105 1/2 G.
ditto „ „	2. M.	105 1/4 B. —

so ist dieses so zu verstehen: Man bot am betreffenden Börsentage in Frankfurt für 60 Thaler kurze Sicht auf Berlin (nämlich für kurzsichtige Wechsel auf Berlin für je 60 Thaler) 105 1/2 Gulden, die Eigenthümer solcher Wechsel verlangten aber dafür 105 3/4 Gulden; zwei Monats-Wechsel indeß, für welche kein Angebot Statt fand, wurden zu 105 1/4 Gulden für je 60 Thaler ausgeboten [1]).

Hieraus geht hervor, daß die mit „G.“ (Geld) bezeichneten Preise diejenigen sind, welche für das betreffende Papier geboten

[1]) Diese Preisnotirung für zwei Monats-Wechsel, hier nur des Beispiels wegen angeführt, geschieht in der Wirklichkeit in den Frankfurter Courszetteln nicht mehr; vielmehr findet man jetzt darin für langsichtige Papiere überhaupt nur die Bezeichnung „3 Monat", in der Regel ohne Coursangabe und allein nur die Course für kurze Briefe, indem man es den sich dafür Interessirenden überläßt, hiernach und nach dem Stand des Discontos am betreffenden Wechselplatze, den Preis der nicht kurzsichtigen Wechsel, je nach ihren Verfallzeiten, zu berechnen.

Ein solcher Frankfurter Wechsel- und Geld-Courszettel, wie er seit neuerer Zeit üblich, ist der folgende:

wurden, die mit „B.“ (Brief) bezeichneten solche, welche man dafür forderte, ferner, daß, beim Mangel einer mit „G.“ vorgemerkten Preisnotirung, in der bezüglichen Wechselgattung kein Begehr war, beim Mangel einer mit „B.“ versehenen, kein Ausgebot für dieselbe Statt fand.

Statt Brief bedient man sich auch oft des Ausdrucks „Papier“, (abgekürzt „P.“) Steht bei einer Courszahl das Wörtchen „bezahlt“ (abgekürzt „bez.“ oder „bz.“), so bedeutet dieses, daß der danebenstehende Preis wirklich dafür gemacht (bezahlt) worden sei.

Uebrigens sind alle auf den Coursblättern verzeichneten Course,

Frankfurt, 1. April 1853.

Wechsel-Course.			Erklärung. Man rechnet in Frankfurt: Cours.	Feste Valuta.
Amsterdam fl. 100 .	k. S.	100$^{5}/_{8}$ B. 100$^{3}/_{8}$ G.	100$^{5}/_{8}$ fl.	für 100 fl. holl. Cour. in Wechsel auf Amstd.)
ditto „ „ .	3 M.	— —		
Augsburg fl. 100 . .	k. S.	120$^{7}/_{8}$ B. 120$^{1}/_{2}$ G.	120$^{7}/_{8}$ „	für 100 fl. im 20 fl. Fuss.
ditto „ „ . .	3 M.	— —		
Berlin Thlr. 60 . .	k. S.	105$^{1}/_{8}$ G.	105$^{1}/_{8}$ „	„ 60 Thlr. Preuss. Cour.
ditto „ „ . .	3 M.	—		
Bremen Thlr. 50 Louisd.	k. S.	97$^{7}/_{8}$ B. 97$^{5}/_{8}$ G.	97$^{7}/_{8}$ „	„ 50 Thlr. in Louisd'or à 5 Thlr.
ditto „ „ „	3 M.	— —		
Cöln Thlr. 60. Pr. Ct.	k. S.	105 G.	105 „	„ 60 Thlr. Preuss. Cour.
ditto „ „ „ „	3 M.	—		
Hamburg Banco M. 100	k. S.	89$^{1}/_{8}$ G.	89$^{1}/_{8}$ „	„ 100 Mark Banco
ditto „ „ „	3 M.	—		
Leipzig Thlr. 60. Pr. Ct.	k. S.	105$^{1}/_{8}$ G.	105$^{1}/_{8}$ „	„ 60 Thlr. im 14 Thlr. Fuss.
ditto „ „ „ „	3 M.	—		
London Livre Sterl. 10	k. S.	119$^{3}/_{8}$ B. 120$^{1}/_{8}$ G.	119$^{3}/_{8}$ „	„ 10 Pfund Sterling.
ditto „ „ „	3 M.	— —		
Lyon Francs 200 . .	k. S.	95 B.	95 „	„ 200 Francs.
ditto „ „ . .	3 M.	—		
Mailand Lire aust. 250	k. S.	100$^{1}/_{8}$ G.	100$^{1}/_{8}$ „	„ 250 Österreichische Lire.
ditto „ „ „	3 M.	—		
Paris Francs 200 . .	k. S.	95 B. 94$^{3}/_{4}$ G.	95 „	„ 200 Francs.
ditto „ „ . .	3 M.	— —		
Triest fl. 100 . . .	k. S.	108$^{5}/_{8}$ bez.	108$^{5}/_{8}$ „	„ 100 fl. im 20 fl. Fuss.
ditto „ „ . . .	3 M.	— —		
Wien fl. 100 . . .	k. S.	108$^{3}/_{8}$ bez. 108$^{1}/_{2}$ G.	108$^{3}/_{8}$ „	„ 100 fl. im 20 fl. Fuss.
ditto „ „ . . .	3 M.	— —		
Disconto		1$^{3}/_{4}$% G.	man rechnet bei nicht kurzsichtigen Wechseln 1$^{3}/_{4}$ Procent jährlichen Disconto ab.	

Geld-Sorten.		
Neue Louisd'or	11 fl. —	für 1 Stück
Pistolen	9 „ 45-46 kr.	„ „ „
ditto Preuss.	9 „ 55$^{1}/_{2}$-56$^{1}/_{2}$ kr.	„ „ „
Holl. 10 fl. Stücke . . .	9 „ 51-52 kr.	„ „ „
Rand-Ducaten	9 „ 36-37 kr.	„ „ „
20 Franken-Stücke . . .	9 „ 28$^{1}/_{2}$-29$^{1}/_{2}$ kr.	„ „ „
Engl. Sovereigns	11 „ 52 kr.	„ „ „
Gold al Marco	379-381 fl.	„ 1 cöl. Mark fein (24 karät.) Gold.
Preuss. Thaler	1 fl. 45$^{1}/_{4}$ kr.	„ 1 Stück
5 Franken-Thaler	2 „ 21$^{1}/_{2}$-22 kr.	„ 1 „
Hochhaltig Silber . . .	24 „ 34-36 kr.	„ 1 cöln. M. f. (16 löth.) Slbr.
Preuss. Cassen-Scheine .	1 „ 45$^{1}/_{8}$-45$^{3}/_{8}$ kr.	„ 1 Thlr. Pr. C. i. Cassenanw.

wie im vorigen §. (Seite 172) unter Nr. 6 bemerkt, nur die Durchschnittszahlen der am betreffenden Börsentage Statt gehabten Preise; die Negozirung eines Wechsels dürfte sich daher häufig nicht genau zu den Preisen des Coursblattes bewerkstelligen lassen.

Die obenbemerkten 60 Thaler sind die feste Berliner Valuta, der danebenstehende Frankfurter Cours dagegen die veränderliche Frankfurter.

Hamburg notirt, (im Gegensatze zu Frankfurt, Berlin u. s. w.), seine Course meistens in fremder Valuta, es selbst hat alsdann die feste [2]), z. B., wenn in Hamburg der Cours auf Paris $189\frac{1}{2}$

Außerdem möge auch noch die Erklärung einrs Berliner Courszettels hier ihren Platz finden.

Berlin, 6. April 1853.

Wechsel-Course.			Erklärung. Man rechnet in Berlin: Cours	Feste Valuta.
Amsterdam 250 fl. .	k. S.	$142\frac{7}{8}$ bez.	$142\frac{7}{8}$ Thlr.	für 250 fl. holl. Cour.
ditto „ „ .	2 M.	$142\frac{3}{8}$ G.	$142\frac{3}{8}$ „	(in Wchsl. a. Amstd.)
Hamburg 300 Mk. .	k. S.	$152\frac{3}{8}$ G.	$152\frac{3}{8}$ „	für 300 Mark Banco.
ditto „ „ .	2 M.	$151\frac{7}{8}$ bez. u. G.	$151\frac{7}{8}$ „	
London 1 Lstrl. . .	3 M.	6. $21\frac{7}{8}$ bez.	Thlr. 6. $21\frac{7}{8}$ Sgr.	für 1 Pfund Sterl.
Paris 300 Fr. . . .	2 M.	$80\frac{2}{3}$ G.	$80\frac{2}{3}$ Thlr.	für 300 Francs.
Wien in 20 fl. 150 fl.	2 M.	$92\frac{1}{2}$ bez.	$92\frac{1}{2}$ „	„ 150 fl. i. 20 fl. Fuss
Augsburg 150 fl. . .	2 M.	$102\frac{1}{8}$ bez.	$102\frac{1}{8}$ „	„ 150 „ „ „ „ „
Breslau 100 Thlr. .	2 M.	$99\frac{1}{3}$ G.	$99\frac{1}{3}$ „	„ 100 Thlr. Pr. Ct.
Leipzig i. 14 Th. F. 100 T.	8 Tg.	$99\frac{5}{6}$ G.	$99\frac{5}{6}$ „	„ 100 „ i. 14 Thlr.
ditto ditto „	2 M.	$99\frac{1}{4}$ G.	$99\frac{1}{4}$ „	„ „ „ „ „ Fuss.
Frankfurt a/M. 100 fl.	2 M.	56. 20 G.	Thl. 56. 20 Sg.	für 100 fl. i. $24\frac{1}{2}$ fl. F.
Petersburg 100 SR.	3 W.	$108\frac{3}{4}$ G.	$108\frac{3}{4}$ Thlr.	für 100 Rubel Silber.

[2]) Zur Veranschaulichung dieser zweiten Art der Coursbestimmung folgt hier das Beispiel und die Erklärung eines Hamburger Coursblattes.

Hamburg, 4. April 1853.

Wechsel-Course.			Erklärung. Man rechnet in Hamburg: Cours.		Feste Valuta.
Paris . .	3 M.	$189\frac{1}{2}$ bz.	$189\frac{1}{2}$	Francs	für 100 Mark Banco.
ditto . .	k. S.	$188\frac{1}{4}$ bz.	$188\frac{1}{4}$		
Petersburg	3 M.	$33\frac{5}{8}$ B.	$33\frac{5}{8}$	Schilling Banco . .	„ 1 Rubel Silber.
London . .	„ „	13. $6\frac{1}{4}$ bz.	13	Mark $6\frac{1}{4}$ Schil. Bco.	„ 1 Pfund Sterling.
ditto . .	k. S.	13. $7\frac{3}{4}$ bz.	13	„ $7\frac{3}{4}$ „ „	
Madrid . .	3 M.	44 G.	44	Schilling Banco . .	„ 1 Ducat
Lissabon .	„ „	47 G.	47	„ „	„ 1 Mill-Rees.
Amsterdam	„ „	35. 75. B.	35	fl. 75 cs. holl. Cour.	„ 40 Mark Banco
ditto	k. S.	35. 60 B.	35	„ 60 „ „ „	
Antwerpen	3 M.	$189\frac{1}{2}$ bz.	$189\frac{1}{2}$	Francs . . .	„ 100 Mark Banco.
ditto	k. S.	$188\frac{1}{4}$ bz.	$188\frac{1}{4}$		
Frankfurt a/M	3 M.	90 bz.	90	fl. im $24\frac{1}{2}$ fl. Fuss .	„ 100 „ „
Augsburg .	„ „	$150\frac{1}{4}$ bz.	$150\frac{1}{4}$	fl im 20 fl. Fuss	
Wien . .	„ „	165 G.	165	„ „ „ „ „	„ 200 „ „
Prag . .	„ „	$165\frac{1}{2}$ G.	$165\frac{1}{2}$	„ „ „ „ „	
Triest . .	„ „	180 G.	180	„ „ „ „ „	
Berlin . .	„ „	$153\frac{1}{2}$ bz.	$153\frac{1}{2}$	Thaler Preuss. Cour.	„ 300 „ „
Leipzig .	„ „	$153\frac{3}{4}$ B.	$153\frac{3}{4}$	„ im 14 Thlr. Fuss	„ 300 „ „

ist, so versteht man darunter: Hamburg rechnet für je 100 Mark Banko 189½ Francs; die Hamburger Valuta, 100 Mark Banko, ist feststehend, der Cours von 189½ Francs veränderlich.

Für einen Wechseleinkäufer in Frankfurt ist es vortheilhaft, wenn die Wechselcourse daselbst niedrig stehen; denn er bekommt die feste Valuta des fremden Platzes um einen geringeren Preis; dagegen ist es zum Vortheile eines Einwohners in Hamburg, falls er an seinem Platze Wechsel auf solche Orte kauft, welche die veränderliche Valuta haben, wenn der Cours ein hoher ist; denn er empfängt für die feststehende Hamburger Valuta ein größeres Quantum der fremden Münzgattung; also:

1) kaufe ich Wechsel auf fremde Plätze lautend, so ist ein niedriger Cours für mich vortheilhaft, wenn der Einkaufsort die Course in seiner eigenen Währung[3]), nachtheilig, wenn er sie in der Valuta des fremden Platzes notirt[4]);

2) verkaufe ich Wechsel auf fremde Plätze lautend, so ist, je nach der einen oder der andern Coursnotirungsart, gerade das Entgegengesetzte der Fall.

Außer den Wechselcoursen enthalten die Courszettel auch gewöhnlich die Geldcourse, oft auch zugleich die Course der Staatspapiere, Actien u. s. w. (Effecten-Course, Fonds-Course), alsdann sind Wechsel-, Geld- und Fonds-Courszettel zusammen vereinigt; der Stand des Discontos wird in der Regel am Schlusse der Notirungen der Wechselcourse aufgeführt.

Beispiel einer Wechseloperation.

§. 87.

Wie man das Wechselgeschäft anwenden könne, um eine vortheilhafte Handelsunternehmung zu verwirklichen, welche ohne dasselbe hätte unterbleiben müssen, zeigt folgendes Beispiel.

Ein Kaufmann in Cöln a. R. möchte gern eine jüngst eingetretene, für ihn günstige Conjunctur zum Einkaufe von englischen Twisten (ungezwirntes, baumwollenes Maschinengarn) benutzen, welche, von Manchester bezogen, auf drei Monate Ziel, vom Tage der Factura an gerechnet, verkauft werden, ist aber durch andere Geschäftsvorkommnisse, denen er für einige Zeit seinen ganzen verfügbaren Fond zuwenden

[3]) Mit anderen Worten, wenn der Einkaufsort die veränderliche und der fremde Platz die feste Valuta hat.

[4]) d. h. wenn der Einkaufsort die feste und der fremde Platz die veränderliche Valuta hat.

muß, in der Ausführung gehemmt und gesteht dieses offen seinem Commissionär (Geschäftsbesorger) in Manchester. Dieser macht ihm nun, zur Verlängerung des Zahlungstermins, folgendes Anerbieten: Er wolle den Betrag der Twiste, welche er in Folge seiner demnächstigen Bestellung für ihn einkaufen würde, auf seinen (des Commissionärs) Bankier in London, drei Monate dato ziehen; dieser solle dann, zur Verfallzeit des Wechsels, auf ein Haus in Rotterdam wiederum drei Monate dato trassiren und sich hierdurch für die Einlösung seiner (des Commissionärs) Tratte erholen (bezahlt machen); das Rotterdamer Haus aber solle erst zur Verfallzeit dieser zweiten Abgabe, also erst nach 6 Monaten, auf ihn selbst (den Twistkäufer in Cöln) einen Wechsel ebenfalls drei Monate dato ausstellen; der Londoner so wie der Rotterdamer Freund würden nur $^{1}/_{3}$ Procent Provision rechnen und um diese den Wechselbetrag bei ihren Ziehungen erhöhen. Der Cölner geht hierauf ein, bestellt die Twiste und braucht solche nun erst nach neun Monaten zu bezahlen.

Da indeß bei der Ziehung von London auf Rotterdam der neue Wechsel in Holländisch Courant ausgestellt wird, bei der demnächstigen von Rotterdam auf Cöln in Preußisch Courant, und bei der Reduction der einen Münzsorte in die andere der jedesmalige Tagescours am Ziehungsorte als Norm dient, so hängt das Mehr- oder Minderkostspielige einer solchen Wechseloperation sehr von dem zufälligen Stande der Course am Tage der Ziehung ab; sie läßt sich daher auch nur durch einen voraussichtlich damit verknüpften anderweitigen überwiegenden Vortheil rechtfertigen, gehört aber immerhin zu denjenigen Manövern, welche man mit „Wechselreiterei" bezeichnet.

Wechselreiterei.

§. 88.

Unter Wechselreiterei versteht man das von nicht hinreichend bemittelten Handlungshäusern, ohne Guthaben an den Bezogenen, oft wiederholte langsichtige Trassiren und den Verkauf dieser Wechsel, zum Zwecke, sich augenblicklich Geld zu verschaffen.

Ein Kaufmann, der sein Geschäft dermaßen über seine Kräfte betreibt, daß er zur Führung desselben den ihm von seinem Bankier eingeräumten Blanco-Credit (§. 82) nicht nur nicht entbehren kann, sondern auch genöthigt ist, denselben fortwährend in seinem ganzen Umfange zu benutzen, verdient schon mit Recht das Prädicat „Wechselreiter"; denn bei dem raschen Umsatz, welchen der Bankier verlangt

(§. 83), muß er darauf bedacht sein, für seine Tratten demselben, spätestens bis zu deren Verfallzeit, immer gehörige Gegenanschaffungen (Deckungen) zu machen und so oft dieses aus eigenen Mitteln nicht geschehen kann, ist er gezwungen, bloß zu dem Behufe aufs Neue auf ihn zu trassiren, um die Tratten zu verkaufen und den Erlös dafür zur Deckung seiner früheren Abgaben zu verwenden.

Solche Wechsel werden, um Zeit zu gewinnen, so langsichtig als möglich ausgestellt; die durch ihren Verkauf bedingten Verluste, (durch den im Cours mitbegriffenen Disconto und dem mitunter schlechten Stand der Course selbst herbeigeführt), die Provisions- und Zinsvergütung an den Bankier u. s. w. erreichen, bei anhaltender derartiger Benutzung des Wechselcredits, endlich eine solche Höhe, daß das Geschäft des Kaufmanns sehr ergiebig sein muß, wenn er bei solchem Mißbrauch des Wechselgeschäftes seine Rechnung findet. Ist dieses Letztere aber, wie gewöhnlich, nicht der Fall, so muß er nothwendig in seinen Vermögensverhältnissen zurückgehen; er merkt dieses an dem Abnehmen der ihm bis dahin zu Gebote gestandenen eigenen Hülfsmittel und den dadurch sich immer mehr häufenden Verlegenheiten, in die er bei eintretender nothwendiger Erfüllung von Zahlungsverbindlichkeiten geräth, und so ist es natürlich, daß ihm die Schranken des Blanco-Credits, in denen er sich bis jetzt bewegte, nach gerade auch zu eng werden. Er wagt es, auf bessere Gestaltung seiner Geschäftsverhältnisse hoffend, sie durch ausgedehntere Ziehungen zu überschreiten; sein Bankier, noch ohne Mißtrauen, schweigt dazu, vor der Hand wenigstens, so lange noch die Deckungen zur gehörigen Zeit erfolgen; diese aber können bald aus eigenen Mitteln gar nicht mehr, sondern nur durch stets neues Trassiren beschafft werden, und so der verderblichen Wechselreiterei völlig anheim gefallen, geht er, wenn nicht besondere äußere Glücksumstände eintreten, seinem Untergange rasch entgegen.

Bankier und Geschäftsfreunde, durch die häufigen langsichtigen Ziehungen endlich aufmerksam gemacht, fangen an Mißtrauen zu hegen; Ersterer dringt vorläufig auf Zurückführung des Wechselcredits in seine alten Schranken, verweigert auch wohl die Annahme einzelner Tratten, was deren Protestation zur Folge hat, Letztere werden vorsichtiger bei Geschäftsabschlüssen mit ihm, bei welchen es auf eine Creditbewilligung ankömmt, kurz eine Verlegenheit bietet der andern die Hand, wozu sich auch noch diejenige gesellt, daß die bisherigen Käufer seiner Tratten keine so willige Abnehmer mehr sind, und so immer mehr und mehr in die Enge getrieben, sieht er sich endlich zu der traurigen Nothwendigkeit veranlaßt, sich für insolvent (zahlungsunfähig) zu erklären, wenn er nicht schon vorher durch förmliche Creditaufkündigung seines Bankiers fallit geworden (vergleiche §. 67 Note 1 Seite 102).

§. 89.

Hat ein Kaufmann, welcher Wechselreiterei betreibt, mehrere Bankiere an verschiedenen Orten, so kann er durch umsichtige, abwechselnde Ziehungen auf dieselben seine zerrütteten Geldverhältnisse längere Zeit verheimlichen. Am wenigsten bemerkbar ist indeß jene Wechselreiterei, wenn mehrere an verschiedenen Orten wohnende Personen sich dabei zu gegenseitiger Unterstützung förmlich die Hand bieten; sie wird in diesem Falle ungefähr auf dieselbe Art betrieben, wie bei dem §. 87 gegebenen Beispiele und ist für dritte mit solchen Geschäftsleuten verkehrende Personen um so gefährlicher, je weniger sie durch ihre täuschende Hülle sich als solche erkennen läßt.

Falsche und verfälschte Wechsel.

§. 90.

Wenn die Wechselreiterei, wie aus dem Gesagten erhellet, nur als ein arger Mißbrauch des Wechselgeschäftes betrachtet werden kann, so ist das Anfertigen von falschen Wechseln oder das Verfälschen reeller Wechselbriefe ein förmlicher Betrug.

Falsch ist ein Wechsel, wenn die Unterschrift des Ausstellers oder des Acceptanten, oder beider zugleich, oder auch noch die eines Indossenten oder, vorkommenden Falles, die Unterschrift des mit dem Aussteller gleichverpflichteten Avalgebers, weder von der Person selbst, die dadurch bezeichnet wird, noch von einem ihrerseits dazu Bevollmächtigten (Procuristen) herrührt; verfälscht, wenn einzelne Bestandtheile eines ursprünglich ächten Wechsels (z. B. die Wechselsumme oder das Datum der Ausstellung) verändert wurden, oder der Dieb oder Finder eines solchen denselben an sich indossirt, indem er entweder ein ganz falsches Indossament darauf setzt oder ein Blanco-Indossament auf seinen Namen ausfüllt, oder die Unterschrift eines für einen Indossenten verhafteten Avalgebers eine falsche ist.

Obgleich alle Gesetze strenge Strafen gegen den Wechselfälscher verhängen, sind Fälschungen selbst in neuerer und neuester Zeit vorgekommen, und wenn sie auch, im Vergleiche zu der Masse von circulirenden Wechseln, zu den Seltenheiten gehören, so ist doch die größtmöglichste Vorsicht beim Wechselgeschäft nicht genug anzuempfehlen.

Die Acceptation eines falschen Wechsels verbindet den Acceptanten eben so zur Zahlung, und dem nach Art. 36 (§. 28) rechtmäßigen Inhaber eines solchen haften seine Vormänner, deren Unterschriften ächt sind, eben so wechselmäßig, wie bei einem ächten Wechsel. Der durch

Wechselfälschung Hintergangene kann sich nur an den Urheber des Betruges halten.

Die allgemeine deutsche Wechselordnung spricht sich folgendermaßen hierüber aus:

> Art. 75. Auch wenn die Unterschrift des Ausstellers eines Wechsels falsch oder verfälscht ist, behalten dennoch das ächte Accept und die ächten Indossamente die wechselmäßige Wirkung.
>
> Art. 76. Aus einem, mit einem falschen oder verfälschten Accepte oder Indossamente versehenen Wechsel bleiben sämmtliche Indossanten und der Aussteller, deren Unterschriften ächt sind, wechselmäßig verpflichtet.

Kellerwechsel.

§. 91.

Ebenfalls falsche Wechsel sind die sogenannten Kellerwechsel, wohl so genannt, weil ihre Selbstanfertigung wegen mißbräuchlicher Benutzung fremder Namen das Tageslicht zu scheuen hat; doch werden sie nicht in betrügerischer Absicht, sondern lediglich deshalb geschaffen, um sich, ähnlich wie bei der Wechselreiterei, auf eine Zeit lang Geld zu verschaffen, z. B.:

Ein Geschäftsmann, der weder einen Bankier hat, auf welchen er trassiren kann, noch genug Platzcredit, um eine benöthigte Geldsumme von Jemanden am Orte leihweise vorgestreckt zu erhalten, sinnt auf einen Ausweg. Der Besitz eines auswärts gezogenen, am Wohnorte zahlbaren Wechsels dünkt ihm das leichteste Mittel zur Erreichung seines Zweckes; denn er würde bald einen Käufer dafür finden, besonders wenn Zieher und Bezogener anerkannt sichere Leute wären und Letzterer acceptirt hätte; zur Verwirklichung dieses Verkaufs fehlt ihm aber die Hauptsache, der Wechsel; diesen verschafft er sich durch eigene Fabrikation. Indem er als Ausstellungsort einen fernen Platz und eine dort existirende, in gutem Rufe stehende Firma zur Bezeichnung als Aussteller wählt, fertigt er selbst den Wechsel an, als sei er von dem fremden Hause auf eine solide Handlung in seinem Wohnorte, an seine Ordre lautend, gezogen, und fügt das Accept des Bezogenen, dessen Handschrift nachahmend, hinzu. Jetzt setzt er sich durch den Verkauf dieses Wechsels in den baaren Besitz vom Betrage desselben, bemerkt aber dem Käufer, daß er ihn bis kurz vor der Verfallzeit wieder einzulösen wünsche und bittet daher, ihn bis dahin nicht weiter zu begeben, sondern für ihn aufzubewahren, was ihm auch zugesagt wird.

Falls er wegen allzuschwachen Credits befürchtet, einen direct an seine Ordre lautenden Wechsel nicht leicht unterbringen zu können, so stellt er denselben an die Ordre eines mit ihm verbundenen Freundes, und läßt ihn von diesem auf sich indossiren, wodurch dem Käufer auch der Girant mit haftbar wird, wie noch anderweitige Abweichungen bei der Fabrikation, nach dem Ermessen des Anfertigers, Statt finden können.

Bei eintretender Verfallzeit löst er den verkauften, eigentlich nur verpfändeten Wechsel entweder mit eigenem Gelde oder durch den Erlös eines neu geschmiedeten Kellerwechsels wieder ein, und so ist das Geschäft zur Zufriedenheit eines jeden Betheiligten beseitigt.

Nach den Mittheilungen, welche uns der sel., um die Ausbreitung von Handelskenntnissen so sehr verdiente Büsch hinterließ (s. unten die Anmerkung) [1]), müssen sogar schon Fälle vorgekommen sein, daß der

---

[1]) In Joh. Georg Büsch Zusätzen zu seiner theoretisch-practischen Darstellung der Handlung, Hamburg 1797, Band I. Zusatz zu Buch I. Cap. 6 §. 19 Seite 142 und 143 findet sich folgende, hier wörtlich mitgetheilte Nachricht über die Kellerwechsel:

„Doch jetzt weiß man kürzere Wege, als jene weitläuftige Wechselreiterei, um sich fremdes Geld zu verschaffen. Seit etwa zwanzig Jahren sind die sogenannten Kellerwechsel in Umlauf gekommen, mit welchen es so zugeht: Man schreibt einen Wechsel nieder, als käme er von einem entfernten Orte. Die Namen des Trassanten und Remittenten sind gewöhnlich erdichtet, und, wenn sie es nicht sind, so dürfen sie doch nicht darum wissen. Der Acceptant darf auch nicht immer ein wahrhafter Name sein, oder der Wechsel ist allenfalls auf einen dritten Ort gezogen, und in Hamburg domicilirt. Nun setzen sich die Theilnehmenden als Indossanten darauf, und dann ist der Discontent leicht gefunden, wenn diesen nicht aller Credit fehlt. Der Wechsel wird vor dem Verfalltage eingelöst und vorher ein ähnliches Papier fabricirt. Es geht damit so weit, daß man solche Kellerwechsel hat erscheinen sehen, die nicht einmal eine Falte hatten, die darauf deutete, daß sie in einem Briefe übergekommen wären. Ein anderer Wechsel erschien hier vier Tage nach dem vorgeblichen zu Bordeaux darauf gesetzten Datum.

Aber man wird sich auch aus den Zeitungen erinnern, daß vor einem Jahre in London Wechsel auf mehrere hunderttausend Pfund Sterling erschienen, als von Hamburg gezogen, die aber alle in London erdichtet waren, der Bank zum Discontiren präsentirt, auch wirklich discontirt wurden. Die Opposition machte viel Lärmens darüber; aber der Minister entsah sich nicht, die Sache als ein Hülfsmittel einzugestehn, dessen er sich habe bedienen müssen, um eine große Summe in der Eile aufzubringen".

Einen andern, als wahr bezeichneten Vorfall erzählt Büsch Seite 132 wie folgt:

„Ein Kaufmann in — handelte mehrere Jahre hindurch auf folgende Weise: Er hatte kein Vermögen, um damit die Geschäfte zu machen, von welchen er leben wollte. Aber er war ein geschickter Kaufmann, und zu den feinsten Speculationen aufgelegt. Daneben hatte er auch die Fähigkeit eine jede Hand nachzumalen. So wie er nun Geld nöthig hatte, schrieb er Wechsel nieder, die von den besten Häusern des Orts zahlbar waren, setzte

Käufer eines solchen Wechsels das wahre Sachverhältniß merkte, nichtsdestoweniger aber auf das Geschäft einging, weil er mit Sicherheit annahm, der Verkäufer werde sich der gesetzlichen Strafe für die begangene Fälschung nicht aussetzen, welche nothwendig über ihn verhängt werden würde, wenn er den Wechsel zur gehörigen Zeit durch Einlösung nicht wieder zurückzöge.

In neuerer Zeit hat man von Anwendung der Kellerwechsel nichts vernommen.

Schliessliche Anführung der bis dahin noch nicht berücksichtigten Artikel der allgemeinen deutschen Wechselordnung.

§. 92.

In den vorhergehenden Paragraphen ist fast der ganze Inhalt der allgemeinen deutschen Wechselordnung wörtlich aufgenommen. Zur Vervollständigung mögen hier die wenigen Artikel folgen, welche sie außerdem noch enthält:

Ausländische Gesetzgebung.

Art. 84. Die Fähigkeit eines Ausländers, wechselmäßige Verpflichtungen zu übernehmen, wird nach den Gesetzen des

---

die Namen von Trassanten und Indossanten und zuletzt sich selbst als letzten Indossaten darauf. Dann fügte er, wie gewöhnlich, sein Indossament in blanco hinzu, suchte selbst Discontenten auf, die ihm, noch mehr aber den vielen guten indossirten Namen, und insonderheit den des Acceptanten traueten, dessen Accept auch schon nachgemacht war. Es war noch die Zeit, da Kaufleute sich nicht gern merken ließen, daß sie ihre Wechsel zum Discont hingäben. Er bat sie also, die Wechsel stille bei sich ruhen zu lassen, weil er sie selbst vor dem Verfalltage einlösen würde. Dies geschah auch immer ohne Fehl. Denn nun hat er andere Wechsel fertig, welche er entweder bei anderen Discontenten ließ oder sie dem früheren Discontenten in Bezahlung gab. Endlich entschlüpfte einem das Geheimniß im Gespräche mit einem der vorgeblichen Acceptanten. Die Sache ward kund, verblutete aber. Denn er hatte wirklich einen im Uebrigen reellen Waarenhandel fortgeführt, und konnte den Discontenten, deren einer, wie er mir selbst erzählt, 70,000 Mark Banco von ihm zu fordern hatte, so reiche Waarenlager zur Sicherheit geben, daß sie keinen Verlust zu fürchten hatten. Und nun hieß es, als die Sache dennoch laut ward: wo kein Kläger ist, da ist kein Richter".

Zum Artikel 84.

1. Baden. Einführungs-Ordnung vom 19. Februar 1849. Art. 6.

Wo die Wechselordnung vom Inlande redet, da ist hierunter nicht nur das Großherzogthum, sondern das ganze Gebiet zu verstehen, auf welchem das Gesetz Geltung hat.

Staates beurtheilt, welchem derselbe angehört. Jedoch wird ein nach den Gesetzen seines Vaterlandes nicht wechselfähiger Ausländer durch Uebernahme von Wechselverbindlichkeiten im Inlande verpflichtet, insofern er nach den Gesetzen des Inlandes wechselfähig ist.

Art. 85. Die wesentlichen Erfordernisse eines im Auslande ausgestellten Wechsels, so wie jeder andern im Auslande ausgestellten Wechselerklärung werden nach den Gesetzen des Ortes beurtheilt, an welchem die Erklärung erfolgt ist.

Entsprechen jedoch die im Auslande geschehenen Wechselerklärungen den Anforderungen des inländischen Gesetzes, so kann daraus, daß sie nach ausländischen Gesetzen mangelhaft sind, kein Einwand gegen die Rechtsverbindlichkeit der später im Inlande auf den Wechsel gesetzten Erklärungen entnommen werden.

---

2. Bayern. Einführungs-Ordnung vom 25. Juli 1850. Art. 7.

Unter der Benennung „Ausland" sind alle jene Länder zu verstehen, in welchen die allgemeine deutsche Wechselordnung nicht als Gesetz eingeführt ist.

3. Oesterreich. Zum Art. 84 der österreichischen Wechselordnung gibt Herr Dr. Johann Blaschke, Professor der Rechte zu Gratz, folgende Erklärung (s. Archiv für deutsches Wechselrecht Band I. Seite 492):

Unter Ausländern sind in der österreichischen Wechselordnung alle Personen zu verstehen, die nicht österreichische Staatsbürger sind, während nach der deutschen Wechselordnung dieser Ausdruck in einem andern Sinne aufgefaßt werden muß, indem darunter nur Angehörige jener Staaten verstanden werden, auf welche sich die deutsche Wechselordnung nicht bezieht.

Der Grund, warum in der österreichischen Wechselordnung der Ausdruck Ausländer in diesem weiteren Sinne aufgefaßt werden muß, liegt in der Betrachtung, daß die deutsche Wechselordnung in Oesterreich nicht in Folge des Beschlusses der deutschen Nationalversammlung, sondern auf Grundlage des §. 36 und §. 120 der österreichischen Reichsverfassung vom 4. März 1849 eingeführt wurde.

4. Sachsen. Einführungs-Ordnung vom 25. April 1849. §. 2.

Wo in derselben (der deutschen Wechselordnung) und hier unten vom „Auslande" die Rede ist, sind darunter nur solche Länder und Orte zu verstehen, in welchen diese allgemeine deutsche Wechselordnung nicht als Gesetz eingeführt ist.

5. Weimar. Einführungs-Ordnung vom 13. Juli 1849. §. 1.

Wo in der allgemeinen deutschen Wechselordnung und in dem gegenwärtigen Ausführungsgesetze vom „Auslande" die Rede ist, sind darunter nur solche Länder und Orte zu verstehen, in welchen diese allgemeine deutsche Wechselordnung nicht als Gesetz eingeführt ist.

Ebenso haben Wechselerklärungen, wodurch sich ein Inländer einem anderen Inländer im Auslande verpflichtet, Wechselkraft, wenn sie auch nur den Anforderungen der inländischen Gesetzgebung entsprechen.

Art. 86. Ueber die Form der mit einem Wechsel an einem ausländischen Platze zur Ausübung oder Erhaltung des Wechselrechts vorzunehmenden Handlungen entscheidet das dort geltende Recht [1]).

Mangelhafte Unterschriften.

Art. 94. Wechselerklärungen, welche statt des Namens mit Kreuzen oder andern Zeichen vollzogen sind, haben nur dann, wenn diese Zeichen gerichtlich oder notariell beglaubigt worden, Wechselkraft.

[1]) Brauer (§. 86) führt zur Erklärung dieses Artikels Folgendes an: Alle Schritte, welche zur Erhaltung des Wechselrechts im Auslande vorzunehmen sind, werden sowohl, was ihre Nothwendigkeit, die Zeit und Art, so wie die äußere Form der Vornahme betrifft, nach auswärtigem Rechte behandelt. Der Wechselinhaber, welcher eine Regreßklage im Auslande anzustellen hat, richtet sich, was die Frage ob und in welcher Zeit notificirt, gegen wen geklagt werden muß u. s. w. betrifft, durchweg nach den ausländischen Gesetzen. Wer Protest im Auslande zu erheben hat, thut genug, wenn er die ausländische Form beobachtet, und es kann ihm im Inland kein Vorwurf daraus gemacht werden, daß sie den inländischen Gesetzen nicht entspräche.

Zum Artikel 94.

1. Mecklenburg-Strelitz und Schwerin. Einführungs-Ordnung vom 28. April 1849. §. 4.

Die im Art. 94 der Wechselordnung erwähnte notarielle Beglaubigung erfordert zu ihrer Gültigkeit die Gegenwart zweier solcher Zeugen, welchen der Aussteller in Person bekannt ist. Ferner:

2. Mecklenburg-Strelitz. Regierungs-Verfügung vom 13. Mai 1849.

Da den Schreibensunerfahrenen, deren mit Kreuzen oder anderen Zeichen zu vollziehende Wechselerklärungen — nach dem Art. 94 der seit dem 1. Mai d. J. in Gesetzeskraft getretenen allgemeinen deutschen Wechselordnung vom 26. November 1848 und dem §. 4 der Ausführungsordnung vom 28. April d. J. (s. oben) — gerichtlich oder in Gegenwart zweier Zeugen, welche den Aussteller in Person kennen, von einem Notar beglaubigt werden sollen, die wechselrechtlichen Wirkungen solcher Erklärungen nicht allemal genügend bekannt sein dürften, so werden alle Gerichte und Notare hierdurch angewiesen, die Aussteller vor der Vollziehung und deren Beglaubigung mit den Folgen bekannt zu machen, welche eine solche Handlung, insonderheit hinsichtlich der wechselmäßigen Verhaftung mit ihrer Person und ihrem Vermögen, sei es als Aussteller gezogener oder eigener Wechsel oder als Indossanten oder Acceptanten und des in Wechselsachen eintretenden summarischen Verfahrens, mit sich führt.

Art. 95. Wer eine Wechselerklärung als Bevollmächtigter eines Anderen unterzeichnet, ohne dazu Vollmacht zu haben, haftet persönlich in gleicher Weise, wie der angebliche Machtgeber gehaftet haben würde, wenn die Vollmacht ertheilt gewesen wäre.

Dasselbe gilt von Vormündern und andern Vertretern, welche mit Ueberschreitung ihrer Befugnisse Wechselerklärungen ausstellen.

Eigene Wechsel betreffend.

Art. 98. Nachstehende in diesem Gesetze für gezogene Wechel gegebene Vorschriften gelten auch für eigene Wechsel:

1) die Art. 5 und 7 über die Form des Wechsels;
2) die Art. 9—17 über das Indossament;
3) die Art. 19 und 20 über die Präsentation der Wechsel auf eine Zeit nach Sicht mit der Maßgabe, daß die Präsentation dem Aussteller geschehen muß;
4) der Art. 29 über den Sicherheitsregreß mit der Maßgabe, daß derselbe im Falle der Unsicherheit des Ausstellers stattfindet;
5) die Art. 30—40 über die Zahlung und die Befugniß zur Deposition des fälligen Wechselbetrages mit der Maßgabe, daß letztere durch den Aussteller geschehen kann;
6) die Art. 41 und 42, so wie die Art. 45—55 über den Regreß Mangels Zahlung gegen die Indossanten;
7) die Art. 62—65 über die Ehrenzahlung;
8) die Art. 70—72 über die Copieen;
9) die Art. 73—76 über abhanden gekommene und falsche Wechsel mit der Maßgabe, daß im Falle des Art. 73 die Zahlung durch den Aussteller erfolgen muß;
10) die Art. 78—96 über die allgemeinen Grundsätze der Wechselverjährung, die Verjährung der Regreßansprüche gegen die Indossanten, das Klagerecht des Wechselgläubigers, die ausländischen Wechselgesetze, den Protest, den Ort und die Zeit für die Präsentation und andere im Wechselverkehre vorkommende Handlungen, so wie über mangelhafte Unterschriften.

Ursprung der Wechsel und des Wechselrechts [1]).

§. 93.

In seiner ursprünglichen Gestalt war aller Handel Tauschhandel und ist es noch bei manchen Völkern; man tauschte die überflüssigen, entbehrlichen Producte gegen die nothwendigen ein.

---

[1]) Wahres Interesse für die Kenntniß des Ursprungs einer Sache kann nur der Kenner derselben haben; dieser Gedanke bewog mich, diesem Abschnitte seinen Platz hier anzuweisen.

Ein solcher Handel mußte viele Unbequemlichkeiten mit sich führen; denn da manche Waaren sich gar nicht, andere nicht ohne großen Werthverlust theilen lassen, so mußte wohl, bei dem Mangel eines Ausgleichungsmittels, mancher Tauschhandel schon aus diesem Grunde unausgeführt bleiben. Man kam daher nach und nach darauf, eine in ihrem Stoffe unveränderliche, leicht transportable Waare, die allgemein als Gegenwerth aller zu tauschenden Objecte gern angenommen wurde, und, in die kleinsten Theile zerlegt, in ihrem Werthe nichts verlor, also die edeln Metalle, namentlich Gold und Silber, als allgemeines Tauschmittel anzuwenden. Hiernach, besonders aber nach dem letzteren, wie dies auch noch jetzt der Fall ist, wurde demnächst der Werth oder die Geltung aller übrigen Gegenstände bestimmt, und so traten denn diese Metalle ihnen als Geld gegenüber; der frühere Tausch gestaltete sich nun zum Kaufe.

§. 94.

Dieses Geld wurde im Anfange dem Empfänger vom Zahlenden zugewogen, wie dieses in China jetzt noch geschieht, dessen Kaufleute sich des Goldes und Silbers in Stangen (Barren) als Geld bedienen. Bald indeß kam man darauf, Stücke edeln Metalles von verschiedener Größe schon im Voraus abzuwägen und ihr Gewicht darauf zu verzeichnen, um des lästigen Wägens bei jedem einzelnen Kaufe überhoben zu sein.

Derartigen abgewogenen Stücken Geldes wurde später die Bezeichnung ihres Werthes durch einen mit Sinnbildern verzierten Stempel aufgedrückt; sie wurden geprägt und man nannte sie Münzen. Ihre Entstehungszeit ist ungewiß; theils wird ihre Erfindung den Lydiern, theils den Phöniciern zugeschrieben; so viel indeß ist sicher, daß die Letzteren den andern Völkern, mit denen sie im Verkehr standen, zur Münzprägekunst Anleitung gaben.

Bei den Griechen kamen die Münzen erst gegen 600 v. Chr. in Gebrauch, und es existiren von ihnen noch jetzt Münzen mit sehr feinem und kunstvollem Gepräge. Der persische König Darius I. ließ um 500 v. Chr. zuerst Münzen mit seinem Bildnisse schlagen, weßhalb dieselben auch Dareiken genannt wurden. Die Spartaner hatten eiserne, die Syracusaner zinnerne Münzen; die ersten Münzen der Römer, unter der Regierung des Servius Tullius, um 540 v. Chr., waren Kupfermünzen, und erst um 275 v. Chr., zur Zeit des Curius Dentatus, fingen sie an, Silbermünzen zu prägen. Ueberhaupt veranlaßte bei allen Völkern der Fortschritt in der Kunst der Metallbearbeitung die allmälige Entfernung der aus geringerem Metall angefertigten Münzen; man bediente sich ihrer nur noch als Scheidemünze, während die aus Gold und Silber geprägten die wirklichen Handelsmünzen wurden nnd blieben.

Die Deutschen, welche um Christi Geburt durch die Römer zuerst mit dem Gelde bekannt wurden, prägten ihre ersten Münzen, die sie mit einem Kreuze bezeichneten und daher Kreuzer hießen, gegen 500 nach Chr.; in allgemeinen Umlauf aber kamen bei ihnen geprägte Münzen erst nach dem Jahre 1000. Eine Münze dieser Periode war der sogenannte Dickpfennig. Diese dicken aus Silber geprägten Pfennige, von denen 60 auf die Mark gingen, erhielten die Benennung „Groschen", welchen Namen Einige von gros (dick), Andere von croix (Kreuz) ableiten. Eine andere Münze des Mittelalters, vom 11. bis zu Ende des 14. Jahrhunderts waren die sogenannten Hohl- oder Blechmünzen (Bracteaten), die so dünn waren, daß sie dieserwegen zu beiden Seiten nur ein sehr undeutliches, späterhin, bei noch immer mehr zunehmender Dünne, nur ein einseitiges Gepräge hatten und daß man sie, wie Büsch sich ausdrückt, wegblasen konnte [1]; auch diese Bracteaten waren von Silber.

Im Jahre 1484 wurden von Erzherzog Sigismund von Oesterreich zuerst 2 Loth schwere Groschen geschlagen, Güldengroschen genannt, welche später die Benennung „Thaler" erhielten, nachdem die Grafen von Schlick, die zu Joachimsthal in Böhmen ein sehr ergiebiges Silberbergwerk besaßen, daselbst im Jahre 1517 derartige Güldengroschen hatten prägen lassen, welche man Joachimsthaler hieß, woraus die abgekürzte Benennung „Thaler" entstand.

§. 95.

Das Gepräge einer Münze sollte eigentlich nie mehr als ihren innern Werth nach Abzug der Prägkosten anzeigen [1]; dieses wurde indeß sehr häufig nicht befolgt, besonders da anfänglich Jedem die Anfertigung von Münzen frei stand; später indeß nahmen die obersten Staatsgewalten, um den Münzverfälschungen der Privaten vorzubeugen und mehr Einheit im Münzwesen herzustellen, das Münzrecht für sich allein in Anspruch: es entstand das Münzregal. Trotz diesem aber war das Mittelalter, namentlich das 12., 13. und 14. Jahrhundert, wo das Recht Münzen zu prägen verschwenderisch an so viele kleine Machthaber (Potentaten), an hohe Geistliche, an Städte und Gilden ertheilt wurde [2]), überaus reich an schlechten und geringhaltigen Münzen; man

---

[1]) S. nächstfolgenden §. Anmerkung Nr. 3, Seite 189.

[1]) Die Münze kommt gegen das dazu verwendete Metall natürlich um so viel höher zu stehen, als die Präg- oder Ausmünzungskosten betragen. Diesen Preisunterschied zwischen dem rohen Metall und den daraus gefertigten Münzen oder, mit andern Worten, den Betrag der Prägkosten, um welchen der Werth der Münze durch die Präge höher bezeichnet wird, als ihr innerer Metallwerth beträgt, nennt man den „Prägeschatz", „Schlagschatz".

[2]) S. die Anmerkung Nr. 2 §. 96. Seite 190.

hat nicht nur ohne Schaden, sondern auch mit Gewinn münzen wollen, und ich möchte wohl sagen, daß ein wahrer Wetteifer in der Ausprägung schlechter Münzen bestand, so daß in Folge dessen die Länder mit solchen überschwemmt wurden. Dieses und die beständigen Münzveränderungen, das Verrufen der alten und das Einführen der neuen Münzen, mußte eine auf den Verkehr sehr nachtheilige Wirkung äußern [3]).

§. 96.

Es konnte daher den Kaufleuten nur sehr erwünscht sein, wenn sich Leute fanden, an die sie die schlechten, verrufenen Münzsorten, welche ihnen ihr Geschäftsverkehr zuführte, gegen ein Aufgeld, in neue, gangbare umsetzen konnten, ebenso bedurften die Regierungen selbst solcher Leute, um durch sie das schlechte Geld einziehen und an die Münze abliefern zu lassen. Mit diesem Geschäfte, dessen Ausübung nicht Jedem, sondern nur demjenigen gestattet war, welchem das besondere Recht hierzu verliehen worden, befaßten sich bald aller Orten, besonders auf größeren Plätzen, Personen: „Wechseler", „Campsoren" genannt; sie wurden von der Obrigkeit sehr begünstigt, an manchen Orten wie als öffentliche, im Amte stehende Personen betrachtet, da sie auf die gesetzliche Betreibung ihres Geschäftes beeidigt wurden und Caution stellen mußten, deren Büchern man aber dagegen auch vollen Glauben schenkte [1]).

---

[3]) Büsch sagt hierüber (Band I. Zusatz zu Buch I. Cap. 1 §. 4 Seite 2): „Jetzt müssen die Regenten der Staaten von dem Handel die Gründe hernehmen, nach welchen sie in ihrem Münzwesen verfahren, und wie hoch sie ihren Gewinn in dem Schlagschatz treiben dürfen. In den mittlern Zeiten war es damit ganz anders. Die Regenten sahen ihr Münzregal als eine Hauptquelle ihrer Einkünfte an, und ließen ausdrücklich ein schlechtes, nur auf kurze Zeit brauchbares Geld, die sogenannten Bracteaten, Blech- oder Hohlmünzen schlagen, ohne zu fragen, wie sich der Handel ihrer Unterthanen dabei stünde. Dies Geld war so dünne und so leicht, daß es sich wegblasen ließ, und eben deswegen war der Abgang durch den Verbrauch so groß, daß darin gewiß eine Hauptursache lag, warum des Silbers bis zur Entdeckung von Amerika immer weniger in Europa ward. Wie hoch sie ihren Gewinn bei der Ausmünzung selbst getrieben haben, wird sich nie ausmachen lassen. Daß aber ihre Pächter über 15 Procent gewannen, zeigt sich in den Acten jener Zeit. Aber eben diese elende Beschaffenheit und geschwinde Abnutzung der Münzen, gab ihnen den Vorwand, diesen Gewinn durch neue Ausmünzungen oft zu erneuern. Zehn Jahre waren die längste Zeit, für welche man die Münzen im Umlaufe ließ, aber drei Jahre eine sehr gewöhnliche Zeit, und in Polen wurde sogar dreimal im Jahre umgemünzt. Schon während dieser Zeit, und vollends am Ende gab dies ein gewaltiges Wechseln, von welchem der Gewinn nicht Jedermann zugestanden ward".

[1]) Herr v. Martens, in seinem Versuch einer historischen Entwicklung des wahren Ursprungs des Wechselrechts, Göttingen 1797, erwähnt der Campsoren §. 4 wie folgt:

In mehreren der ehemaligen deutschen Reichsstädte waren es nur die Patricier, welchen das Recht zum Geldwechsel zugestanden wurde. Solchen privilegirten Campsoren wurde nicht selten das Münzrecht, welches an sie verpachtet wurde, verliehen; für sie in der damaligen Zeit, wie wir aus dem Inhalte des vorigen Paragraphen und aus der Anmerkuug Nr. 3 daselbst ersehen, eine besonders ergiebige Erwerbsquelle; sie hießen sodann Münzer, Münzbürger oder auch Hausgenossen [2]).

„Selbst an Orten, wo keine Messe war, ward mehrentheils der Geldwechsel nicht als ein freies Gewerbe für Jedermann angesehen; es waren nicht nur Fremde, Unprivilegirte davon ausgeschlossen, sondern an einigen Orten in Deutschland war es ein Vorzug der aus edlerem Geschlecht gezogenen oder zu edlerem Geschlecht sich bildenden Münzbürger. An andern Orten und in andern Ländern mußten diejenigen, welche dies Geschäft treiben wollten, erst als Campsores aufgenommenn sein; sie mußten schwören, die Gesetze zu beobachten, Caution stellen, und wurden angewiesen, ihre Bücher ordentlich zu führen; sie durften auch nicht überall, sondern nur an den dazu bestimmten Orten der Stadt ihre Wechselbank oder Wechseltische halten.

Dagegen aber sollte auch, nach den früheren Gesetzen mehrerer Orte ihren Büchern vollen Glauben beigemessen und die von ihnen ausgestellten Scheine den instrumentis publicis gleichgeachtet werden".

Herr v. Martens belegt diese Angaben durch Anführung mehrerer Stellen aus der französischen Gesetzgebung aus den Jahren 1304, 1325 u. s. w., durch eine für die Stadt Cöln im Jahre 1258 erschienene Verordnung, so wie ferner durch die Statuten von Piacenza von 1391 und von Bologna von 1454.

[2]) Der Bericht über alte und neue Münzen von Johann Willibald Hoffmann, General-Münz-Wardein des Fränkischen Kreises, vom Jahre 1680, enthält viele auf den Inhalt dieses und des vorhergehenden Paragraphen passende Beispiele, wovon einige, von Seite 35 ff. im Auszuge hier mitgetheilt werden mögen:

Im Jahre 996 verlieh Kaiser Otto der Stadt Freisingen in Bayern das Münzrecht, 1030 der Kaiser Heinrich dem Bischof Mainhard von Würzburg, 1143 Kaiser Conrad III. den Genuesern. Im Jahre 1220 erneuerte Friedrich II. der Stadt Lübeck ihre Privilegien und ertheilte ihr das Münzrecht, welches sie auch auf solch rechtliche Weise ausübte, daß ihr geprägtes Geld bald vor dem aller andern münzenden Städte bevorzugt wurde und in weitem Umkreise Geltung hatte, auch Hamburg, Lüneburg, Hannover und Hildesheim ihre Rechnung und Münze darnach einrichteten; späterhin aber wurde dieses Geld immer seltener, bis es sich am Ende ganz verlor.

Es wurden überhaupt an mancherlei Orten, in Städten, Klöstern und Schlössern vielerlei Pfennige (Silbermünzen) von solch ungleichem und geringhaltigem Werthe geschlagen, daß der, welcher an fremde Orte handeln wollten, sie gegen Aufgeld umsetzen mußte.

In Erfurt hatte der Rath zwölf Hausgenossen, die das Münzen versahen, ebenso hatte der Bischof von Mainz einen Münzmeister, bei welchem man stets neue Pfennige bekommen konnte, die der Stadt und dem Lande

§. 97.

Aber die Thätigkeit der Campsoren beschränkte sich nicht allein auf den Geldwechsel; bald gesellten sich dazu noch mannigfaltige sehr ausgebreitete Geschäfte; sie wurden in Geldangelegenheiten nicht nur die Vermittler der Kaufleute, sondern auch der Staaten, die, in Geldnoth, zu ihnen ihre Zuflucht nahmen, und um den vielfältigen an sie gestellten Ansprüchen begegnen zu können, vereinigten sich Viele von ihnen zu Gesellschaften, knüpften die an verschiedenen Handelsplätzen wohnenden Campsoren, zu gegenseitiger Unterstützung, unter sich Verbindungen an und manche Bedeutendere von ihnen hatten eigene Kontore an mehreren Orten zugleich [1]); ihr Hauptverkehr aber fand auf Messen statt.

§. 98.

Was die Märkte für den kleineren Verkehr, sind die Messen für den größeren. Wenn auf ersteren der Waareneinkauf von Besuchern aus nahe gelegenen Ortschaften nur für den eigenen Verbrauch geschieht, so sind letztere, bei längerer Dauer, die Sammelplätze der Kaufleute aus der Nähe und Ferne, welche daselbst ihren Verkaufsbedarf von Fabri-

---

angenehm waren, und der beim Wechsel das Aufgeld zu festen Preisen bestimmte.

An Goldmünzen wurden zu Ende des dreizehnten Jahrhunderts die Liliengulden in Florenz und die goldenen Kronen in Frankreich, Burgund, Brabant, Geldern und Cleve geschlagen, so prägten auch 1276 die Venetianer zum erstenmal goldene Münzen.

[1]) v. Martens führt in seinem Versuch, Seite 24—26 folgende Beispiele an:

Aldobrandinus Marquise d'Este versetzte alle seine Güter im Jahre 1124 an einige praestatori Florentini für ein Darlehen.

Die Salimboni, ebenfalls Florentiner Campsoren, schossen der Stadt Siena im Jahre 1260, die damals gewiß sehr beträchtliche Summe von 20,000 Florini vor. Die Florentiner Campsoren Frescobaldi schossen 1307 dem Könige von England so große Summen vor, daß er ihnen dafür seine Einkünfte von der Wolle anwies.

Der Florentinischen Gesellschaft der Perusini war der König von England 600,000 Goldgulden, der König von Sicilien 100,000 Goldgulden, der Gesellschaft der Bardi der König von England 900,000 Goldgulden, der König von Sicilien 100,000 Goldgulden schuldig, als jene 1329, diese 1345, wegen unterbliebener Wiederbezahlung dieser Summen, Bankerott machen mußten.

Jacopo und Caroccio in Florenz hatten 1348 ihre Kontore in Avignon, Brügge, Brüssel, Paris, Siena, Perugia, Rom, Neapel, Barletta und Venedig. Die Medicis allein hatten schon im vierzehnten Jahrhundert 16 Handelshäuser an verschiedenen Plätzen, theils unter eigenem, theils unter fremdem Namen. Und obgleich wohl alle diese Gesellschaften zugleich Handel trieben, so war doch ihre Hauptsache Wechselgeschäfte und dieses die Hauptquelle ihres schon damals verschrieenen Reichthums.

kanten und Großhändlern einkaufen, die die Messe mit ihren Waarenlagern beziehen.

Ihre Entstehung und ihren Namen verdanken sie der gottesdienstlichen Handlung, der sogenannten Messe, zu der sich, wegen des damals damit verbundenen Ablasses, das Volk, vorzüglich an manchen Orten, sehr zahlreich einfand. Kaufleute benutzten die Zeit und den Ort der Zusammenkunft zum Feilhalten ihrer Waaren, wodurch sich bald an einem solchen Platze ein reger, wohlthätiger Handelsverkehr entwickelte, der von der Obrigkeit gern gesehen und begünstigt wurde.

Auf diese Weise entstanden die periodisch wiederkehrenden Märkte (Kirchmessen) und aus ihnen, durch besonders vortheilhafte Ortslage, an verschiedenen Plätzen die eigentlichen Messen für den größeren Verkehr, deren Aufblühen man durch Verleihung gewisser Vorrechte, den sogenannten Meßfreiheiten, nach Möglichkeit zu fördern trachtete.

In der damaligen Zeit waren die Messen, anfänglich besonders in Italien und Frankreich häufig, für den Handel von größter Wichtigkeit und dem Kaufmanne ein wahres Bedürfniß; denn bei dem schlechten Zustande und der Unsicherheit der Landstraßen, dem Mangel eines geregelten Transportwesens sowohl als der Postanstalten [1]), bei der Schwierigkeit also, Handelsgeschäfte durch Correspondenz zu betreiben, wurden Verkäufer wie Käufer zum regelmäßigen Besuche der Messen veranlaßt, Erstere um sich Absatz für ihre Artikel zu verschaffen, Letztere, um sich von einer Messe zur andern mit ihrem Bedarf an Waaren zu versorgen, die sie daselbst in großer Auswahl beisammen fanden und deren sonstige einzelne Herbeischaffung durch die angegebenen Ursachen erschwert oder ganz unmöglich war.

---

[1]) Die ersten Postanstalten wurden, in Folge des von Ludwig XI. erlassenen Edicts vom 19. Juni 1464, in Frankreich errichtet, und wenn auch anfänglich nur zu Staatszwecken bestimmt, so wurde ihre Benutzung doch bald dem Publikum freigestellt. Dem Beispiele Frankreichs folgten im Anfange des 16. Jahrhunderts Deutschland und die Niederlande, in welchem letztern Reiche die Taxische Familie schon seit 1543 unter Karl V. das Generalpostmeisteramt bekleidete, während sie mit demselben Amte in Deutschland 1595 belehnt wurde, nachdem sie schon 1563 die kaiserliche Erlaubniß erhalten hatte, daselbst Posten halten zu dürfen; doch hatten auch eigene Postämter zuerst Oesterreich, späterhin im 17. Jahrhundert auch noch andere deutsche Staaten. In England wurden 1635, in Schweden 1637, in Spanien 1701, in Rußland 1718, in Nordamerika 1760, in Dänemark 1762 die ersten Posten errichtet. Diese Postanstalten, anfänglich nur auf Briefbeförderung beschränkt, gewannen durch allmälige Verbesserungen immer mehr an Ausdehnung, so daß nach und nach außer den Briefposten auch noch die Fahr-, Personen- und Eilposten entstanden.

§. 99.

Die oben genannten **Meßfreiheiten**, zum großen Theile noch jetzt existirend und in den Meßrechten (Meßordnungen) enthalten, bestanden hauptsächlich:

1) in der Freiheit für Fremde, die Messe mit ihren Waaren zu besuchen und sie daselbst feil zu halten;

2) in der Anordnung, daß gegen keinen Meßfremden der Personalarrest vor dem festgesetzten Zahltage der contrahirten Meßschulden zulässig war, so wie in Befreiung von gewissen Abgaben und Lasten;

3) in sicherem **Geleite** für die Kaufleute und ihre Güter auf der Hin- und Zurückreise [1]);

4) in der Errichtung eines besonderen **Meßgerichts**, welches die während der Messe entstandenen Rechtshändel aufs Schnellste, mit Umgehung aller Förmlichkeiten zu entscheiden und die Macht hatte, gegen den Zahlungspflichtigen, bei nicht am Zahlungstage erfolgter Zahlung, sofortigen **Personalarrest** zu verhängen; Bestimmungen, deren Nothwendigkeit schon aus dem unbestimmten, kurzen Aufenthalte der Fremden am Meßplatze hervorging [2]).

---

[1]) Hierauf bezüglich führt **Danz** in seinem Handbuche des deutschen Privatrechts im vierten Bande Seite 420 Folgendes an;

Man ist mit der gleichzeitigen Sittenverfassung zu wenig bekannt, wenn man glaubt, sowohl die gewöhnlichen Fehden und Straßenräubereien, als die Menge der Zölle, die wegen der nahen Zusammengränzung vieler kleiner Gebiete zu bezahlen waren, hätten dem Handel des Mittelalters große Hindernisse gebracht. Nichtsdestoweniger; denn gegen die Anfälle des raubgierigen Landadels schützte man sich durch das **Geleite**, das man von jedem Landesherrn für eine geringe Abgabe erhielt, und bei ständischen Befehdungen genossen die Kaufleute mitten im Kriege den Landfrieden, indem sie unter die Gottestreugen eingeschlossen waren. Ebenso wenig gereichten die vielen Zölle ihrem Gewerbe zum Nachtheile, weil man sie dagegen mit Zollfreiheiten versehn hatte, oder die Abgabe war ihnen auf eine mäßige Summe herabgesetzt, und darüber nachbarliche Verträge errichtet. Meistens reisten darneben die Kaufleute unter dem **kaiserlichen Geleite**, worüber sie seit Karls des Großen Zeiten eigene Geleitsbriefe erhielten, aber auch das Geleite lösen, das ist, ein gewisses Geld für die erhaltene bewaffnete Bedeckung bezahlen mußten. Die Ursache, warum die Kaufleute bei ihren Handelsreisen sich den kaiserlichen Schutz erbaten, waren die verschiedenen Länder, die sie bei Besuchung fremder Messen zu durchziehen hatten, wo sie also mit dem landesherrlichen Schutze nichts ausgerichtet hätten. Nicht allein auf ihre Anwesenheit auf den Messen beschränkte sich dieser Schutz, sondern er erstreckte sich auch auf die Hinreise und den Rückweg, bis die Reisenden wieder zu Hause angelangt waren.

[2]) S. **Martens** Versuch §. 3 und die daselbst in Bezug auf die schleunige Rechtshülfe bei Meßschulden angeführten Verordnungen für die schon im 12. Jahrhundert gestifteten Champagner Messen von 1311, 1316 u. s. w.

§. 100.

Wenn also, wie aus dem Vorhergehenden erhellet, die meisten Handelsgeschäfte der damaligen Zeit auf Messen betrieben wurden, so muß es natürlich erscheinen, daß, wie am Schlusse des §. 97 bemerkt, der Hauptverkehr der Campsoren auf Messen Statt fand.

Schon der Zusammenfluß der Münzen aus so vielen fremden Gegenden mußte, bei dem vorhin beschriebenen verworrenen Zustande des Münzwesens, einen äußerst beträchtlichen Geldwechsel erzeugen; aber es gab außerdem für den Kaufmann der Veranlassungen so viele, sich der Campsoren als Mittelspersonen zu bedienen, daß dadurch die Geschäfte der Letzteren sich nothwendig sehr vermehren mußten.

So konnte es z. B. für manchen Kaufmann nur erwünscht sein, schon in seiner Heimath das für die Messe zum Einkaufe von Waaren bestimmte Geld dem Campsor seines Wohnortes zu übergeben, damit dieser es ihm auf der Messe wieder erstatte; beim Eintreten eines solchen Falles stellte Letzterer dem Ersteren bei der Ueberlieferung über den Empfang der Summe einen Schein aus, in welchem er zugleich deren Zurückerstattung in der bestimmten Messe versprach. Der Kaufmann nun erhob am Meßplatze entweder selbst den Betrag, oder fand es bequemer, seine Meßgläubiger mit den ihnen schuldig gewordenen Summen an den Campsor zu verweisen, damit dieser sie für ihn, und zwar gegen seine schriftlichen Anweisungen, auszahle, in welchem Falle dann am Schlusse der Messe oder bei der demnächstigen Wiederankunft zu Hause gegenseitige Abrechnung gehalten wurde.

Dem Meß-Verkäufer konnten gleichfalls manche Gründe bestimmen, seinen Meßerlös einem Campsor zu übergeben, theils um des lästigen und bei der Unsicherheit der Wege bedenklichen Geldtransports überhoben zu sein, theils auch, um die eingenommenen verschiedenen Münzsorten, wovon er viele in seiner Heimath oder auf der zunächst zu besuchenden Messe vielleicht nicht gebrauchen konnte, auf diese Weise gegen andere, ihm passendere umzusetzen. Er ließ sich also von seinem Campsor für den Betrag der ihm übergebenen Baarschaft eine Anweisung auf seinen Wohnort oder auf den neuerdings zu bereisenden Meßplatz lautend, in der dort gängigen Münzsorte zahlbar, ausstellen, was dem Letztbenannten bei den, §. 97 erwähnten, unter dem Campsoren bestehenden weitverzweigten Verbindungen leicht möglich war, und so erhob denn der Kaufmann gegen diese Anweisung die darin ausgedrückte Summe an einem dritten Orte von demjenigen Campsor, auf welchen sie lautete, wie es denn bei dem so mannigfaltigen Verkehr auf Messen für den Campsor noch so manche andere Veranlassung gab, derartige Anweisungen auszustellen.

§. 101.

Weßhalb aber diese Anweisungen von den italienischen Campsoren, die sie zuerst angewandt, lettera di cambio (Wechselbriefe) genannt wurden, kann wohl nur aus dem ihnen zu Grunde gelegenen Geldwechsel herrühren; denn die in der Anweisung ausgedrückte Summe war, wie im vorigen § erklärt, meistentheils an einem dritten Orte, in einer anderen Münzsorte zahlbar, als sie der am Meßplatze befindliche Campsor vom Empfänger der Anweisung erhob. Durch die Bezeichnung derselben in ihrem Inhalte als „lettera di cambio“ wurden sie also als Schulddocumente des Ausstellers für eine durch Geldwechsel entstandene Schuld dargestellt, so daß gegen denselben als Meßschuldner, im Falle ihres Nichteingangs, die volle Strenge des Meßrechtes (s. §. 99 Nr. 4) also auch der Personalarrest in Anwendung gebracht werden konnte. War aber die Anweisung auf eine andere Messe lautend ausgestellt, und wurde sie demnächst von dem Bezogenen acceptirt, so galt auch gegen diesen das Meßrecht, weil die übernommene Wechselschuld dadurch zur Meßschuld wurde.

§. 102.

Aus diesen dem Meßverkehre entsprungenen Anweisungen (Wechselbriefen) der Campsoren nun leitet Herr v. Martens unsere gezogenen Wechsel ab [1]), aus dem Meßrechte (s. §. 99 Nr. 4) aber unser heutiges Wechselrecht, indem er der Meinung ist, daß die Meßwechsel den Außermeßwechseln vorangegangen, und das strenge Wechselrecht erst nach und nach und durch Nachahmung des Meßrechtes entstanden sei [2]). Ich kann demselben indeß hierin nicht unbedingt beipflichten; denn wenn es auch wahr ist, daß die Meßwechsel, so lange der Hauptverkehr auf Messen Statt fand, naturgemäß die bei weitem überwiegende Mehrzahl von Wechseln waren, welche im Handelsverkehre vorkamen, weshalb sie früher auch Regulärwechsel genannt wurden, im Gegensatze zu den Außermeßwechseln, welche man Irregulärwechsel hieß, so muß ich doch Anstand nehmen, den Ursprung der gezogenen Wechsel sowohl, als den des Wechselrechts den Messen zuzuschreiben; denn der im Mittelalter, besonders seit 1000 n. Chr. zur hohen Blüthe und weiten Ausbreitung gelangte, den Handel anderer Länder Europas weit überragende, mit Fleiß und Geschicklichkeit geführte, umfangreiche Handel Italiens, welches Land, als Vaterland

---

[1]) S. Martens Versuch §. 9.

[2]) S. ebendaselbst §. 15.

der Wechsel, doch besonders ins Auge gefaßt werden muß, läßt sich als auf Messen beschränkt nicht denken, wie dieses in der That auch nicht der Fall war. Die Kreuzzüge gaben Veranlassung zu noch größerer Ausdehnung dieses Handels, und nothwendig mußte ein überaus bedeutender Geldverkehr in seinem Begleite gewesen sein. Der Kaufmann hatte hier also in seinen Geldangelegenheiten die Vermittelung des Campsors tagtäglich nothwendig, und die Anweisungen des Letztern brauchten nicht immer auf eine Messe zu lauten, noch an einem Meßplatze während der Messe ausgestellt zu sein; gleichwohl benannte der Campsor eine solche Anweisung mit „lettere di cambio", weil auch hier ein ähnlicher, im vorigen §. beschriebener Geldwechsel zu Grunde lag; Außermeßwechsel also müssen hier schon wenigstens ebenso früh vorgekommen sein wie Meßwechsel, auch mögen die Campsoren selbst, zur Erfüllung eigener Zahlungsverbindlichkeiten, besonders wenn sie, wie bei Vielen der Fall war, außer ihren Geldgeschäften noch andere Handelsgeschäfte betrieben, auch außer den Messen sich der Wechsel als Zahlungsmittel bedient haben. Schade, daß aus jenen Zeiten sich für uns kein Document erhalten hat, woraus hervorginge, an welchem Orte und wann dieses zuerst geschah; soviel aber ist sicher, daß, wo ein bedeutender Wechselverkehr Statt findet, es auch ein Wechselrecht geben muß; der Ursprung desselben aber ist vielleicht gerade bei den Außermeßwechseln zu suchen. Bestanden nämlich in Italien, wie die Beweise davon vorliegen [3]), in mehreren Städten schon im 12. Jahrhundert Kaufmannsinnungen und Handelsgerichte, so ist auch anzunehmen, daß dieselben nach festgesetzten Statuten geregelt waren, das Wechselrecht, als ein nothwendiger Theil der Handelsgesetzgebung, darin nicht außer Acht gelassen wurde, und daß namentlich bei den Handelsgerichten eine eben so wie bei den Meßgerichten eingeführte schleunige Rechtshülfe und der Personalarrest, statt gegen den säumigen Meßschuldner, hier gegen den säumigen Wechselschuldner Statt hatte, da dieses zur Hebung und Erhaltung des Credits dieser dem Handel so nützlichen Papiere ein wesentliches Erforderniß ist, was von den Kaufleuten jener Städte, als bei deren damaligen Verfassung ihre eigenen Gesetzgeber, wohl berücksichtigt werden mußte und auch gewiß berücksichtigt worden ist, wie denn auch Danz im zweiten Bande seines Privatrechts Seite 391 bemerkt:

„Alle diese Statuten der italienischen Städte und Republiken bestätigte Kaiser Friedrich I. im Jahre 1183 bei dem in Italien

---

[3]) S. Martens Versuch Seite 50 bis 54, sowie Danz Handbuch des deutschen Privatrechts, Seite 390 und 391.

geschlossenen Frieden; in der Folge wurden sie immer mehr ausgebessert und endlich in der Rota Genuensi in ein System gebracht.

In diesen Statuten der italienischen Städte und Republiken nun ist das Wechselrecht zuerst gegründet und aus denselben in die übrigen europäischen Staaten nach und nach übertragen worden."

Und wenn auch von den in Martens Versuch, im Anhange abgedruckten italienischen Statuten keine bis zum zwölften Jahrhundert hinabreicht, so geht doch ihr älterer Ursprung aus den meisten hervor.

Diesen Handelsgerichten, welche ich demnach nicht als eine Nachbildung der Meßgerichte, sondern für ursprüngliche, durch Handelsbedürfniß von den Kaufleuten selbst geschaffene halte, schreibe ich den Ursprung des Wechselrechts zu; sie nahmen im 13. und 14. Jahrhundert eine immer weitere Ausbreitung auch außerhalb Italiens [4]), und da der Wechselhandel mit der Zeit überhaupt das Geschäft der Kaufleute, an manchen Orten Jedermann frei gegeben wurde [5]), so gewann das Wechselgeschäft, Hand in Hand gehend mit dem zunehmenden Handel der europäischen Staaten, eine immer größere Ausdehnung; insbesondere aber waren es die Florentiner, welche demselben, theils durch ihre ausgedehnten Handelsverbindungen, theils dadurch eine weite Verbreitung gaben, daß viele derselben mit ihren Reichthümern in der zweiten Hälfte des dreizehnten Jahrhunderts, um den in ihrer Stadt, durch die fortwährenden Parteikämpfe veranlaßten Gräuel auszuweichen, aus Italien flüchteten und sich, in fremde Länder zerstreuend, daselbst (unter andern in Amsterdam, Paris und London) wohnlich niederließen, dort ihre Geld- und Wechselgeschäfte fortsetzten und so den Völkern außerhalb Italiens ein vor Augen habendes, zur Nachahmung führendes Beispiel gaben, wie denn auch ein Schriftsteller aus dem Anfange des vierzehnten Jahrhunderts, Pegolotti (in seiner Pratica della mercatura), seine Landsleute, die Florentiner, als bedeutende Bankiere bezeichnet, überhaupt über das damalige während und außer den Messen beträchtliche Wechselgeschäft in Italien sehr interessante Notizen liefert, und bereits cambio a dato, a vista, a uso erwähnt, welche nicht nur im Verkehre der italienischen Staaten unter sich von der einen Stadt auf die andere, sondern auch, in Folge der ausgebreiteten Handelsgeschäfte mit dem Auslande, auf Plätze außerhalb Italiens und von diesen wieder auf italienische Städte gezogen wurden.

---

[4]) S. Martens §. 15.

[5]) S. z. B. die K. französische Verordnung für Toulouse von 1342, Ordonance des rois de France T. II. p. 181; Spanische Verordnung von 1436 in Martens Versuch Seite 110.

Uebrigens verräth auch die beim Wechselgeschäfte noch immer gebräuchliche Terminologie den italienischen Ursprung der Wechsel.

§. 103.

Die eigenen Wechsel, deren Entstehung Martens aus den Schuldscheinen der Campsoren für ihnen übergebene Gelder (s. §. 100) oder aus denjenigen, welche sie sich für ein Darlehen von einer Messe zur andern von dem Darleiher ausstellen ließen, herleitet [1]), sind neben den gezogenen Wechseln wohl unstreitig auf Messen ebenfalls häufig vorgekommen; indeß muß ich auch bei ihnen den hiervon abgeleiteten Ursprung beanstanden; ich halte sogar die Messen nicht für den geeigneten Platz hierfür; denn war die Schuld nur überhaupt eine Meßschuld, gleichviel ob aus einem Waaren- oder Geldverkehre herrührend, so wurde sie nach dem Meßrechte behandelt, und diejenigen Scheine, welche über ein zur Meßzeit empfangenes Darlehn ausgestellt wurden, bedurften in dieser Hinsicht nicht des Wortes „Wechsel". Mag auch, wie Martens als Grund zu dieser Benennung anführt [2]), das im Mittelalter bestandene Verbot, Zinsen zu nehmen [3]), die Campsoren veranlaßt haben, einen solchen Schuldschein vom Aussteller mit „lettere di cambio" bezeichnen zu lassen, weil die Schuld dadurch nicht als eine aus einem Darlehn, sondern als aus einem Geldwechsel entsprungene galt, und so das Darlehensgeschäft durch ein Wechselgeschäft verschleiert wurde, von welchem ein Meßgewinn zu nehmen gesetzlich gestattet war, so kann doch die Entstehung der eigenen Wechsel, meines Erachtens, hieraus nicht gefolgert werden; denn es ist nicht anzunehmen, daß sie der letztbemerkten Ursache wegen, ausschließlich zuerst angewandt wurden.

Es handelt sich darum zu wissen, wo und wann Schuldscheine, zur Unterscheidung von den gewöhnlichen Schuldscheinen, zuerst als „Wechsel" bezeichnet wurden, und da, wie oben angeführt, gerade die Messen hierzu keine Veranlassung gaben, so suche ich auch den Ursprung der eigenen Wechsel nicht auf solchen, sondern außer denselben, und zwar auf Plätzen, wo, wie im vorigen §. auseinandergesetzt, zuerst Handelsgerichte bestanden, wahrscheinlich also auch Wechselrecht galt. An solchen Orten mögen, durch Vereinbarung zwischen Gläubiger und Schuldner, Schuldscheine, zur Erhebung derselben in eine bevorzugtere Classe, zuerst als „Wechsel" bezeichnet sein, damit der Aussteller sich dadurch dem strengen

---

[1]) S. Martens Versuch §. 13.

[2]) S. ebendaselbst.

[3]) Dieses Verbot ging 1180 vom Papste Alexander III. aus, und galt lange Zeit als strenges Gesetz unter den folgenden Päpsten, bis endlich mit der Reformation eine Aenderung in dieser Beziehung eintrat.

Wechselgesetze unterwerfe, und der Gläubiger zu dessen Anrufung, bei Nichteingang, am Verfalltage, berechtigt sei. Der Ursprung der eigenen Wechsel kann sonach nicht früher als der der gezogenen Wechsel gewesen sein, obwohl Manche das Gegentheil davon behaupten wollen.

§. 104.

In Deutschland konnte die mit den Wechseln verbundene Strenge keine auffallende, fremde Erscheinung sein; denn hier kannte man schon lange ein scharfes Verfahren gegen den bösen Schuldner, selbst den Personalarrest [1]). Als daher unsere Vorfahren, nach dem Beispiele der italienischen Kaufleute, sich mit dem Wechselhandel befaßten, mußte das Bedürfniß nach besondern Wechselgesetzen Anfangs wohl nicht sehr hervortreten, was, in Verbindung mit dem, im Vergleiche zu manchen andern Ländern, hier überhaupt erst späteren Eintreten eines regen Wechselverkehrs, das nicht sehr frühe Erscheinen von deutschen Wechselgesetzen erklären läßt. Doch muß schon im Anfange des vierzehnten Jahrhunderts eine Betheiligung der Deutschen am Wechselgeschäfte Statt gefunden haben, was aus dem Privilegium gefolgert werden kann, welches Herzog Johann von Brabant im Jahre 1315 der Hansa gab, wonach er derselben den freien Wechselhandel in seinen Staaten gestattete [2]).

Von geschriebenen Wechselgesetzen findet sich in Deutschland vor dem 17. Jahrhundert keine Spur, und von Reichs wegen fing man erst spät an, diesem Gegenstande besondere Aufmerksamkeit zu widmen, was jedoch nur die Verkündigung einzelner gesetzlichen Bestimmungen [3]), keinesweges aber den Erlaß eines positiven Reichswechselgesetzes zur Folge hatte. In einigen deutschen Staaten und Städten wurden jedoch nach und nach Particular-Wechselgesetze eingeführt, von denen das älteste die von Hamburg vom Jahre 1603 ist; dann folgt die Nürnberger Wechselordnung vom Jahre 1654, die Augsburger von 1665, die Leipziger vom Jahre 1682 u. s. w.

---

[1]) S. Danz Handbuch des deutschen Privatrechts Band II. Seite 392—394.

[2]) S. Marquard de jure mercatorum Anhang Seite 289; die betreffende Stelle heißt wörtlich:

> Volumus et concedimus eisdem mercatoribus quod possent cambire et cambia facere cum quibuscumque et solutiones facere ac recipere unus cum alio, cum litteris vel sine litteris prout sibi visum fuerit expedire.

[3]) S. den Reichsabschied von 1657 §. 107 so wie den Reichsschluß von 1671 in Gerstlacher Neue Sammlung der Reichsabschiede Theil IV. Seite 76, ferner auch Danz Handbuch des deutschen Privatrechts Seite 372 und 377.

Register zur allgemeinen deutschen Wechselordnung und zur Particulargesetzgebung der einzelnen deutschen Staaten.

§. 105.

A. Register zur allgemeinen deutschen Wechselordnung.

Zum schnellen Auffinden der im Vorigen enthaltenen Artikel der allgemeinen deutschen Wechselordnung schien mir das nachfolgende Register nothwendig, welches zugleich das ganze Gesetz förmlich und in der Ordnung, wie es erschienen, darstellt

Allgemeine deutsche Wechselordnung.

Erster Abschnitt.

Von der Wechselfähigkeit.

Zweiter Abschnitt.

Von gezogenen Wechseln.

I. Erfordernisse eines gezogenen Wechsels.

II. Verpflichtung des Ausstellers.

III. Indossament.

IV. Präsentation zur Annahme.

V. Annahme (Acceptation).

VI. Regreß auf Sicherstellung.

1) Wegen nicht erhaltener Annahme.

2) Wegen Unsicherheit des Acceptanten.

VII. Erfüllung der Wechselverbindlichkeit.

1) Zahlungstag.

2) Zahlung.

[1]) Ueber eine in manchen Fällen den Wechselinhaber leicht gefährdende Bestimmung der Großh. Hess. Particulargesetzgebung vergleiche weiter unten: „Hessen-Darmstadt“ Note 1 zu §. 19 des Einführungsgesetzes. Seite 215.

VIII. Regreß Mangels Zahlung.

IX. Intervention.

1) Ehrenannahme.

2) Ehrenzahlung.

X. Vervielfältigung eines Wechsels.

1) Wechselduplicate.

2) Wechselcopieen.

XI. Abhanden gekommene Wechsel.

XII. Falsche Wechsel.

XIII. Wechselverjährung.

XIV. Klagerecht des Wechselgläubigers.

XV. Ausländische Gesetzgebung.

XVI. Protest.

XVII. Ort und Zeit für die Präsentation und andere im Wechselverkehr vorkommende Handlungen.

XVIII. Mangelhafte Unterschriften.

Dritter Abschnitt.

Von eigenen Wechseln.

B. Register zur Particulargesetzgebung der einzelnen deutschen Staaten; zugleich auch: Sammlung und alphabetisch geordnete Uebersicht der seit Einführung der deutschen Wechselordnung, in Bezug auf die Wechsel in Deutschland erschienenen Gesetze.

Wenn die verschiedenen gesetzlichen Vorschriften, welche in den, Seite 7 benannten deutschen Staaten, durch die allgemeine deutsche Wechselordnung hervorgerufen wurden, bei ihrer Anführung im Vorhergehenden, nicht nach der natürlichen Reihenfolge der einzelnen Bestimmungen vorkommen konnten, so dürfte es wünschenswerth erscheinen, solche auch in letztbemerkter Ordnung zu besitzen. Hierauf habe ich in nachfolgendem Register Rücksicht genommen, und in demselben auch diejenigen Artikel, welche vorn wegen Ungehörigkeit u. s. w. keine Aufnahme fanden, zur Ergänzung wörtlich aufgeführt, während der Wortlaut der übrigen Gesetzesstellen auf denjenigen Seiten dieses Buches zu finden ist, auf welche nachstehend die Hinweisung geschieht.

Auf diese Weise erscheinen in diesem Register vollständig: die Einführungsordnungen von Baden, Bayern nebst dessen Gesetz über die kaufmännischen Anweisungen, Braunschweig, Bremen, Coburg-Gotha, Frankfurt a. M., Hamburg, Hannover, Hessen-Darmstadt, Lippe-Detmold, Lübeck nebst dessen Gesetz über den Wechselarrest, Mecklenburg-Schwerin, Mecklenburg-Strelitz, Meiningen-Hildburghausen, Nassau, Oesterreich, Oldenburg, Preußen, Reuß-Schleiz, Sachsen nebst dessen Gesetz über die kaufmännischen Anweisungen, Schleswig-Holstein [1]), Waldeck, Weimar nebst dessen Gesetz über die kaufmännischen Anweisungen und Würtemberg, ferner die neuen Wechsel-Prozeßgesetze, welche, in Folge Einführung der allgemeinen deutschen Wechselordnung, erschienen sind: in Braunschweig, Bremen, Coburg-Gotha, Hessen-Darmstadt, Lippe-Detmold, Mecklenburg-Schwerin, Mecklenburg-Strelitz, Nassau, Oesterreich, Oldenburg, Sachsen, Schleswig-Holstein [1]) und Waldeck.

---

[1]) Die allgemeine deutsche Wechselordnung, das Einführungsgesetz und die Wechselprozeßordnung für die Herzogthümer Schleswig und Holstein sind für das Herzogthum Schleswig wieder außer Kraft gesetzt worden; siehe weiter unten „Schleswig-Holstein" die Anmerkung.

Baden.

I. Einführungs-Ordnung vom 19. Februar 1849.

Art. 1. Die im Reichsgesetzblatte vom 27. November 1848 verkündete allgemeine deutsche Wechselordnung tritt im Großherzogthum Baden am 1. März 1849 in Kraft.

Art. 2.	Vergleiche §. 79 Note 1 Seite 160.									
Art. 3.	„	„ 66	Zusatz	Nr.	1	zu	Art. 25	Seite	99.	
Art. 4.	„	„ 78	„	„	1	„	„ 73	„	152.	
Art. 5.	„	„ 48	„	„	1	„	„ 87 u. 90	„	79.	
Art. 6.	„	„ 92	„	„	1	„	„ 84	„	183.	

Art. 7. Als Handelsgeschäfte (Landrechtsanhang Satz 1 und Gesetz über Gerichtsverfassung Satz 32) werden auch eigene Wechsel und Handelszettel (L.-R. A. S. 190 ff.) betrachtet.

Anmerkung. Zum Art. 7 giebt Herr Dr. Zentner, (s. Archiv für deutsches Wechselrecht Band I. Seite 225) folgende Erklärung: „Dieser Art. bezweckt die Ausdehnung der in den citirten Gesetzen bezeichneten Competenz der Handelsgerichte auf die eigenen Wechsel und Handelszettel.

II. Bestimmungen über kaufmännische Anweisungen und Handelsbillets des durch Art. 2 der Einführungsordnung in Kraft gebliebenen neunten Titels des Anhangs zum Landrechte.

Satz 190 siehe Seite 160.
Satz 194—198 siehe Seite 161—162.

Bayern.

I. Einführungs-Ordnung vom 25. Juli 1850.

Art. 1. Die allgemeine deutsche Wechselordnung, von welcher ein Abdruck beigefügt ist, tritt mit dem 1. Januar 1851 an die Stelle der in den einzelnen Theilen des Königsreichs dermal bestehenden wechselrechtlichen Vorschriften.

Art.	2.	Vergl.	§.	7	Zusatz	Nr. 1	zu	Art.	2	Seite	9.
Art.	3.	„	„	16	„	„ 1	„	„	32	„	39.
Art.	4.	„	„	48	„	„ 2	„	„	87 u. 90	„	79.
Art.	5.	„	„	47	„	„ 1	„	„	92	„	75.
Art.	6.	„	„	47	„	— —	„	„	93	„	78.
Art.	7.	„	„	92	„	„ 2	„	„	84	„	184.
Art.	8.	„	„	13	„	„ 1	„	„	96	„	35.

Art. 9. Vergl. §. 7 Zusatz Nr. 1 zu Art. 2 Seite 9.
Art. 10. „ „ 75 „ „ 1 „ „ 51 „ 111.

Gegenwärtiges Gesetz, dessen Art. 2 bis Art. 10 Absatz 1 ebenfalls mit dem 1. Januar 1851 in Wirksamkeit treten, ist durch das Gesetzblatt und Amtsblatt der Pfalz, zur allgemeinen Kenntniß zu bringen.

(Gesetzblatt vom 13. August 1850).

II. Gesetz über die kaufmännischen Anweisungen vom 29. Juni 1851.

S. §. 79 Note Nr. 3 Seite 162.

Braunschweig.

I. Einführungs-Patent vom 11. Januar 1849.

§. 1. Das diesem Patente beiliegende Wechselprozeßgesetz tritt mit der in dem Reichsgesetzblatte vom 27. November 1848 enthaltenen, gleichfalls beigefügten Wechselordnung am 1. Mai d. J. in Wirksamkeit. An diesem Tage erlischt die Gültigkeit der Art. 16—36 der Marktgerichts- und Wechselordnung vom 1. December 1686 und der Wechsel-Ordnung vom 1. August 1715, so wie alle dieselben ergänzenden, erläuternden oder abändernden Verordnungen und Rescripte.

Die im Art. 1—15 der Marktgerichtsordnung vom 1. December 1686 enthaltenen Bestimmungen über die Einrichtung und das Verfahren des Kaufgerichts bleiben jedoch einstweilen in ihrer bisherigen Geltung.

§. 2. Ferner behalten der §. 23 der Verordnung vom 26. März 1823, die Bankerotte betreffend, und der Art. 168 der unterm 26. Mai 1837 publicirten Verordnung, die Militärstrafen und Prozesse betreffend, fortwährende Gültigkeit.

§. 3. Hinsichtlich des dem Commissionär an Commissionsgütern wegen seiner aus dem Geschäfte entsprungenen Forderungen zuständigen Retentionsrechts wird bestimmt, daß dasselbe auch gegen Singularsuccessoren des Committenten, namentlich gegen dessen Concursgläubiger, geltend zu machen ist.

§. 4. Vergl. §. 16 Zusatz Nr. 1 zu Art. 35 Seite 40.
§. 5. „ „ 78 „ „ 2 „ „ 73 „ 152.

§. 6. Alle vor dem 1. Mai 1849 ausgestellten Wechsel sind nach den früheren Gesetzen zu beurtheilen. Jedoch werden auch bei diesen Wechseln:

1) alle dem Inhaber obliegenden Verpflichtungen und die von demselben zur Wahrung seiner Rechte vorzunehmenden Handlungen;

2) die aus der Nichtannahme und Nichtzahlung folgenden Rechte;
3) die Form und die Rechtsfolgen aller dem Wechsel hinzutretenden wechselmäßigen Erklärungen;
4) die Verjährung aller Wechselklagen, bei welchen der Lauf der Verjährung am 1. Mai 1849 noch nicht vollendet ist, letzteres mit der Maßgabe, daß bei Regreßklagen, deren Verjährung am 1. Mai 1849 bereits begonnen hatte, die Verjährungsfrist vom 1. Mai 1849 an zu berechnen ist;

vom 1. Mai 1849 an durch die Vorschriften des neuen Wechselgesetzes bestimmt.

§. 7. Vergleiche §. 75 Zusatz Nr. 3 zum Art. 51 Seite 111.

§. 8. Die am 1. Mai 1849 anhängigen Wechselprozesse sind in der Lage, in welcher sie sich befinden, nach den Vorschriften des neuen Wechselprozeßgesetzes fortzusetzen.

II. Gesetz über den Wechselprozeß vom 11. Januar 1849.

§. 1. Vergleiche §. 76 Note 2 Nr. 2 Seite 117.

§. 2. Der Kläger muß mit der schriftlich einzureichenden oder zu Protocolle zu gebenden Klage den Wechsel und die etwa außerdem zur Geltendmachung seines Anspruchs dienenden Urkunden wenigstens in Abschrift einreichen und um Einleitung des Wechselverfahrens bitten.

§. 3. Ist die Klage statthaft, so ist zur Vorlegung und Anerkennung des Wechsels und der übrigen Urkunden ein nicht über acht Tage nach der Anbringung der Klage hinauszurückender Termin anzusetzen, zu welchem der Beklagte bei Strafe des Anerkenntnisses vorgeladen wird. Sind aber zur Vorladung des Beklagten Requisitionen zu erlassen, so ist, je nach den Umständen, der Termin weiter hinauszusetzen.

§. 4. Erscheint in diesem Termin der Kläger nicht, so kann der Beklagte seine Vertheidigung vorbringen und auf Ausschließung des Klägers mit seinen Repliken und Entscheidung der Sache antragen oder um seine Entbindung von der Instanz bitten.

Erscheint der Beklagte nicht, so wird auf Antrag des Klägers dem angedroheten Präjudiz gemäß erkannt.

§. 5—10. Vergl. §. 76 Zusatz Nr. 1 zu Art. 81—83 Seite 125—126.
§. 11. „ „ „ Note 2 „ 2 — — „ 117.
§. 12 u. 13. „ „ „ Zusatz Nr. 2 zu Art. 81—83 „ 127.
§. 14—16. „ „ 7 „ „ 2 „ „ 2 „ 9.

§. 17. Die in diesem Gesetze nicht ausdrücklich erwähnten, das Verfahren betreffenden Puncte, sind nach den Grundsätzen des Executiv- und, eventuell, des Ordinär-Prozesses zu beurtheilen.

§. 18. Rücksichtlich des Kaufgerichts zu Braunschweig behält es bei der bestehenden Einrichtung, nach welcher alle Fristen auf 24 Stunden abgekürzt sind, sein Bewenden.

Bremen.

Einführungs-Ordnung vom 25. April 1849.

Mit dem 1. Mai 1849 erlischt die Wechselordnung der freien Hansestadt Bremen vom 16. October 1843 und tritt die allgemeine deutsche Wechselordnung in Kraft, jedoch unter folgenden näheren, sich auf die Regelung des Verkehrs mit Wechseln innerhalb des Bremischen Staats und den Wechselprozeß beziehenden Bestimmungen.

I. Nähere Bestimmungen, die Regelung des Bremischen Wechselverkehrs betreffend.

§. 1—7. Vergl. §. 84 Note 2 Nr. 1 Seite 169—170.
§. 8. „ „ 23 Zusatz zu Art. 21 Seite 47.
§. 9. „ „ 48 „ Nr. 2 zu Art. 87 und 90 Seite 79.
§. 10—12. „ „ 75 „ „ 2 „ „ 51 Seite 111.

II. Vom Wechselprozesse.

§. 13—15. Vergl. §. 76 Zusatz Nr. 2 zu Art. 81—83 Seite 127.

§. 16. Bei Erbfällen ist indeß der Kläger befugt, die active und passive Legitimation zur Sache nach den Grundsätzen des ordentlichen Prozesses zu berichtigen und sodann den Wechselprozeß zu wählen. Er kann auch, falls im Laufe des letzteren die Legitimation zur Sache bestritten wird, die Suspension des Wechselprozesses verlangen, und nach Berichtigung des Legitimationspunktes im ordentlichen Prozesse, zum Wechselprozesse zurückkehren.

§. 17. Der Kläger kann zu jeder Zeit den Wechselprozeß aufgeben und seine Sache im ordentlichen Prozesse fortsetzen.

§. 18—27. Vergl. §. 76 Zusatz Nr. 2 zu Art. 81—83 Seite 128.

§. 28. Die Vollstreckung wird von dem Vorsitzer desjenigen Gerichts, welches das Urtheil erlassen hat, außergerichtlich verfügt. Der Verkauf der Immobilien muß indeß vor dem Obergerichte nachgesucht werden.

§. 29 u. 30. Vergl. §. 76 Note 2 Nr. 3 Seite 118.

§. 31. Vergl. §. 76 Zusatz Nr. 2 zu Art. 81—83 Seite 128.

§. 32. Im Uebrigen finden die Vorschriften der Handelsgerichtsordnung, der Gerichtsordnung und des gemeinen Prozesses, insofern sie nicht durch die vorstehenden Bestimmungen oder durch die allgemeine deutsche Wechselordnung aufgehoben oder abgeändert werden, im Wechselprozesse volle Anwendung.

Coburg-Gotha.

A. Ausführungs-Gesetz für Coburg vom 27. Juni 1849.

I. Erläuterungen der Wechselordnung.

§. 1. Die Vorschriften der allgemeinen Wechselordnung finden nicht bloß auf die an oder nach dem ersten Mai d. J. ausgestellten Wechsel, sondern auch auf alle Rechtsgeschäfte Anwendung, welche von da an in Bezug auf einen früher ausgestellten Wechsel erst vorgenommen werden.

§. 2.	Vergl.	§. 7	Zusatz	Nr. 3	zu Art.	2	Seite	10.
§. 3.	„	„ 78	„	„ 3	„ „	73	„	153.
§. 4.	„	„ 48	„	„ 4	„ „	87 u. 90	„	80.
§. 5.	„	„ 47	„	„ 2	„ „	92	„	75.

II. Vom Wechselprozeß.

§. 6. Vergl. §. 76 Note 2 Nr. 4. Seite 118.

§. 7. Wörtlich wie vorstehend bei Braunschweig §. 2 des Gesetzes über den Wechselprozeß Seite 207.

§. 8. Wörtlich wie vorstehend bei Braunschweig §. 3 Seite 207; jedoch nur mit viertägiger Frist zum Termine.

§. 9. Wörtlich wie vorstehend bei Braunschweig §. 4 Seite 207.

§. 10—15. Vergl. §. 76 Zusatz Nr. 3 zu Art. 81—83 „ 129.

§. 16. Vergl. §. 76 Note 1 Nr. 4 „ 118.

§. 17. „ „ „ Zusatz Nr. 3 zu Art. 81—83 „ 129.

§. 18. „ „ „ „ „ „ „ „ „ „ 130.

§. 19. Die Wechselhaft ist regelmäßig im bürgerlichen Gefängniß zu vollziehen. Nur bei durch ärztliches Zeugniß nachgewiesener Krankheit ist dem Schuldner nachzulassen, in seiner Wohnung zu bleiben, welchenfalls ihm jedoch eine Wache in derselben zu setzen ist.

§. 20—22. Vergleiche §. 7 Zusatz Nr. 3 zu Art. 2 Seite 10.

§. 23. Wörtlich wie oben bei Braunschweig §. 17 Seite 207.

§. 24. Anhängige Wechselprozesse sind in der Lage, in welcher sie sich befinden, nach den Vorschriften dieses Gesetzes fortzusetzen.

§. 25. Gegenwärtiges Gesetz tritt mit dem Tage seiner Verkündigung in Kraft.

B. Ausführungs-Gesetz für Gotha vom 25. April 1849.

§. 1—5 gleichlautend mit §. 1—5 des vorstehenden Ausführungsgesetzes für Coburg vom 27. Juni 1849.

§. 6. Die Wechselhaft ist regelmäßig im bürgerlichen Gefängniß zu vollziehen.

§. 7. Die Vorschrift der Prozeßordnung S. 275, §. 13. a. E. daß gegen einen schon 2 Jahre lang verhaftet gewesenen Wechselschuldner, wenn er dann noch keine Vorschläge zur baldigen Befriedigung seiner Gläubiger zu machen im Stande ist, wie gegen einen muthwilligen Bankroutirer mit der Untersuchung verfahren werden, und demnächst seine Einlieferung ins Zuchthaus erfolgen soll, wird hierdurch vorbehaltlich der Bestimmung im Cap. 39 p. I. der Prozeßordnung aufgehoben.

§. 8. Klagen auf Zahlung der Valuta von Seiten eines Ausstellers oder Indossanten sind, in so weit sie sich nicht nach Betrag und vorhandenen urkundlichen Beweis zur Verhandlung im Executivprozesse eignen, ohne Rücksicht auf die Größe des Streitgegenstandes im Wege des unbestimmt summarischen Prozesses zu führen.

Verurtheilende Erkenntnisse in dergleichen Sachen sind vorläufig vollstreckbar, und ist gegen die dem Wechselarrest an sich unterworfenen Beklagten der Personalarrest in gleicher Art, wie in eigentlichen Wechselsachen zulässig.

Die exceptio non numeratae pecuniae (Einrede des nicht gezahlten Geldes) kann in solchen Sachen mit der gemeinrechtlichen Wirkung nicht vorgeschützt werden.

§. 9. Im Uebrigen behält es rücksichtlich des Verfahrens in Wechselsachen bei den Bestimmungen der Prozeßordnungen p. II. Cap. III. §. 13 sein Bewenden, und kommen dieselben auch bei den Regreßklagen zur Anwendung, welche auf Grund eines Protestes erhoben werden.

Das Verfahren über die ad separatum verwiesenen illiquiden Einreden ist das des gewöhnlichen (Ordinär- oder unbestimmt summarischen) Prozesses.

§. 10. Im Wechselprozesse findet nur das Rechtsmittel der Berufung nach §. 74 des Gesetzes über den unbestimmt summarischen Prozeß Nr. 173 II. der Gesetzsammlung und zwar ohne aufschiebende Wirkung statt.

§. 11. Alle landesgesetzlichen Bestimmungen über Wechselrecht und Wechselprozeß, welche dem Inhalte der allgemeinen Wechselordnung entgegenstehen, sind vom 1. Mai d. J. an aufgehoben.

Frankfurt a. M.

I. Einführungs-Gesetz vom 27. März 1849.

§. 1. Von dem 1. Mai 1849 an treten

a) die Artikel 8 bis 46 einschließlich, 55, 56, 58 und 59 der hiesigen Ordnung in Wechsel- und Kaufmanns-Geschäften vom Jahre 1739,

b) die Verordnung vom 4. September 1798, zu Art. 27 derselben,

c) das Gesetz vom 12. November 1844, Abänderungen, Zusätze und Erläuterungen der hiesigen Wechsel- und Mercantil-Ordnung von 1739 enthaltend,

d) das Gesetz vom 31. December 1844, Vollziehung des Gesetzes vom 12. November 1844 betreffend, und

e) die Artikel 78, 80, 94, 95 und 96 der Prozeßordnung vom 30. December 1819, so wie die Worte: „nach Vorschrift der Art. 33 und 34 der Wechsel-Ordnung" in Artikel 92 derselben Prozeß-Ordnung

außer Kraft.

§. 2. Von dem 1. Mai 1849 an treten an deren Stelle:

1) die durch das Reichsgesetz vom 26. November 1848 verkündigte allgemeine deutsche Wechselordnung,

2) die besonderen Bestimmungen für Frankfurt, welche in den §§. 3 bis 13 gegenwärtigen Gesetzes enthalten sind.

Besondere Bestimmung zu Art. 2 der allgemeinen deutschen Wechselordnung.

§. 3. Vergl. §. 7 Zusatz Nr. 4 zu Art. 2 Seite 11.

Besondere Bestimmung zu Art. 18 der allgemeinen deutschen Wechselordnung.

§. 4. Wechsel, welche auf die erste Meßwoche zahlbar lauten, können in der Ostermesse erst am Dienstage und in der Herbstmesse erst am Montage der genannten Woche zur Annahme präsentirt und in Ermangelung derselben protestirt werden.

Solche Wechsel, welche auf die Messe ohne weitere Angabe oder auf die zweite oder auf die dritte Meßwoche zahlbar lauten, können erst am Montage der zweiten Woche zur Annahme präsentirt und in Ermangelung derselben protestirt werden.

Anmerkung. Durch nachstehendes Gesetz vom 26. Februar 1850 (Seite 213) ist diese Bestimmung aufgehoben und an deren Stelle der §. 1 des erwähnten Gesetzes in Kraft getreten.

Besondere Bestimmung zu Art. 29 der allgemeinen deutschen Wechselordnung und zu den Artikeln 48, 49, 50, 51, 52 und 54 der Ordnung in Wechsel- und Kaufmannsgeschäften vom Jahre 1739.

§. 5. Vergleiche §. 67 Zusatz zu Art. 29. Seite 101.

Besondere Bestimmung zu Art. 35 der allgemeinen deutschen Wechselordnung.

§. 6. Wechsel, die auf eine Messe, ohne nähere Angabe der Woche oder auf die Zahlwoche einer Messe lauten, müssen am Samstage der zweiten Meßwoche bezahlt oder protestirt werden.

Wechsel, die auf die erste oder zweite oder dritte Woche einer Messe lauten, müssen am Samstage der benannten Meßwoche bezahlt oder protestirt werden.

Anmerkung. Diese Bestimmung ist ebenfalls durch nachstehendes Gesetz vom 26. Februar 1850 aufgehoben und durch §. 2 desselben ersetzt.

Besondere Bestimmung zu Art. 37 der allgemeinen deutschen Wechselordnung.

§. 7. Vergl. §. 28 Zusatz Nr. 1 zu Art. 37. Seite 52.

Besondere Bestimmung zu Art. 47 der allgemeinen deutschen Wechselordnung.

§. 8. Vergleiche §. 75 Zusatz zu Art. 47 Seite 109.

Besondere Bestimmung zu den Art. 77—80 der allgemeinen deutschen Wechselordnung.

§. 9. Vergleiche §. 77 Zusatz Nr. 1 zu Art. 77—80 Seite 146.

Besondere Bestimmungen zu den Art. 87—90 der allgemeinen deutschen Wechselordnung.

§. 10. Vergleiche §. 48 Zusatz Nr. 5 zu Art. 87 u. 90. Seite 80.

Besondere Bestimmung zu Art. 92 der allgemeinen deutschen Wechselordnung.

§. 11. Vergleiche §. 47 Zusatz Nr. 3 zu Art. 92. Seite 76.

Zusatzbestimmungen zu den Art. 96—100 der allgemeinen deutschen Wechselordnung.

§. 12. Vergleiche §. 79 Note 4 Seite 163.

Uebergangsbestimmung.

§. 13. Auch für Rechtshandlungen, welche mit Wechseln vorgenommen werden, die schon vor dem 1. Mai 1849 ausgestellt waren, sind nach dem gedachten Tage an die Bestimmungen der allgemeinen deutschen Wechselordnung und des gegenwärtigen Gesetzes anwendbar. Jedoch findet die Annahme der vor dem 1. Mai 1849 in Bayern ausgestellten Wechsel und die Zahlung der vor dem 1. Mai 1849 in fremden Valuten ausgestellten Wechsel auf Frankfurt nach der früheren Weise Statt.

II. Gesetz vom 26. Februar 1850, Zeit der Präsentation, Acceptation und Zahlung der Meßwechsel betreffend.

Nachdem durch Gesetz vom Heutigen bestimmt worden ist, daß die Ostermesse am zweiten Mittwoch vor Ostern und die Herbstmesse am zweiten Mittwoch vor dem 8. September beginnt und daß jede Messe drei Wochen dauert, also mit einem Dienstag schließt, so werden die §§. 4 und 6 des Einführnngsgesetzes zu der allgemeinen deutschen Wechselordnung (Gesetzsammlung Band 10, Seite 223) aufgehoben und durch folgende Bestimmungen ersetzt.

§. 1. Vergleiche §. 45 Zusatz Nr. 2 zu Art. 18 Seite 70—71.
§. 2. „ „ 16 „ „ 2 „ „ 35 „ 40—41.

§. 3. Auf die in der Ostermesse 1850 gezogenen Wechsel findet dieses Gesetz keine Anwendung.

Anmerkung. Seite 70 und 40 ist der 13. Februar 1850 als Tag des Erlasses dieses Gesetzes angeführt worden. An diesem Tage wurde dasselbe zwar von der gesetzgebenden Versammlung beschlossen; aber am 26. Februar erhielt es die Sanction vom Bürgermeister und Rath der freien Stadt Frankfurt.

Hamburg.

Einführungs-Ordnung vom 5. März 1849.

§. 1. Mit dem 1. Mai 1849, an welchem Tage die allgemeine deutsche Wechselordnung Gesetzeskraft erlangt, treten die Wechselordnung von 1711 sammt deren Additional-Artikeln von 1729, 1798 und 1844, die in dem Spielmandat vom 23. Sept. 1709 und dessen späteren Revisionen (Mandatensammlung Bd. IV. p. 2157) enthaltenen, auf Wechsel bezüglichen Bestimmungen, die Verordnung wegen der von unmündigen und nicht handelnden Personen ausgestellten Wechsel und Obligationen vom 4. Sept. 1732 und der Art. 63 der Neuen Falliten-Ordnung außer Wirksamkeit.

§. 2. Vergl. §. 76 Note 2 Nr. 5 Seite 118.

§. 3.	Vergl.	§. 7	Zusatz	Nr. 5	zu Art. 2			Seite	11.
§. 4.	„	„ 28	„	„ 2	„ „ 37			„	52.
§. 5.	„	„ 28	„	„ 1	„ „ 39			„	53.
§. 6.	„	„ 40	„	„ 1	„ „ 24			„	63.
§. 7.	„	„ 57	„	„ 1	„ „ 56			„	90.
§. 8.	„	„ 64	„	„ 1	„ „ 62 u. 63			„	95.
§. 9 u. 10	„	„ 47	„	„ 4	„ „ 92			„	76.
§. 11 u. 12		„ 84	Note 2	Nr. 2	— —			„	170—171.
§. 13.	„	„ 13	Zusatz	Nr. 2	zu Art. 96			„	35.

§. 14. Transitorische Bestimmung. Für alle hieselbst zahlbaren Wechsel, welche vom 19. bis 27. April d. J., beide Tage eingeschlossen, fällig werden, ist der 30. April der letzte Respittag, an welchem sie daher spätestens protestirt werden müssen. Wechsel, welche am 28. April d. J. verfallen, müssen bei Ermangelung der Zahlung spätestens am 1. Mai, und solche, welche am 29. oder 30. April d. J. verfallen, spätestens am 2. Mai protestirt werden.

Hannover.

Einführungs-Ordnung vom 7. April 1849.

§. 1. Bis zum Erlasse des Gesetzes über das beabsichtigte öffentliche und mündliche Verfahren in Civilstreitigkeiten gelten für den die Klagen auf Erfüllung der in der allgemeinen Wechselordnung gedachten wechselmäßigen Verpflichtungen betreffenden Wechselprozeß in dem Theile des Königreichs, in welchem bisher die Wechselordnung vom 23. Julius 1822 gesetzliche Anwendung gefunden, zunächst die Vorschriften dieser letzteren über den Wechselprozeß (Art. 45—56) und eventuell die außerdem bestehenden Prozeßvorschriften, und in den Landestheilen, in welchen die allgemeine preußische Gerichtsordnung in Kraft ist, deren Bestimmungen in Theil I. Tit. 27.

§. 2.	Vergl.	§. 76	Zusatz	Nr. 4	zu Art. 81—83	Seite	130.
§. 3.	„	„ 7	„	„ 6	„ „ 2	„	11.
§. 4.	„	„ 78	„	„ 4	„ „ 73	„	153.
§. 5.	„	„ 75	„	„ 4	„ „ 51	„	111.

§. 6. Die allgemeine Wechselordnung sammt den vorstehenden Bestimmungen findet auf alle seit dem 1. Mai 1849 entstandenen wechselmäßigen Verpflichtungen Anwendung. Rücksichtlich der früher entstandenen bleiben die bisher geltenden Vorschriften in Kraft.

Hessen-Darmstadt.

A. Gesetz, die Ausführung der allgemeinen deutschen Wechselordnung im Großherzogthume betreffend, vom 4. Juni 1849.

I. Die drei Provinzen des Großherzogthums betreffend.

1. Deposition der Wechselsumme.

§. 1. Vergl. §. 66 Zusatz Nr. 2 zu Art. 25. Seite 99.

2. Verjährung.

§. 2. Vergl. §. 77 Zusatz Nr. 2 zu Art. 77—80. Seite 147.

3. Amortisation abhanden gekommener Wechsel.

§. 3—8. Vergl. §. 78 Zusatz Nr. 5 zu Art. 73. Seite 153—154.

II. Die Provinzen Starkenburg und Oberhessen betreffend.

§. 9 u. 10. Vergl. §. 48 Zusatz Nr. 7 zu Art. 87 u. 90 Seite 80.
§. 11. „ „ 47 „ „ 5 „ „ 92 „ 76.

III. Die Provinz Rheinhessen betreffend.

§. 12. Vergl. §. 77 Zusatz zu Art. 80 Seite 148.
§. 13 u. 14. Vergl. §. 48 Zusatz Nr. 7 zu Art. 87 u. 90 Seite 80.
§. 15. „ „ 47 „ „ 5 „ „ 92 „ 76.
§. 16. „ „ 77 „ „ 2 „ „ 77—80 „ 148.

§. 17. Der Art. 448 des rheinhessischen Handelsgesetzbuches wird insoweit aufgehoben, als derselbe über die Verpflichtung zur Sicherheitsleistung verfügt.

§. 18. Vergl. §. 76 Note 2 Nr. 6 Seite 119.

§. 19 [1])—24. Vergl. §. 7 Zusatz Nr. 7 zu Art. 2 Seite 12.

Allgemeine Bestimmungen.

§. 25. Vorstehende Bestimmungen des gegenwärtigen Gesetzes treten mit dem 1. Juli dieses Jahres in Kraft.

---

[1]) Die Bestimmungen in §. 19 Nr. 3 des Einführungsgesetzes (Seite 12) und §. 28 Nr. 4 der Wechselprozeßordnung (Seite 13) sind insofern sehr bedenklich, als hiernach der Wechselschuldner, wenn er von Art. 38 der allgemeinen deutschen Wechselordnung (Seite 53) Gebrauch macht, mitunter schon durch eine kaum nennenswerthe Abschlagszahlung (z. B. bei einem Wechsel von fl. 100. 12 kr durch Zahlung von 12 kr.) dem Wechselinhaber die Möglichkeit benimmt, das wirksamste Executionsmittel, den Wechselarrest, in Anwendung zu bringen.

§. 26. Zufolge des Reichsgesetzes d. d. 26. November vorigen Jahres sind vom 1. Mai laufenden Jahres an, mit welchem Tage die allgemeine deutsche Wechselordnung Gesetzeskraft erlangt hat, außer Wirksamkeit getreten:

1) in den Provinzen Starkenburg und Oberhessen,
   a) das gemeine deutsche Wechselrecht,
   b) das in der Stadt Offenbach bestehende Wechselrecht nebst den in dieser Hinsicht erlassenen Verordnungen;
2) in der Provinz Rheinhessen die Art. 110 bis 189 (einschließlich) des daselbst geltenden Handelsgesetzbuches, mit Ausnahme jedoch der oben im §. 14 aufrecht erhaltenen Bestimmungen des Art. 176.

B. Gesetz vom 4. Juni 1849, das Wechselverfahren in den Provinzen Starkenburg und Oberhessen betreffend.

§. 1 u. 2. Vergl. §. 76 Note 2 Nr. 6 Seite 118 und 119.

§. 3. Eine Wechselklage kann nur durch einen Wechsel begründet werden. Der Wechsel selbst und der Protest, wo es eines solchen zur Erhaltung des Wechselrechtes bedarf, muß in Original oder in Abschrift mit der Wechselklage übergeben werden.

§. 4. Wechselproteste, welche im Auslande aufgenommen wurden, bedürfen keiner Beglaubigung durch eine inländische Behörde.

§. 5. Erkennt des Gericht das Wechselverfahren für zulässig, so ist zur Vorlegung der die Wechselklage begründenden Original-Urkunden Termin anzuberaumen.

Der Kläger wird hierzu unter dem Rechtsnachtheile des Verzichts auf das Wechselverfahren, — der Beklagte mit der Auflage geladen, daß er über die Urkunden sich zu erklären, bezüglich der Privaturkunden die Aechtheit der Unterschrift, im Falle er sie bestreite, auf Verlangen sogleich eidlich abzuleugnen, auch alle ihm zustehenden Einreden vorzubringen und durch Urkunden zu belegen habe, unter dem Rechtsnachtheile, daß, im Falle seines Ausbleibens, er als der Aechtheit geständig und seiner Einreden für verlustig erklärt werde.

§. 6. Der Termin ist, unter Berücksichtigung der Entfernung der streitenden Theile vom Gerichtsorte, auf einen möglichst nahen Tag anzuberaumen, keinenfalls aber, wenn der Beklagte im Großherzogthum, oder weniger als zwanzig Stunden von jenem Gerichtsorte entfernt wohnt, über acht Tage, von Einhändigung der Klage an gerechnet, hinaus zu setzen.

In den geeigneten Fällen kann auf Antrag des Klägers der Termin schon auf den Tag der Einhändigung selbst anberaumt werden.

§. 7. Bleibt einer der Geladenen aus, so ist auf Antrag des Erschienenen, mit Rücksicht auf das verwirkte Präjudiz, Contumacialerkenntniß zu erlassen.

§. 8—24. Vergl. §. 76 Zusatz Nr. 5 zu Art. 81—83 S. 131—133.

§. 25 [2])—32. Vergl. §. 7 Zusatz Nr. 7 zu Art. 2 S. 13 u. 14.

§. 33. Bei Verfolgung eines Rechtsmittels oder einer außergerichtlichen Beschwerde gegen Erkenntnisse in Wechselsachen bedarf der öffentliche Anwalt keiner besonderen Vollmacht, wenn er bereits in früherer Instanz Vollmacht beigebracht hat.

Jedes Rechtsmittel muß binnen einer unerstrecklichen Nothfrist von 4 Wochen, von dem Ablaufe der zehntägigen Frist der Einwendung des Rechtsmittels an gerechnet, bei dem Gerichte, welches das angefochtene Erkenntniß erlassen hat, gerechtfertigt werden.

Die Frist zur Einsendung der Acten an den höheren Richter, wie sie durch das einige Abänderungen des civilgerichtlichen Verfahrens betreffende Gesetz vom 20. August 1848 Art. 14 bestimmt ist, wird bei dem Wechselverfahren auf drei Tage herabgesetzt.

Verlustgelder werden im Wechselverfahren nicht hinterlegt. Wird aber ein an das Oberappellationsgericht gelangtes Rechtsmittel als frivol verworfen, so verurtheilt dieser Gerichtshof die Partei zugleich zur Bezahlung derjenigen Verlustgelder, welche sie im gewöhnlichen Verfahren zu hinterlegen gehabt hätte.

§. 34. Gesuche um Wiedereinsetzung in den vorigen Stand müssen binnen 14 Tagen, von der geschehenen Einhändigung oder Bekanntmachung der ergangenen Desertions- oder Präclusivverfügung an, vorgebracht werden, und sind nach Verlauf dieser Frist nur dann zu berücksichtigen, wenn ganz besonders erhebliche Verhinderungsgründe angeführt und bescheinigt werden.

Bei Beschwerden über Verwerfung des Gesuchs findet die Bestimmung des zweiten Absatzes des §. 24 Anwendung.

§. 35. Alle gerichtlichen Verfügungen in Wechselsachen sind zu beschleunigen und alle Termine und Fristen, nach dem Ermessen des Gerichts möglichst kurz anzusetzen.

§. 36. In den geeigneten Fällen können die Gerichte vor der Entscheidung das Gutachten einer Handelskammer einholen oder geeignete Handelsleute zur Berathung zuziehen, um deren gutachtliche Meinung zu vernehmen. Das Gericht ist jedoch bei seiner Entscheidung nicht an jenes Gutachten gebunden.

---

[2]) Zu §. 28 Nr. 4 (Seite 13) vergleiche die vorhergehende Note 1. Seite 215.

§. 37. In allen Wechselklagsachen sind öffentliche Anwälte zulässig.

§. 38. Soweit dieses Gesetz keine Abweichung enthält, sind in Wechselsachen die für das gewöhnliche Verfahren und insbesondere die für den Executivproceß geltenden Bestimmungen anzuwenden.

§. 39. Das vorstehende Gesetz tritt in den Provinzen Starkenburg und Oberhessen am 1. Juli d. J. in Kraft und findet auf alle Wechselklagen Anwendung, die von diesem Tage an erhoben werden.

Haben diese ihren Grund in Wechselverbindlichkeiten die vor diesem Tage entstanden sind, so findet der Wechselarrest nicht statt. Eine Ausnahme hiervon tritt in der Stadt Offenbach ein, insoweit daselbst nach der Verordnung vom 4. März 1829 der Wechselarrest zulässig ist, für solche Fälle finden dort aber die §§. 26—32 des gegenwärtigen Gesetzes mit rückwirkender Kraft Anwendung.

C. Ministerial-Verfügung vom 16. Juni 1849, das Amtssiegel der Gerichtsboten in der Provinz Rheinhessen bei Aufnahme von Wechselprotesten betreffend.

Da nach Art. 88 Nr. 6 der allgemeinen deutschen Wechselordnung dem Protestacte das Amtssiegel des diesen Act aufnehmenden Beamten beigefügt werden soll, so haben in der Provinz Rheinhessen die Gerichtsboten, welche nach §. 13 des Gesetzes vom 4. l. M. — die Ausführung der gedachten Wechselordnung im Großherzogthum betreffend — Wechselproteste aufzunehmen befugt sind, solchem Acte ein Amtssiegel beizufügen, welches nachstehende Inschrift führen wird:

Amtssiegel
des Gerichtsboten
N. N.
für Wechselproteste.

Lippe-Detmold.

I. Einführungs-Ordnung vom 5. Juli 1849.

§. 1. Alle vor dem 1. Mai d. J. ausgestellten Wechsel sind nach den früher im hiesigen Lande geltenden Grundsätzen zu beurtheilen.

§. 2. Vergleiche §. 48 Zusatz Nr. 8 zu Art. 87 und 90 S. 80.

§. 3. Das nachstehende Wechselprozeß-Gesetz tritt mit dem Tage seiner Publication in Kraft.

§. 4. In Ansehung aller vor dem Tage seiner Publication ausgestellten Wechsel richtet sich das Verfahren nach den bisher befolgten Regeln.

II. Wechselprozeß-Gesetz vom 5. Juli 1849.

§. 1. Vergleiche §. 76 Note 2 Nr. 7 Seite 119.

§. 2—4. Wie in vorstehendem Wechselprozeßgesetz von Braunschweig §. 2, 3 und 4 Seite 207.

§. 5—13. Vergl. §. 76 Zusatz Nr. 6 zu Art. 81—83 S. 133.

§. 14—16. Vergl. §. 7 Zusatz Nr. 8 zu Art. 2 Seite 14.

§. 17. Die in diesem Gesetze nicht ausdrücklich erwähnten, das Verfahren betreffenden Punkte sind nach den Grundsätzen des Executiv-Prozesses, erforderlichen Falls des ordentlichen Prozesses zu beurtheilen.

Lübeck.

I. Einführungs-Ordnung vom 28. April 1849.

Art. 1. Die mittelst Bekanntmachung vom 6. December 1848 hieselbst veröffentlichte allgemeine deutsche Wechselordnung tritt, dem Art. 2 des mit ihr verbundenen Einführungsgesetzes gemäß, im Freistaate Lübeck mit dem 1. Mai dieses Jahres in Kraft.

Art. 2. Die gedachte Wechselordnung findet Anwendung auf alle vom 1. Mai dieses Jahres, oder nach diesem Tage ausgestellten Wechsel.

Hinsichtlich dieser Wechsel treten mit Einführung der neuen Wechselordnung im Freistaate Lübeck alle bisherigen wechselrechtlichen Vorschriften und Observanzen, insbesondere also auch die Spielmandate, soweit dieselben gegen die aus Spielschulden herrührenden Wechsel als solche gerichtet sind, außer Wirksamkeit.

Art. 3. Für die rechtliche Beurtheilung der vor dem 1. Mai dieses Jahres ausgestellten Wechsel, der trassirten wie der eigenen, bleibt die bisherige Wechselgesetzgebung maßgebend. — Jedoch findet auf dieselben das für Wechselsachen im Art. 10 angeordnete besondere Verfahren Anwendung, mit Ausnahme der Bestimmungen unter Nr. 5, 7, 8 und 9.

Art. 4.	Vergl.	§. 13	Zusatz	Nr. 3	zu	Art. 96.		Seite	35.
Art 5.	„	„ 64	„	„ 2	„	„	62 u. 63.	„	96.
Art. 6.	„	„ 78	„	„ 6	„	„	73.	„	155.

Art. 7. Soweit die in den Art. 87 bis 93 der Wechselordnung enthaltenen Vorschriften über Wechselproteste nicht ohnehin schon in der hiesigen Notariatsordnung vom 10. October 1838 sich finden, haben die Notare, vom 1. Mai dieses Jahres an gerechnet, und diesen Tag einbegriffen, auch jene Vorschriften zur Richtschnur ihres Verfahrens zu nehmen.

Der §. 22 der Notariatsordnung wird dahin abgeändert, daß der Notar zwei von einander getrennte Protocolle zu führen hat, das eine für die von ihm aufgenommenen Wechselproteste, welches von Blatt zu Blatt mit fortlaufenden Zahlen versehen sein muß, das zweite für seine übrigen Notariatsgeschäfte.

Art. 8 u. 9. Vergl. §. 47 Zusatz Nr. 6 zu Art. 92 Seite 76.

Art. 10. Hinsichtlich des processualischen Verfahrens in Wechselsachen bleibt es bis auf Weiteres bei den desfalls bestehenden Vorschriften dies jedoch unter folgenden näheren Bestimmungen:

1) Vergl. §. 76 Note 2 Nr. 8 Seite 119.

2—6) Vergl. §. 76 Zusatz Nr. 7 zu Art. 81—83 Seite 133.

7—9) Vergl. §. 76 Note 2 Nr. 8 Seite 119.

Art. 11. Vergl. §. 84 Note 2 Nr. 3 Seite 171.

II. Gesetz über den Wechselarrest vom 28. April 1849.

Art. 1. Die Verhaftung des Schuldners erfolgt auf den Grund des abgegebenen Erkenntnisses (vergl. Art. 10 sub. 7 des heute publicirten Gesetzes, die Anwendung der allgemeinen deutschen Wechselordnung betreffend), sobald der Gläubiger dessen Vollziehung begehrt und den gesetzlichen Kostenvorschuß leistet (vergl. Art 4) von Amtswegen durch die Beamten des erkennenden Gerichts.

Dem Schuldner ist spätestens bei der Verhaftung selbst das dieselbe aussprechende Erkenntniß in beglaubigter Form zuzustellen.

Art. 2 u. 3. Vergleiche §. 7. Zusatz Nr. 9 zu Art. 2 Seite 14.

Art. 4. Für die Aufbewahrung und Unterhaltung des Schuldners hat der Gläubiger den Betrag von acht Schillingen für jeden Tag, und zwar wenn die Schuld 50 Mark nicht übersteigt, für volle 14 Tage, sonst aber mindestens in einmonatlichen Terminen, an die Gerichtskasse voraus zu bezahlen. Die Heizung während der kälteren Jahreszeit und die Erleuchtung bis 9 Uhr Abends hat er besonders zu vergüten.

Art. 5. Die Aufbewahrung des Schuldgefangenen geschieht in einem abgesonderten, heizbaren Local des bürgerlichen Gefängnisses von Amtswegen. Seine Beköstigung und sonstige Pflege ist die in diesem Gefängniß gebräuchliche. Für bessere Kost und Pflege darf er auf seine Kosten sorgen. Besuch anzunehmen ist ihm während der Tagesstunden und bis 9 Uhr Abends gestattet.

Art. 6—9. Vergl. §. 7 Zusatz Nr. 9 zu Art 2 Seite 15 u. 16.

Art. 10. Durch die Beendigung der Wechselhaft wird die Schuld, für welche dieselbe verhängt worden, nicht getilgt.

Art. 11. Alle den vorstehenden Bestimmungen widersprechenden Gesetze und Observanzen sind aufgehoben.

Art. 12. Das gegenwärtige Gesetz tritt mit seiner Veröffentlichung in Kraft und findet hinsichtlich der Art. 5—9 Anwendung auch auf die zur Zeit solcher Veröffentlichung wegen Wechselschulden Verhafteten.

Mecklenburg-Schwerin und Strelitz.

A. Die Einführungs-Ordnungen vom 28. April 1849 dieser beiden Großherzogthümer sind folgenden gleichlautenden Inhalts:

§. 1. Die allgemeine deutsche Wechselordnung tritt, dem Art. 1 des mit ihr verbundenen Einführungsgesetzes gemäß, in den hiesigen Landen mit dem 1. Mai d. J. in Gesetzeskraft und findet Anwendung auf alle an diesem Tage oder später ausgestellten Wechsel.

§. 2 u. 3. Vergl. §. 47 Zusatz Nr. 7 zu Art. 92 Seite 76.
§. 4. „ „ 92 „ „ 1 „ „ 94 „ 185.

§. 5. Die Gültigkeit der auf das Wechselrecht bezüglichen statutarischen Vorschriften und Observanzen erlischt den 1. Mai d. J. (Dieser §. 5 fällt jedoch bei Mecklenburg-Strelitz durch die von der Regierung erlassene nachträgliche Berichtigung vom 28. April 1849 gänzlich weg).

B. Wechselprozeß-Ordnung vom 14. Juni 1849 für Mecklenburg-Strelitz, in Uebereinstimmung mit der von Mecklenburg-Schwerin; letztere jedoch mit der §. 7 Zusatz Nr. 11 Seite 17 angeführten Abweichung.

§. I. Zuständige Gerichte.

Vergleiche §. 76 Note 2 Nr. 9 Seite 120.

§. II. Wechselklagen, richterliche Verfügungen auf dieselben.

1) Der Kläger muß mit der schriftlich einzureichenden oder zur Registratur zu gebenden Klage den Wechsel und die etwa außerdem zur Geltendmachung seines Anspruchs nöthigen Urkunden wenigstens in Abschrift einreichen und seine Klagebitte dem Wechselverfahren gemäß stellen. Die bisherigen Vorschriften aus dem §. 21 der Verordnung vom 23. Juli 1821, betreffend die Einrichtung der Patrimonialgerichte, finden in Wechselsachen keine Anwendung.

Alle zur Begründung der Klage erforderlichen Umstände, auch die passive Legitimation des Beklagten, müssen durch öffentliche oder den Beklagten verbindende Privaturkunden nachgewiesen werden.

2) Vergleiche §. 76 Zusatz Nr. 8 zu Art. 81—83 Seite 134.

3) Wenn das Wechselverfahren für zulässig erkannt wird, so sind schriftlich zu einem anzusetzenden Termine zu laden:

a) der Kläger zur Vorlegung der die Wechselklage begründenden Originalurkunden, unter dem Rechtsnachtheile des Verzichts auf das Wechselverfahren;

b) der Beklagte — unter abschriftlicher Mittheilung der Klage mit ihren Anlagen — zur Erklärung über die Originalurkunden, und im Falle er sie bestreite, zur sofortigen eidlichen Ableugnung der Aechtheit der Unterschrift auf Verlangen des Klägers und zur Vorbringung und urkundlichen Belegung aller ihm etwa zuständigen Einreden, unter dem Rechtsnachtheile, daß ihm Falle seines Ausbleibens er als der Aechtheit zuständig und seiner Einreden für verlustig erklärt und schuldig erkannt werde, den Kläger bei Vermeidung der sofortigen wechselmäßigen Hülfsvollstreckung klaglos zu stellen.

4) Der Termin ist, unter Berücksichtigung der Entfernung der streitenden Theile vom Gerichtsorte, auf einen möglichst nahen Tag zu bestimmen, und keinenfalls über acht Tage, von Einhändigung der Klage an gerechnet, hinauszusetzen. In geeigneten Fällen kann auf Antrag des Klägers der Termin schon auf den Tag der Einhändigung selbst anberaumt werden.

5) Wenn eine der Parteien im Termine ausbleibt, so ist auf Antrag ihres erschienenen Gegners der angedrohte Rechtsnachtheil sofort zu vollstrecken.

Gegen den Beklagten kann dies aber nur geschehen, wenn der Kläger die seine Klage begründenden Originalurkunden vorlegt und das Gericht dieselben zur Begründung der Klage und des Wechselverfahrens genügend findet.

§. III. Verfahren und Verhandlung im Termine.

1—9) Vergl. §. 76 Zusatz Nr. 8 zu Art. 81—83 Seite 134.

§. IV. Diffessionseid.

1—3) Vergl. §. 76 Zusatz Nr. 8 zu Art. 81—83 Seite 135.

§. V. Allgemeine Vorschriften über das Verfahren.

Hinwegfallen der aufschiebenden Wirkung von Rechtsmitteln.

1) Vergl. §. 76 Zusatz Nr. 8 zu Art. 81—83 Seite 135.

Widerklagen.

2) Vergl. §. 76 Zusatz Nr. 8 zu Art. 81—83 Seite 136.

Editionsanträge.

3) Vergl. §. 76 Zusatz Nr. 8 zu Art. 81—83 Seite 136.

Arrest.

4) Ein ausgebrachter Arrest hemmt und verändert das Verfahren nicht, er bewirkt vielmehr, daß die Zahlung statt an den Kläger zum gerichtlichen Depositum geschehen muß.

Beschleunigung. Ausschluß der Ferien.

5) Wechselprozesse sind denjenigen Sachen beizuzählen, welcherhalb Gefahr beim Verzuge obwaltet. Die gerichtlichen Erkenntnisse, Verfügungen und Ausfertigungen sind, ohne Rücksicht auf Gerichtsferien, thunlichst zu beschleunigen, und alle Termine und Fristen nach dem Ermessen des Gerichts möglichst kurz zu fassen.

6) Nach geschlossener Verhandlung ist das Erkenntniß den Parteien in der Regel gleich im Termine selbst, spätestens aber binnen drei Tagen, zu eröffnen oder einzuhändigen.

Peremtorische Fristen. Insinuationen.

7) Alle Ladungen und Auflagen sind peremtorisch, es ist mithin der angedrohte processualische Nachtheil auf den ersten Anruf zu vollstrecken.

Die Insinuationen an die Parteien geschehen nur von dem Gerichte.

Termins- und Frist-Erstreckungen.

8) Die Verlegung eines Termins oder die Erstreckung einer Frist ist nur aus besonders erheblichen, nöthigenfalls genügend bescheinigten Gründen statthaft.

Aushülfliche Anwendung des allgeinen Prozeßrechts.

9) Soweit diese Verordnung keine Abweichung enthält, sind in Wechselsachen die für das summarische Verfahren geltenden Bestimmungen, aushülflich die des ordentlichen Prozesses anzuwenden; jedoch fallen alle bestehenden Beschränkungen der Zulässigkeit von Sachwälten in Wechselsachen weg.

§. VI. Wechselmäßige Hülfsvollstreckung.

1) Vergl. §. 76 Note 2 Nr. 9 Seite 120. (Statt §. IV. muß es daselbst „§. VI.“ heißen.

2 u. 3) Vergl. §. 7 Zusatz Nr. 10 zu Art. 2 Seite 16.

4) Auf Antrag des Klägers erfolgt ein gerichtlicher Haftbefehl dahin, daß derselbe, sobald der Kläger den erforderlichen Kostenvorschuß geleistet habe, vollstreckbar sei.

5) Der Kläger ist verbunden, die Kosten der Verhaftung und Einbringung in das Schuldgefängniß, so wie die Kosten für die Unterhaltung des Beklagten, letztere im Betrage von täglich 12 ßl., nebst den im Winter erforderlichen, vom Gerichte zu bestimmenden Aufwande für Feuerung und Licht, von Woche zu Woche vorzustrecken. Auch hat derselbe sonstige, dem Gericht durch die Haft entstandene unvorhergesehene Ausgaben binnen 24 Stunden auf Anforderung des Gerichts zu ersetzen.

6) Vergleiche §. 7 Zusatz Nr. 10 zu Art. 2 Seite 16.

7) Der Beklagte wird zur Vollstreckung des Wechselarrestes in dem hierfür bestimmten Schuldgefängnisse verwahrt. Beim Mangel eigener angemessener Schuldgefängnisse ist dem Gerichte die Benutzung der Schuldgefängnisse benachbarter Gerichte auf desfallsige Requisition gestattet, und wenn auch dies nicht zum Ziele führt, so darf die Wechselhaft in zu miethenden Privatlocalen vollstreckt werden. Der durch Mangel eigener Schuldgefängnisse verursachte Kostenaufwand trifft die Gerichtskasse und ist von den Parteien nicht zu erstatten.

In seiner Wohnung oder in einem sonstigen angemessenen Locale — abgesehen von den nach Vorstehendem aushülflich zu miethenden Privatlocalen — darf der Beklagte nur verwahrt werden, wenn und insoweit der Kläger solches unter Zustimmung des Beklagten beantragt.

8 u. 9) Vergl. §. 7 Zusatz Nr. 10 zu Art. 2 Seite 16.

10) In der Executions-Instanz sind nur solche, sogleich liquide Einreden für zulässig zu achten, welche erst nach dem Erkenntnisse entstanden sind.

§. VII. Rechtsmittel.

1) In Wechselsachen findet das Rechtsmittel der Restitution nur gegen Erkenntnisse des Oberappellationsgerichts statt.

Gegen Erkenntnisse der Niedergerichte, der Justiz-Canzeleien und der übrigen Gerichte, von welchen die Appellation unmittelbar an das Oberappellationsgericht geht, sind Querel und Appellation die allein zulässigen Rechtsmittel, und wird auch in den Fällen, wo der Streitgegenstand unter 200 Rthlr. Gold an Werth ist, die Appellation anwendlich.

Hinsichtlich der Anzahl der zulässigen Rechtsmittel behält es bei den Vorschriften des §. 1 der Verordnung, betreffend die Rechtsmittel in Civilsachen und in nichtcriminellen Strafsachen vom 20. Juli 1840 das Bewenden.

2) Die Einlegung kann im Termin selbst mündlich geschehen, die schriftliche Einlegung muß binnen einer Nothfrist von 3 Tagen (vergl. das Rechtsmittelgesetz §. 40, Absatz 1) erfolgen. Wenn die Beschwerde nicht gleich bei der mündlichen Einlegung speciell angegeben worden, so muß solches binnen dieser Nothfrist nachgeholt werden. Ein Zeugniß über die erfolgte Einlegung ist nur auf Antrag zu ertheilen.

3) Dem vermeintlich Beschwerten steht frei, binnen derselben Frist beim bisherigen Gerichte eine Rechtfertigung zu übergeben, welche dem Gegner mitzutheilen ist. Später übergebene solche Vorträge sind zurückzugeben.

4) Es sind nämlich nach dem Ablauf dieser Frist, unter der Voraussetzung, daß das Rechtsmittel processualisch statthaft ist, die Acten von Amtswegen an das höhere Gericht einzusenden, jedoch nur in Abschrift, insoferne und insoweit sie nicht entbehrt werden können. Beide Parteien sind von der erfolgten Einsendung in Kenntniß zu setzen.

5) Eine Einführung bei dem höheren Gerichte fällt hinweg. Jede schriftliche Rechtfertigung bei demselben ist unzulässig.

6) Dagegen bleibt der Partei, gegen welche das Rechtsmittel gerichtet ist, unbenommen, eine schriftliche Entgegnung auf die ihr mitgetheilte Rechtfertigung (oben Nr. 3) bei dem höheren Gerichte einzureichen.

7) Letzteres hat sofort nach dem Eingange der Acten über die Erheblichkeit der Beschwerde die genaueste Prüfung anzustellen, mithin nach Befinden sofort zu bestätigen.

8) Wenn eine sofortige Verwerfung der Beschwerden aus dem Grunde ihrer Unerheblichkeit nicht anwendlich erscheint, und selbige sich zur Appellation eignen, so ist allemal ein möglichst naher Termin zur mündlichen Rechtfertigung und Entgegnung, so wie zur etwanigen weiteren mündlichen Verhandlung, bis zum Schlusse, und zur demnächstigen Abgabe des Erkenntnisses anzuberaumen. Nur wenn keine der Parteien im Termine erscheinen sollte, beruht die Sache bis auf weiteren Antrag.

9) Wenn dagegen die Beschwerden nur zur Querel geeignet sind, so ist in der Regel sofort auf die Acten, sowie sie liegen, bestätigend oder abändernd zu erkennen. Es steht jedoch zum Ermessen, aus genügender Veranlassung auch in solchen Fällen einen vorgängigen Termin zur mündlichen Verhandlung anzusetzen.

10) Auf die Einlegung des Rechtsmittels der Restitution beim Ober-Appellationsgerichte ist ein möglichst naher Termin zur mündlichen Rechtfertigung und Entgegnung anzuberaumen, und eben so wie bei der Appellation nach Nr. 8 dieses Paragraphen zu verfahren. Die Einholung eines Rechtsgutachtens von einer Juristenfacultät (§. 37 des Rechtsmittelgesetzes) findet nicht statt.

11) Das Rechtsmittel der Repräsentation muß binnen der für die Einlegung geltenden Nothfrist (§. VII. Nr. 2) gerechtfertigt werden, widrigenfalls die Entscheidung auf die Acten, so wie sie liegen, erfolgt.

12) Jedem vermeintlich Beschwerten bleibt nach Einlegung eines Rechtsmittels unbenommen, aus besonders dringenden Gründen bei dem höheren Gerichte auf eine Hemmung des Verfahrens des bisherigen Gerichts anzutragen. Er muß jedoch ein Zeugniß über die Einlegung, so wie eine genügende Bescheinigung, nöthigenfalls durch vollständige Manualacten, beibringen.

13) Die allgemeinen Vorschriften für das Verfahren (§. V.) finden auch auf die Rechtsmittel-Instanz geeignete Anwendung.

C. Regierungs-Verfügung vom 13. Mai 1849 für Mecklenburg-Strelitz.

Vergleiche §. 92 Zusatz Nr. 2 zu Art. 94 Seite 185.

Meiningen-Hildburghausen.

Einführungs-Ordnung vom 22. April 1848. (Die allgemeine deutsche Wechselordnunng wurde hier also noch vor Erscheinen des Reichsgesetzes eingeführt.)

Art. 1.	Vergl.	§. 7	Zusatz	Nr. 12	zu	Art. 2	Seite	17.
Art. 2.	„	„ 48	„	„ 11	„	„ 87 u. 90	„	81.
Art. 3.	„	„ 47	„	„ 8	„	„ 92	„	77.

Art. 4. Die Wechsel-Ordnung tritt nebst vorstehenden Bestimmungen mit dem Tage der Publication in Kraft, und findet auf alle von da an eingegangenen Wechselverbindlichkeiten Anwendung. Dagegen erlischt mit diesem Zeitpunkte die Wirksamkeit aller bisher über Wechselrecht bestandenen gesetzlichen Vorschriften.

Art. 5. Bezüglich des Wechselprozesses verbleibt es zur Zeit bei den bisherigen gesetzlichen Bestimmungen.

Doch soll der erste Absatz im Art. 9 des Gesetzes vom 18. Mai 1838, das Verfahren in minderwichtigen bürgerlichen Rechtssachen betreffend, auf minder wichtige Rechtssachen ferner keine Anwendung leiden.

Auch werden die im Altmeiningenschen bestehenden Bestimmungen über Wechselprozeß auf das vormals gemeinschaftliche Amt Römhild, das Amt Themar und die vormals Coburgischen Ortschaften am linken Steinachufer ausgedehnt.

Nassau.

A. Einführungs-Ordnung vom 7. November 1848.

§. 1. Die nachstehende Wechselordnung sammt der beigefügten Wechselprozeßordnung tritt mit dem 1. Januar 1849 für das Gebiet des Herzogthums in Wirksamkeit.

§. 2. Ihre Bestimmungen finden auch auf diejenigen Rechtsgeschäfte und Rechtshandlungen Anwendung, welche in Bezug auf einen vor dem 1. Januar 1849 ausgestellten Wechsel nach dem 1. Januar 1849 vorgenommen worden sind.

§. 3.	Vergl. 9. 78	Zusatz Nr. 7	zu Art. 73	Seite	155.
§. 4.	„ „ 48	„ „ 12	„ „ 87 u. 90	„	81.
§. 5.	„ „ 47	„ „ 9	„ „ 92	„	77.

B. Wechselprozeß-Ordnung vom 7. November 1848.

I. Anbringen der Wechselklage und richterliche Verfügung darauf.

§. 1. Vergl. §. 76 Note 2 Nr. 10 Seite 120.

§. 2. **Ueber alle zur Begründung der Klage gehörigen Thatumstände muß mit der Anstellung derselben der Beweis durch öffentliche oder Privaturkunden (der Wechsel, die Proteste u. s. w.) angetreten werden.**

Die Urkunden sind in doppelter Abschrift zu übergeben, auch können die Originalien beigefügt werden. Editionsanträge an den Beklagten zu diesem Zwecke sind unstatthaft.

§. 3. **Dem Kläger, welcher sich nicht im Besitze des Originalwechsels befindet, oder welchem andere zum Beweise der Klage (z. B. der Sachlegitimation) nöthige Urkunden fehlen, bleibt überlassen, seine Wechselforderung im ordentlichen Prozesse geltend zu machen und nach erwirktem obsieglichem Urtheil auf Vollstreckung nach Vorschrift des Abschnitts V. der Wechselprozeßordnung anzutragen. Die Grundsätze des Wechselrechts kommen auch bei einer solchen in dem ordentlichen Prozesse eingeleiteten Wechselklage zur Anwendung.**

Fehlen dem Kläger nur Beweisurkunden über Nebenforderungen oder hat derselbe den Beweis hierüber durch Urkunden gar nicht oder mangelhaft angetreten, so hindert dieses die Anstellung der Wechselklage und die Einleitung des Wechselprozesses nicht.

§. 4. Ist der Klagevortrag mangelhaft, oder die Klage unbegründet, oder der Urkundenbeweis in der Hauptsache unvollständig, oder findet das Gericht seine Competenz nicht begründet, so ist die Klage, unter Angabe des Grundes, wie angebracht oder als unbegründet abzuweisen. Sind dagegen in den angegebenen Beziehungen die Erfordernisse zur Einleitung des Wechselprozesses vorhanden, so hat das Gericht innerhalb 24 Stunden nach Anstellung der Klage, unter Mittheilung einer Abschrift des Klagevortrags und der dazu gehörigen Urkunden, dem Beklagten einen Termin zur Erklärung anzuberaumen, welcher, wenn kein Hinderniß vorliegt, schon auf den nächsten oder nächstfolgenden Tag zu bestimmen, in keinem Falle aber acht Tage hinauszusetzen ist.

§. 5. Das Decret muß für den Kläger die Auflage enthalten, die Originalurkunden, auch wenn diese schon mit der Klage übergeben worden sind, im Termine vorzulegen, und zwar unter Ankündigung des Rechtsnachtheiles des Verzichtes auf den Gebrauch derselben in diesem Verfahren, für den Beklagten aber muß dasselbe die Auflage enthalten, sich auf die Klage zu erklären, und die Urkunden anzuerkennen, oder sofern es nicht öffentliche sind, abzuleugnen, unter Ankündigung der Rechtsnachtheile des Eingeständnisses, des Verlustes der Einreden und der Anerkennung der Urkunden.

II. Vertheidigung des Beklagten.

§. 6. Vergl. §. 76 Note 2 Nr. 10 Seite 120.

§. 7—14. Vergl. §. 76 Zusatz Nr. 9 zu Art. 81—83 Seite 136—137.

III. Ungehorsam und Restitution.

§. 15. Erscheint der Kläger in dem anberaumten Termine nicht oder legt er die Originalurkunden nicht vor, so ist der Beklagte auf seinen Antrag unter Verurtheilung des Klägers zum Kostenersatz von der Klage zu entbinden. Auf eine hiernächst angestellte neue Klage kann der Beklagte die Einlassung verweigern, bis ihm die Kosten des früheren Verfahrens ersetzt sind.

§. 16. Bleibt der Beklagte im Termine aus, so wird derselbe in Gemäßheit der angekündigten Rechtsnachtheile (§. 5) zur Zahlung verurtheilt. Gegen ein solches in dem Termine zu ertheilendes Contumacialerkenntniß kann der Beklagte innerhalb drei Tagen, vom Tage der

Zustellung an gerechnet, Restitution verlangen, wenn er dem Gerichte die Unmöglichkeit seines Erscheinens in dem versäumten Termine nachweist oder eidlich erhärtet (§. 123 pos. 3 und §. 125 der Prozeßordnung). Dieser Befugniß des Beklagten ist als Anhang zu dem Contumacialerkenntniß ausdrücklich zu erwähnen.

§. 17. Ein solches Restitutionsgesuch, welches nur dann zu beachten ist, wenn die erforderlichen Beweisurkunden oder das Erbieten zum Eid, sodann die eventuelle Erklärung in der Hauptsache beigefügt sind, ist dem Kläger mitzutheilen und ein Termin auf den nächstfolgenden oder höchstens auf den dritten Tag zur Verhandlung über das Restitutionsgesuch und eventuell in der Hauptsache anzuberaumen, für den Kläger unter dem Rechtsnachtheile des Eingeständnisses, des Verlustes der Einreden, des Anerkenntnisses der Urkunden zugleich mit eventueller Ankündigung des im §. 5 festgesetzten Rechtsnachtheiles, für den Beklagten unter dem Rechtsnachtheile des Verzichtes auf das Restitutionsgesuch und unter eventueller Ankündigung des Rechtsnachtheiles des Anerkenntnisses der vorzulegenden Beweisurkunden des Klägers.

§. 18. Bleiben beide Theile in dem zur Verhandlung anberaumten Termine (§. 4) aus, so beruht die Sache bis auf weiteres Anrufen des Klägers.

IV. Entscheidung.

§. 19 u. 20. Vergl. §. 76 Zusatz Nr. 9 zu Art 81—83 S. 137

V. Vollstreckung.

§. 21 u. 22. Vergl. §. 76 Note 2 Nr. 10 Seite 120.

§. 23 u. 24. Vergl. §. 7 Zusatz Nr. 13 zu Art. 2 Seite 17.

§. 25. Der Gläubiger ist gehalten, die Kosten des Unterhalts des Schuldners und die Bewachungskosten von Zeit zu Zeit, und zwar wenigstens auf einen Monat vorzuschießen. Den Betrag der Verpflegungs- und Bewachungskosten bestimmt das Gericht in dem die Personalhaft verfügenden Erkenntnisse nach den Umständen und den persönlichen Verhältnissen des Schuldners.

§. 26 u. 27. Vergl. §. 7 Zusatz Nr. 13 zu Art. 2 S. 17 u. 18.

§. 28. Findet die persönliche Haft zu Gunsten mehrerer Gläubiger statt, so haben sie, ohne Rücksicht auf die Größe ihrer Forderung, zu den Ernährungs- und Bewachungskosten gleiche Beiträge zu liefern; wäre der vollständige Vorschuß nicht rechtzeitig geleistet, so schadet dieses auch denen, welche ihre desfallsige Verbindlichkeit erfüllt haben.

§. 29. Ist wegen einer Wechselforderung die Gerichtsbarkeit gegen einen Ausländer begründet, und wird der Schuldner in dem Gerichtsbezirk betroffen, so muß auf Anstehen des Klägers gleichzeitig mit dem

Decret auf die Klage (§. 4), ein Verhaftsbefehl erlassen und die persönliche Vorführung des Schuldners angeordnet werden.

Derselbe kann sich nur durch die gerichtliche Hinterlegung des Schuldbetrages oder durch genügende Sicherheitsleistung wegen der Zahlung von der vorläufigen Verhaftung befreien.

§. 30. Vergl. §. 7 Zusatz Nr. 13 zu Art. 2 Seite 18.

§. 31 u. 32. Vergl. §. 75 Zusatz Nr. 5 zu Art. 51 S. 112 u. 113.

VI. Appellation.

§. 33. Die Appellation gegen das Erkenntniß muß innerhalb der zehntägigen Nothfrist angezeigt und binnen 14 Tagen vom Ablauf dieser Frist gerechtfertigt werden. Das Erkenntniß ist binnen 14 Tagen zu erlassen. Gegen zwei in der Hauptsache gleichlautende Urtheile findet die Apellation an die dritte Instanz nicht statt.

§. 34. Die Vollziehung eines verurtheilenden Erkenntnisses wird durch die Appellation nicht gehemmt. Jedoch kann auf den Antrag des Verurtheilten, nach richterlichem Ermessen unter Berücksichtigung der besonderen Beschaffenheit des Falles von dem Richter, gegen dessen Erkenntniß die Appellation ergriffen worden ist, dem Appellaten, welcher Zahlung empfangen soll, Sicherheitsleistung auferlegt, und in Ermangelung derselben die gerichtliche Deposition des Betrages verfügt werden.

Oesterreich.

I. Einführungs-Patent vom 25. Januar 1850.

§. 1. Die allgemeine Wechselordnung für das Kaiserthum Oesterreich [1]) hat in allen Kronländern vom 1. Mai 1850 angefangen, in Wirksamkeit zu treten.

§. 2. Von diesem Tage angefangen, haben übrigens in jenen Kronländern, in welchen das allgemeine bürgerliche Gesetzbuch in Wirksamkeit ist, rücksichtlich der Präsentations- und Zahlungsfrist der Meß- und Marktwechsel (Art. 35 der Wechselordnung) nachstehende Bestimmungen zu gelten:

§. 3. Vergl. §. 45 Zusatz Nr 3 A zu Art. 18 Seite 71.

§. 4. „ „ 16 „ „ 3 A „ „ 35 „ 41.

---

[1]) Unter dieser Benennung wurde die allgemeine deutsche Wechselordnung in Oesterreich eingeführt.

§. 5. Vom 1. Mai 1850 angefangen, erlischt in denjenigen Kronländern, in welchen das allgemeine bürgerliche Gesetzbuch in Kraft ist, die Wirksamkeit der bisherigen Wechselordnungen und Wechselgesetze und namentlich der Wechselordnungen vom 10. September 1717, vom 1. October 1763, vom 22 Juli 1775 und vom 10. October 1797, und der Marktstatuten von Botzen vom 13. Jänner 1787 und vom 23. März 1792, so wie des achten Titels des ersten Buches des Codice di Commercio, in so fern sich diese Gesetze auf wechselrechtliche Handlungen, deren Wirkungen und Folgen beziehen.

§. 6. Das für Böhmen erlassene Patent vom 14. Mai 1772 über den Verlust des Wechselrechts durch die Intabulation und Pränotation des Wechsels wird hiermit aufgehoben.

§. 7. Ebenso treten von diesem Tage an in denjenigen Kronländern, in welchen das ungarische Wechselrecht vom Jahre 1840 in Wirksamkeit ist, das in dem ersten Theile des XV. ungarischen Gesetzartikels vom Jahre 1840 enthaltene Wechselrecht und die auf diesen ersten Theil bezüglichen Bestimmungen des VI. ungarischen Gesetzartikels vom Jahre 1844, mit Ausnahme der in den §§. 39, 40, 54, 55, 56, 57, 97, 109, 112, 135 und 193—200 des ersten Theils XV. Gesetzartikels vom Jahre 1840 und der §§. 2 und 28 des VI. Gesetzartikels vom Jahre 1844 enthaltenen Vorschriften, welche hiermit ausdrücklich aufrecht erhalten werden, außer Kraft.

§. 8. Unser Minister der Justiz ist mit der Vollziehung dieses Patentes beauftragt.

II. Abänderungen und Zusätze zur allgemeinen deutschen Wechselordnung.

Die allgemeine deutsche Wechselordnung hat bei ihrer Einführung in Oesterreich folgende Abänderungen erlitten:

1) statt Art. 2 Nr. 3 der deutschen Wechselordnung heißt der Art. 2 Nr. 3 der österreichischen Wechselordnung:
Vergleiche §. 7 Zusatz Nr. 14 a. zu Art. 2 Seite 18.

2) statt des zweiten Absatzes Art. 25 der deutschen Wechselordnung heißt der zweite Absatz Art. 25 der österreichischen Wechselordnung:
Vergleiche §. 66 Zusatz Nr. 3 zu Art. 25 Seite 99.

3) statt des Art. 40 der deutschen Wechselordnung heißt der Art. 40 der österreichischen Wechselordnung:
Vergleiche §. 28 Zusatz Nr. 3 zu Art. 40 Seite 54.

4) statt des Art. 73 der deutschen Wechselordnung heißt der Art. 73 der österreichischen Wechselordnung:
Vergleiche §. 78 Zusatz Nr. 8 zu Art. 73 Seite 155.

Außer diesen Anführungen enthält die österreichische Wechselordnung keine wesentlichen Abweichungen von der allgemeinen deutschen Wechselordnung; nur ist noch im Art. 4 Nr. 4 der Zusatz: „a piacere“ enthalten, worüber Note 4 zu §. 11 Seite 30 Nöthiges gesagt wurde.

III. Verordnungen über den Wechselprozeß.

A. Verordnung vom 25. Januar 1850,

gültig für jene Kronländer in welchen das allgemeine bürgerliche Gesetzbuch in Wirksamkeit ist, mit Ausnahme des lombardisch-venetianischen Königreichs und der Militärgränze.

§. 1—4. Vergl. §. 76 Note 2 Nr. 11 A Seite 121.

§. 5. Gründet sich die Klage auf einen mit allen zur Gültigkeit vorgeschriebenen Eigenschaften versehenen fremden oder eigenen Wechsel, so ist, wenn sich gegen den Wechsel keine Bedenken ergeben, und außer dem Original-Wechsel der Original-Protest und die Original-Retourrechnung sammt Courszettel (insofern diese Behelfe zur Begründung des Klagerechts erforderlich sind), beigebracht werden, auf Verlangen des Klägers dem belangten Wechselschuldner ohne dessen vorläufige Einvernehmung die Zahlung des Wechselbetrages sammt den ausgewiesenen Nebengebühren binnen 3 Tagen unter Androhung wechselrechtlicher Execution aufzutragen.

§. 6. Wird eine Wechselklage gegen mehrere Personen gerichtet, so muß jedem Beklagten ein vollständiges Exemplar der Klage sammt Beilagen zugestellt werden. Sind die erforderlichen Exemplare sammt Beilagen nicht überreicht worden, so ist die Zustellung an den Beklagten in der Reihe, wie sie in der Klage oder in dem Gesuche genannt sind, so weit die Zahl der belegten Exemplare reicht, zu bewerkstelligen, und in dem Bescheide auszudrücken, an welche der Mitgeklagten die Zustellung nicht erfolgt. Gegen diese ist die Klage ohne Wirkung.

§. 7. Jene Wechselschuldner, welchen die Zahlung des Wechselbetrages binnen 3 Tagen auferlegt wurde, haben binnen derselben Frist alle ihre Einwendungen bei Gericht anzubringen und darzuthun. Diese Frist läuft vom Tage der Zustellung des gerichtlichen Auftrages; in dieselbe sind aber die Tage, während welcher die angebrachten Einwendungen auf der Post gelaufen sind, nicht einzurechnen. Hierüber ist eine Tagsatzung auf möglichst kurze Zeit zur mündlichen Verhandlung nach Wechselrecht anzuordnen. Gegen den bewilligten Zahlungsauftrag findet kein Rekurs Statt.

§. 8. Dem Kläger ist, ungeachtet dieser anhängigen Verhandlung, auf sein Ansuchen die Execution zur Sicherstellung zu ertheilen.

§. 9. Verlangt der Kläger nur die Einleitung des wechselrechtlichen Verfahrens, oder kann dem Begehren um Erlassung des Zahlungsauftrages wegen eines Mangels an den beigebrachten Behelfen nicht Statt gegeben werden, so ist über die Klage eine Tagsatzung auf möglichst kurze Zeit zur mündlichen Verhandlung nach Wechselrecht anzuordnen, und wenn die Klage gegen mehrere zum Theil in andern Landesgerichtsbezirken, in andern Kronländern oder im Auslande wohnende Beklagte gerichtet ist; so ist der Tag zur Verhandlung in der Art zu bestimmen, daß es jedem Beklagten möglich ist, bei derselben entweder persönlich oder durch einen Bevollmächtigten zu erscheinen.

§. 10. In Wechselsachen sind alle Klagen und Gesuche unverzüglich zu erledigen, und die Verhandlungen von dem Gerichte möglichst zu beschleunigen.

§. 11. Im Wechselprozesse ist mündlich zu verfahren. Ein schriftliches Verfahren darf nur dann Statt finden, wenn beide Theile durch eigenhändig unterzeichnete schriftliche oder in Person vor Gericht abgegebene Erklärungen darum ansuchen, und die Fristen zur Ueberreichung der Prozeßschriften durch gemeinschaftliches Einverständniß bestimmen.

§. 12. Im Wechselverfahren sind die in den §. 18 bis einschließlich 20, 22, dann 25 bis einschließlich 50, 53 und 54 der Verordnung über das in Folge der Allerhöchsten Entschließung vom 18. October 1845 eingeführte summarische Verfahren in Civilrechtsstreitigkeiten (§§. 19 bis einschließlich 21, 23, dann 26 bis einschließlich 51, 54 und 55 der Allerhöchsten Entschließung vom 6. März 1848 über die Einführung des summarischen Verfahrens in Dalmatien) enthaltenen Vorschriften, jedoch mit folgenden Abänderungen zu beobachten:

a) das Gesuch um Rechtfertigung des Ausbleibens von einer Tagsatzung ist binnen drei Tagen von dem Tage, an welchem das Hinderniß bei der Tagsatzung zu erscheinen, aufgehört hat, und das Wiedereinsetzungsgesuch gegen eine verstrichene Fallfrist binnen drei Tagen nach Ablauf der Fallfrist anzubringen.

b) In dem Urtheile, wodurch der Beklagte sachfällig erklärt wird, ist die Frist zur Erfüllung seiner Verbindlichkeit auf drei Tage bei Vermeidung wechselrechtlicher Execution zu bestimmen.

Diese Frist fängt, wenn gegen das Urtheil nicht appellirt wird, mit dem ersten Tage nach der Zustellung desselben, wenn aber appellirt worden ist, mit dem ersten Tage nach eingetretener Rechtskraft der Entscheidung zu laufen an.

c) Der Beweis durch einen Eid muß binnen 24 Stunden von dem Tage an gerechnet, mit welchem das Urtheil rechtskräftig geworden ist, angetreten werden.

d) Appellations- und Revisionsanmeldungen, so wie die hierauf sich beziehenden Beschwerdeschriften und Recurse gegen Bescheide 1. und 2. Instanz sind binnen drei Tagen nach der Zustellung des Urtheiles oder des Bescheides zu überreichen.

§. 13. Wenn die erste über die Klage angeordnete Tagsatzung erstreckt oder wenn von dem Gerichte ein Zeugenverhör oder Augenschein beschlossen wird, so kann der Kläger im ersten Falle bei oder nach der Tagsatzung, im zweiten Falle nach Zustellung des Bescheids um den gerichtlichen Auftrag an den Beklagten ansuchen, binnen drei Tagen bei Vermeidung wechselrechtlicher Execution für die Forderung Sicherheit zu leisten. Dieses Gesuch findet jedoch nicht Statt, wenn die Erstreckung der Tagsatzung wegen eines von Seiten des Klägers eingetretenen Hindernisses erfolgt ist, oder wenn zur Begründung der Klage nöthige Urkunden bei der Tagsatzung von dem Kläger im Original nicht vorgewiesen worden sind.

§. 14. Hat der Beklagte gegen ein Urtheil erster oder zweiter Instanz, wodurch ihm die Erfüllung einer Verbindlichkeit unbedingt auferlegt, oder wodurch auf einen Haupteid erkannt wird, die Appellation oder Revision ergriffen, so kann der Kläger sogleich um den gerichtlichen Auftrag an den Beklagten ansuchen, binnen drei Tagen bei Vermeidung wechselrechtlicher Execution für die Forderung Sicherheit zu leisten.

§. 15. Ist der Beklagte in erster Instanz verurtheilt, von dem Appellationsgerichte bedingt oder unbedingt losgesprochen, aber vor Zustellung des Urtheiles des Appellationsgerichtes bereits Sicherheit geleistet worden, so bleibt es dabei so lange, bis das Urtheil des Appellationsgerichtes rechtskräftig wird, oder die Entscheidung des obersten Gerichtshofes erfolgt.

§. 16. Werden die in den §§. 13 und 14 erwähnten gerichtlichen Aufträge binnen der festgesetzten Frist nicht befolgt, so steht es dem Gläubiger frei nach Vorschrift des §. 18 gegen die Person oder auf das Vermögen des Schuldners Execution zu führen.

§. 17. Die Sicherstellung muß auf die in dem §. 25 der Wechselordnung festgesetzte Art geleistet werden.

§. 18—20. Vergl. §. 76 Note 2 Nr. 11 A Seite 121 u. 122.

§. 21. Vergl. §. 7 Zusatz Nr. 14 b. zu Art. 2 Seite 18.

§. 22. Der Wechselgläubiger ist berechtigt, auf bewegliche, wegen einer Wechselforderung verpfändete, oder rechtmäßig zurückbehaltene Sachen, wenn der Eigenthümer derselben in Concurs verfällt, bei dem Gerichte Execution zu führen, bei welchem es außer dem Falle eines Concurses geschehen könnte. Die Executionsgesuche sind jedoch gegen den Massevertreter zu richten.

§. 23. Die Wiedereinsetzung in den vorigen Stand kann zum Nachtheile einer Person, die in dem Hauptprozesse nicht unredlich gehandelt hat, nicht mehr ertheilt werden, wenn dieselbe ihre wechselrechtlichen Ansprüche an einen Dritten mittlerweile durch Ablauf der Zeit ganz oder zum Theile verloren hat, oder wegen Kürze der noch übrigen Zeit nicht mehr geltend machen kann.

§. 24. Die Verhandlung über eine Wiedereinsetzung in den vorigen Stand wegen vorgefundener neuer Beweismittel ist mit der Verhandlung der Hauptsache zu verbinden und über beide mittelst eben desselben Urtheiles zu entscheiden. In der Wiedereinsetzungsklage muß daher zugleich das Begehren in der Hauptsache gestellt werden.

§. 25. Im Wechselprozesse sind nur die Sonntage und die gesetzlich anerkannten allgemeinen Feiertage als Ferialtage anzusehen. Alle Fristen laufen ohne Rücksicht auf Ferialtage ununterbrochen fort. Nur wenn der letzte Tag einer Frist auf einen Sonntag oder allgemeinen Feiertag fällt, verlängert sich die Frist bis auf den nächstfolgenden Werktag. Keine Partei ist schuldig, an den Feiertagen ihrer Religion vor Gericht zu erscheinen.

§. 26. Insofern durch diese Verordnung für den Wechselprozeß keine besondere Vorschrift ertheilt wird, sind auch in Wechselsachen die allgemeinen Gesetze über das gerichtliche Verfahren zu beobachten.

§. 27. Diese Vorschrift hat in allen Kronländern, in welchen das allgemeine bürgerliche Gesetzbuch in Wirksamkeit ist, mit Ausnahme des lombardisch-venetianischen Königreichs und der Militärgränze, vom 1. Mai 1850 angefangen in Wirksamkeit zu treten. Dieselbe ist auf alle Streitsachen, über welche die Verhandlung vor diesem Tage noch nicht geschlossen wurde, anzuwenden. Die in dieser Vorschrift enthaltenen Bestimmungen über die Executionsführung finden auch in jenen Fällen ihre Anwendung, in welchen das gerichtliche Erkenntniß oder der Zahlungsauftrag vor dem eben bezeichneten Tage in Rechtskraft erwachsen ist.

B. Verordnung vom 31. März 1850 für das lombardisch-venetianische Königreich.

§. 1. Vergleiche §. 76 Note 2 Nr. 11 B. Seite 122.

§. 2—26. Völlig gleichlautend mit den §§. 3—27 vorstehender Verordnung A vom 25. Januar 1850.

C. Verordnung vom 25. Januar 1850,
für die Kronländer Ungarn, Croatien und Slavonien, die Woiwodschaft Serbien und das Temeser Banat.

§. 1. Der zweite Theil des XV. ungarischen Gesetzartikels vom Jahre 1840, so wie die auf denselben Bezug habenden Bestimmungen des VI. Artikels vom Jahre 1844 bleiben mit Ausnahme des §. 22 des letzten Artikels in Wirksamkeit, insoweit dieselben nicht durch die neue Gerichtsverfassung außer Kraft gesetzt sind oder werden.

§. 2. Der §. 22 des VI. Artikels vom Jahre 1844 ist aufgehoben, und an dessen Stelle hat nachstehende Bestimmung zu treten: Die Intabulation eines Wechsels vor der Verfallzeit desselben findet nur in jenen Fällen Statt, in welchen der Eigenthümer des Wechsels nach Vorschrift der §§. 25—29 der allgemeinen Wechselordnung den Regreß auf Sicherstellung zu nehmen befugt ist. Die Intabulation eines Wechsels nach dessen Verfallzeit aber ist zulässig, ohne daß der Wechsel dadurch seine Wechseleigenschaft verliert.

§. 3. Vergleiche §. 76 Zusatz Nr. 10 zu Art. 81—83 S. 137.

§. 4—6. Vergleiche §. 76 Note 2 Nr. 11 c Seite 122.

§. 7. Vergleiche §. 7 Zusatz Nr. 14 c zu Art. 2 Seite 18.

§. 8. Der Executionsführer, welcher gegen die Person des Wechselschuldners Execution führen will, hat nach eingetretener Rechtskraft des Erkenntnisses, wodurch der Wechselschuldner verurtheilt wurde, um die Verhängung des Personalarrestes gegen denselben bei dem betreffenden Bezirksrichter anzusuchen.

§. 9. Das Bezirksgericht hat zugleich mit der Bewilligung dieses Gesuches einem Gerichtsdiener den Auftrag zur Vornahme desselben gegen Relation zu ertheilen, und unter einem, wenn das Gericht nicht einen eigenen Civilarrest besitzt, den Vorstand jenes Verwahrungsortes, welcher für Schuldgefangene bestimmt ist, hiervon zu verständigen.

§. 10. Der Gerichtsdiener hat sogleich nach erhaltenem Auftrage den Geklagten zu verhaften, ihm bei dieser Gelegenheit ein Exemplar der vom Kläger wider ihn erwirkten Arrestbewilligung einzuhändigen, und ihn sofort in das zur Aufnahme von Schuldgefangenen bestimmte Arrestlocal abzuführen.

§. 11. Die Schuldgefangenen dürfen nie mit Personen, welche wegen Verbrechen verhaftet sind, viel weniger aber noch mit Criminal-Sträflingen in gemeinschaftlicher Haft gehalten werden.

§. 12. Dem Gläubiger, welcher den Personalarrest wider einen Schuldner bewirkt hat, liegt die Verpflichtung ob, Letzterem die durch die Behörde des Ortes, nöthigenfalls aber durch das Bezirksgericht festzusetzenden Alimentationskosten im Betrage von mindestens 10 und höchstens 20 Kreuzer Conv.-Münze für jeden Tag zu verabreichen, und zu diesem Ende wöchentlich den entfallenden Betrag in Vornhinein dem Arrestverwalter, oder wenn ein Schuldenarrest bei dem Gerichte selbst besteht, bei diesem unmittelbar selbst zu erlegen.

§. 13. Vergleiche §. 7 Zusatz Nr. 14 c. zu Art. 2 Seite 18.

§. 14. Gegen einen Schuldner können auch gleichzeitig mehrere Kläger den Personalarrest bewirken. Die Vollziehung eines solchen weiteren Arrestes findet durch die Zustellung eines Duplicates des Arrestbefehls an den Geklagten und eines Triplums an den Arrestverwalter Statt.

§. 15. Wird der Arrest von mehreren Gläubigern gegen denselben Schuldner erwirkt, so hat Letzterer gleichwohl die Alimentationskosten (§. 12) doch nur einmal zu beziehen. Es hängt in diesem Falle daher von den Arrestwerbern ab, sich entweder über die gemeinschaftliche Leistung der Alimente zu verständigen, oder die Art und Weise, wie sie dieselben nach Maßgabe des §. 12 abwechselnd erlegen wollen, zu bestimmen.

§. 16. Schuldgefangene können zu keinerlei Arbeit gezwungen, noch sonst einer mit der Entziehung der Freiheit nicht unumgänglich nothwendig verbundenen Entbehrung unterworfen werden.

§. 17. Es steht dem Gläubiger frei, dem verhafteten Schuldner den wider ihn Schulden halber erwirkten Arrest auf die ihm gefällige Art zu erleichtern, insbesondere auch ihm einen freien Ausgang auf kürzere oder längere Zeit, bei Tage oder auch bei Nacht mit oder ohne Verzichtleistung auf die gesetzlichen Alimente zu bewilligen. Eine solche Bewilligung kann aber dem Rechte eines dritten Gläubigers, der ebenfalls den Schuldarrest wider den Geklagten erwirkt hat, nicht zum Abbruche gereichen.

In diesem Falle, so wie auch, wenn der Geklagte von einem Gläubiger seiner Haft gänzlich entlassen, oder von letzterem die Alimentationsrate zur gehörigen Zeit nicht erlegt wird, ist der fernere Arrestwerber hiervon zu verständigen, und in den letzteren Fällen zur Leistung seiner Alimentationspflicht aufzufordern.

§. 18. Wenn Jemand, der Schulder halben im Gefängnisse sitzt, wegen Krankheit in das Spital gebracht werden muß, so ist Anstalt zu treffen, daß er nicht mit Verbrechern vermengt, und nicht schwerer, als er im Gefängnisse während seiner Krankheit gestanden, gehalten werde.

Die Dauer des Schuldarrestes wird durch die Versetzung des Schuldners in das Spital nicht unterbrochen.

Ebenso erleidet hierdurch die Verbindlichkeit zur Leistung der Alimente keine Aenderung; doch darf in einem solchen Falle der Betrag der Alimentationskosten nach Beschaffenheit der Krankheitsumstände des Schuldgefangenen den Bedürfnissen desselben entsprechend durch die im §. 12 bezeichnete Behörde erhöht werden.

§. 19. Vergleiche §. 7 Zusatz Nr. 14 c. zu Art. 2 Seite 19.

§. 20. Diese Vorschrift hat in den Kronländern Ungarn, Croatien, Slavonien, in der Woiwodschaft Serbien und dem Temeser Banate vom 1. Mai 1850 angefangen in Wirksamkeit zu treten; doch ist dieselbe von diesem Tage an auch bei der Execution solcher Urtheile, die vor dem 1. Mai 1850 in Rechtskraft erwachsen sind, in Anwendung zu bringen.

Oldenburg.

A. Einführungs-Gesetz vom 31. März 1849.

§. 1. Nachdem durch das Reichsgesetz vom 26. November 1848 eine allgemeine deutsche Wechselordnung eingeführt worden, welche mit dem 1. Mai d. J. in Kraft tritt, so sollen zur Ausführung dieses Gesetzes die nachfolgenden Zusatzartikel 101 und 102 und die als Vierter Abschnitt der Wechselordnung angehängten, in den Artikeln 103 bis 133 enthaltenen Vorschriften über das gerichtliche Verfahren in Wechselsachen zur Anwendung kommen, und gleichfalls mit dem 1. Mai d. J. in Kraft treten.

§. 2. Alle vor dem 1. Mai 1849 vorgenommenen Wechselgeschäfte, so wie alle Klagen aus Wechseln, welche vor diesem Tage ausgestellt sind, werden nach den bisherigen Gesetzen beurtheilt, und richtet sich hiernach auch das ganze darauf einzuleitende oder fortzusetzende Verfahren.

B. Zusatzartikel zur Wechselordnung.

Art. 101. Vergleiche §. 7 Zusatz Nr. 15 zu Art. 2. Seite 19.
Art. 102. „ „ 48 „ „ 13 „ „ 87 und 90. Seite 81.

Vierter Abschnitt.

Von dem gerichtlichen Verfahren in Wechselsachen.

I. Allgemeine Bestimmungen.

Art. 103. Für das Verfahren in Wechselsachen (Wechselproceß) kommen, in so weit das vorliegende Gesetz besondere Bestimmungen nicht enthält, neben den allgemeinen Proceßvorschriften die Grundsätze des Executivprocesses zur Anwendung.

Art. 104. Der Wechselinhaber genießt unter der Bedingung, daß er die mit der Originalhandzeichnung versehene Wechselurkunde beibringt, gegen den Wechselschuldner der Vortheile des Wechselprozesses.

Art. 105. Der Kläger kann zu jeder Zeit den Wechselproceß aufgeben und die Sache im sonst geeigneten Processe fortsetzen.

Art. 106. Die Verhandlungen sind in der Regel mündlich; die Protokolle müssen des Wesentliche derselben, insbesondere die Anträge der Partheien, so wie deren Behauptungen und Erklärungen, so weit sie sich auf Thatsachen beziehen, enthalten. Wenn die Verwickelung der Sache es nöthig erscheinen läßt, kann der Richter schriftliche Verhandlungen nicht allein zulassen, sondern auch fordern.

Art. 107. Der Richter hat, so weit die Gründlichkeit der Behandlung der Sache es gestattet, auf Beschleunigung des Verfahrens und der Entscheidung Bedacht zu nehmen.

Gerichtsferien gelten für den Wechselprozeß nicht, und in dringenden Fällen können die Verhandlungen auch an Sonn- und Festtagen vorgenommen werden.

Art. 108. Wiedereinsetzungen in den vorigen Stand sind im Wechselprozesse unbedingt ausgeschlossen.

Art. 109 u. 110. Vergleiche §. 76. Zusatz Nr. 11 zu Art. 81—83. Seite 138.

Art. 111. Bei Erbfällen ist der Kläger befugt, seine und des Beklagten Legitimation zur Sache nach den Grundsätzen des sonst geeigneten Prozesses, durch ein, bei Anstellung der Wechselklage zu beantragendes Vorverfahren zu berichtigen, nach dessen Erledigung im Wechselprozesse weiter verhandelt wird. Er kann auch, falls im Laufe des letzteren die Legitimation zur Sache bestritten wird, die Aussetzung des Wechselprozesses verlangen und, nach Berichtigung des Legitimationspunctes in sonst geeigneten Processen, zum Wechselprozesse zurückkehren.

II. Verhandlungen in erster Instanz.

Art. 112. Mit der als „Wechselsache" zu bezeichnenden Klagschrift ist eine für den Beklagten bestimmte, mit den Abschriften der Anlagen versehene, Ausfertigung einzureichen. Der Richter muß innerhalb 24 Stunden auf die Klage verfügen, und, wenn er dieselbe begründet findet, einen Termin zur Verhandlung der Sache unter der geeigneten Verwarnung ansetzen. Dieser Termin ist, wenn der Beklagte am Gerichtsorte wohnt, auf den folgenden Tag, sonst nach Maßgabe der Entfernung auf einen der nächsten 8 Tage zu bestimmen.

Bei den Aemtern und Stadt-Magistraten kann die Klage mündlich angestellt werden; in diesem Falle wird ohne Aufnahme eines Protokolls die Ladung mit kurzer Angabe der klägerischen Forderung, unter abschriftlicher Mittheilung des Wechsels, ausgefertigt.

Art. 113—120. Vergleiche §. 76. Zusatz Nr. 11 zu Art. 81—83. Seite 138—139.

III. Instanz der Rechtsmittel.

Art. 121. Vergl. §. 76 Zusatz Nr. 11 zu Art. 81—83 Seite 139.

Art. 122. Nach Einlegung eines Rechtsmittels werden die Acten, nöthigenfalls unter Zurückbehaltung von Abschriften, an den Oberrichter eingesandt, welcher, unter Vorladung auch des Appellaten, einen nahen Termin zur Aufstellung und Rechtfertigung der Beschwerden bei Strafe des Verlustes des Rechtsmittels ansetzt.

Art. 123. Die Bestimmung des Art. 120 gilt auch für die Instanz der Rechtsmittel.

IV. Vollstreckung.

Art. 124—128. Vergl. §. 76 Note 2. Nr. 12 Seite 122—123.

Art. 129. Die Vollstreckung in das Vermögen wird auf die gewöhnliche Weise verfügt und vorgenommen, indeß ist das Verfahren stets möglichst zu beschleunigen. Der Verkauf in Pfändung gezogener Sachen kann nach einmaliger Bekanntmachung jedoch nicht vor dem vierten Tage nach dieser vorgenommen werden.

Art. 130. Vergleiche §. 7. Zusatz Nr. 15 zu Art. 2. Seite 19.

Art. 131. Der Arrest wird im Gerichtsgefängnisse vollstreckt, unter gänzlicher Absonderung des Verhafteten von Straf- und Untersuchungs-Gefangenen. Wenn jedoch der Schuldner selbst die Kosten der Unterhaltung und Bewachung herbeischafft, muß der Richter die Vollstreckung der Haft in anderen Räumen und selbst in der Wohnung des Schuldners gestatten.

Kann der Schuldner nach ärztlichem Atteste Krankheitshalber nicht in die Haft gebracht werden, so ist nur Hausarrest zulässig.

Art. 132. Der Gläubiger muß unter Vorbehalt des Rechts, die Erstattung vom Schuldner zu fordern:

1) bei der Vollstreckung der Haft im Gefängniß:
   a) die Unterhaltungskosten — nach der Bestimmung des die Haft verfügenden Richters, mit höchstens täglich einem halben Thaler Courant — von Woche zu Woche, so wie die Gebühren des Gefangenwärters vorschießen.
   b) nach vorgängiger richterlicher Aufforderung den etwaigen Aufwand für Feuerung, Licht und in Krankheitsfällen die dadurch erwachsenen Kosten erstatten.
2) beim Hausarrest wegen Krankheit (Art. 131 am Ende) die Kosten der Bewachung vorschießen.

Art. 133. Vergleiche §. 7. Zusatz Nr. 15 zu Art. 2. Seite 19.

Preußen.

Preußen hat zwei Einführungsgesetze erlassen, das erste, vom 6. Januar 1849, ohne Mitwirkung der zur Zeit nicht versammelten Kammern, auf Grund des Art. 105 der Verfassungsurkunde, das zweite, vom 15. Februar 1850, mit Zustimmung der Kammern. Durch letzteres (§. 9) wird die Gültigkeit des ersteren für erloschen erklärt.

Das Einführungs-Gesetz vom 15. Februar 1850, welches sonach nur noch allein maßgebend ist, lautet:

§. 1. Bei der Bestimmung des §. 1 der Verordnung vom 6. Januar v. J. (Gesetz-Sammlung S. 49), nach welcher die im Reichsgesetzblatt vom 27. November 1848 publicirte allgemeine deutsche Wechselordnung in Preußen mit dem 1. Februar v. J. in Kraft getreten ist und dagegen mit diesem Tage die §§. 713 bis 1249. Tit 8. Th. II. des Allgemeinen Landrechts, so wie die Artikel 110 bis 189 des Rheinischen Handelsgesetzbuches aufgehoben sind, behält es sein Bewenden.

§. 2. Vergl. §. 78 Zusatz Nr. 9 zu Art. 73 Seite 156.

§. 3 u. 4. Vergl. §. 48 Zusatz Nr. 14 zu Art. 87 u. 90 S. 81.

§. 5. Vergl. §. 7 Zusatz Nr. 16 a. zu Art. 2 Seite 19.

§. 6. „ „ 76 Note 2 Nr. 13 A. Seite 123.

§. 7. „ „ 76 Zusatz Nr. 12 zu Art. 81—83 Seite 139.

§. 8. „ „ 76 Note 2 Nr. 13 A. Seite 123.

§. 9. „ „ 79 Note 2 Seite 162. — Mit dem Tage, an dem das Gesetz in Kraft tritt, erlischt die Gültigkeit der Verordnung vom 6. Januar 1849 (Gesetz-Sammlung Seite 49).

II. Von älteren noch rechtskräftigen Bestimmungen sind angeführt:

1) In Bezug auf die Dauer des Arrestes: §. 1 des Gesetzes vom 11. Mai 1839, vergleiche §. 7 Zusatz Nr. 16 b. zu Art. 2 S. 19.
2) In Bezug auf die Verlängerung desselben: Cabinets-Ordre vom 5. Juli 1832, vergleiche ebendaselbst Zusatz Nr. 16 c. zu Art. 2 Seite 20.
3) In Bezug auf die allgemeinen Feiertage: vergleiche §. 47 Zusatz Nr. 2 zu Art 92, Anmerkung Seite 75.
4) In Bezug auf die wechselmäßige Execution: §. 3 des Gesetzes vom 11. Mai 1839, vergleiche §. 76 Note 2 Nr. 13 B. Seite 123.
5) In Bezug auf die Bevorzugung der Wechselforderungen im Concurse s. die Anmerkung Seite 112.

Reuß - Schleiz.

Einführungs-Ordnung vom 15. Januar 1849.

§. 1. Durch die allgemeine deutsche Wechselordnung sind alle davon abweichenden Vorschriften des hiesigen Wechsel-Mandats vom 6. Februar 1717, welche in die Materie des Wechselrechtes gehören, für aufgehoben zu achten.

Deshalb findet auch die Ausnahme, welche durch §. 1. dieses Gesetzes in der Fähigkeit, Verbindlichkeiten nach Wechselrecht einzugehen, für die Geistlichen, Schul- und Kirchendiener vorgeschrieben ist, nicht weiter Statt.

§. 2. Dagegen bleiben die prozessualischen Vorschriften der hiesigen Wechselordnung, so weit nicht im Nachstehenden eine Abänderung darin getroffen wird, ferner in Kraft und Gültigkeit.

§. 3. Bezüglich des im §. 3 dieses Gesetzes berührten gerichtlichen Verfahrens gegen den Wechselschuldner soll es künftig von den Anträgen des Wechselgläubigers abhängen, ob ein kurzer Termin zur Recognition des Wechsels anberaumt, oder die Wechselexpedition sofort abgeordnet werden soll.

Den Wechselschuldner, welcher nicht sofort Zahlung leistet, kann das Anerbieten einer Caution nicht von der Verfügung des Wechselarrestes befreien, und es ist daher die in der nurerwähnten Stelle des Wechselmandats dem Wechselschuldner hierin zugesicherte Verschonung mit der Strenge des Wechselrechts gänzlich abgeschafft.

§. 4. Die bisher gewöhnliche Ausbringung eines, der Klage beizuschließenden Kapturbefehls gegen den Wechselbeklagten wird nicht mehr erfordert.

§. 5. Vergleiche §. 13 Zusatz Nr. 4 zum Art. 96 Seite 35.

§. 6. Die vorstehenden Bestimmungen treten mit dem 1. Mai 1849 in Kraft.

Sachsen.

I. Einführungs-Ordnung vom 25. April 1849.

§. 1. Die durch Beschluß der Nationalversammlung zu Frankfurt a. M. angenommene und vom Reichsverweser unterm 26. November 1848 als allgemeines Reichsgesetz verkündete Wechselordnung gilt vom 1. Mai d. J. an im Königreiche Sachsen mit folgenden Erläuterungen und Zusätzen.

§. 2.	Vergl.	§. 92	Zusatz	Nr. 4	zu	Art. 84			Seite	184.
§. 3.	„	„ 45	„	„ 4	„	„ 18			„	71.
§. 4.	„	„ 16	„	„ 2	„	„ 32			„	39.
§. 5 u. 6.	„	„ 16	„	„ 4	„	„ 35			„	41.
§. 7.	„	„ 28	„	„ 3	„	„ 37			„	52.
§. 8.	„	„ 48	„	„ 15	„	„ 87	u.	90.	„	81.
§. 9.	„	„ 47	„	„ 10	„	„ 92			„	77.

§. 10. Alle dermalen in Sachsen geltenden Gesetze über Wechsel und Wechselrecht treten mit dem 1. Mai d. J. außer Kraft; doch bewendet es ferner bei der in dem Decisivbefehle vom 4. Sept. 1669, §. 3. (Cod. Aug. Tom. II. Seite 2018), der Leipziger Wechselordnung §. XXXIV., und der Erläuterten Prozeßordnung ad Tit. XLI. §. 1 am Ende zum Vortheile der Waarencommissionäre enthaltenen Bestimmung.

§. 11. Wechsel, die vor dem 1. Mai d. J. ausgestellt sind, aber erst an oder nach demselben verfallen, sind nach den bis zu diesem Tage geltenden Gesetzen zu beurtheilen, wenn sie nach denselben gültig waren, nach der allgemeinen deutschen Wechselordnung aber ungültig sein würden; hingegen nach letzterer, wenn sie nach dem alten Rechte ungültig waren, nach derselben aber gültig sind.

§ 12. Desgleichen ist bei solchen Wechseln ein etwa eingetretenes nach dem alten Rechte Präjudiz bewirkendes Versäumniß für gehoben zu achten, wenn die allgemeine deutsche Wechselordnung mit diesem Versäumnisse eine gleiche Wirkung nicht verknüpft.

II. Gesetz, die kaufmännischen Anweisungen betreffend vom 7. Juni 1849.

Siehe §. 79 A. Note Nr. 5 Seite 164.

III. Gesetz über den Schuldarrest und den Wechselprozeß vom 7. Juni 1849.

Erster Abschnitt.

Ueber den Schuldarrest.

§. 1. Der Schuldarrest findet außer den Fällen, auf welche sich das Gesetz vom 28. Februar 1838 bezieht, Statt, entweder

a) im Gefolge einer vorausgegangenen Unterwerfung unter denselben (die Wechselhaft), oder

b) ohne diese, als ein für gewisse Schuldverhältnisse gesetzlich geordnetes Executionsmittel.

A. Von der Unterwerfung unter die Wechselhaft.

§. 2—4. Vergl. §. 7 Zusatz Nr. 17 zu Art. 2 Seite 20.

§. 5. Eine mündliche Unterwerfung ist nur gültig, wenn sie vor Gericht zum Protocoll erklärt wird. Sie kann auch nur durch das darüber aufgenommene Protocoll in der Urschrift oder in einer bei demselben Gerichte beglaubigten Abschrift, bewiesen werden. Ein Beweis der Existenz des Protocolls und der darinnen enthaltenen Unterwerfung unter die Wechselhaft kann durch andere Beweismittel nicht geführt werden. Auch die mündliche Unterwerfung vor Gericht muß in einer §. 4 bezeichneten Weise geschehen.

§. 6. Vergl. §. 7 Zusatz zum Art. 1 Seite 9.

§. 7—9. Vergl. §. 7. Zusatz Nr. 17 zu Art. 2 Seite 20 u. 21.

B. Vom Schuldarrest als Executionsmittel für gewisse Schuldverhältnisse.

§. 10. Als gesetzliches Executionsmittel findet die Haft in Civilsachen (Schuldhaft) Statt als Zwangsmittel in den nach der Leipziger Handelsgerichtsordnung verhandelten Prozessen, um die verurtheilte Partei zu Zahlungen oder andern Leistungen anzuhalten.

§. 11. Auch der Schuldarrest als Executionsmittel in Handelsgerichtssachen kann wider Erben weder erkannt, noch verfügt werden, selbst nicht wider diejenigen, wider welche aus ihren eigenen Geschäften dieses Verfahren Statt finden würde, dafern nicht das Geschäft ihres Erblassers unter der §. 8 gedachten Voraussetzung von ihnen fortgesetzt wird.

C. Gemeinschaftliche Bestimmungen über Vollstreckung des Schuldarrestes.

§. 12. Der Schuldarrest wird durch Verwahrung im Gerichtsgefängnisse unter Absonderung von Sträflingen und den in Untersuchung befindlichen Arrestaten vollzogen. Es darf jedoch der Richter, dafern die Sicherheit der Bewachung nicht gefährdet ist, und der Schuldner den für seine Verpflegung erforderlichen Aufwand aus eigenen Mitteln bestreitet, die Verwahrung und Bewachung desselben in andern Räumen und selbst in Privatwohnungen, auch wider den Willen des Klägers, gestatten.

§. 13. Der Kläger, welcher den Schuldarrest ausbringt, hat, wenn derselbe in einem Gerichtsgefängnisse Statt findet, den zur Erhaltung des Schuldners erforderlichen Aufwand für Beköstigung, Heizung und an Sitzegebühren wöchentlich vorzuschießen, auch in Krankheitsfällen die Medicinalkosten zu bezahlen.

Für die Beköstigung des Arrestaten sind in gesunden Tagen 5 Ngr. in Ansatz zu bringen.

Die Sitzegebühren und der Aufwand für Heizung sind nach der Taxordnung zu berechnen.

Der Schuldner ist zur Erstattung dieses Aufwandes gehalten, und werden diese Kosten der Hauptschuld hinzugerechnet, auch, wenn der Arrest ursprünglich nicht wegen Geldschuld eingetreten, als eine besondere Zahlungspost in Ansatz gebracht und ist der Schuldner zu deren Bezahlung ebenfalls mit Schuldarrest anzuhalten, der jedoch unter Einrechnung der wegen der Hauptverbindlichkeit bereits erlittenen Haft die Dauer von zwei Jahren nicht übersteigen darf (vergl. §. 21 fg).

§. 14. Die §. 13 gedachte Verbindlichkeit des Klägers erledigt sich, wenn der Schuldner nicht im öffentlichen Gefängnisse oder Krankenkenhause enthalten wird, oder insoweit er in selbigem diesen Aufwand selbst zu tragen übernimmt, tritt aber, insoweit der Beklagte die eigene Verpflegung aufgiebt, oder wenn sonst dessen Enthaltung im Gerichtsgefängnisse nothwendig wird, sofort wieder ein.

§. 15—18. Vergleiche §. 7 Zusatz Nr. 17 zu Art. 2 S. 21 u. 22.

§. 19. Vergleiche §. 76 Note 2 Nr. 14 Seite 123.

§. 20—27. Vergleiche §. 7 Zusatz Nr. 17 zu Art. 2 Seite 22.

§. 28 Auf die Wohlthaten des Gesetzes kann nicht verzichtet werden.

§. 29. Collidirt Schuldarrest mit Straf- oder Untersuchungsarrest so ist der erstere bis zur Beendigung des letzteren auszusetzen.

Der Criminalrichter hat aber, wenn er die Aufhebung des von ihm verfügten Arrestes beschlossen, davon den Civilrichter vor Entlassung des Inculpaten zu benachrichtigen um den Enthaltenen an diesen abzugeben.

Zweiter Abschnitt.

Vom Wechselprozesse.

§. 30. Wenn aus gezogenen oder eigenen Wechseln oder aus Anweisungen, welchen durch das Gesetz ein Gebrauch als Wechsel beigelegt ist, auf Zahlung oder Rembours oder, wo solches nach der Wechselordnung zulässig ist, auf Cautionsbestellung geklagt wird, so findet der Wechselprozeß als eine besondere Gattung des Executivprozesses Statt. Derselbe findet aber auch dann Statt, wenn sich der Beklagte außer dem eigentlichen Wechselgeschäfte zu einer Zahlung nach Wechselrecht verpflichtet hat, und alle Theile der Klage ohne Ausnahme durch Urkunden zu erweisen sind.

§. 31. Vergl. §. 76 Note 2 Nr. 14 Seite 123.

§. 32. Zur Form der Klagerhebung genügt ein mündliches Vorbringen unter Vorlegung sämmtlicher zur Begründung der Klage erforderlicher Urkunden und, wenn sich der Kläger dabei eines Sachwalters bedient, unter Einreichung der Vollmacht.

§. 33. Mit der Klage ist die vollständige Berechnung der Ansprüche zu verbinden.

§. 34. Findet der Richter bei Prüfung der übergebenen Urkunden, daß ein wechselmäßiges Verfahren nicht statthaft sei, so hat er dem Kläger solches zu eröffnen, demselben auch auf sein Verlangen eine schriftliche Recognition hierüber zu ertheilen.

§. 35. Wenn der Richter die Klage für begründet achtet, so hat er darauf, und zwar nach Wahl des Klägers, dafern ihm nicht wider dieselbe erhebliche Bedenken beigehen, entweder die Vorladung des Beklagten an Gerichtsstelle, oder die sogenannte Hausexpedition anzuordnen und davon den Kläger in Kenntniß zu setzen.

§. 36. Die Citation geschieht ohne Einräumung einer Frist. Auch kann der Kläger, ohne Angabe besonderer Gründe, auf Holung des Beklagten (dessen Realcitation) bestehen.

Diese geschieht durch einen Diener des Gerichts, welcher den Beklagten unmittelbar vor dem beschlossenen Verhörstermine und zwar zunächst in seiner Behausung aufzusuchen, ihn zum ungesäumten Erscheinen aufzufordern, und denselben zur Gerichtsstelle zu begleiten hat.

§. 37. Die Hausexpedition geschieht dadurch, daß der Richter, unter Assistenz der Gerichtsfolge, in Begleitung des Klägers oder seines Sachwalters in die Behausung des Beklagten, oder an den Ort, wo der letztere nach Anzeige des Klägers anzutreffen sein wird, sich begiebt und daselbst das Verhör vornimmt.

§. 38. Das Verhör selbst kann nur in Anwesenheit des Klägers oder seines Sachwalters stattfinden. Ließe der Kläger länger als eine Stunde auf sich warten, so wird das Verfahren wider den Beklagten abgebrochen und der Beklagte entlassen.

§. 39. Die Eröffnung des Verhörs geschieht von Seiten des Gerichts mit Angabe der Veranlassung desselben und des vom Kläger geschehenen Antrags, wobei dem Beklagten sämmtliche übergebene Urkunden zum Anerkenntnisse, soweit sie dessen bedürfen, vorzulegen, derselbe zugleich im Allgemeinen zur Abgabe seiner Erklärung auf das Vorbringen des Klägers und Anführung seiner dawider etwa habenden Einreden mit der Bedeutung aufzufordern ist, daß, wenn er dieser Aufforderung nicht entsprechen würde, die Urkunden für anerkannt zu achten und wider ihn des geklagten Anspruchs halber, soweit dessen Befriedigung nicht erfolgt, mit Wechselhaft oder in den §. 46 im zweiten Satze bezeichneten Fällen mit der Hülfsvollstreckung in das Vermögen verfahren werden solle.

§. 40. Vergl. §. 76 Zusatz Nr. 13 zu Art. 81—83 Seite 139.

§. 41. Bringt der Beklagte Einreden vor, so hat der Richter darauf die Entgegnung des Klägers zu vernehmen und, wenn diese erfolgt, sofort allenthalben Entschließung zu fassen und diese den Parteien zu eröffnen.

§. 42—44. Vergl. §. 76 Zusatz Nr. 13 zu Art. 81—83 Seite 139 und 140.

§. 45. Vergl. §. 76 Note 2 Nr. 14 Seite 124.

§. 46. Nach beendigtem Verhöre ist ein Bescheid mit kurzer Angabe der Entscheidungsgründe zu ertheilen und den Parteien sofort zu eröffnen. Ist derselbe condemnatorisch, so muß darinnen zugleich die genaue Angabe des Gesammtbetrages des Liquidi enthalten sein, zu dessen Bezahlung oder Sicherstellung der Beklagte durch Gefängnißzwang angehalten werden soll (§. 30) und hat der Richter den Parteien zugleich seinen Beschluß des Arrestes zu eröffnen, insoweit er nach den Bestimmungen dieses Gesetzes gegen die Person des Verurtheilten verfügt werden darf.

Kann gegen den Beklagten nach §. 7, 9 oder 16, 17, 18, 20, 21, 22 des gegenwärtigen Gesetzes der Wechselarrest nicht Statt finden, so hat der Richter, ohne weiteren Antrag des Klägers abzuwarten, bei Publication des Bescheides nach §. 43 und folgenden des Gesetzes über Vollstreckung gerichtlicher Entscheidungen vom 28. Februar 1838 (Gesetz- und Verordnungsblatt vom Jahre 1838, Seite 83) die Hülfsauflage zu erlassen und weiter letzterem Gesetze gemäß zu verfahren.

§. 47. Die Gerichte haben die §. 34 sq. bezeichneten Handlungen auf Verlangen sofort und ohne Rücksicht auf die gewöhnliche Gerichtszeit vorzunehmen.

§. 48. Der von dem Richter ertheilte Bescheid wird in zehn Tagen rechtskräftig, wenn dawider ein Rechtsmittel nicht angewendet wird. Jedoch ist die erkannte Wechselhaft oder Hülfsauflage (vergleiche §. 46) auch unerwartet der Rechtskraft sofort zu verfügen und hat ein dawider ergriffenes Rechtsmittel keine Suspensivkraft. Würde aber auf das angewandte Rechtsmittel ein reformatorisches Erkenntniß gefällt, so ist der Beklagte, auch ungeachtet des wider diese Entscheidung eingewendeten Rechtsmittels, sofort ohne Anstand der Wechselhaft zu entlassen. Wird nach §. 46 von einem Beklagten, gegen welchen Wechselhaft nicht, sondern nur Hülfsvollstreckung in das Vermögen statthaft ist, gegen den Bescheid ein zulässiges Rechtsmittel ergriffen, so ist mit wirklicher Hülfsvollstreckung bis zur Rechtskraft anzustehen.

§. 49. Im Wechselprozesse findet, außer in dem Falle eines darauf gerichteten Compromisses der Parteien, eine Actenversendung nicht Statt, sondern der Richter muß selbst Entschliessung fassen.

§. 50. Wenn der Beklagte peremtorische Einreden vorbringt, die er durch Urkunden zu beweisen nicht vermag, und er dießfalls die Ausführung derselben in der Widerklage oder einer besonderen Klage unternommen, hierbei aber ein Erkenntniß für sich erlangt hat, durch welches er auch von der Convention entbunden worden, so ist er, bevor dieses Erkenntniß in Rechtskraft übergegangen und purificirt worden ist, der Wechselhaft nicht zu entlassen.

§. 51. Wenn die Wechselklausel bei Urkunden über einen zweiseitigen Vertrag oder über ein bedingtes Versprechen angewendet worden ist, und im ersten Falle der Einrede des nicht erfüllten Contracts nicht entsagt, im andern Falle aber die Erfüllung der Bedingung nicht durch Urkunden bescheinigt ist, so kann wider den Beklagten das §. 30 sq. vorgeschriebene Verfahren (der eigentliche Wechselprozeß) nicht Statt finden; es tritt lediglich der Executivprozeß, wie er im Anhange der Erl. Prozeßordnung vorgeschrieben ist, oder nach Befinden der Executionsprozeß, wie er durch das Gesetz vom 28. Februar 1838 geregelt worden ist, ein.

Jedoch ist, wenn der Beklagte verurtheilt wird, bei dem in der Sache zu fällenden Erkenntnisse zugleich auszusprechen, daß der Beklagte zur Leistung nach Wechselrecht anzuhalten sei. Ein solches Erkenntniß ist aber erst nach eingetretener Rechtskraft wider den Beklagten in Execution zu setzen.

Dritter Abschnitt.

Anwendung des Gesetzes.

§. 52. Die Bestimmungen des gegenwärtigen Gesetzes über das Verfahren in Wechselsachen und über die Schuldhaft von §. 12 an leiden zwar, selbst insoweit sie neues Recht enthalten, dafern solches nach dem Stande der einzelnen Rechtssachen annoch möglich ist, auch auf die bereits anhängigen Anwendung. Es haben jedoch die Gerichte, bei welchen sich vor Zeit der Publication des Gesetzes ein Schuldner in Gewahrsam befindet, für welchen ein Vorschuß nicht geleistet worden, bevor sie ihn nach §. 15 des Schuldarrestes entlassen, dem Kläger die Leistung eines Vorschusses unter der Verwarnung aufzuheben, daß, wenn ein solcher binnen 6 Tagen nicht erfolge, der Inhaftat des Arrestes werde entlassen werden.

§. 53. Alle zeitherigen Bestimmungen über die Schuldhaft und das Wechselverfahren werden hiermit aufgehoben.

Die Vorschriften des gegenwärtigen Gesetzes leiden auch auf das Hülfsverfahren in den nach der Leipziger Handelsgerichtsordnung verhandelten Prozessen Anwendung, insoweit dasselbe in den §§. 12 bis mit 29 hiervon betroffen wird.

Dagegen hat es in Ansehung der Fälle, wenn nach dem Gesetze vom 28. Februar 1838, die Vollstreckung gerichtlicher Entscheidungen in privatrechtlichen Streitigkeiten betreffend, §. 71 der Verurtheilte durch Gefängniß zu einer Handlung genöthigt werden soll, welche von einem Andern nicht oder doch nicht mit gleichem Vortheile und nicht ohne besondere Schwierigkeiten verrichtet werden kann, lediglich bei den dort getroffenen Bestimmungen zu bewenden. In Folge dessen finden daher auf solche Fälle insbesondere auch die Vorschriften des gegenwärtigen Gesetzes, wonach gegen gewisse Personen Schuldarrest nicht vollstreckt werden kann, ingleichen wegen der vom Kläger vorzuschießenden Kosten und der Dauer der Haft keine Anwendung.

§. 54. Vergl. §. 76 Note 2 Nr. 14 Seite 124.

IV. Gesetz über die Amortisation der Wechsel, laut Gesetz- und Verordnungsblatt für das Königreich Sachsen, 28. Stück vom Jahre 1850.

Siehe §. 78 Zusatz Nr. 10 zum Art. 73 Seite 156.

Schleswig-Holstein.

A. Einführungs-Ordnung vom 10. April 1849.

I. Allgemeine Bestimmungen.

§. 1. Mit dem 1. Mai d. J., an welchem die allgemeine deutsche Wechselordnung Gesetzeskraft erlangt hat, treten alle, das Wechselrecht betreffenden Vorschriften, namentlich die Wechselordnung für die Stadt Flensburg vom 17. August 1843, so wie die für die Städte Altona und Friedrichsstadt geltenden wechselrechtlichen Bestimmungen außer Wirksamkeit.

§. 2.	Vergl.	§.	7	Zusatz	Nr.	18	zu	Art.	2	Seite	23.
§. 3.	"	"	76	"	"	14	"	"	81—83	"	140.
§. 4.	"	"	28	"	"	4	"	"	37	"	52.
§. 5.	"	"	78	"	"	11	"	"	73	"	157.
§. 6.	"	"	48	"	"	16	"	"	87 u. 90	"	82.
§. 7.	"	"	47	"	"	11	"	"	92	"	77.

II. Besondere Bestimmungen für die Stadt Altona.

§. 8 u. 9.	Vergl.	§.	28	Zusatz	Nr.	2	zu	Art.	39	S.	53.
§. 10.	"	"	40	"	"	2	"	"	24	"	64.
§. 11.	"	"	57	"	"	2	"	"	56	"	90.

§. 12.	Vergl.	§.	64	Zusatz Nr.	3	zu Art.	62 u. 63	Seite	96.
§. 13.	„	„	47	„	„ 11	„	„ 92	„	77.
§. 14.	„	„	84	Note 2 Nr. 4				„	171.

III. Transitorische Bestimmung für die Städte Altona, Flensburg und Friedrichstadt.

§. 15. Für alle in den Städten Altona, Flensburg und Friedrichstadt zahlbaren Wechsel, welche bis zum 27. April d. J., diesen Tag mit eingeschlossen, fällig werden, ist, falls sie nach den, für die gedachten Städte bisher geltenden wechselrechtlichen Bestimmungen gegebenen Respittage nicht schon früher ihr Ende erreicht haben, der 30. April der letzte Respittag, an welchem sie daher spätestens protestirt werden müssen, welche am 28. April d. J. verfallen, müssen, bei Ermangelung der Zahlung, spätestens am 1. Mai, und solche, welche am 29. und 30. April d. J. verfallen, spätestens am 2. Mai protestirt werden.

Anmerkung. Durch königl. Resolution vom 16. Juni 1851, publicirt vom Ministerium für das Herzogthum Schleswig am 23. desselben Monats, ist die Gültigkeit der allgemeinen deutschen Wechselordnung für das Herzogthum Schleswig aufgehaben und daselbst die früheren das Wechselrecht betreffenden Vorschriften, namentlich die Wechselordnung für die Stadt Flensburg vom 17. August 1843, so wie die für die Stadt Friedrichsstadt früher geltenden wechselrechtlichen Bestimmungen wieder in Wirksamkeit gesetzt worden. Die allgemeine deutsche Wechselordnung und die obenstehende Einführungsordnung haben sonach nur noch allein in dem Herzogthum Holstein gesetzliche Geltung. Daselbst wurde aber durch das Gesetz vom 16. December 1850 das Stempelpapier abgeschafft, folglich sind dadurch auch die Bestimmungen über den Gebrauch desselben in §. 3 und 6 der obigen Einführungsordnung außer Anwendung gekommen. Auch die nachstehende Wechselprozeßordnung wurde durch angeführte königl. Resolution für das Herzogthum Schleswig außer Kraft gesetzt.

B. Gesetz vom 10. April 1849, betreffend das bis weiter in Wechselsachen zu beobachtende Verfahren.

Da die mit dem 1. Mai d. J. in Kraft tretende allg. deutsche Wechselordnung über das in Wechselsachen zu beobachtende Verfahren nichts vorschreibt, so wird in dieser Beziehung von der Statthalterschaft der

Herzogthümer Schleswig-Holstein, in Uebereinstimmung mit dem Beschlusse der Schleswig-Holsteinischen Landesversammlung vom 3. April d. J., hiermit verfügt, wie folgt.

§. 1. Das in den nachstehenden §§. normirte Verfahren findet Statt bei allen Klagen, welche auf die Erfüllung einer, nach dem Bestimmungen der allgemeinen deutschen Wechselordnung und des Ausführungsgesetzes vom heutigen Tage mit wechselrechtlicher Wirkung eingegangenen Verbindlichkeit gerichtet sind.

§. 2. Die competenten Behörden zur Entscheidung dieser Sachen sind:

in den Städten der Bürgermeister, und wenn deren mehrere sind, der gelehrte Bürgermeister oder Stadtpräsident, in Altona aber einer der Rechtsverwandten, welcher dazu von der Landesregierung ernannt wird und in Arroeskjöping der Landvogt;

in den Aemtern und Landschaften der Oberbeamte, Landvogt, Birkvogt oder Staller, nach Maßgabe der Verfassung eines jeden Districts, in Wyck auf Föhr der Gerichtsvogt und in Cappeln der Fleckensvogt;

in den klösterlichen Districten die klösterliche Obrigkeit;

in den Gütern und Koegen der Gerichtshalter;

im Flensburger Hospitalsdistrict das Hospitalsgericht und in den Districten der mit Jurisdiction versehenen Kirchen und Patronate;

in den Fällen, wenn der Beklagte seinen Gerichtsstand vor einem Unterconsistorio hat, der Präses des Consistorii und für das Plöner Consistorium dasjenige Mitglied, welches das Directorium führt;

wenn derselbe unter der Gerichtsbarkeit der Universität zu Kiel steht, das engere academische Consistorium;

wenn derselbe den höheren Gerichtsstand genießt, das betreffende Oberdicasterium.

§. 3. Die Wechselklage kann mündlich oder schriftlich von dem Kläger in Person, oder durch einen Bevollmächtigten angebracht werden. Die zur Begründung der Klage dienenden Urkunden, namentlich Wechsel und Proteste, sind gleichzeitig mit der Klage im Original und in der Abschrift zu übergeben. Der Antrag ist darauf zu richten, den Beklagten zur Anerkennung seiner Unterschrift, demnächst aber zur Zahlung oder Erfüllung seiner sonstigen Verbindlichkeit nach Wechselrecht anzuhalten.

§. 4. Wird nicht der Wechselprozeß sofort vom Gericht für unstatthaft erklärt, und daher die Klage angebrachtermaßen abgewiesen, so ist ein möglichst naher, auf keinen Fall aber in den Städten über zwei und in den Landdristicten über acht Tage auszusetzender Termin anzuberaumen, und der Beklagte, unter abschriftlicher Mittheilung der eingereichten oder bei der Behörde zu Protocoll gegebenen Klage und deren

Anlagen, vorzuladen, um sich in dem Termin über seine Unterschrift zu erklären und gerichtlichen Spruch zu gewärtigen.

Der Antrag auf Verhängung eines vorläufigen Personal- oder Realarrestes zur Sicherheit ist auch wegen Wechselforderungen nur dann statthaft, wenn die nach allgemeinen Rechtsgrundsätzen dazu erforderlichen Voraussetzungen vorhanden sind.

§. 5. Auf Antrag des Beklagten darf der anberaumte Termin nur dann ausgesetzt werden, wenn derselbe Umstände bescheinigt, welche ihm nicht allein das persönliche Erscheinen, sondern auch die Bevollmächtigung und Instruirung eines Andern unmöglich machen.

§. 6. Erscheint der Beklagte in dem Termin nicht, so wird, unter Verurtheilung desselben in die Terminskosten, eine zweite Citation, in den Städten auf den folgenden Tag, in den Landdistricten aber auf längstens dreimal 24 Stunden, unter der Verwarnung wider ihn abgegeben, daß beim abermaligen Ausbleiben seine Unterschrift für anerkannt angesehen, und er seiner Einreden wider den Wechsel für verlustig erklärt werden wird.

Beim Ausbleiben in diesem Termine ist der Beklagte auf Antrag des Klägers, zur Erfüllung seiner Verbindlichkeit innerhalb drei Tagen bei Vermeidung der Wechselexecution, unter Erstattung der in dem Erkenntniß zu bestimmenden Kosten zu verurtheilen.

§. 7. Im Termin müssen beide Theile persönlich, oder durch hinlänglich Bevollmächtigte erscheinen. Die Vertretung durch Advocaten ist den Parteien zu gestatten.

§. 8. Erscheint der Beklagte und erkennt er ohne Einreden die Richtigkeit seiner Unterschrift an, so wird er sofort zur Erfüllung seiner Verbindlichkeit, unter Erstattung der in dem Erkenntniß zu bestimmenden Kosten, innerhalb drei Tagen, bei Vermeidung der Wechselexecution, verurtheilt.

§. 9. Leugnet dagegen der Beklagte, ohne Einreden vorzuschützen, seine Unterschrift des Wechsels, des Indossaments oder des Accepts ab, und erbietet sich zur eidlichen Diffession derselben, so wird zur Leistung des Eides ein anderweitiger naher, nicht über drei Tage zu erstreckender Termin angesetzt, nach abgeleistetem Eide aber der Beklagte von der Wechselklage entbunden und der Kläger in die Kosten verurtheilt.

Will der Kläger den Beklagten den Diffessionseid nicht schwören lassen, so steht ihm frei, unter Erstattung der Kosten das Wechselverfahren fallen zu lassen, und sein Recht im ordentlichen Prozesse auszuführen.

Beweis durch Vergleichung der Handschrift ist im Wechselprozesse unzulässig.

§. 10. Von verzögerlichen Einreden sind nur diejenigen zulässig, welche auf die Incompetenz des Gerichts, die mangelnde Legitimation zur Sache oder zum Prozeß, auf wesentliche Fehler der Klage oder der Ladung, oder endlich auch die mangelnde Fälligkeit der Forderung selbst gestützt werden, insofern sie sofort erweislich sind.

Die Einrede der fehlenden Sicherheit wegen der Prozeßkosten und Widerklage ist unstatthaft.

§. 11. Von zerstörlichen Einreden sind nur zulässig, insofern dieselben aus dem Wechsel oder sonst liquide, oder durch Urkunden, Augenschein oder Geständniß sofort erweislich sind.

1) diejenigen, welche aus der Unvollständigkeit des Wechsels, oder aus der unterlassenen Beobachtung des zur Aufrechthaltung der Gültigkeit der Wechselforderung vorgeschriebenen Verfahrens erwachsen;
2) die Einrede der mangelnden Wechselfähigkeit;
3) die Einrede der vorgenommenen Fälschung des Wechsels nach geschehener Unterschrift des Beklagten;
4) sonstige zerstörliche Einreden, welche aus der Person des Beklagten unmittelbar gegen den Kläger selbst gerichtet sind.

Alle andere peremtorische Einreden werden zur besonderen Ausführung verwiesen, ohne daß deßhalb dem Kläger, insofern er nicht ein Ausländer ist, eine Caution auferlegt werden darf.

Beweis durch Abhörung von Zeugen und Eidesdelation wider den Kläger sind in diesem Verfahren nicht statthaft.

§. 12. Eine Verpflichtung des Klägers zur Urkundenedition oder zur Ableistung des Editionseides findet im Wechselprozesse nicht Statt.

§. 13. Ein schriftliches Verfahren zwischen den Parteien ist nicht zuzulassen, doch darf der Beklagte im Termin eine schriftliche Vernehmlassung übergeben, die vom Gerichte zu verlesen und dem Protocoll anzulegen ist.

Nach beendigter mündlicher Verhandlung, deren wesentlicher Inhalt zu Protocoll zu nehmen, ist das Erkenntniß sofort, oder in einem neuen, den Parteien sogleich bekannt zu machenden Termine abzugeben, welcher jedoch auch in verwickelten Fällen nicht über drei Tage hinausgesetzt werden darf.

In dem Erkenntniß ist zugleich über die Kosten zu entscheiden und der Betrag zu erstattender Kosten ist im Termin zu liquidiren.

§. 14. Wird der Beklagte zur Zahlung oder Erfüllung einer sonstigen Wechselverbindlichkeit verurtheilt, so ist dem Erkenntnisse innerhalb drei Tagen, bei Vermeidung der Wechselexecution, Folge zu leisten.

§. 15. Die Wechselexecution besteht in der persönlichen Haft des Beklagten, welche nach fruchtlosem Ablauf der drei Tage (§. 14), auf Antrag des Klägers, sofort zu vollziehen ist.

Der Beklagte ist in diesem Falle in bürgerlichen Arrest zu setzen.

Cautionsleistung oder theilweise Bezahlung befreit nicht vom Arreste.

Kann der Schuldner sich selbst im Arreste nicht unterhalten, so hat der Gläubiger die, nach richterlichem Ermessen zu bestimmenden Unterhaltungskosten von Zeit zu Zeit vorzuschießen, auch zu dem Ende sogleich Anfangs Caution zu bestellen. Sobald der Gläubiger den Vorschuß nicht mehr leistet, wird der Schuldner aus dem Arrest entlassen.

§. 16. Der Wechselarrest dauert in der Regel so lange, bis der Gläubiger vollständig befriedigt ist, oder in die Aufhebung desselben einwilligt, oder mit der Leistung des bestimmten Vorschusses zu den Unterhaltungskosten inne hält.

Wenn jedoch der Schuldner seine Güter den Gläubigern abtritt, oder über das Vermögen desselben Concurs erkannt wird, so ist er aus dem Wechselarreste zu entlassen.

§. 17. Auf die Execution in das Mobiliar- oder Immobiliarvermögen des Beklagten, nach den darüber bestehenden gesetzlichen Vorschriften, kann der Kläger auch dann antragen, wenn er persönlichen Arrest verlangt hat, und ist diese dann unverzüglich zu vollstrecken.

Die Zulässigkeit der Verhängung des Realarrestes ist nach den Vorschriften des §. 4 zu beurtheilen.

Wider Wechselschuldner, welche vom persönlichen Arreste befreit sind (§. 2 des Gesetzes, betreffend die Ausführung der allg. deutschen Wechselordnung in den Herzogthümern Schleswig-Holstein) ist nur die Execution in das Vermögen zulässig.

§. 18. Wider Erkenntnisse im Wechselprozesse ist nur das Rechtsmittel der Supplication an das betreffende Oberdicasterium zulässig, welches entweder gleich nach Publication des Erkenntnisses mündlich, oder innerhalb drei Tagen, vom Tage der Publication an gerechnet, schriftlich zu interponiren, und bei Verlust desselben binnen einer, keiner Verlängerung fähigen Frist von drei Wochen zu prosequiren ist. Die Recursschrift darf vor Ablauf der Frist bei dem judicio a quo zur Beförderung an das Obergericht eingereicht werden.

Für Altona ist wider solche Erkenntnisse nur die Provocation an den dortigen Magistrat nach den näheren Vorschriften der Verfügung vom 21. October 1756 gestattet.

Wenn die Wechselsumme 15 Mark Courant nicht übersteigt, findet überhaupt kein Recurs wider das Erkenntniß Statt.

§. 19. Das Rechtsmittel der Supplication oder die Provocation von Seiten des verurtheilten Beklagten hat nur dann Suspensiveffect wenn der Beklagte die Wechselsumme nebst Kosten und Zinsen bis zur Erledigung des eingewandten Rechtsmittels gerichtlich deponirt, oder in dieser Beziehung eine nach richterlichem Ermessen ausreichende Caution leistet.

§. 20. Wenn Wechselprozesse zur unmittelbaren Cognition eines Oberdicasterii gehören, so ist die Klage stets schriftlich bei demselben anzubringen. Dasselbe gilt, wenn Wechselsachen beim academischen Gericht in Kiel angestellt werden.

Das Oberdicasterium hat sein Verfahren nach Anleitung der im Vorstehenden gegebenen Vorschriften einzurichten, und jede den Umständen nach mögliche Abkürzung desselben eintreten zu lassen.

Es ist befugt, die Instruirung und Entscheidung der Sache einer aus seiner Mitte zu bestellenden Commission, oder einer für Wechselsachen competenten untergerichtlichen Behörde (§. 2) aufzutragen, welche in solchem Falle die obigen Vorschriften unabweichlich zu befolgen hat.

§. 21. Das Rechtsmittel der Supplication an das Oberappellationsgericht zu Kiel ist im Wechselprozesse nur dann zulässig, wenn das Erkenntniß von einem Oberdicasterio in den zu dessen unmittelbarer Cognition gehörigen Sachen (§. 20) oder von dem engern academischen Consistorio zu Kiel abgegeben ist.

Für die Fristen, innerhalb deren das Rechtsmittel einzuwenden und zu prosequiren ist, so wie in Ansehung des demselben zu gestattenden Suspensiveffects, kommen in diesem Falle die Vorschriften der §§. 18 und 19 zur Anwendung.

§. 22. Das gegenwärtige Gesetz gilt für alle Wechselverbindlichkeiten, welche, vom 1. Mai 1849 an gerechnet, eingegangen werden; für die gerichtliche Verfolgung von Ansprüchen aus früher eingegangenen Wechselgeschäften kommen die bisherigen Proceßvorschriften zur Anwendung.

Waldeck.

I. Einführungs-Ordnung vom 30. Mai 1849.

§. 1. Die vor dem 1. Mai d. J. ausgestellten Wechsel sind nach den bis jetzt geltend gewesenen Grundsätzen zu beurtheilen.

§. 2. Vergl. §. 48 Zusatz Nr. 17 zu Art. 87 u. 90 Seite 82.

§. 3. Das Wechselprozeßgesetz vom heutigen Tage tritt mit dem 15. künftigen Monats in Kraft.

§. 4. In Ansehung der vor dem 15. k. M. ausgestellten Wechsel richtet sich das Verfahren nach den bisher befolgten Regeln.

II. Wechselproceß-Ordnung vom 30. Mai 1849.

§. 1. Vergleiche §. 76. Note 2 Nr. 15 Seite 124.

§. 2. Zur Begründung des Wechselprocesses ist namentlich erforderlich, daß

1) der Wechsel und der Protest im Original vorgelegt werden;
2) der Wechsel alle wesentlichen Bestandtheile eines solchen enthalte;
3) die Schuld fällig sei;
4) der Kläger auf die Anerkennung oder eidliche Ableugnung und auf Einleitung des Wechselverfahrens angetragen habe. Dieser Antrag auf Anerkennung ist bei Klagen gegen den Acceptanten auf die Anerkennung des Wechsels und seines Accepts, bei Regreßklagen wider einen Indossanten auf die Anerkennung des Wechsels und seines Indossaments zu richten;
5) daß der Kläger, wenn der Wechsel nicht auf ihn selbst lautet, entweder durch das letzte gehörig ausgestellte Indossament oder falls er als Vormund oder als Curator klagt, durch Beibringung seines Tutoriums oder Curatoriums, oder wenn er als Erbe klagt, in dieser Eigenschaft zur Klage und Empfangnahme des Geldes sich hinreichend legitimire.

§. 3. Mit der Klage ist die vollständige Berechnung der Ansprüche zu verbinden.

§. 4. Die Wechselklage muß von dem Kläger in Person oder durch einen Special-Bevollmächtigten angebracht werden.

Wird die Unstatthaftigkeit des Wechselprocesses nicht sofort anerkannt — widrigens die Sache in die geeignete Proceßart zu verweisen ist — so ist dem Verklagten die Klage mit dem Wechsel in Abschrift zuzufertigen und ein Termin anzuberaumen, zu welchem derselbe zur Anerkennung oder — in so weit es sich um Privaturkunden handelt — zur eidlichen Ableugnung, bei Strafe der Anerkennung und des Verlustes aller Einreden vorgeladen wird.

Dieser Termin muß regelmäßig in die achte Stunde, spätestens aber in den Zeitraum von zweimal 24 Stunden, von der Zeit der erhobenen Klage an gerechnet, fallen.

Die Insinuation muß, um wirksam zu sein, spätestens sechs Stunden vor dem Eintritt des Termins geschehen.

Ist ein rechtlicher Verdacht der Flucht gegen den Beklagten vorhanden, so kann ihm sofort eine Wache gesetzt und er dingstellig gemacht werden.

Bleibt der Verklagte ungehorsam, oder giebt er keine rechtlich genügende Erklärung ab, so wird auf Antrag des Klägers dem bei Mittheilung der Klage gedrohten Rechtsnachtheile gemäß erkannt.

Bleibt der Kläger im Termine aus, so kann der Beklagte dessen Ungehorsam anzeigen, und um Entbindung von der Wechselklage und Erstattung der Kosten bitten.

§. 5—11. Vergleiche §. 76 Zusatz Nr. 15 zu Art. 81—83. Seite 140—141.

§. 12. Vergleiche §. 76 Note 2 Nr. 15. Seite 124.

§. 13 und 14. Vergleiche §. 76 Zusatz Nr. 15 zu Art. 81—83. Seite 141.

§. 15. Der Personalarrest wird durch Verwahrung im Gerichtsgefängniß, unter Absonderung von Sträflingen und den in Untersuchung befindlichen Arrestaten, oder in einem andern öffentlichen, vom Gerichte geeignet befundenen Locale vollzogen.

Der Richter darf die Verwahrung und Bewachung auch in Privatwohnungen dritter Personen, selbst gegen den Willen des Klägers, gestatten, insofern dabei die Sicherheit der Bewachung nicht gefährdet ist und der Schuldner den für seine Verpflegung, Verwahrung und Bewachung erforderlichen Aufwand aus eignen Mitteln bestreitet.

§. 16—19. Vergleiche §. 7 Zusatz Nr. 19 zu Art. 2. Seite 23.

§. 20. Auf die Wohlthaten dieses Gesetzes kann nicht verzichtet werden.

§. 21. Trifft Schuldarrest mit Straf- oder Untersuchungsarrest zusammen, so ist der erstere bis zur Beendigung des letztern auszusetzen.

§. 22. Die in diesem Gesetze nicht ausdrücklich erwähnten, das Verfahren betreffenden Punkte sind nach den sonstigen Proceßbestimmungen zu beurtheilen.

§. 23. Die Competenz der Friedensgerichte ist in Wechselsachen ausgeschlossen.

Weimar.

I. Einführungs-Ordnung vom 13. Juli 1849.

§. 1.	Vergl. §. 92	Zusatz	Nr. 5	zu Art.	84	Seite	184.
§. 2.	„ „ 16	„	„ 3	„ „	32	„	39.
§. 3.	„ „ 78	„	„ 12	„ „	73	„	158.
§. 4.	„ „ 47	„	„ 12	„ „	92	„	77.
§. 5 u. 6.	„ „ 76	„	„ 16	„ „	81—83	S.	141—142.

§. 7. Wechsel, die vor dem 1. Mai d. J. ausgestellt sind, aber erst an oder nach demselben verfallen, sind nach den bis zu diesem Tage in Kraft gewesenen Gesetzen zu beurtheilen, wenn sie nach demselben gültig waren, nach der allgemeinen deutschen Wechselordnung aber ungültig sein würden; hingegen nach letzerer, wenn sie nach dem alten Rechte ungültig waren, nach derselben aber gültig sind. Desgleichen ist bei solchen Wechseln ein etwa eingetretenes, nach dem alten Rechte Präjudiz wirkendes Versäumniß für gehoben zu achten, wenn die allgemeine deutsche Wechselordnung mit diesem Versäumniß eine gleiche Wirkung nicht verknüpft.

§. 8. Vergl. §. 76 Zusatz Nr. 16 zu Art. 81—83 Seite 142.

II. Gesetz, die kaufmännischen Anweisungen betreffend, vom 3. August 1849.

Siehe §. 79 Note 6 Seite 165.

Würtemberg.

I. Einführungs-Ordnung vom 6. Mai 1849.

Art. 1. Alle seither bestandenen Gesetze, Verordnungen und Gewohnheiten, welche das Wechselrecht betreffen, insbesondere die Wechselordnung von 1759, Cap. 1—4, Cap. 6 §§. 11, 14—16, Cap. 7 §§. 2, 3, Satz 1, die subsidiäre Gültigkeit der Leipziger Wechselordnung, die Rescripte vom 7. Juni 1759, 19. Mai 1760, 28. März 1761, 28. August 1806, und die K. Verordnung vom 25. Mai 1808 Nr. 2 verlieren mit dem 1. Mai d. J., an welchem Tage die allgemeine deutsche Wechselordnung für Würtemberg in gesetzliche Kraft tritt, ihre Wirksamkeit.

Art. 2 und 3. Vergl. §. 7 Zusatz Nr. 21 zu Art. 2 Seite 25.

Art. 4. Die Bestimmungen der allgemeinen deutschen Wechselordnung finden auch auf diejenigen Rechtshandlungen Anwendung, welche in Beziehung auf einen vor dem 1. Mai 1849 ausgestellten, aber nicht verfallenen Wechsel später vorgenommen werden.

Art. 5. Blanco-Indossamente, welche vor dem 1. Mai 1849 vollzogen wurden, reichen nach diesem Tage zur vollständigen Legitimation des Wechselinhabers hin.

Art. 6. Vergl. §. 13 Zusatz Nr. 5 zu Art. 96 Seite 36.

Art. 7. Die Verjährung der Wechselverbindlichkeiten, welche vor dem 1. Mai 1849 begonnen hat, ist nach den Vorschriften der allgemeinen deutschen Wechselordnung zu beurtheilen.

Doch sollen bei der begonnenen Verjährung der Regreßansprüche die in Art. 78 und 79 der allgemeinen deutschen Wechselordnung bestimmten Fristen erst von dem obigen Tage an berechnet werden.

Art. 8. Vergl. §. 66 Zusatz Nr. 4 zu Art. 25 Seite 100.
Art. 9. „ „ 48 „ „ 18 A zu Art. 87 u. 90 S. 82.
Art. 10. „ „ 47 „ „ 13 A „ „ 92 Seite 77.

II. Regierungs-Verfügung vom 7. Mai 1849, die Tageszeit der Protestaufnahme betreffend:

Vergleiche §. 48 Zusatz Nr. 18 B zu Art. 87 und 90. Seite 82.

III. Königl. Verordnung vom 28. Juni 1849, bezüglich der allgemeinen Feiertage.

Vergleiche §. 47 Zusatz Nr. 13 B. zu Art. 92 Seite 77.

Zusatz zu „Oesterreich".

I. Die oben Seite 232 mitgetheilte, mit A. bezeichnete Justizministerial-Verordnung vom 25. Januar 1850 (Nr. 52 des Reichsgesetzblattes) über das Verfahren in Wechselsachen, „gültig für jene Kronländer, in welchen des allgemeine bürgerliche Gesetzbuch in Wirksamkeit ist, mit Ausnahme des lombardisch-venetianischen Königreichs und der Militärgränze", ist durch nachstehendes Gesetz vom 16. September 1852 auch für Ungarn, Croatien, Slavonien, für die serbische Woiwodschaft und das Temeser Banat seit dem 1. Januar 1853 in Kraft getreten, während durch nämliches Gesetz die für diese Kronländer erlassene Justizministerial-Verordnung vom 25. Januar 1850 (Nr. 53 des Reichsgesetzblattes), oben unter C. Seite 235 mitgetheilt, wieder außer Geltung gesetzt worden ist.

Mittelst neuerlicher Verordnung des Justizministeriums vom 16. September 1852 wurde nämlich in Ungarn, Croatien, Slavonien, der serbischen Woiwodschaft und dem Temeser Banate eine Civilprozeßordnung eingeführt. In dem hierüber sprechenden Einführungspatente heißt der Absatz XIV. wie folgt:

„In Wechselstreitigkeiten ist vom 1. Januar 1853 angefangen, auch in Ungarn, Croatien, Slavonien, der serbischen Woiwodschaft und dem Temeser Banate das, mit Justizministerial-Verordnung vom 25. Januar 1850 Nr. 52 des Reichsgesetzblattes, für mehrere andere Kronländer kundgemachte Wechselverfahren zu beobachten, wodurch die Justizministerial-Verordnung vom 15. Januar 1850 Nr. 53 des Reichsgesetzblattes und der zweite Theil des XV. ungarischen Gesetz-Artikels vom Jahre 1845, so wie die auf denselben Bezug habenden Bestimmungen des VI. Artikels vom Jahre 1844 (vergl. §. 1 der Verordnung C. Seite 235) außer Kraft zu treten haben.

Insofern jedoch das Wechselverfahren keine besonderen Vorschriften enthält, ist sich auch in Wechselstreitigkeiten nach der gegenwärtigen Prozeß-Ordnung zu benehmen. Daher wird insbesondere erklärt, daß die in dem §. 12 des Wechselverfahrens vorkommende Beziehung auf einige Bestimmungen der Allerhöchsten Entschließung vom 18. October 1845 über den summarischen Prozeß (vergl. §. 12 der Verordnung A Seite 233) in den hier erwähnten Kronländern keine Anwendung finde, sondern anstatt der letzteren die Vorschriften der neuen Civilprozeß-Ordnung mit den, in dem Wechselverfahren und insbesondere in den §. 12 desselben selbst enthaltenen Abweichungen zu gelten haben."

II. Im Kronlande Siebenbürgen wurde durch Justizministerial-Verordnung vom 3. Mai 1852 eine provisorische Civilprozeß-Ordnung eingeführt, wodurch die oben unter A (Seite 232) mitgetheilte Verordnung über das Wechselverfahren vom 25. Januar 1850 hier ebenfalls Geltung erhalten hat; denn der Absatz XXI. des Einführungspatentes lautet:

„In Wechselstreitigkeiten ist in Siebenbürgen dieß, mit Justizministerial-Verordnung vom 25. Januar 1850 No. 52 des Reichsgesetzblattes, für mehrere andere Kronländer kundgemachte Wechselverfahren zu beobachten. In sofern das Wechselverfahren keine besondere Vorschriften enthält, ist sich in Siebenbürgen auch in Wechselstreitigkeiten nach der gegenwärtigen Prozeß-Ordnung zu benehmen. Daher wird insbesondere erklärt, daß die, in dem §. 12 des Wechselverfahrens (s. oben Seite 233) vorkommende Beziehung auf einige Bestimmungen der Allerhöchsten Entschließung vom 18. Octbr. 1845 über den summarischen Prozeß auf Siebenbürgen keine Anwendung finde, sondern anstatt den letzteren die Vorschriften der neuen Civilprozeß-Ordnung mit den, in dem Wechselverfahren und insbesondere in dem §. 12 desselben selbst enthaltenen Abweichungen zu gelten haben."

Die Wirksamkeit der Civilgerichte, somit auch des Wechselverfahrens in Siebenbürgen begann mit dem 1. Novbr. 1852 in Folge Erlasses des Justizministeriums vom 18. Oct. 1852 (Nr. 208 des Reichsgesetzblattes).

Anhang.

Nachtrag, Beispiele von Protest-Urkunden, Retour-Rechnungen und Wechsel-Formularen.

A. Nachtrag.

I. Zusatz zu §. 39 (Seite 62), die trassirt-eigenen Wechsel betreffend.

Wenn ich an dem in der Ueberschrift bezeichneten Orte sagte, die allgemeine deutsche Wechselordnung rechnet, wie die Stellung der Bestimmung des zweiten Satzes des Art. 6, in dem zweiten Abschnitte des Gesetzes bekundet, die trassirt-eigenen Wechsel zur Kategorie der gezogenen Wechsel, so muß ich diese Angabe dahin vervollständigen, daß sie unter „trassirt-eigene Wechsel" nur solche domicilirt eigene Wechsel versteht, welche, in vollkommener Form einer Tratte, so abgefaßt sind, daß sie das Zahlungsversprechen des Ausstellers durch den Ausdruck „zahlen Sie" enthalten. Während also die in solcher Fassung erscheinende trassirt-eigenen Wechsel als Tratten sanctionirt sind, nennt das Gesetz alle übrigen trassirt-eigene Wechsel, in welchen das Zahlungsversprechen des Ausstellers durch die Worte „zahle ich" ausgedrückt ist, „domicilirt eigene Wechsel" und reiht diese den eigenen Wechseln an, wie aus der Stellung des Art. 99, in dem dritten Abschnitte des Gesetzes, hervorgeht. Sonach giebt es, obschon in der Handelswelt alle domicilirte eigene Wechsel auch unter trassirt-eigene Wechsel begriffen werden, nach der allgemeinen deutschen Wechselordnung zwei Arten derselben und zwar:

1) domicilirte eigene Wechsel, als eigene Wechsel;
2) trassirt eigene Wechsel als Tratten;

eine Erscheinung, die als eine ganz neue und eigenthümliche bezeichnet werden muß. Bei Schaffung dieser Classification ist aber nicht genug Gewicht darauf gelegt worden, daß die Wechsel Nr. 2 im Grunde nichts weiter wie die Wechsel Nr. 1 ebenfalls eigene Wechsel und beide nur eine einzige Art von Wechseln sind, so daß durch Anerkennung einer Scheingestalt für eine wirkliche, der Form das Wesen der Sache zum Opfer gebracht worden ist, was aus folgenden Beispielen noch klarer hervorgehen wird:

I. Ein domicilirt eigener Wechsel, wie er als solcher von der allgemeinen deutschen Wechselordnung begriffen wird, in zwei verschiedenen Formen dargestellt.

Coblenz, 28. März 1853. Für Thaler **250.** — Preuss. Cour.
Zwei Monate nach heute zahle ich gegen diesen Sola-Wechsel an die Ordre des Herrn C. Naumann die Summe von Zweihundert und fünfzig Thaler Preuss. Cour. Den Werth erhalten.

Auf mich selbst
zahlbar bei Herrn F. Kern
in **Cöln** a. R.

Georg Müller.

Coblenz, 28. März 1853. Für Thaler **250.** — Preuss. Cour.
Zwei Monate nach heute zahle ich bei Ihnen gegen diesen Sola-Wechsel an die Ordre des Herrn C. Naumann die Summe von Zweihundert und fünfzig Thaler Preuss. Cour. Den Werth erhalten.

Herrn F. Kern
in **Cöln** a. R.

Georg Müller.

II. Ebenderselbe Wechsel in der Form eines von der allgemeinen deutschen Wechselordnung verstandenen trassirt-eigenen Wechsels.

Coblenz, 28. März 1853. Für Thaler **250.** — Preuss. Cour.
Zwei Monate nach heute zahlen Sie gegen diesen Sola-Wechsel an die Ordre des Herrn C. Naumann die Summe von Zweihundert und fünfzig Thaler Preuss. Cour. Den Werth erhalten.

Herrn Georg Müller
in Coblenz
zahlbar bei Herrn F. Kern
in **Cöln** a. R.

Georg Müller.

Bei ersterer Form kommt die Bestimmung des Art. 99 (Seite 85) so wie alle auf die eigenen Wechsel Bezug habenden Vorschriften zur Anwendung, bei letzterer gelten diejenigen für die gezogenen Wechsel.

Wenn aber über die Frage, ob solche Wechsel, welche ein Handlungshaus, das an einem dritten Platze eine Commandite hat, auf diese seine Commandite zieht, zur Klasse der gezogenen oder zu der der eigenen, insbesondere zu den trassirt-eigenen Wechseln, gehören, noch eine sehr große Meinungsverschiedenheit herrscht, so dürfte es nicht überflüssig sein, auch hierüber einige Worte zu sagen.

Diejenigen, welche diesen Wechsel den trassirt-eigenen Wechseln zugereihet wissen wollen, stützen ihr Motiv darauf, daß Aussteller und Bezogener hier ebenfalls nur in einer Person vorhanden seien, sie bedenken aber nicht, welch große Verschiedenheit hier zwischen Beiden Statt findet. Während der Aussteller eines trassirt-eigenen Wechsels (Nr. I. und II. oben) in der That nur auf sich selbst ziehet und den Wechsel nur auf einen andern Ort als seinen Wohnort (Ausstellungsort) zahlbar ausstellt, dieser Wechsel sonach am Zahlungsplatze gar nicht acceptfähig und, wenn auch nach der Form II. ausgefertigt, nur dem Scheine nach eine Tratte ist, ist der vom Stammhause auf seine Commandite oder von dieser auf das Stammhaus gezogener Wechsel nicht nur in der Form, sondern auch seinem Wesen nach ein gezogener Wechsel; denn er lautet auf einen am Zahlungsorte auch wirklich existirenden Bezogenen, auf das dort befindliche, sich als selbstständig und für sich bestehend kund gebende Handlungshaus. Mögen immerhin beide Geschäfte nur einer Person angehören: hier hat man es mit zwei verschiedenen Handlungshäusern zu thun, von denen das eine der Aussteller das andere der Bezogene ist; die Firma des ersteren ist stets eine andere als die des letzteren, oder man müßte denn Franz Theodor Kempf in Wien und Franz Theodor Kempf in Berlin für eine einzige und ungetrennte Firma halten, was aber wohl Niemanden beifallen wird. Solche Wechsel sind demnach keine domicilirte eigene oder trassirt-eigene, überhaupt keine eigene Wechsel, sondern wirkliche Tratten, als welche sie nicht anders betrachtet und behandelt werden können.

II. Der sogenannte Ratenwechsel.

Unter dieser Benennung versteht man solche Wechsel, welche die Summe nicht in einem Betrage, sondern in mehrere Theile zerlegt enthalten, deren jeder einen besondern Verfalltag hat, z. B.:

> Am 15. März d. J. zahle ich gegen diesen Sola-Wechsel an die Ordre des Herrn N. N. die Summe von fünfzig Gulden, ferner am 15. April d. J. wiederum fünfzig Gulden und am 15. Mai d. J. hundert Gulden. Den Werth erhalten.

oder in Form eines gezogenen Wechsels:

> Am 15. März d. J. zahlen Sie gegen diesen Prima-Wechsel an die Ordre des Herrn N. N. die Summe von fünfzig Gulden, ferner am 15. April d. J. wiederum fünfzig Gulden und am 15. Mai d. J. hundert Gulden. Werth erhalten u. s. w.

Solche Ratenwechsel kamen noch vor Kurzem in Oesterreich vor und enthielten auch wohl die Klausel, daß, wenn eine Theilzahlung auf den Verfalltag nicht geleistet würde, der ganze Rückstand sofort zahlbar sei. Da dieselben indeß durch Verordnung des österreichischen Justizministeriums vom 29. October 1852 (Nr. 218 des Reichsgesetzblattes), also lautend:

> Se. k. k. Apostolische Majestät haben über die Frage, die Gültigkeit der s. g. Ratenwechsel, in welchen die zu zahlende Geldsumme in einzelne Theilbeträge aufgelöset und für jeden derselben ein verschiedener Zahlungstag entweder mit oder ohne die Bestimmung des Verlustes der Termine mit der Fälligkeit der ganzen Geldsumme bei Nichtzuhaltung eines Zahlungstages festgesetzt wird, mit der A. H. Entschließung vom 21. October l. J. folgende Erläuterung zu erlassen geruht:
>
> Da der Inhalt der sogenannten Ratenwechsel dem Sinne der Vorschriften des Wechselpatents vom 25. Januar 1850 (Nr. 51 des R.-G.-B.) hinsichtlich der Verfallzeit, der Acceptation und der Protesterhebung, so wie der Natur eines Wechsels widerstreitet; so wird hiermit erklärt, daß dieselben **nicht** als gültige Wechsel anzusehen sind und die darauf gesetzten Erklärungen **keine Wechselkraft** haben.

in ganz Oesterreich als Wechsel abgeschafft sind, so bleibt nur noch die Frage übrig, welche Rechtsgültigkeit einem derartigen Wechsel bei seinem etwaigen Vorkommen außerhalb Oesterreichs beigelegt werden müsse, und hierüber bin ich folgender Ansicht:

Ratenwechsel mit der oben angeführten Klausel sind schon aus dem Grunde nicht als Wechsel sondern nur als gewöhnliche Schuldverschreibungen oder Zahlungsanweisungen zu betrachten, weil sie bei mehreren unbedingten Verfallzeiten auch eine bedingte, die durch das in Kraftkommen der Strafklausel eintretende Verfallzeit, enthalten, welche außerdem der Inhaber des Wechsels erst dann erfährt, nachdem sie schon abgelaufen, was unstreitig dem Sinne des Art. 4 Nr. 4 der allgemeinen deutschen Wechselordnung widerspricht.

Aber auch Ratenwechsel ohne diese Klausel, also etwa in der Fassung obiger Beispiele, sind nicht minder ungültig. Bei diesen könnte es fast scheinen, als seien es nur complicirte Wechsel, nämlich solche, welche die verschiedenen Wechsel, die über jeden Betrag hätten besonders ausgestellt werden müssen, in einem einzigen Wechsel in sich fassen, und man könnte dadurch zu der Ansicht verleitet werden, als seien solche Wechsel als Wechsel gültig, indem sie die Erfordernisse des Art. 4 Nr. 2 und 4 oder des Art. 96 Nr. 2 und 4 sogar mehr als nöthig ist besitzen; da indeß gerade eine solche in einem und demselben Wechsel enthaltene Mehrheit von Geldsummen mit verschiedenen Verfallzeiten eben so sehr dem Sinne dieser Artikel, als wie überhaupt dem Geiste der allgemeinen deutschen Wechselordnung zuwider ist, auch dem wahren Wesen des Wechsels und der Natur des Wechselverkehrs keineswegs entspricht, so dürfen auch diese Ratenwechsel, wie schon angeführt, nicht als gültig angesehen werden, und es ist daher ihnen allen, gleichviel ob mit oder ohne der oben bemerkten Klausel, keine Wechselkraft beizulegen.

III. Oesterreichisches Gesetz bezüglich der Wechselfähigkeit der Militärpersonen.

In Bezug auf die Wechselfähigkeit der Militärpersonen enthält die kaiserliche Verordnung vom 3. Juli 1852 (Nr. 138 des Reichsgesetzblattes) folgende für den ganzen Umfang des Reiches gültige Bestimmung:

Um den nachtheiligen Folgen vorzubeugen, welche aus der unbeschränkten Ausdehnung der Wechselfähigkeit auf alle Personen des Militärstandes für Gläubiger und Schuldner entstehen können, finde Ich in Bezug auf den Art. 1 der mittelst des Patentes vom 25. Jänner 1850 (XXIII. Stück des R.-G.-B. Nr. 51) kundgemachten Wechselordnung nach Vernehmung Meiner Minister und Anhörung Meines Reichsrathes, zu bestimmen:

Die wirklichen, sowohl activen, als pensionirten Offiziere und die Mannschaft des streitbaren Standes sind nicht wechselfähig.

Diese Verordnung hat binnen acht Tagen nach ihrer Kundmachung im Reichsgesetzblatte in Wirksamkeit zu treten, und ist auf früher eingegangene Wechselgeschäfte nicht anzuwenden.

Meine Minister des Kriegswesens und der Justiz sind mit der Vollziehung dieser Verordnung beauftragt.

B. Beispiele von Protesturkunden.

I. Beispiel eines Protestes Mangels Zahlung.

Es erschien vor mir, dem unterschriebenen Königl. Preuß. Justizcommissär und Notar Carl Theodor Beckhaus, heute den dritten März des Jahres Tausend achthundert drei und fünfzig, Morgens neun Uhr, der hiesige Kaufmann Herr Eduard Niemeier und überreichte folgenden Wechsel:

Elberfeld, 2. Januar 1853. Für Thlr. 125. 12 Sgr. Pr. Ct.
Zwei Monate nach heute zahlen Sie gegen diesen Prima Wechsel an die Ordre der Herren Th. Baumann & Sohn die Summe von Hundert fünf und zwanzig Thaler zwölf Sgr. Pr. Cour. Den Werth in Rechnung. Stellen Sie solchen auf Rechnung laut Bericht.

Herrn C. F. Neuhof
in **Bielefeld.**

Gut für Hundert fünf und zwanzig Thaler zwölf Sgr. Pr. Ct.
C. H. Rehage.

Auf der Rückseite:

Für uns an die Ordre des Herrn H. Brand. Werth in Rechnung. Iserlohn 16. Januar 1853.

Th. Baumann & Sohn.

Für mich an die Ordre des Herrn Th. Behring. Werth in Rechnung. Münster 12. Februar 1853.

H. Brand.

Für mich an die Ordre des Herrn Eduard Niemeier. Werth in Rechnung.

Paderborn 26. Februar 1853.

Th. Behring.

mit dem Ersuchen, solchen dem Bezogenen zu präsentiren und bei verweigerter Zahlung den Protest darüber aufzunehmen.

Diesem zu folge verfügte ich mich sofort in die Wohnung des mir von Person wohlbekannten Kaufmanns Herrn Carl Friedrich Neuhof hier und forderte denselben unter Vorzeigung des Wechsels zur Erklärung darüber auf, ob er den Wechsel zahlen wolle; erhielt aber von ihm zur Antwort:

„Ich werde diesen Wechsel nicht einlösen."

Die Angabe des Grundes wurde verweigert.

Da sonach keine Zahlung zu erlangen war, so habe ich wegen Mangel derselben protestirt und dem Requirenten seine Gerechtsame aus dem Wechsel wegen Capital, Zinsen, Kosten und Schäden vorbehalten, worüber ich zur Beglaubigung gegenwärtigen Protest auf den Grund eines besonderen aufgenommenen Protokolls für den Herrn Eduard Niemeier hier ausfertige. So geschehen Bielefeld am Tage und in der Stunde wie obenbemerkt.

(Notariats-
Siegel.)

Carl Theodor Beckhaus,
Königl. Preuß. Justiz-Commissär
und Notar.

II. Beispiel eines anderen Protestes Mangels Zahlung (eines sogenannten Perquisitionsprotestes, zugleich auch eines Interventions-Protestes.)

Im Jahre Achtzehnhundert drei und fünfzig, den ersten April Morgens zehn Uhr, habe ich Endesunterschriebener, dahier in der freien Stadt Frankfurt a/M. immatriculirter, öffentlich geschworner, zu Wechsel- und Handelsgeschäften besonders verordneter und beeidigter Notar, auf Requisition der hiesigen Bankiere Herren B. Metzler seel. Sohn & Cons., einen Original-Wechselbrief, von welchem unten eine gleichlautende Abschrift folgt, dem Gasthalter Herrn Drexel in seinem Gastzimmer zur Zahlung präsentirt, und von demselben zur Antwort erhalten:

> Herr Ochs wäre nicht hier; auch habe ihm derselbe wegen Bezahlung dieses Wechsels keinen Auftrag gegeben.

Da nun keine Zahlung zu erhalten war, so habe ich, besagter Notar, wegen nicht erfolgter Zahlung obgedachten Wechsels feierlich protestirt und alle aus dem Wechsel hervorgehenden Rechte den Herren Requirenten gegen Jeglichen, den es betrifft, reservirt, nicht nur wegen Capital, Zinsen, Kosten und Schäden sondern auch wegen Hin- und Herwechsels und wie es sonst gemäß Wechselrecht und Herkommen Namen haben mag.

Den hiernach von mir errichteten Protest habe ich, unter Rückgabe des Wechsels, von welchem hier die Abschrift folgt:

Giessen, 21. Februar 1853. Für fl. 979 im 24 fl. Fuss.
Ende März d. J. zahle ich gegen diesen Sola-Wechsel an die Ordre des Herrn Franz Baum die Summe von Neun Hundert neun und siebenzig Gulden im 24 fl. Fuss. Den Werth in Waaren erhalten.

Auf mich selbst zahlbar bei Gasthalter Herrn Drexel in **Frankfurt a/M.**

Gut für Neun hundert neun und siebenzig Gulden im 24 fl. Fuß.
J. C. Ochs.

Im Falle bei Herrn Wilh. Friedr. Jäger für F. B.
Nöthigenfalls bei Herrn P. A. Lohfink für M. & S.

Auf der Rückseite:

Für mich an die Ordre der Herren Meier & Schulze. Werth in Rechnung. Berlin 8. März 1853.

Franz Baum.

Für uns an die Ordre der Herren Gebrüder Kettler. Werth in Rechnung. Hamburg 18. März 1853.

Meier & Schulze.

Für uns an die Ordre der Herren B. Metzler seel. Sohn & Cons. Werth in Rechnung.

Nordhausen 26. März 1853.

Gebr. Kettler.

eigenhändig unterschrieben und besiegelt.

So geschehen Frankfurt a. M. wie oben.

Dr. Carl Jacob Moritz Schütz,
Wechselnotar.

Hierauf erklärte Herr W. F. Jäger, Bankier, daß er wegen der an ihn gerichteten Nothadresse ohne Avis sei.

Herr P. A. Lohfink indeß gab die Erklärung ab, daß er bei diesem Wechselbriefe zu Ehren des Giros der Herren Meier & Schulze unter Protest intervenire.

Frankfurt a. M. wie oben.

(Notariats-Siegel.) Dr. Carl Jakob Moritz Schütz,
Wechselnotar.

C. Beispiele von Retourrechnungen.

Nehme ich den in letzt angeführtem Proteste abschriftlich enthaltenen Wechsel als Grundlage zu nachstehender Berechnung an, so stellt sich durch die Nichtzahlung des Wechselschuldners und die darauf erfolgte Intervention das Verhältniß zwischen den Betheiligten wie folgt.

1) Die letzten Indossanten, Gebrüder Kettler in Nordhausen sind, durch die zu Gunsten ihrer Vormänner Meier & Schulze in Hamburg geschehene Intervention des P. A. Lohfink und dessen Ehrenzahlung, ganz von ihrer Wechselverbindlichkeit befreit. (§. 62 S. 93).

2) Herr P. A. Lohfink in Frankfurt, nachdem er die Ehrenzahlung mit Vergütung der Protestkosten an die Wechselinhaber Herren B. Metzler seel. Sohn & Cons. geleistet und dagegen von diesen den Wechsel nebst Protest ausgeliefert erhalten hatte, überschickt beide Papiere an seine Honoraten Meier & Schulze in Hamburg, mit denen er in Rechnung steht, und welchen er in seinem Briefe die Anzeige macht, daß er sie

für die gezahlte Wechselsumme mit	fl.	979. —
„ „ vorgelegten Protestkosten mit	„	3. 35
„ $^1/_3$ Procent Provision mit	„	3. 16
im Ganzen mit . .	fl.	985. 51 kr.

belastet habe, legt aber, um diesen Herren bei ihrer Regreßnahme gegen ihren Vormann das nothwendige Beweisstück in die Hände zu liefern, auf welches sie ihre Berechnung wegen ihrer Schadloshaltung stützen können, seinem Briefe folgende Rechnung bei:

Retourrechnung

für Herren Meier & Schulze in Hamburg

über einen Wechsel von fl. 979. — im 24 fl. Fuß, ausgestellt von J. C. Ochs in Gießen am 21. Februar d. J. auf sich selbst, zahlbar den 31. März bei Herrn Gasthalter Drexel hier, Ordre Franz Baum in Berlin, indossirt an Meier & Schulze in Hamburg, von diesen an Gebrüder Kettler in Nordhausen und von Letzteren an B. Metzler seel. Sohn & Consf. hier, protestirt Mangels Zahlung, wobei ich zu Ehren der Herren Meier & Schulze in Hamburg, intervenirte

Capital	fl.	979.	—
Protestkosten	„	3.	35
Provision 1/3 %	„	3.	16
Courtage 1 Promille	„	—	59
Stempelgebühren	„	—	30
Zusammen im 24 fl. Fuß.	fl.	987.	20 kr.

wofür ich mich heute auf die Herren Meier & Schulze in Hamburg im meinem Rückwechsel [1]) von Eilfhundert und sieben Mark dreizehn Schilling Banco, Ordre J. Jacobsohn, nach Sicht zahlbar, im Course nach beiliegendem Coursblatt von 89 1/8 [2]), erholte [3]).

Frankfurt 1. April 1853. P. A. Lohfink.

---

[1]) Siehe die über Retourrechnung und Rückwechsel sprechenden §§. 70—72. S. 105—106.

[2]) nämlich 89 1/8 fl. im 24 1/2 fl. Fuß für 100 Mark Banco (s. das Frankfurter Coursblatt Seite 175).

[3]) Diese Anführung des gar nicht in der Wirklichkeit Statt gefundenen Rembourses durch Rückwechsel geschah einentheils, damit den Honoraten nicht der Beweis mangele, welcher Betrag in der Währung ihres Wohnortes zur Erledigung ihrer Wechselverbindlichkeit erforderlich gewesen sei, anderntheils auch, damit die Retourrechnung gleicherweise die Quittung über die empfangene Zahlung enthalte, um so kurzer Hand als vollständige Beweisurkunde bei der Regreßnahme der Honoraten an ihren Vormann dienen zu können.

Oft wird bei ähnlicher Veranlassung der Rückwechsel zum Scheine auch wirklich ausgefertigt und dem Bezogenen zu seiner Bedienung mit der Retourrechnung zugleich eingesandt; was man „fingirten Rückwechsel", fingirte Ritratte" nennt.

Die in obiger Retourrechnung aufgeführten 59 kr. Courtage (für Negozirung des Rückwechsels), so wie die 30 kr. Stempelgebühren (vom Rückwechsel), von dem Honoranten weder bezahlt noch in Anspruch genommen, sollten ein Extragewinn für den Honoraten sein.

3) Nachdem nun Meier & Schulze in Hamburg durch ihren Freund P. A. Lohfink in Frankfurt in den Besitz des protestirten Wechsels, der Protesturkunde und der Retourrechnung gelangt sind, nehmen sie ihren Regreß weiter an ihren Vormann Franz Baum in Berlin, indem sie auf denselben für den Belauf folgender Retourrechnung einen Rückwechsel, nach Sicht zahlbar, ziehen, durch dessen Begebung sie sich in den alsbaldigen Besitz seines Betrages setzen.

Retourrechnung

für Herrn Franz Baum in Berlin.

über einen Wechsel von fl. 979 im 24 fl. Fuß, gezogen von J. C. Ochs in Gießen am 21. Februar d. J. auf sich selbst, zahlbar bei Gasthalter Drexel in Frankfurt a. M., Ordre Franz Baum, indossirt an Meier & Schulze in Hamburg, von diesen an Gebr. Kettler in Nordhausen und von diesen endlich an B. Metzler seel. Sohn und Cons. in Frankfurt a. M., wobei P. A. Lohfink als Intervenient auftrat.

Vergütung an Herrn P. A. Lohfink in Frankfurt laut beifolgender Retourrechnung derselben vom 1. d.	Mark	Banco	1107.	13 ßl
Provision $^1/_3$ Procent	„	„	3.	11 „
Courtage 1 pr. mille	„	„	1.	2 „
Porto	„	„	—	10 „
	Mark	Banco	1113.	4 ßl.

für welchen Betrag wir uns heute durch unsere Ritratte von Thlr. 569 18 Sgr. 4 Pfg., nach Sicht zahlbar, Ordre unserer selbst, zum Course nach beiliegendem Coursblatte von 153$^1/_2$ [4]) rembourfirten.

Hamburg, 4. April 1853.

Meier & Schulze.

4) Franz Baum in Berlin, nachdem er den ihm präsentirten Rückwechsel der Herren Meier & Schulze eingelöst und in Folge dessen auf den in seinem Begleite gewesenen protestirten Wechsel, die Protesturkunde und die Hamburger Retourrechnung nebst Anlagen von

[4]) Nämlich 153$^1/_2$ Thaler Preuß. Cour. für 300 Mark Banco (s. das Hamburger Coursblatt Seite 176.)

dem Inhaber der Ritratte ausgeliefert erhalten hatte, stellt, indem er auf seinen Vormann, den Aussteller des nicht eingegangenen Wechsels J. C. Ochs in Gießen, zurückgeht, demselben folgende Retourrechnung:

Vergütung an die Herren Meier & Schulze in Hamburg laut deren anliegenden Retourrechnung vom 4. d.	Thlr.	569.	18	Sgr.	4	Pf.
Provision $^1/_3$ Procent	„	1.	27	„	—	—
Courtage 1 pr. mille	—	—	17	„	—	—
Stempel	—	—	15	„	—	—
Porto	—	—	4	„	—	—
Zusammen Pr. Ct.	Thlr.	572.	21	Sgr.	4	Pf.

und zieht diesen Betrag nach dem Berliner Tagescourse auf Frankfurt von 56. 20 (Thlr. 56. 20 Sgr. für fl. 100 im $24^1/_2$ fl. Fuß)[5]) mit fl. 1010 40 kr. in einem Rückwechsel auf ihn; aber seine Bemühung war fruchtlos; denn das Falliment des Ochs war während der Zeit ausgebrochen und er selbst hatte sich nach London geflüchtet.

Obige Beispiele zeigen auch, zu welcher Höhe, beim Vorhandensein vieler Indossenten, der ursprüngliche Betrag eines Wechsels anschwellen kann, wenn durch dessen Nichteingang die Regreßnahme vermittelst Ritratte, vom letzten Inhaber bis zum Aussteller hinauf, nach der Reihefolge der Indossamente vollzogen wird, jeder Regredient seine Provision, Courtage u. s. w. rechnet und der Aussteller des protestirten Wechsels den Wechselcoursen aller Zwischenplätze ausgesetzt ist[6]); bei obigem Wechsel steigerte sich dessen Belauf von fl. 979. — auf fl. 1010. 40 kr. der Verlust also auf fl. 31. 40 kr., welcher sich bei einer größeren Anzahl von Indossenten noch mehr erhöhet haben würde.

Ein verhältnißmäßig kleinerer Schaden trifft den Aussteller eines nicht eingegangenen, mit Protest zurückgehenden Wechsels in solchen Ländern (Frankreich, Art. 182 des Handelsgesetzbuches, Holland, Spanien), wo nur eine Retourrechnung gesetzlich gestattet ist, jeder Regredient sich nur für den Betrag dieser einen Retourrechnung auf seinen Vormann durch Ritratte erholen kann, und der Betrag dieser Rückrechnung bei dem Retourwechsel auf den Aussteller nur nach dem Course des Zahlungsplatzes (vom protestirten Wechsel) auf den Ausstellungsort (desselben), bei demjenigen auf einen andern Regreßpflichtigen nach dem Course der beiden Zwischenplätze berechnet werden darf (s. franz. Handelsgesetzbuch Art. 179).

---

[5]) S. den Berliner Courszettel Seite 176.

[6]) Der Aussteller kann dieses Anschwellen der Wechselsumme durch Ausübung des §. 75 Anmerkung 5 (Seite 109—110) angeführten Verfahrens abwenden.

D. Beispiele von Wechselformularen.

Von Wechselformularen sind im vorliegenden Werke bereits folgende enthalten:

Hier folgen noch:

Nr. 9. Tratte an eigene Ordre mit Indossament (auf der Rückseite).

Prima.

H. B. M.

Cöln, 8. März 1853.

Für fl. 3000. im 24 fl. Fuss.

Vier Wochen nach heute zahlen Sie gegen diesen Prima-Wechsel an die Ordre von mir selbst die Summe von Drei Tausend Gulden im 24 fl. Fuss. Den Werth in mir selbst. Stellen Sie solchen auf Rechnung laut Bericht.

Gut für Drei Tausend Gulden
im 24 fl. Fuß.

H. B. Messel.

Herren

B. Metzler seel. Sohn & Cons.

in

Frankfurt a. M.

Für mich an die Ordre des Herrn J. H. Stein. Werth erhalten. Cöln 10. März 1853.

H. B. Messel.

Nr. 10. Sicht-Wechsel, mit Indossamenten und Accept versehen.

Erster.

J. G. Diefenbach.

Darmstadt, 22. März 1853. Für Rthlr. 150. - Pr. Ct.

Drei Tage nach Sicht zahlen Sie gegen diesen meinen Ersten Wechsel an Herrn Wilh. Rittgen oder dessen Ordre die Summe von Hundert und Fünfzig Thaler Preuss. Cour. Den Werth in Rechnung und stellen Sie solchen auf Rechnung laut Bericht.

Gut für Hundert und Fünfzig Thaler
Preuß. Cour.

J. G. Diefenbach.

Herrn D. Conradi

in **Erfurt.**

Für mich an die Ordre der Herren G. & H. Franke. Werth in Rechnung. Cassel 30. März 1853.

Wilh. Rittgen.

Für uns an die Ordre des Herrn Joh. Ant. Lucius. Werth in Rechnung.

Naumburg a. d. S. 4. April 1853.

G. & H. Franke.

Nr. 11. Gezogener Prima-Wechsel, mit Accept versehen.

Prima.

Th. Hænlein.

Wien, 10. März 1853. Für Rthlr. 500. — Pr. Ct.

Zwei Monate nach heute zahlen Sie gegon diesen Prima-Wechsel an die Ordre des Herrn J. D. Herstatt die Summe von Fünf Hundert Thaler Preuss. Cour. Werth in Rechnung. Stellen Sie ihn auf Rechnung laut Bericht.

Gut für Fünf Hundert Thaler
Preuß. Cour.

Th. Haenlein.

Herren

Sussmann & Wiesenthal

in Berlin.

Nr. 12. Indossirte Secunda zu vorstehendem Prima-Wechsel, mit den betreffenden Randbemerkungen und der Quittung des letzten Inhabers versehen.

Secunda.

Th. Hænlein.

Wien, 10. März 1853. Für Rthlr. 500. — Pr. Ct.

Zwei Monate nach heute zahlen Sie gegen diesen Secunda-Wechsel (Prima nicht) an die Ordre des Herrn J. D. Herstatt die Summe von Fünf Hundert Thaler Preuss. Cour. Werth in Rechnung. Stellen Sie ihn auf Rechnung laut Bericht.

Herren

Sussmann & Wiesenthal

in **Berlin.**

Gut für Fünfhundert Thaler
Preuß. Cour.

Th. Haenlein.

Prima zur Acceptation bei Herren Anhalt & Wagener.

Die acceptirte Prima ausgeliefert an Herren Treu & Nuglisch.

Für mich an die Ordre der Herren Gebr. Bethmann. Werth in Rechnung. Cöln 24. März 1853.

J. D. Herstatt.

Für uns an die Ordre der Herren A. Gontard & Sohn. Werth erhalten.

Frankfurt a. M. 28. März 1853.

Gebrüder Bethmann.

Für uns an die Ordre der Herren Treu & Nuglisch. Werth in Rechnung.

Frankfurt a. M. 28. März 1853.

A. Gontard & Sohn.

Betrag empfangen unter Auslieferung der Prima.

Treu & Nuglisch.

Nr. 13. Indossirte Commissions-Tratte, mit Nothadressen versehen.

Erster.

TH. WIEDEMANN

Leipzig, 5. März 1853. Für Bco. Mk. 2500. –

Zwei Monate nach heute zahlen Sie gegen diesen Ersten Wechsel an die Ordre des Herrn Heinr. Hemmerde die Summe von Zwei Tausend fünf Hundert Mark Banco. Den Werth in Rechnung. Sie stellen ihn auf Rechnung von J. B. & Co laut Bericht.

Gut für Zwei Tausend Fünf Hundert Mark Banco.

Th. Wiedemann.

Herren

Carl & Theodor Werner, wobei nöthigenfalls für F. B.

in **Hamburg.**

Im Fall bei Herren P. Bergmann & Comp. für H. H.

Für mich an die Ordre des Herrn Fried. Billing. Werth in Rechnung. Hannover 12. März 1853.

Heinr. Hemmerde.

Für mich an die Ordre der Herren Justus & Bartels. Werth in Rechnung.

Braunschweig 18. März 1853.

Friedr. Billing.

Nr. 14. Die Copie von vorstehendem Wechsel, mit den betreffenden Randbemerkungen und der Quittung des letzten Inhabers versehen.

ERSTER.

Copia.

Leipzig, 5. März 1853. Für Bco. Mk. 2500. —

Zwei Monate nach heute zahlen Sie gegen diesen Ersten Wechsel an die Ordre des Herrn Heinr. Hemmerde die Summe von Zwei Tausend Fünf Hundert Mark Banco. — Den Werth in Rechnung. Sie stellen ihn auf Rechnung von J. B. & Co laut Bericht.

Herren

Carl & Theodor Werner, wobei nöthigenfalls für F. B.

in **Hamburg.**

Gut für Zwei Tausend Fünf hundert Mark Banco.

Th. Wiedemann.

Im Fall bei Herren P. Bergmann & Comp. für H. H.
Original zur Annahme bei Herrn Carl Schwerdfeger.

Das acceptirte Original ausgeliefert an Herren
L. Behrens & Söhne.

Für mich an die Ordre des Herrn Fried. Billing. Werth in Rechnung. Hannover 12. März 1853.

Heinr. Hemmerde.

Für mich an die Ordre der Herren Justus & Bartels. Werth in Rechnung.

Braunschweig 18. März 1853.

Friedr. Billing.

Copie bis hierher.

Für mich an die Ordre des Herrn J. H. Morgenstern. Werth in Rechnung.

Magdeburg 24. März 1853.

Justus & Bartels.

Für mich an die Ordre der Herren Gebrüder Weinert. Werth in Rechnung.

Berlin 29. März 1853.

J. H. Morgenstern.

Für mich an die Ordre der Herren L. Behrens & Söhne. Werth in Rechnung. Breslau 6. April 1853.

Gebrüder Weinert.

Werth empfangen, unter Auslieferung des acceptirten Originals.

L. Behrens & Söhne.

Sach-Register.

Die Zahlen zeigen die Seiten an.

A.

B.

C.

D.

E.

F.

Q.

R.

S.

T.

U.

V.

W.

Z.

Literarische Anzeige.

Von demselben Verfasser wird erscheinen:

Die kaufmännische Buchführung,

oder

gründliche und leichtfaßliche Anleitung zur Erlernung der sogenannten einfachen und doppelten Buchhaltung,

mit besonderer Berücksichtigung derjenigen Methoden, welche sich, bei gleichzeitiger passender Anwendung beider Arten und ihrer Verbindung zu einem Ganzen, in der Praxis als die zweckmäßigsten und kürzesten bewährt haben. Zum Selbstunterrichte und zum Gebrauche als Grundlage für den Lehrer.

I. Theil. Die Theorie der kaufmännischen Buchführung.
II. Theil. Die Praxis der kaufmännischen Buchführung.
III. Theil. Theorie und Praxis der kaufmännischen Buchführung in ihrer weiteren Ausbildung, namentlich ihre Anwendung bei Fabrik-, überseeischen und anderen complicirten Geschäften, bei Actiengesellschaften u. s. w.

Die Staatsbuchführung

oder

Theoretisch-practisches Lehrbuch zur zweckmäßigen Anwendung der kaufmännischen Buchführung bei dem Finanz- und Rechnungswesen eines Staatshaushaltes.